# 팬데믹,
도시의 대응

세계 대도시의 코로나19 경험에서 배우다

# 팬데믹, 도시의 대응

# PANDEMIC

서울연구원 · 서울대학교 아시아연구소 엮음

서울연구원
The Seoul Institute

차례

# 시작하며

국내 첫 코로나19(COVID-19) 확진자가 발생했다는 소식을 접한 것은 2020년 1월 20일로, 중국 우한 지역에서 원인을 알 수 없는 폐렴이 창궐했다는 소식을 접한 지 불과 한 달 만의 일이었다. 그때까지만 해도 이후 우리가 겪을 어려움과 피해를 예측할 수 있었던 사람은 거의 없었다. 코로나19 감염자는 전 세계적으로 5억 명에 육박하고 있으며, 사망자도 600만 명을 넘어섰다(2022년 4월 기준). 문제는 이러한 고통이 아직 끝나지 않았고, 여전히 우리는 그 끝을 예단하기 어려운 상황이라는 것이다.

사실 감염병과의 싸움은 인류의 시작과 함께 지금까지 반복되고 있다. 다시 말해, 인류의 역사는 곧 전염병과의 싸움의 역사라고 할 수 있다. 지금으로부터 약 700년 전인 중세시대에 유행했던 페스트는 인류가 가장 두려워하던 감염병이었고, 페스트 때문에 유럽 인구의 3분의 1 이상이 죽었다고 알려져 있다. 하지만 이렇게 무섭기만 하던 페스트도 항생제의 발달 덕분에 더는 두려워하지 않아도 되는 존재가 되었다. 이후 19세기에 의학, 세균학 등이 급속도로 발달하면서 결핵균, 콜레라균 등이 발견되었다. 인류는 감염병을 이겨 내기 위하여 공중보건과 위생에 더 많은 노력을 기울였고 도시환경과 주거환경에도 변화가 시작되었다.

감염병 유행과 도시환경의 연관성이 밝혀진 것도 바로 이 당시의 일이다. 1854년 영국에서 콜레라가 크게 유행했을 때, 의사였던 존 스노우(John Snow)는 런던의 도시환경과 콜레라의 관계를 입증하면서 감염병 유행을 차단하려면 도시환경을 개선해야 한다는 것을 처음으로 밝혀 냈다. 이후 1918년 전 세계적으로 스페인독감이 재유행하였고, 약 5천만 명의 희생자가 발생하면서 인류는 또 한 번 큰 시련을 맞이하였다. 그러다 1980년 보건학 분야에서 기념비적인 사건이 발생하는데 바로 세계보건기구(WHO)의 천연두 종식 선언이었다. 당시만 해도 인류는 마치 모든 감염병과의 전쟁에서 승리한 듯 보였다. 그러나 바이러스는 끊임없이 진화와 변이를 일으켰고, 2002년 사스(SARS), 2009년 신종 인플루엔자(H1N1), 2015년 메르스(MERS) 등의 유행은 인류에게 감염병의 위험성을 상기시켜 주었다. 감염병 대응을 위한 인류의 끊임없는 노력에도 불구하고, 2020년 우리는 또다시 코로나19라는 새로운 감염병과 힘겨운 싸움을 벌이기 시작했다.

사실 그동안 우리는 감염병이 주로 저개발 국가와 저소득층에 위협이 된다고 인식해 왔고, 생활환경과 의료 인프라가 우수한 선진국에서는 거의 문제가 되지 않을 것이라 믿어 왔다. 하지만 코로나19를 경험하면서 감염병은 어떤 국가와 어떤 도시에서도 발생 가능하며, 부자와 가난한 사람을 구별하지 않는다는 것을 새삼 깨닫게 되었다. 다행히도 2021년 코로나19 백신이 개발되어 코로나19 종식에 한 발짝 다가선 듯했으나, 국가 간 또는 도시 간 백신 접근성의 격차, 그리고 변이 바이러스의 확산 때문에 현존하는 백신이 코로나19를 종식시키지 못할 것으로 보는 견해가 많다. 특히 대도시들은 지금까지 전 세계의 경제, 사회, 교육, 문화, 보건의료의 중심지 역할을 해 왔지만,

인구밀도가 높고 인구이동량이 많아서 코로나19로 인한 피해는 더욱 큰 상황이다. 이러한 이유에서 이들 대도시가 지금까지 경험한 코로나19와 앞으로 나가야 할 도시 전환의 방향을 살펴보는 것은 매우 의미가 크다.

이 책은 전 세계에서 주요 10개 대도시를 선정해 각 도시가 코로나19에 어떻게 대응했는지 살펴본다. 각 도시가 취한 코로나19 대응은 어떤 특징을 가지고 있으며, 왜 그렇게 대응했는지 그 맥락을 이해하고, 우리나라의 대표 도시인 서울특별시와 비교하여, 대도시의 감염병 대응력 강화를 위해 나가야 할 도시 전환 방향을 함께 알아보고자 하였다. 이를 통하여, 앞으로 감염병에 대응하려면 대도시에 필요한 것은 무엇이고 또 그것은 어떠한 방식으로 이루어져야 할지 고민해 볼 수 있을 것이다.

앞으로 살펴볼 도시로 서구권에서는 미국 뉴욕, 영국 런던, 프랑스 파리를 선정하였고, 아시아권에서는 대한민국 서울, 일본 도쿄, 중국 베이징, 필리핀 마닐라, 인도네시아 자카르타, 인도 델리, 이란 테헤란을 선정하였다. 코로나19 발생 이후부터 2021년 3~5월까지 각 도시의 상황과 대응 정책에 대해 다루고자 하였다. 각 도시의 사례를 소개하기에 앞서, 1장에서는 이들 10개 대도시의 코로나19 확산 추세와 특성을 유형화하고, 대도시들이 공통적 또는 차별적으로 보여 준 대응 정책과 각 도시가 감염병으로부터 얼마나 취약했는지를 연구한 결과를 함께 설명할 것이다. 이어서 3장부터는 10개 대도시의 각 사례를 소개한다. 도시별 유행 시기에 따른 대응, 특히 단순히 방역, 검역, 백신 보급 등 협의의 감염병 대응에 초점을 맞추기보다는 그것들을 포함한 광의의 대응을 살펴보기 위하여 경제, 교육, 문화 등을 비롯하여 포괄적으로 접근하고자 하였다. 다만 이 책의 집필에 참여한 저자들은 도시별 감염병 대응을 하나의 잣대로 설명하려고 하거나, 어느 도시는 감염병 대응에 성공하고 또 어떤 도시는 감염병 대응에 실패했다는 식의 이분법적 접근을 경계하고자 노력하였음을 알리고자 한다. 각 도시마다 인구학적 · 사회학적 특징, 제도적 · 문화적 특징, 그리고 도시의 대응 역량에 차이가 있기 때문에, 각 도시가 보여 준 대응의 특징을 있는 그대로 바라보고 그 속에서 우리에게 주는 함의를 이끌어 내고자 하였다. 예컨대, 뉴욕은 다양한 인종이 섞여 사는 가장 국제화된 도시로서 코로나19의 피해가 컸고, 그 가운데서 서비스업에 종사하는 이민자의 피해가 클 수밖에 없었다. 반면에 방역 과정에서의 자율성, 백신 생산국가로서 신속한 백신 접종으로 빠른 회복력을 보였다는 것을 알 수 있었다. 하지만 이와 유사한 런던은 국민보건서비스(National Health Service, NHS)를 의료보장제도로 채택하고 있다 보니, 런던시 자체의 재량권은 거의 없고 대부분 국가 주도로 대응하는 특성이 있음을 알게 되었다. 또한 이들 서구권 국가들은 개인의 정보와 자유를 우선하는 오랜 문화적 특성이 있어, 아시아권 국가에서 보편화된 개인정보 확인을 통한 접촉자 추적방식이 이루어지지 못한 측면도 확인하였다. 중앙정부의 공권력과 강제성이 큰 국가일수록 거리두기 등을 통해 시민을 강력하게 통제하는 특성을 보였는데, 베이징, 마닐라, 델리 등에서 그러한 모습이 관찰되었다. 한편 이슬람문화권인 자카르타에서는 종교적 특성이 감염병의 확산과 대응 과정에 영향을 준다는 것도 확인할 수 있었다. 아시아에서 가장 서구화된 문화양식을 가진 도쿄는 도쿄올림픽 개최라는 국가적 이벤트를 목전에 둔 상태에서 강압적이지 않은 거리두기 지침을 지속적으로 유지하였고, 그 과정에서 확진자 증가와 올림픽 연기라는 결정을 내리기도 하였다.

한 국가와 도시가 갖는 제도는 그 사회에 축적된 도덕, 법, 문화의 산물이며 사회규범의 체계이다. 모든 제도는 경로의존성(path dependency)을 지닌다. 따라서 앞서 설명한 것처럼 이 책은 도시별 코로나19 대응의 한 단면에 대해 옳고 그름을 논하는 것을 최대한 지양하였다. 이 책을 읽으며 전 세계 주요 대도시들의 코로나19 대응 양상과 특징을 이해하고, 왜 그러한 대응을 하였는지 생각할 기회를 갖기 바란다. 그리고 코로나19 사태를 겪으면서 그동안 소위 '도시의 승리(triumph of the city)'라고 예찬받아 온, 우리가 살고 있는 이 도시가 감염병 확산에 얼마나 취약한지 돌아보고, 이다음에 또 다른 감염병이 찾아올 때는 그 위험성을 최소화하기 위해 어떤 준비를 해야 할지를 고민해 보는 시간이 되기를 바라며, 이제 그 이야기를 시작하고자 한다.

2022년 4월

손창우

# 1장

# 개관: 세계 대도시의 코로나19 확산 양상과 정책 대응

PANDEMIC

**고길곤** 서울대학교 행정대학원 교수· 아시아연구소 아시아지역정보센터장

**허정원** 서울대학교 아시아연구소 HK연구교수

**박정민** 서울대학교 행정대학원 박사과정

## 대도시와 전염병 대응

코로나19가 엄청난 전염력과 파괴력으로 인류의 생존을 위협하면서 세계 각국은 유례없는 자원 투입과 각종 기술의 활용, 그리고 수많은 정책 시행으로 팬데믹에 대응하였다. 코로나19로 인한 사회 · 경제적 파급효과는 과거의 어떠한 재난보다 막대할 것으로 예상된다. 전 세계 모든 국가와 도시가 막대한 자원을 투입하여 진행하고 있는 코로나19 확산 방지를 위한 대응과 그 결과는 기존의 도시와 감염병 대응에 관한 이론들이 제시한 전통적 설명의 한계를 보여 주고 있다(고길곤 · 김범, 2020). 의료시설과 방역 시스템이 잘 갖추어진 선진국이 감염병 예방과 대응을 효과적으로 할 것이라는 기대와 달리 북미와 유럽에서 대규모의 확진자와 사망자가 발생하였다. 특히 감염병 전파와 대응에 대도시가 더 효율적인지에 관해서도 전통적 견해와는 다른 새로운 현상들이 나타나고 있다. 국내에서 지역이나 대도시 단위의 코로나19 대응 관련 연구는 많지 않은 상황이고(손웅비 · 박윤환, 2020; 이시철, 2020), 대도시별 대응의 특징을 국가 간 비교 관점에서 진행한 연구는 더욱 찾기 힘들다. 중앙정부와 대도시의 코로나19 확산 양상과 감염병 대응이 다를 것이라고 예상하지만 이를 실증적으로 고찰한 연구도 찾아보기 어렵다.

전통적인 감염병 이론은 대도시를 감염병에 취약한 곳으로 보았다(Glaeser, 2011). 인구가 적거나 넓게 퍼져 있으면 감염병이 확산되지 않고 고립돼 소멸하기 때문이다. 특히 과거에는 대도시의 낙후된 하수도시설 등을 통한 수인성 감염병의 확산이 많았고, 위생 상황이 좋지 않은 도시 내 낙후 지역이 감염병의 온상이 되기도 하였다(최준영, 2020). 최근에는 국가 간 감염병 전염이 확산되면서 해외 인구이동이 많은 대도시가 감염병에 취약하다는 가설이 설득력을 얻고 있다. 이러한 입장에서 밀집된 대도시의 취약성을 극복하기 위해 소규모 생활권이 강조되는, 즉 대도시가 축소되고 공간적으로 배분된 형태로 미래 도시가 설계되어야 한다는 주장도 제기되고 있다(정재용, 2020; 정선우 외, 2020).

반면 오히려 대도시가 감염병에 취약하지 않다는 반론도 제기된다(Hamidi et al., 2020). 과거와 달리 대도시는 중소 도시보다 위생 상황이 좋아졌고, 많은 자원과 인력이 집중되어 높은 수준의 보건의료 서비스를 제공한다. 따라서 대도시가 감염병을 예방하고 확산을 막는 데 더 효율적일 수 있다. 특히 대도시가 보유한 정보 인프라나 사회·경제적 자원은 감염병의 예방과 통제에 긍정적 기능을 할 수 있기도 하다(Peters, 2020).

한편 대도시의 감염병 취약성에 관련한 상반되는 가설과 달리 상황론을 제기할 수도 있다. 대도시의 감염병 대응의 효과성은 단순히 대도시라는 사실 자체 때문이 아니라 각 대도시가 채택한 정책, 정치적 리더십, 시민의식, 문화, 보건의료 시스템 등 수많은 요소가 종합적으로 영향을 미친다는 주장이다. 선진국의 대도시와 개발도상국의 대도시가 다를 수 있고, 유럽의 대도시와 아시아의 대도시가 다를 수 있다는 가설은 이러한 상황론적 접근에 기반한다.

이렇게 다양한 가설이 제기되는 상황에서 전 세계 대도시는 코로나19에 어떻게 대응하고 그 효과는 어떻게 나타나고 있는가? 이 글은 각국 대도시의 코로나19 대응 방식이 상이하리라는 것을 전제로, 감염병의 확산과 그에 대한 대도시의 대응과 관련하여 다음의 몇 가지 연구 질문을 다룬다. 첫째, 코로나19의 전파 과정에서 대도시가 국내 다른 지역의 전파보다 선행하는 흐름을 보이는지, 동행하는 흐름을 보이는지, 혹은 후행하는 흐름을 보이는지 분석하였다. 한국은 대구 · 경북 지역에서 1차 확산이 일어나고 서울 · 경기 지역을 중심으로 2차 확산이 일어났지만, 미국은 뉴욕에서 폭발적인 1차 확산이 먼저 일어났다. 만일 대도시가 코로나19 전파의 시작이라면 대도시 지역의 확산을 막는 것이 방역 정책의 우선순위가 될 것이다. 둘째, 개별 대도시의 대응 전략을 살펴보고 과연 코로나19 사례에서 일반화된 결론과 이론을 제시할 수 있는지 살펴본다. 코로나19 사태에서도 확인할 수 있듯이 감염병 확산 초기에는 보통 국가 간, 도시 간의 차이를 크게 고려하지 않은 채 일률적인 대응을 제시하였다. 국가별, 도시별 정치적 · 경제적 맥락을 고려하지 않은 채 특정한 대응 전략을 일방적으로 적용하는 행태를 극복하기 위해서는 도시별 코로나19 대응이 어떻게 다른지를 충분히 살펴볼 필요가 있다. 마지막으로, 첫 번째 질문과 두 번째 질문의 분석을 바탕으로 대도시의 대응이 국가 전체의 대응에 비해 효율적인가라는 연구 질문을 제기하였다. 예를 들어 뉴욕의 대응은 미국 전체와 비교하여 확진자 수, 사망자 수, 2차 전파 규모 등에서 효과적이라고 볼 수 있는지를 분석하는 것이다. 앞에서 논의한 바와 같이 대도시의 감염병 대응 효율성에 관한 상충되는 가설이 양립하는 상황이므로, 코로나19 팬데믹 과정에서 어떤 현상이 나타나는지를 분석함으로써 대도시의 감염병 대응 전략을 수립하는 데 시사점을 얻을 수 있을 것이다. 실제로 코로나19 사태 초기에 일부 학자들은 영국의 공공의료 시스템이나 독일의 신속하고 체계적인 대응 능력을 해결책으로 제시하기도 하고(Reintjes, 2020), 신속한 국경 폐쇄가 최선의 대안이라는 주장을 제기하기도 했다(Lau et al., 2020). 그러나 코로나19 사태가 진행되면서 정책 대응의 효과를 분석하는 여러 연구가 진행되었고, 그 과정에서 기존의 주장들이 반박되어 온 것이 사실이다. 이 연구는 비교연구를 통해 코로나19 대응과 관련된 일반화된 이론이 왜 어려운지를 제시하고자 한다.

## 대도시 범위와 코로나19 대응의 효과성 지표

### 중앙정부와 대도시의 관계

국가와 대도시를 나누고 또 여러 대도시 간 코로나19 대응의 차이를 분석하는 배경에는 정부 간 관계(intergovernmental relations)에 대한 논의가 있다. 지방정부의 자율성이 강화되면서 중앙정부와 지방정부, 주정부와 지방정부, 또는 지방정부와 지방정부 간에 존재하는 상호작용 관계가 중요해지고 있다(사득환, 2002). 특히 코로나19 사태와 같은 상황에서 지방정부가 어느 정도의 자율성을 가질 것인가에 관해서는 논쟁의 여지가 있다. 코로나를 전쟁과 동일한 상황으로 간

주하여 국방과 외교에 있어서 자치권이 제한되고 중앙정부의 폭넓은 권리를 인정하는 상황을 고려한다면 감염병 대응에서 지방자치는 상당히 제약될 수 있다. 한편 대도시는 인구와 자원이 집중되어 있고, 도로, 항만, 전력, 수도, 통신, 교육 등 기반 인프라 관리 경험이 있기 때문에(김순은, 2012), 코로나19와 같은 국가적인 재난에 대응하는 과정에서 중앙정부와 경쟁하거나 협력할 수 있고, 다른 대도시 또는 중소도시와 경쟁 혹은 협력할 수 있다. 즉 감염병 대응 상황에서 대도시에 자율성이 부여된다면 중앙정부 못지않게 효율적으로 대응할 가능성이 있는 것이다. 대도시가 위기 상황에서 국가와 대처 방안을 놓고 경쟁 · 갈등하는 모습을 보이기도 하므로[1] 코로나19 대응을 살핌에 있어 국가 전체와 대도시의 대응 방식을 검토하는 것은 큰 의미가 있다.

코로나19 사태가 전 세계적인 현상임에도 불구하고 국가 간, 특히 도시 간 비교연구는 많지 않다. OECD(2020) 보고서처럼 각국 주요 도시의 코로나19 정책 대응 사례를 분석한 시도는 있으나, 적절한 연구 대상을 선정하기 어려워 비교 대상 도시의 선정은 편의 표본추출에 의존할 수밖에 없다. 대도시가 아니라 국가 단위의 정책 데이터를 수집한 옥스퍼드대학교의 자료(Oxford COVID-19 Government Response Tracker, OxCGRT) 역시 자료의 신뢰성 문제가 제기되기도 한다(Hong, Hwang and Park, 2021). 도시별 대응을 시계열적인 분석이 가능하도록 정리한 자료가 드물어서 대도시 수준의 국가 간 비교연구는 어려움이 더 크다.

1 "경기도 코로나 백신 독자 공급? … 중수본 "중앙부처 사무" 반대 입장, 뉴스1, 2021. 4. 16.

비교연구의 어려움과 도시 간의 맥락적 차이에도 불구하고 대도시가 채택한 정책 수단은 상당히 유사하다. 대도시는 사무실 폐쇄와 통근 수단 제한, 취약집단 지원, 지역 서비스 전달, 비즈니스 지원, 위험 인지를 위한 소통 증대 및 디지털 수단 활용 등의 정책을 채택하여 코로나19에 대응하고 있다. 이러한 정책 수단의 유사성은 비교연구를 통해 대도시 코로나19 대응의 일반화된 특징을 찾을 가능성을 보여준다. 반면 유사한 정책 수단이 채택되었음에도 대도시별로 방역의 효과가 상이하다는 점은 대도시 간의 차이를 발견할 수 있음을 시사한다.

### 분석 대상 대도시의 선정

어느 국가의 어떤 대도시를 분석 대상으로 선정할 것인지는 쉬운 문제가 아니다. 실제로 대도시의 개념은 학자에 따라 정의가 다르기에 분석 대상인 대도시의 선정에는 일정한 기준이 있다고 하기 어렵다. 하지만 비교연구(comparative research)의 목적이 분석 결과의 일반화보다는 현상의 깊이 있는 이해와 연구 대상 간의 비교를 통해 새로운 가설을 발견하는 데 있다면 대표본 연구(large-N research)와 달리 표본의 대표성 자체가 문제가 되지 않을 수 있다(King, Keohane and Verba, 1994; Rose, 2005; Engeli and Allison, 2014).

이러한 점을 고려하여 이 연구는 대륙별로 타당성이 높은 자료 확보가 가능한 국가와 그 국가의 수도를 중심으로 대도시를 선정하였다. 비교 도시 선정은 서울과의 비교를 위해 서울연구원과 서울대학교 아시아연구소 지역 전문가와의 협의 과정을 통해 최종 확정하였다. 다만 미국은 워싱턴이 수도이기는 하지만 인구나 도시 규모가 LA

나 뉴욕에 비해 상대적으로 작은 점을 고려해서 뉴욕을 분석 대상으로 삼았다. 한편 수도라고 하더라도 실질적 범위와 행정적 범위의 수도가 반드시 일치하지는 않는다. 예를 들어 일본은 도쿄와 도쿄도(都) 중 어느 곳을 대도시 범위로 설정할 것인지와 같은 문제가 발생하는데, 시민의 생활 반경 등을 고려한 전문가의 의견을 받아들여 도쿄도를 분석 단위로 삼았다. 이와 유사하게 파리는 파리시가 아닌 광역 파리권을, 마닐라는 메트로마닐라를 분석 대상으로 삼았다.[2] 서울과 경기도도 하나의 생활권으로 볼 수 있다는 비판이 있을 수 있지만, 서울과 경기도는 뚜렷하게 행정 범위가 구별되며 지방자치단체의 권한 역시 어느 한 주체가 우월하다고 볼 수 없어 이 연구에서는 수도로서 상징성이 있는 서울에 초점을 맞추었다. 한편 전 세계 모든 국가의 수도를 대상으로 비교연구를 수행하기는 어려우므로 국가 선정도 연구의 또 다른 쟁점이 될 수 있다. 이 연구에서는 유럽, 아메리카, 아시아 대륙의 국가와 대도시 중 코로나19의 확산 추세와 방역 정책의 대표성을 고려하여 자카르타, 델리, 마닐라, 런던, 파리, 뉴욕, 도쿄, 서울을 분석 대상으로 선정하였다.[3] 분석 대상으로 선정된 국가와 대도시의 일반적인 현황을 살펴보면 〈표 1〉과 같다.

〈표 1〉의 지표에서 선진국은 코로나19에 대응할 자원이 풍부할 뿐 아니라 민주주의와 각종 제도의 발전 수준이 높고 개발도상국은 발

2 도쿄도, 광역 파리권, 메트로마닐라를 분석 대상으로 하였으나, 이하에서는 도쿄, 파리, 마닐라로 약칭하여 사용하였다.

3 베이징은 확진자와 사망자 수가 극히 적어 추세에 대한 통계적 비교가 가능하지 않았으며 테헤란은 도시 단위의 코로나 통계를 구할 수 없어 분석에 포함시키지 않았다.

| 표 1 | **분석 대상 국가 일반 현황**

| **국가**(대도시) | **1인당 구매력평가 기준 GDP**(달러) | **의사 수**(인구 1천 명당) | **간호사 수**(인구 1천 명당) | **민주주의 지수** | **조세수입 분권화** | **국가 인구 대비 대도시 인구 비율**(퍼센트) |
|---|---|---|---|---|---|---|
| **인도네시아**(자카르타) | 12,301.8 | 0.4269 | 2.4149 | 6.48 | 0.11 | 3.9 |
| **인도**(델리) | 7,034.2 | 0.8571 | 1.7271 | 6.9 | N/A | 2.1 |
| **필리핀**(마닐라) | 9,277.4 | 0.6004 | 4.9351 | 6.64 | N/A | 12.5 |
| **영국**(런던) | 48,709.7 | 2.8117 | 8.1723 | 8.52 | 0.06 | 13.5 |
| **프랑스**(파리) | 49,435.2 | 3.2672 | 11.4707 | 8.12 | 0.2 | 16.8 |
| **미국**(뉴욕) | 65,118.4 | 2.612 | 14.548 | 7.96 | 0.48 | 2.5 |
| **일본**(도쿄) | 43,235.7 | 2.4115 | 12.1531 | 7.99 | 0.39 | 29.6 |
| **한국**(서울) | 43,028.9 | 2.3608 | 7.3009 | 8 | 0.23 | 19.4 |

자료: World Bank(1인당 PPP GDP, 인구 1천 명당 의사 · 간호사 수), Economist Intelligence Unit(민주주의 지수), IMF(조세수입 분권화), Our World in Data(국가 인구), World Population Review(대도시 인구).

주 1: 1인당 구매력평가 기준 GDP(2019년 기준), 인구 1천 명당 의사 수(2016년 기준(일본), 2017년

기준(필리핀, 한국), 2018년 기준(인도네시아, 인도, 프랑스, 미국)), 인구 1천 명당 간호사 수(2017년 기준(미국), 2018년 기준(그 외 국가)), 민주주의 지수(2019년 기준), 조세수입 분권화(2018년 기준), 국가 및 대도시 인구(2020년 기준).
주 2: 국가 인구 대비 대도시 인구 비율은 국가 · 대도시에 해당하며, 그 외는 국가 현황에 해당함.

전 수준이 낮은 경향이 존재하지만, 이는 분석 대상 국가와 대도시를 이분법적으로 나누기보다 정치 · 경제 · 보건 · 지방자치 관련 요소를 선택하여 분석하기 위해 각 국가와 대도시의 일반 현황을 기술한 것이다. 그중 코로나19 확산 억제 정책에 영향을 미칠 것으로 여겨지는 변수를 중심으로 살펴보면 영국, 프랑스, 미국, 일본, 한국이 1인당 구매력평가(PPP) 기준 GDP가 모두 4만 달러 이상으로 분석 대상 국가 중 높은 편에 속하며 인구 1천 명당 의사 수와 간호사 수도 많은 것을 알 수 있다. 또한 이들 국가는 민주주의 지수도 높다. 반면 인도네시아, 인도, 필리핀은 1인당 구매력평가 기준 GDP가 2만 달러 이하이며 인구 1천 명당 의사 수와 간호사 수도 적다. 흥미로운 점은 분석 대상 중 소득수준이 높고 의료 인력이 많으며 민주주의 점수가 높은 국가에 속하는 대도시가 국가 전체 인구 중 차지하는 비율도 대체로 높다는 점이다. 즉 전체 인구 중 대도시 인구가 차지하는 비율은 도쿄가 29.6퍼센트, 서울 19.4퍼센트, 파리 16.8퍼센트, 런던 13.5퍼센트이다. 반면에 마닐라는 12.5퍼센트, 자카르타는 3.9퍼센트, 델리는 2.1퍼센트에 불과하다. 뉴욕은 소득수준이 높고 의료 인력의 수도 많은 편이지만 미국 내에서 차지하는 인구의 비율은 2.5퍼센트에 불과하다. 필리핀은 인도네시아보다 국민소득은 낮으나 인구 1천 명당 간호사 수는 많은데, 이는 전통적으로 필리핀의 간호사가 해외로 진출하는 경향이 강해(Kline, 2003) 전체 간호사 수가 상대적으로 많은 것이다. 이처럼 각국의 수도 혹은 대표 대도시를 선정하였지만, 지역 간 상황은 상당히 다름을 알 수 있다.

### 코로나19 대응의 효과성 측정 변수

코로나19 대응의 효과성을 어떻게 측정할 것인가도 연구 질문에 따라 세심하게 논의해야 할 문제이다. 이 연구는 확진자 수와 사망자 수를 통해 코로나19 대응의 효과성을 측정하고자 한다.

첫째, 확진자 수를 이용한 효과성 측정이다. 확진자 수는 대도시의 예방 역량과 대응 역량을 모두 반영하는 지표라고 할 수 있다. 만일 초기에 예방 노력을 많이 했다면 확진자 수가 적은 규모로 유지되겠지만, 확산이 어느 정도 진행된 이후의 확진자 수는 대응 노력의 결과를 보여 주는 지표라고 할 수 있다. 그러나 확진자 수는 코로나19 검사 수와 상관관계가 있기에 코로나19 검사를 공격적으로 확대할 정치적 · 경제적 역량이 없는 국가와 역량이 충분한 국가를 비교할 때 코로나19 검사 건수도 고려되어야 한다. 또한 한 국가 내에서도 시점에 따라 코로나19 검사 정책이 달라진 때에는 코로나19 검사 건수의 증가도 고려하여 결과를 해석해야 한다.

둘째, 사망자 수를 이용한 효과성 측정이다. 사망자 수는 확진자 수와 양의 상관관계가 있지만, 확진자 수가 높다고 해서 사망자 수가 반드시 높은 것은 아니다. 싱가포르가 대표적인 사례로 확진자 수는 약 6만 명이지만 사망자 수는 30명도 채 안 된다. 따라서 사망자 수는 해당 국가가 얼마나 효과적으로 의료 서비스를 제공하여 대응하였는지를 나타내는 지표로 활용할 수 있다. 또한 동일한 국가나 대도시에서도 시점에 따라 확진자 수 대비 사망자 수의 비율이 다를 수 있다. 유럽의 대도시들에서 2차 확산이 급속도로 진행되고 있으나 그에 비해 사망자의 수는 1차 확산 때보다 더디게 증가하고 있다.

연구의 또 다른 쟁점은 실제 분석에 사용하는 확진자 수 통계의 정확성과 관련된다. 각국의 검사 체계가 다르고 확진자 판정 기준뿐 아니라 확진자 통계 집계 방식도 다르기에 일별 변동이 매우 클 때가 많다. 이러한 문제를 해결하기 위해 이 연구에서는 일주일 이동평균 자료를 사용하여 자료수집에 따른 오류를 줄인 후 확진자 수를 측정하였다. 한편 국가별 확진자 수는 세계보건기구, 유럽질병예방통제센터(ECDC), 존스홉킨스대학교(JHU) 등 다양한 기관에서 제공되고 있는데, 이들 자료 간의 차이도 상당하므로 데이터의 교차 확인도 필요하다고 할 수 있다.

이 연구에서는 가급적 국가와 대도시 간 검사 체계와 자료수집 방식의 차이를 최대한 줄이기 위하여 국가와 대도시의 신규 확진자 수와 신규 사망자 수를 사용하였다. 자료의 통일성을 위해 국가별 데이

| 표 2 | **각 국가와 대도시 코로나19 데이터 출처**

| 구분 | 출처 |
|---|---|
| **국가 데이터** | Our World in Data |
| **자카르타** | Jakarta's COVID-19 Response Team & COVID-19 Response Acceleration Task Force |
| **델리** | Government of NCT of Delhi |
| **마닐라** | COVID-19 Tracker Philippines |

| 런던 | London Datastore & NHS England |
|---|---|
| 파리* | Santé Publique France |
| 뉴욕 | Department of Health and Mental Hygiene(DOHMH), NYC |
| 도쿄 | Wikipedia & 東京都 COVID-19 The Information Website |
| 서울 | 서울시청 코로나19(COVID-19) |

주: 파리의 일일 확진자 데이터는 2020년 5월 13일, 일일 사망자 데이터는 3월 13일부터 제공되고 있다.

터는 아워월드인데이터(Our World in Data)에서 제공하는 자료를 사용하였다. 모든 도시의 자료를 제공하는 단일 기관이 없어 각 대도시의 자료는 이 연구의 참여자들이 〈표 2〉에 제시한 각 대도시 코로나19 대응 기관 홈페이지 등을 참고하여 직접 수집하였다. 국가별 · 도시별 인구 규모가 다르므로 100만 명당 확진자 수와 사망자 수로 단위를 통일하였다. 국가의 추세와 대도시의 추세를 구분하여 확인하기 위해 국가 수준 자료는 국가 수치에서 대도시 수치를 제외한 값을 분석에 활용하였다. 분석 대상 기간은 2020년 1월 1일에서 2020년 12월 31일까지이다.

## 대도시 코로나19 확산 추세의 특징

### 대도시 코로나19 확산 추세의 유사성

대도시의 감염병 확산이 유사한 추세를 갖는다면 우리는 보편적인 예측모형을 만들 수 있으며 이를 바탕으로 정책을 설계하고 집행할 수 있을 것이다. 역학(epidemiology)에서 감염병의 전파 과정을 설명하기 위해 널리 사용되는 모형은 한국의 국가수리과학연구소 등에서 사용하는 SIR 모형이다(Brauer and Castillo-Chavez, 2012). SIR 모형은 전체 모집단을 감염병에 걸릴 가능성이 있는 집단(Susceptible, S), 감염병에 걸린 집단(Infectious, I), 감염병으로부터 회복하거나 사망하여 벗어나는 집단(Recovered, R)으로 구분하여 감염병 확산과 전파 과정을 설명하는 가장 기본적인 감염병 모형(epidemic model)이다. 이 모형에 따르면 감염병의 전파 과정은 〈그림 1〉과 같이 감염 가능성이

| 그림 1 | **SIR 모형에 따른 감염자 수 분포**

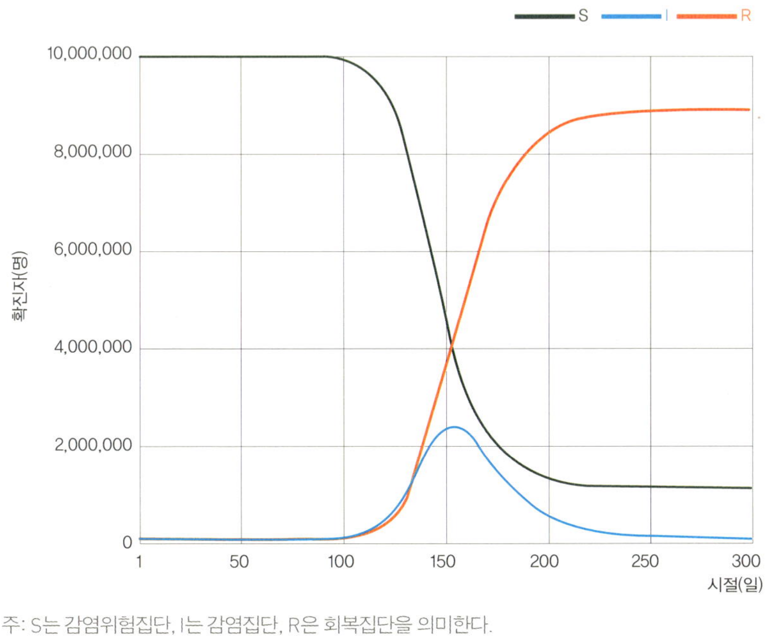


주: S는 감염위험집단, I는 감염집단, R은 회복집단을 의미한다.

있는 사람, 감염된 사람, 회복된 사람의 패턴이 단조롭게 나타난다.

그러나 이 연구가 분석 대상으로 삼은 대도시들의 신규 확진자 추세는 〈그림 2〉와 같이 전통적 SIR 모형과는 상이하게 나타나고 있다. 여기서 전 지구적으로 강력한 확산력을 가진 코로나19는 확산과 감소가 반복되고 있으며 국가나 대도시에 따라 그 추세가 상이함을 확인할 수 있다. 미국은 1, 2차를 거쳐 최근에는 3차까지 확산되었는데, 뉴욕은 1차 확산 이후 2020년 10월까지 효과적인 통제가 이루어졌다. 인도네시아는 꾸준히 확진자가 증가하는 단조증가 추세에 가까운 패턴을 보인다. 영국은 1차 확산 이후 어느 정도 통제가 이루어졌다가 급격히 확진자가 증가하는 2차 확산 추세를 보였다. 런던은 영국 전체와 비교해 1차 확산이 더 일찍 시작되었으나 곧 상황이 안정되었다가, 영국 전체와 함께 급속히 증가하는 것으로 2차 확산이 나타났다. 이처럼 현실에서 감염병 확산 추세는 SIR 모형의 단봉형 추세보다 다양하게 나타나서, 여러 국가나 대도시의 감염병 확산 추세를 예측하는 모형을 구축하기가 쉽지 않음을 확인할 수 있다.

### 대도시에서 국가 전체로 전파되는지 여부

대도시의 코로나19 확산이 국가 전체의 확산으로 이어지는지 혹은 반대로 국가의 확산이 대도시의 확산으로 이어지는지를 확인하기 위해 그랜저 인과검정(granger causality test)이라는 통계 분석을 사용하였다. 그랜저 인과검정은 단순하게 말해 시점별로 대도시를 제외한 국가 전체의 감염자 수와 대도시의 감염자 수의 추이를 비교하여 어느 것이 선행하는지를 통계적으로 밝히는 것이다. 분석 과정에서 선행과 후행의 시간 차이를 여러 가지로 조정하여 분석할 수 있는데 미국을

| 그림 2 | **국가와 대도시의 인구 100만 명당 확진자 추세**

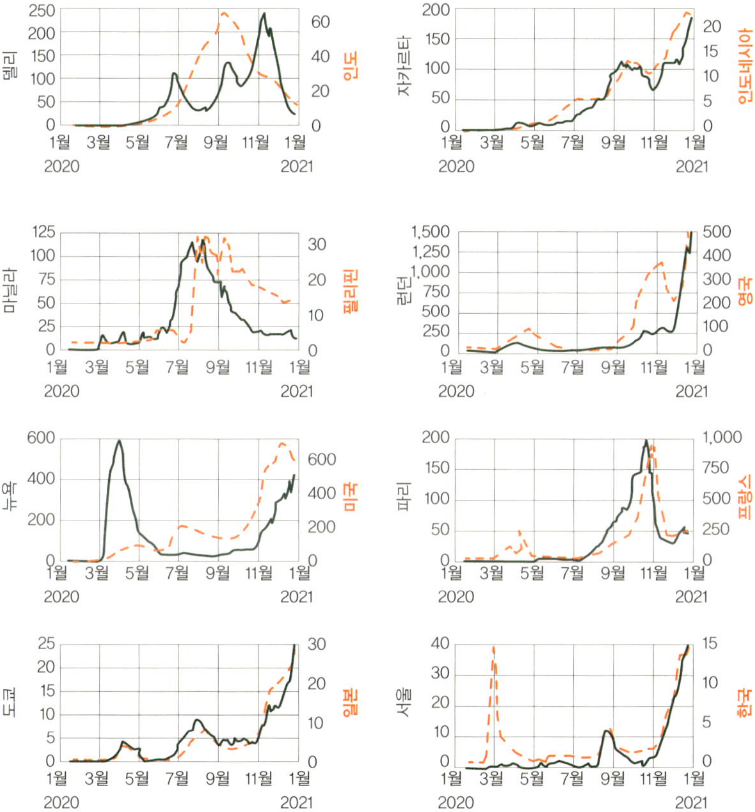


자료: Our World in Data와 각 대도시의 코로나19 대응 기관 홈페이지를 참고하여 저자 작성.

주: 실선은 대도시, 점선은 국가 추세(단, 국가 추세는 국가 확진자에서 대도시 확진자 제외한 것).

제외한 모든 국가에서 국가와 도시의 감염자 수는 서로 간에 영향을 주지 않는 것으로 나타났다. 미국은 직전 시점과 3시점 이전의 국가 감

$$y_t = \alpha_0 + \alpha_1 y_{t-1} + \alpha_2 y_{t-2} + \cdots + \alpha_p y_{t-p} + \beta_1 x_{t-1} + \beta_2 x_{t-2} + \cdots + \beta_q x_{t-q} + \epsilon_t$$

염자 수와 도시 감염자 수가 상호 영향을 주는 것으로 나타났다.

즉 특정 대도시에서 감염병이 전국으로 확산되는 과정을 보이기보다 쌍방향으로 영향을 주거나(미국) 무작위로 발생하는 패턴을 보였다고 할 수 있다. 이것은 분석 대상이 된 대도시가 코로나19 확산의 주범이라는 주장, 혹은 다른 감염지역 때문에 해당 대도시가 피해를 보았다는 식의 단선적 주장이 타당하지 않음을 시사한다.

**| 표 3 | 국가와 대도시 간 코로나19 확산의 선·후행성 검증**

| 국가/도시 | 국가 → 도시 | 도시 → 국가 |
|---|---|---|
| 인도네시아/자카르타 | X | X |
| 인도/델리 | X | X |
| 필리핀/마닐라 | X | X |
| 영국/런던 | X | X |
| 프랑스/파리 | X | X |
| 미국/뉴욕 | ○<br>국가(t-1), -43.91*<br>국가(t-3), 65.16** | ○<br>국가(t-1), 43.63*<br>국가(t-3), -65.19** |
| 일본/도쿄 | X | X |
| 한국/서울 | X | X |

주: *$p<0.05$, **$p<0.01$.

# 대도시 정책 대응과 효과성 분석

## 각 대도시의 정책 대응

앞서 살펴보았듯 코로나19의 확산 양상은 대도시별로 매우 다름을 알 수 있다. 그렇다면 이에 대응하기 위하여 채택된 정책도 대도시 간 큰 차이를 보인다고 할 수 있을까? 코로나19와 관련해서 각국의 정책 대응을 비교한 다양한 연구가 제시되고 있다. 정책 대응의 분류는 다양하겠지만 감염병 확산 방지를 위한 정책(Moon, 2020; Bonardi, Gallea, Kalanoski and Lalive, 2020)과 감염병이 미친 사회·경제적 영향에 대한 정책(Galasso and Foucault, 2020; Goolsbee and Syverson, 2020; Chetty, Friedman, Hendren and Stepner, 2020; Gerard, Imbert and Orkin, 2020; Lustig, Pabon, Sanz and Younger, 2020; Elgar, Stefaniak and Wohl, 2020; Coibion, Gorodnichenko and Weber, 2020; Benmelech and Tzur-Ilan, 2020)으로 구분할 수 있다. 후자에는 사회부조, 사회보험, 노동시장 정책과 같은 각종 사회복지 정책의 영역과 경제 활성화를 위한 소비 촉진 정책, 정부 지출 증대 정책, 유동성 공급 등과 같은 각종 재정 정책이나 거시경제 정책이 포함된다. 이 연구는 대도시의 코로나19 확산 대응에 초점을 맞추고 있으므로 감염병 확산 방지를 위한 사회적 거리두기 정책을 중심으로 비교하되, 특히 중앙정부와 대도시의 정책 대응 관계를 함께 살피고자 한다.

먼저 자카르타, 델리, 마닐라 등에서 코로나 확산과 사망률이 높았던 것이 해당 대도시의 미흡한 대응 때문인지를 살펴보기 위해 각 대도시의 대응 상황을 살펴보았다. 자카르타(최경희, 출간 예정)는 2020년 3월 2일 인도네시아 첫 확진자가 발생한 이후 3월 6일 코로나19 대응팀이 발족하고 3월 16일부터 휴교와 재택학습을 시작한 후 3월 18일 사회적 거리두기 정책을 시작하였다. 이 사회적 거리두기 정책이 4월 10일 대규모 사회적 거리두기 정책(Pembatasan Sosial Berskala Besar, 이하 PSBB, 대규모의 사회제약으로 단계별 제한 범위와 정도가 다름)으로 격상된다. PSBB는 5명 이상 모임 금지, 필수 업종 외 재택근무 전환, 차량 탑승 인원 50퍼센트 제한, 매장 내 식사 금지, 예배당 내 종교 활동 금지 등을 포함하고 있다. PSBB는 6월 5일 PSBB 전환기 1단계가 발표되기 전까지 지속되었다. 이후 단계 조정을 통해 10월 20일 PSBB 전환기 2단계가 시작되었다.[4] 한편 인도네시아에 첫 확진자 발생 후 코로나19 대응 초기에 중앙정부와 지방정부의 갈등 국면이 나타났다. 자카르타 주지사는 수도 봉쇄를 촉구했으나 대통령은 이를 거부한 것이다. 대통령이 코로나19의 급속한 확산을 늦추는 정책 대응에 주저하자 자카르타 주지사는 주정부 주도의 방역을 실시하였다.

인도와 델리는(강성용 · 네기, 출간 예정) 2020년 1월 30일 인도 최초의 확진자가 발생한 후 3월 2일 델리에서 첫 확진자가 발생하였다. 이후 3월 12일 델리에 코로나19 유행이 선언되고 학교와 극장이 폐쇄되었으며 외국인 입국 금지 정책이 시작되었다. 3월 13일에는 스포츠 행사와 200명 이상의 행사가 금지되었고, 곧이어 3월 16일 50명 이상의 행사가 금지되었다. 3월 19일에는 델리의 모든 식당을 닫고 20명 이상의 모임을 금지하였다. 이러한 조치에도 불구하고 3월 31일 모슬렘 선교단체인 타블리기 자마아트(Tablighi Jamaat)의 종교행사에서

4 분석 시점 밖이지만, 2021년 1월 11일부터 확진자 증가로 인해 더 광범위한 사회 활동 제한 조치인 PPKM(Pemberlakuan Pembatasan Kegiatan Masyarakat)이 시행되었다.

집단감염이 발생하여 전국적 확산의 원인이 되었다. 4월 20일 인도 중앙정부는 특정 산업과 활동의 점진적 개방에 관한 지침을 발표하면서 각 주의 상황에 따라 재량권을 발휘할 수 있도록 하였다. 이에 델리 주지사는 규제 완화와 관련하여 시민의 공론을 따르는 방식을 채택하기로 했다. 그러나 델리의 확진자가 급증하자 중앙정부는 중앙정부에서 파견한 부지사를 통해 개입을 시도하기도 하여 협력과 갈등 양상이 동시에 나타났다.[5]

필리핀과 마닐라(엄은희 · 배경민, 출간 예정)는 2020년 1월 30일 필리핀의 첫 환자가 마닐라에서 발생하였고, 3월 7일 적색경보 1단계를 발효하여 3월 13일에는 적색경보 2단계로 격상하였다. 3월 13일부터 로드리고 두테르테(Rodrigo Duterte) 대통령이 마닐라의 봉쇄 조치를 승인하면서 마닐라를 오가는 여행 중단, 대규모 모임 금지, 한 달간 휴교 등의 조처를 하였다. 3월 24일에는 방역보다 훨씬 강력한 계엄령에 준하는 3개월 시효의 통제와 지원법인 바야니한 법안(Bayanihan to Heal as One Act)을 통과시키면서 국방부 장관을 책임자로 하는 코로나19 국가대응팀을 별도로 출범시켰다. 마닐라를 구성하는 퀘손시, 파식시 등도 코로나19 발생 초기부터 바이러스 확산을 막기 위하여 시장이 소셜미디어를 통해 시민과 적극적으로 소통하면서 시민 눈높이에 맞는 코로나19 확산 방지 정보를 지속적으로 제작하여 제공하였다. 그리고 QR코드를 활용한 동선 추적 시스템을 개발해 적극적으로 활용하였으며, 대부분의 대중교통 운영이 중단된 최고 수준의 봉쇄

5 델리 주지사가 델리 시민만을 대상으로 델리 시내 병원 입원 치료를 진행하겠다는 제한 조치를 발동하자, 인도행정공무원단(Indian Administrative Service, IAS) 소속인 부지사가 이 조치를 무효화시켰다.

기간 동안 환자나 보건 인력의 수송을 위한 오토바이 교통수단을 운영하는 등 다각적인 방안을 마련하였다. 또한 식당 내 취식 금지, 밤 10시 통금, 마스크 쓰기 등 사회적 거리두기 수칙 위반 시 벌금을 부과하고 군·경찰 배치를 늘리며 방역에 노력을 기울였다. 그러나 마닐라는 도시 내 임시 거주인, 노숙인 등의 밀집도가 높으며 의료 인프라가 부족한 상황이라 코로나19 확산을 막기엔 역부족이었던 것으로 보인다. 이는 국가적 차원에서 동남아 11개국 중 필리핀이 두 번째로 많은 확진자 수를 기록하고, 마닐라의 100만 명당 확진자 수와 사망자 수가 필리핀 전체 확진자 수와 사망자 수의 4배에 이르는 결과를 가져왔다.

이처럼 각 개발도상국 대도시의 대응 상황을 종합해 보면 대도시의 대응이 미흡했을 것이라는 가설과 달리 자카르타, 델리, 마닐라 모두 석 달 가까운 강력한 봉쇄 정책을 도입하여 적극적으로 대응한 것으로 나타난다. 옥스퍼드 정책 대응 자료를 분석한 IMF의 보고서(IMF, 2020)에 따르면 코로나19 확산 초기, 즉 첫 100명의 확진자가 발생한 시점에서 최고 엄격한 대응을 100으로 볼 때, 개발도상국인 필리핀은 75 수준으로 강력하게 대응하였다. 인도, 한국, 인도네시아도 모두 48.2, 45.4, 43.5로 강력하게 대응하였다. 반면 프랑스 19.4, 미국 11.1, 영국 11.1 등 선진국은 상대적으로 느슨하게 대응하였다. 하지만 최초 확진자가 일찍 발생한 국가의 대도시라 하더라도 2020년 3월 12일 이후 본격적인 사회적 거리두기 정책을 도입하였음을 확인할 수 있는데, 이것은 3월 12일 세계보건기구가 팬데믹을 선언한 시점과 일치한다. 결국 코로나19 초기 확산 단계에서 적극적 방역을 하지 못하였고, 이후 감염이 확산한 시점에서야 봉쇄 정책이 이루어졌기 때문에 강력한 봉쇄 정책을 채택했음에도 불구하고 그 효과가 크지 않았다는 점을 확인할 수 있다.

한편 분석 대상인 선진국의 대도시가 개발도상국의 대도시에 비해 더 빠른 속도로 대응했다는 경험적 증거는 찾기 힘들다. 런던과 파리는 개발도상국 대도시에 비해 빠른 속도로 대응했다고 볼 수 없지만, 뉴욕과 도쿄는 최초 확진자 발생 후 비교적 빠른 시간에 첫 대응을 하였기 때문이다. 영국(손정원, 출간 예정)에서는 2020년 1월 22일에 최초 확진자가 발생하였고, 런던에서는 2월 12일에 최초 확진자가 발생하였다. 3월 3일 영국 정부의 종합대책이 발표되었으나 3월 20일 영국 전체 초중고등학교 폐쇄, 3월 23일 전국적 봉쇄 정책 등 적극적 대응을 하기까지는 다른 개발도상국 국가들과 비슷한 시차를 보인다. 런던은 영국의 수도로 정치·경제의 중심지임에도 불구하고 중앙정부와 구별되는 정책은 특별히 내놓지 못했다. 이는 방역 정책의 중심인 재난관리본부를 중심으로 한 중앙정부 기관에 비해 광역자치단체의 힘이 약해 지방정부 차원의 대응 기구를 구성하지 못하는 영국의 정치 · 행정 특성에 기인한 것이라고 할 수 있다.

프랑스(이승호, 출간 예정)는 2020년 1월 24일에 첫 확진자가 발생하였으나 2월 23일에서야 코로나19 대응 체계를 발표하면서 1단계 대응을 시행하였다. 3월 12일 제1차 대통령 발표에서 학교 폐쇄와 100명 이상 모임 금지가 발표되었는데 당시 확진자 수가 2,800명 수준이었다. 프랑스는 3월 17일 기업 재택근무 강력 권고, 사적 모임 금지, 이동 제한 등을 주 내용으로 한 1차 봉쇄령을 내려 신속한 대응을 했다. 그러나 4월 13일 1차 봉쇄령 완화를 발표하고 5월 11일부터 완화 정책을 실시함으로써 성급한 완화 정책을 추진했다는 비판을 받게 된다. 그 결과 11월 2차 확산 시 일일 확진자가 8만 7천 명에 달했다.

강력한 봉쇄 정책의 결과 확진자 증가 추세를 감소시킬 수 있었지만, 여전히 감염자 수 자체는 한국과 비교해 보면 상당히 높은 수준이다. 코로나19 확산 초기에 프랑스는 중앙정부의 일괄적인 국가 단위 조치로 대응하였으나, 시간이 지나면서 점차 지역별 상황을 고려해 지방정부에게 권한을 넘기는 방식을 택하였다. 파리는 확진 규모가 컸기에 보건 · 의료 정책은 국가 단위의 대응책을 따르면서도 시민 지원 정책은 자율적으로 운영하는 모습을 보인다.

반면 뉴욕(김진원 · 김재형, 출간 예정)에서는 2020년 3월 1일 첫 확진자가 발생한 이후 3월 7일 뉴욕주지사가 비상사태를 선포했다. 이 비상사태 선포는 트럼프가 연방정부 차원에서 선언한 국가비상사태보다 6일이나 빨랐다. 3월 12일에는 뉴욕시가 비상사태를 선포하였고 3월 16일에는 뉴욕 공립학교를 폐쇄하였다. 미국의 다른 지역에 비해 신속하게 대응한 결과, 뉴욕은 앞의 〈그림 2〉에서 확인할 수 있듯이 심각한 2차 확산이 9월까지는 관찰되지 않았다. 하지만 10월 이후 확진자 수가 점차 증가하여, 추수감사절과 연말연시 연휴가 이어진 11월과 12월에 더욱 급격한 확산 추세를 보인다. 확진자 증가 추세에도 사망자 수는 상대적으로 줄어든 데 기초하여 뉴욕주와 뉴욕시는 확진율을 토대로 하는 전체 봉쇄(lockdown)보다 지역사회 단위 봉쇄에 초점을 맞추었다. 뉴욕은 주정부와 시정부 간 갈등이 두드러진다. 앤드루 쿠오모 주지사와 빌 드 블라지오 시장은 모두 민주당 소속임에도 불구하고 정치적 · 정책적으로 자주 충돌해 왔고, 코로나19 정책 대응에서도 갈등이 표출되고 있다.[6] 2020년 대선 이후 바이든 행정부

6 일례로 공립학교와 사업장 폐쇄 여부를 우편번호에 따른 확진율로 결정했으나

가 백신 접종에 있어 연방정부의 역할을 강화하고 주지사에게 마스크 착용 의무화를 요구함에 따라 연방정부-주정부-시정부의 공조가 강화될 것으로 예측되고 있다.

일본(남기정 · 박승현, 출간 예정)에서도 2020년 1월 16일 최초 확진자가 발견된 후 1월 24일에 도쿄도 내의 외국인 입원자의 감염이 확인되었다. 1월 31일 중국 후베이성 출발 입국자를 거부한 데 이어 2월 26일 한국의 대구시 출발 입국자를 거부하는 등 물가에서 적을 퇴치한다는 의미의 코로나 국내 유입 차단 조치인 '미즈기와(水際) 대책'을 적극적으로 시행하였고, 1월 30일에 설치된 신형코로나바이러스감염증대책본부와 2월 14일에 구성된 전문가 회의를 중심으로 신속하게 대응하였다. 전문가 회의가 종료된 이후에는 신형코로나바이러스감염증대책분과회가 설치되어 방역과 경제라는 두 마리 토끼를 잡겠다는 의지를 보였다. 3월 31일까지 누적 확진자 수는 1,953명으로 초기 대응은 효과적이라고 할 수 있었다. 그러나 5월 25일 긴급사태를 전면적으로 해제하고 경제회복을 명분으로 7월 22일부터 '고투 트래블(Go to Travel)' 캠페인이 시행되면서 확진자 수가 급격히 증가하여 8월 초 신규 확진자 수가 2천여 명에 달했다. 12월 중순 다시 일일 확진자 수가 3천 명대로 증가하였으나 강력한 사회적 거리두기 정책 도입을 머뭇거렸고[7] 그 결과 2021년 1월에는 5천 명 이상의 일일 확

주지사는 우편번호와 학군이 일치하지 않으므로 적절치 않은 자료라고 판단해 새로운 정책을 제시하고자 하였는데, 이 과정에서 주지사와 시장 간 갈등이 표출되었다.

7 분과회가 영업 폐점 시간을 오후 8시로 단축할 것을 제안했으나, 사업자의 불응이 예상되고 중증자가 많지 않다는 이유로 도쿄는 이를 받아들이지 않았다.

진자가 발생했다.[8] 특히 2020년 개최 예정이었던 도쿄올림픽은 코로나19 대응과 방역에 있어 정치 · 경제적 판단이 개입되는 원인 중 하나였다. 도쿄올림픽을 정상적으로 개최할 때에도 총 126억 달러(약 15조 7천억 원)의 예산이 투입되는 것으로 추산되었는데, 2021년으로 개최가 연기되면서 손실액은 최소 5,500억 엔(약 6조 2천억 원)에서 최대 7천억 엔(약 7조 9천억 원)에 달할 것으로 추산된다.[9] 한편 도쿄는 중앙정부와 별개로 2020년 7월 이후 의사와 감염병 전문가 등으로 구성된 도쿄도 신형코로나바이러스감염증 모니터링 회의를 매주 개최하여 대응하고 있다.

한편 서울의 코로나19 확산 통제는 다른 대도시와 비교할 때 몇 가지 인상적인 측면이 있다. 무엇보다 서울은 전국 인구 대비 19.4퍼센트가 몰려 있는 대도시임에도 불구하고 초기 확산 수준은 매우 낮았다. 2020년 1월 24일 서울시에 최초의 확진자가 확인된 이후 3월 31일까지 508명의 감염자밖에 발생하지 않았다. 또한 8월 중순 이후 재확산 시기에도 최대 일일 확진자 수는 8월 19일 발생한 151명이었다. 서울시는 과거 메르스(MERS)의 경험 등으로 2~3월에 코로나19를 매우 심각한 감염병으로 인식하고 강도 높은 검사, 신속한 정보제공, 접

8 이 연구의 분석 시점 밖이지만, 중앙정부와 대도시 간 코로나19 정책 대응에서 갈등 기제가 존재하는 상황이 나타나 간략히 소개한다. 연말연시를 지나며 도쿄도지사와 가나가와 · 지바 · 사이타마현지사, 1도 · 3현 광역자치단체장이 중앙정부에 긴급사태선언 재발령 검토를 요청하였다. 일본 정부는 3월 22일부터 긴급사태 해제를 결정하였으나, 도쿄도지사는 도내 감염자 수가 늘어나고 있음에 경계감을 표현하였다.

9 "도쿄올림픽, 역대 하계대회 중 최대 개최 비용 … 최소 19조 원", 연합뉴스, 2020. 3. 25.

촉자 추적을 하였으며, 정부의 공적 마스크 제공과 같은 정책을 통해 감염 통제에 적극적으로 나섰다. 주목할 것은 2~3월에는 다른 대도시들이 주로 채택한 지역 봉쇄와 같은 강압적인 정책을 펼치기보다는 시민의 자발적인 방역 참여를 기반으로 하는 정책으로 대응했다는 점이다. 일부 심각한 확산이 관찰되는 해외 지역을 제외하고는 여행을 금지하지 않았고 대중교통도 운행 자체를 제한하기보다 마스크 착용과 수시 소독 등 시민의 자발적 방역 참여에 집중하였다. 방역에 관한 시민의 자발적 순응 정도는 마스크 공급과 이동성 추세를 살펴보면 잘 나타난다. 마스크의 주간 생산량은 2월 4주 차에는 6,999만 개였는데 7월 3주 차에 이르면 2배 가까이 증가하여 1억 4,883만 개까지 증가한 것으로 나타난다(식품의약안전처, 2020). 이외에도 손 세정제 등을 비롯한 개인 방역 노력이 보편적인 문화로 자리 잡으면서 1차 확산을 성공적으로 극복할 수 있었다.

한편 8월부터 감염자가 점차 증가하면서 8월 19일 서울에서 사회적 거리두기 2단계가 실시되었다. 고위험시설(클럽, 유흥주점, 노래연습장)의 운영을 중단하고 공공기관은 유연 · 재택근무 등을 통해 근무 인원을 제한하고, 교회는 비대면 예배만을 허용하는 등 1차 확산보다 강압적인 정책 접근을 채택한 것이 특징이다. 이것은 런던, 파리, 도쿄가 1차 확산 이후 대응 수준을 급격히 완화하면서 심각한 수준의 2차 확산이 발생했다는 점과 비교하면, 서울은 시민의 자발적 개인 방역 노력과 정부의 지속적인 방역 노력이 함께 결합되어 2차 확산까지 통제할 수 있었다는 것을 시사한다.

2020년 11월 이후 3차 확산은 1, 2차 확산과 달리 대규모 집단감염보다는 불특정 집단에서 다발적으로 감염이 나타났다. 한국은 「감염병 예방 및 관리법」에 따라 질병관리청장이 감염병 예방 및 관리에 관한 기본계획을 수립하고, 이를 바탕으로 지방자치단체장이 구체적인 시행계획을 수립하게 되므로(제7조), 중앙정부가 제시한 큰 틀에서 서울의 특성에 맞게 운영된다. 서울의 사회적 거리두기 캠페인은 중앙정부 차원의 사회적 거리두기 캠페인보다 약 2주 빠르게 시작되어 대도시의 자율성을 확인할 수 있었다.

## 코로나19 통제 및 치료와 대도시의 효율성

앞서 살펴본 바와 같이 분석 대상 국가와 대도시는 여러 차례 재확산 과정을 겪었으며 대부분 1차 확산보다 이후 발생한 2차 혹은 3차 확산에서 더 많은 확진자가 발생하였다. 또한 파리, 뉴욕, 도쿄를 제외한 모든 대도시에서 인구 100만 명당 확진자 수가 국가 전체보다 많은 것으로 나타났다. 특히 자카르타, 델리, 마닐라는 국가 전체와 비교해 확진자 수가 훨씬 많았다. 이것은 개발도상국은 대도시가 코로나19 감염에 특별히 더 취약할 수 있음을 시사한다. 또한 선진국이나 개발도상국 모두 1차 확산 때보다 2차 확산 때 확진자 수가 대부분 높은 것으로 보아 전파력이 높은 코로나19와 같은 감염병은 언제든지 재확산이 일어날 수 있음을 알 수 있다. 그리고 1차 확산 당시의 방역 경험을 통한 학습이 2차, 3차 확산을 예방 · 통제하는 데 긍정적 기여를 하지 않을 수도 있음을 시사한다. 여러 개의 정점이 반복되면서 후반기 정점의 확진자 수가 많거나, 정점이 없이 꾸준히 확진자 수가 증가하는 것은 감염병 통제가 제대로 이루어지지 못했음을 보여 준다. 자카르타, 델리, 런던, 도쿄가 대표적인 사례라고 할 수 있다.

대응의 효과성과 관련해서 특히 주목할 만한 것은 1차 확산과 2차 확산 사이의 사망자 수 차이이다. 런던, 파리, 뉴욕 등 선진국의 대도시는 1차 확산과 비슷하거나 혹은 그보다 빠른 속도로 2차 확산의 신규 확진자가 증가하고 있음에도 불구하고 사망자 수는 〈그림 3〉에서 보듯 1차 확산에 비해 크게 낮다. 런던의 1차 확산 시기에 인구 100만 명당 신규 사망자 수는 20명을 넘었다. 그러나 2차 확산 시기에는 일일 확진자 수가 1차 확산 때보다 많이 증가하여 1천 명을 넘어섰음에도 일일 사망자는 최대 5명을 넘지 않는다. 반면 자카르타, 델리, 마닐라 등은 신규 확진자의 증가와 사망자 수의 증가가 정적으로 진행되거나 오히려 1차 확산 때보다 신규 사망자가 많은 추세가 나타났다.

대도시 방역의 효율성 측면에서 주목할 점은 국가와 대도시별로 1차 확산과 2차 확산 간의 치사율이 감소한 정도가 다르다는 사실이다. 코로나19와 같이 새롭게 출현하였고 장기적으로 통제가 되지 않은 감염병은 방역 과정에서의 학습이 필수적이다(Lee, Hwang and Moon, 2020). 그리하여 초기에 감염병 확산을 방지하기 위하여 도입한 다양한 정책의 효과성을 지속적으로 검증하여 성공적인 정책 대응은 확대하고 성공적이지 못한 대응은 수정하는 노력으로 방역의 효율성을 점차 높일 수 있는 것이다.

이를 살펴보기 위하여 2020년 1월 이전과 이후, 국가와 도시의 확진자 수 대비 사망자 수, 즉 치사율(case fatality rate)을 비교해 보았다. 9월 이후 우리나라를 비롯한 여러 국가에서 제2차 확산 경향이 나타나기 시작했다.[10] 이러한 점을 고려하여 1차 확산과 2차 확산의 치사

10 "코로나 2차 확산 닥쳤다 … 버티던 유럽 제한 조치 속속 재개", 연합뉴스 , 2020. 9. 19.

율을 비교하였다. 〈표 4〉에서 확인할 수 있듯 필리핀과 서울을 제외하고 모든 국가와 도시가 9월 1일 이후 치사율이 감소하였다. 영국은 9월 이전 12.3퍼센트이던 치사율이 9월 이후 1.5퍼센트로 감소하였고

| 그림 3 | **국가와 대도시의 인구 100만 명당 사망자 추세**

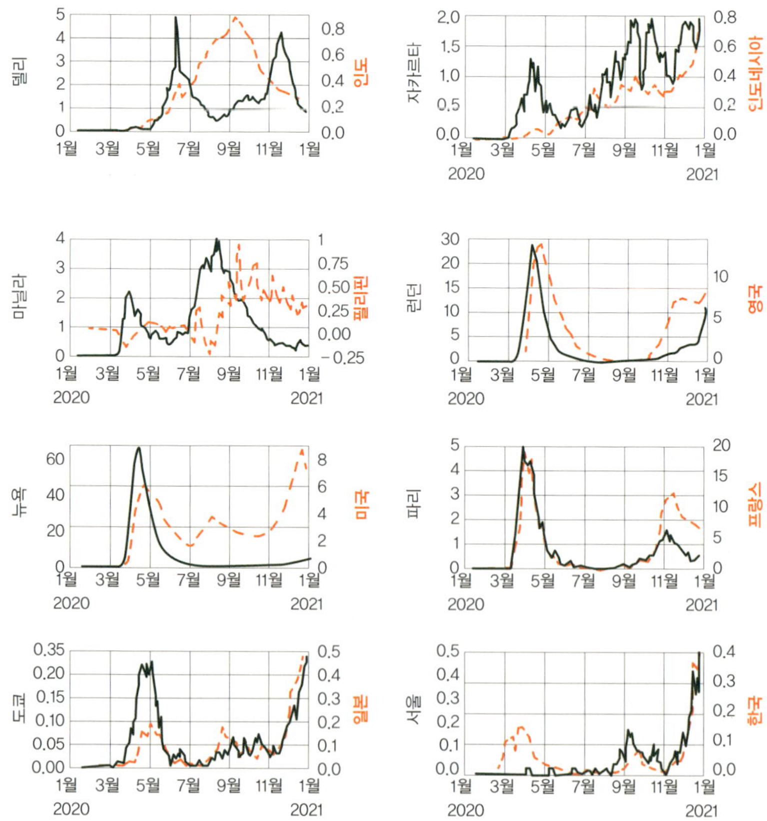


자료: Our World in Data와 각 대도시의 코로나19 대응 기관 홈페이지를 참고하여 저자 작성.

주: 실선은 대도시, 점선은 국가 추세(단, 국가 추세는 국가 사망자에서 대도시 사망자 제외한 것).

| 표 4 | **국가와 대도시의 치사율 비교**

(단위: 퍼센트)

| 국가 | 치사율 | | 차이 값 | 도시 | 치사율 | | 차이 값 |
|---|---|---|---|---|---|---|---|
| | 8/31 이전 | 9/1 이후 | | | 8/31 이전 | 9/1 이후 | |
| **인도네시아** | 4.24 | 2.56 | −1.69 | **자카르타** | 2.98 | 1.47 | −1.51 |
| **인도** | 1.77 | 1.27 | −0.50 | **델리** | 2.54 | 1.33 | −1.22 |
| **필리핀** | 1.61 | 2.23 | 0.62 | **마닐라** | 2.32 | 1.69 | −0.64 |
| **영국** | 12.30 | 1.52 | −10.78 | **런던** | 15.44 | 0.64 | −14.80 |
| **프랑스** | 9.54 | 1.40 | −8.14 | **파리** | 15.01 | 0.88 | −14.12 |
| **미국** | 3.06 | 1.15 | −1.91 | **뉴욕** | 8.21 | 0.85 | −7.36 |
| **일본** | 1.90 | 1.18 | −0.72 | **도쿄** | 1.74 | 0.69 | −1.05 |
| **한국** | 1.61 | 1.31 | −0.29 | **서울** | 0.58 | 0.99 | 0.41 |

자료: 각 대도시의 코로나19 대응 기관 홈페이지를 참고하여 저자 작성.

런던은 15.4퍼센트에서 0.6퍼센트로 더 많이 감소하였다. 프랑스 역시 9.5퍼센트에서 1.4퍼센트로, 파리는 15.0퍼센트에서 0.9퍼센트로 감소하였다. 미국도 3.1퍼센트에서 1.2퍼센트, 뉴욕은 8.2퍼센트에서 0.9퍼센트로 크게 감소하였다. 치사율 감소 정도가 대도시에서 더 큰 것은 대도시가 위기 대응 과정에서 학습을 통해 방역 효과성을 높인 결과로 해석할 수 있다. 대도시의 치사율 감소 효과는 선진국에서 특히 두드러진다. 런던은 1차 확산보다 2차 확산 시기에 확진자 수가 크게 증가하였음에도 치사율은 큰 폭으로 하락하여 피해를 최소화하였다. 파리와 뉴욕도 1차 확산보다 2차 확산 시기의 치사율이 큰 폭으로 하락하였다. 학습과 회복력(resilience)의 관점에서 선진국이 의료 역량을 동원하여 초기의 높은 사망률을 빠르게 줄인 점은 주목할 만하다.

## 대도시 전염병 대응 경험의 시사점

세계의 주요 대도시들이 직면한 상황은 모두 다르기 때문에 국가 간 비교연구가 매우 어렵고, 그 결과 대도시 간 상황을 비교한 연구도 찾기 어렵다. 이런 상황에서 국제적 허브 역할을 하는 대도시, 특히 국가의 수도로부터 다른 지역으로 감염병이 전파된다든지, 후진국의 대응 수준이 열악하다든지, 혹은 코로나19처럼 선진국 시스템이 개도국 시스템보다 못하다든지 하는 식의 단편적 주장이 반복적으로 제기되고 있다. 비교연구의 목적은 일반화된 결론을 도출하는 데 있는 것이 아니라 다양한 현상을 살펴봄으로써 유사성과 차이점에 관한 인식의 지평을 넓히는 데 있고, 이것은 재난 대응 시 민첩하고 창의적인 정책 대응에 기여할 수 있다.

이 연구는 감염병의 전파와 대응 과정에서 대도시의 역할에 주목하면서 각국 대도시의 코로나19 확산 현황과 대응을 비교분석하였다. 분석 자료의 신뢰성 문제, 분석 대상 도시의 제한 등 연구의 한계에도 불구하고, 분석 결과를 통해 다음과 같은 주요 대도시의 코로나19 대응 특성과 정책적 시사점을 확인할 수 있었다.

첫째, 대도시의 코로나19 확산 추세는 국가별로 상이했다. 뉴욕과 같이 초기의 급격한 확산을 성공적으로 통제하여 2020년 10월 말까지 2차 확산을 선제적으로 통제한 대도시도 있고, 델리, 마닐라, 런던, 파리처럼 2차 확산의 규모가 1차 확산보다 훨씬 크게 나타나는 곳도 있다. 현실에서 다양한 패턴으로 관측되는 도시별 확산 과정을 모니터링할 수 있는 시스템 개발을 위해 협력 체계가 필요하며, 국가와 대도시의 맥락에 맞는 감염병 확산 모형이 개발되어야 함을 알 수 있다.

둘째, 수도와 같은 대도시를 중심으로 감염병 확산이 이루어지고 이것이 전국으로 퍼져 나간다는 가설이 항상 타당한 것은 아님을 알 수 있다. 미국처럼 코로나19의 확산이 대도시와 국가 전체가 상호 영향을 주면서 진행되기도 하고 특정한 선 · 후행 관계가 없이 확산되기도 했다. 이것은 특정 대도시를 확산 원인으로 단정하고 이 지역에 집중하여 감염병을 통제하는 접근은 효과적이지 않을 수 있음을 시사한다. 극단적으로 특정 대도시를 봉쇄한다고 해서 감염병 확산이 방지될 수 있다고 생각하는 것은 지나치게 낙관적인 견해라고 할 수 있다.

셋째, 대도시가 가진 풍부한 자원과 사회기반시설 덕분에 감염병 확산과 통제를 더 효과적으로 할 수 있다는 가설도 항상 지지되지는 않았다. 델리, 마닐라, 런던, 파리, 뉴욕, 도쿄에서는 코로나19 확산 후기로 갈수록 사망자가 감소하여 치사율이 감소하는 등 효과적인 상황 통제율을 보여 주는 데 비해 자카르타와 서울에서는 치사율 감소 폭이 다른 지역에 비해 더 낮다는 경험적 증거를 제시하지 못했다.

넷째, 초기 정책 대응의 중요성과 지속 가능한 대응의 중요성이다. 대부분 국가나 대도시에서 2020년 1월 중순부터 초기 확진자가 발견되기 시작하였으나 적극적인 대응 정책이 도입되기 시작한 것은 세계보건기구가 팬데믹을 선언한 3월 12일 전후였다. 초기에 코로나19의 심각성을 시민과 정부가 인식하여 개인 방역을 강화한 도쿄나 서울은 1차 확산을 효율적으로 통제할 수 있었다. 하지만 런던이나 파리와 같이 1차 확산 이후 지속적인 방역 시스템을 유지하지 못한 채 방역 정책을 완화하였을 때 심각한 2차 확산을 경험하였음을 확인할 수 있다. 이 경험은 지역 봉쇄나 강력한 이동 제한 정책과 같이 지속 가능하지 않은 정책으로는 2차 혹은 3차 확산의 위험을 예방하기 어렵다는 것을 시사한다. 서울의 경험이 보여 주듯이 시민이 개인 방역에 자발적으로 참여하고, 정부가 확산을 신속하게 모니터링하는 접근을 취하는 것이 시민의 방역 피로도를 낮추면서도 추가 확산 정도를 완화시킬 수 있다. 사실 서울도 8월 확산과 11월 이후의 확산 추세에서 나타나듯이 정부의 사회적 거리두기 정책이 오래 지속되면서 경제에 부정적 충격이 누적되어 3단계 사회적 거리두기 정책 도입을 주저할 수밖에 없었다. 정책 대안이 제한된 상황에서 시민의 자발적 개인 방역의 참여를 통해 유럽 국가와 같은 폭발적 감염자 수의 증가를 막아 냈다는 것은 시사하는 바가 크다. 즉 단기적으로는 사회적 거리두기 정책을 통해 감염병 전파를 어느 정도 통제할 수 있지만, 시민의 자발적 참여가 전제되지 않고서는 반복되는 확산 추세를 효과적으로 막을 수 없는 것이다.

이러한 연구 결과는 코로나19 대응 관련 비교연구를 통한 이론화 작업에도 큰 시사점을 준다. 코로나19 대응과 관련된 국가 간 비교연구를 통해 일반화된 최적 대응 전략을 유도하려는 많은 시도가 이루어지고 있다(Alon, Kim, Lagakos and Van Vuren, 2020; An and Tang,

2020). 그러나 코로나19의 확진자와 사망자 추세 같은 간단한 변수를 분석하더라도 국가 간 이질성은 매우 큰 것으로 나타난다. 특히 이 연구가 제기했듯 대도시와 국가의 대응 또는 대도시 간의 대응으로 비교 대상을 넓혀도 단순히 선진국의 대응이 효과적이었다든지, 강력한 사회적 거리두기 정책이 효과적이었다든지, 혹은 대도시가 다른 도시보다 더 효과적으로 대응하였다는 식의 단순 가설은 매우 위험한 논리라고 할 수 있다. 따라서 앞으로 대도시 간 비교를 위한 사례연구는 각 대도시의 대응 과정에 관련된 여러 변수를 개별 사례분석을 통해 살펴본 후 이들이 어떻게 대응 효과성에 영향을 주었는지를 종합하는 방향으로 진행될 필요가 있다.

감염병 대응에 나타난 중앙정부와 지방정부의 관계에서도 시사점을 찾을 수 있다. 중앙정부와 지방정부의 코로나 대응 정책에 큰 차이를 보이지 않는 한국과 달리 많은 나라에서 지방정부의 자율적 대응 노력이 보인다는 점에 주목할 필요가 있다. 강력한 중앙정부 중심의 코로나 대응 방식의 장점은 존재할 수 있지만 대도시가 가진 정보와 자원을 고려한다면 감염병 대응에서 적절한 수준의 자율성을 지방정부에 부여하는 것은 필요함을 시사한다. 예를 들어 학교 폐쇄, 직장 폐쇄, 이동 제한 등의 다양한 정책은 중앙정부가 기본 지침은 제시하더라도 지방정부의 상황에 따라 그 강도와 시기를 선택할 수 있는 정도의 자율성은 필요할 것이다.

## | 부록 1 | 분석 대상 국가와 대도시의 주요 사건과 코로나19 대응 정책

| 국가/대도시 | 주요 사건과 대응 정책 |
|---|---|
| 인도네시아/자카르타 | **2020년 3월 2일** 인도네시아 첫 확진자, 6일 자카르타 코로나 대응팀 발족, 16일 자카르타 휴교, 18일 자카르타 사회적 거리두기<br>**2020년 4월 10일** 자카르타 대규모 사회 제약(PSBB), 23일 자카르타 라마단 기간 귀향 금지, 위험지역으로 이동 금지<br>**2020년 6월 5일** PSBB 종료 및 과도기(기존 보건 수칙을 준수하며 단계적 경제 활동 허용)<br>**2020년 7월 13일** 전국 개학(자카르타는 개학하지 못함)<br>**2020년 9월 6~9일** 옴니버스법 시위, 9일 자카르타 비상 상황 선언, 14일 PSBB 2단계 시작<br>**2020년 10월 12일** PSBB 과도기(수용 인원 제한, 전파 위험이 높은 업종 운영 불허, 방문자 기록 요구, 2021년 1월 10일까지 지속) |
| 인도/델리 | **2020년 1월 30일** 인도 첫 확진자<br>**2020년 3월 2일** 델리 첫 확진자, 10일 시크교 축제 집단감염, 12일 델리 코로나 유행 선언(외국인 입국 금지(체류 자격 자동 연장)), 학교와 극장 폐쇄, 13일 국경 봉쇄, 16일 델리 50명 이상 모임 금지, 19일 델리 식당 폐쇄, 20일 델리 모든 상업 활동 중지, 22일 14시간 이상 통행금지, 24일 델리 전체 봉쇄 실시<br>**2020년 4월 4일** 긴급 배급 실시, 28일 의료복지 격리 조치 완화<br>**2020년 5월 17일** 봉쇄 연장, 25일 델리 국내선 항공 운항 재개<br>**2020년 6월 1일** 인도 봉쇄 해제 1단계(위험 도시 봉쇄 지속, 나머지는 점진적 해제), 델리 1주일 봉쇄<br>**2020년 7월 1일** 인도 봉쇄 해제 2단계(교육기관, 지하철, 유흥시설 폐쇄)<br>**2020년 8월 1일** 인도 봉쇄 해제 3단계(야간통행제한 폐지)<br>**2020년 9월 1일** 인도 봉쇄 해제 4단계(행사 모임 제한적 허용), 21일 일부 지역 9~12학년 부분 등교<br>**2020년 10월 1일** 인도 봉쇄 해제 5단계(개학 허용), 공격적 추적과 검사 전략<br>**2020년 11월** 검사센터 확대, 마스크 미착용자에 더 무거운 벌금 부과 |
| 필리핀/마닐라 | **2020년 1월 30일** 필리핀(마닐라) 첫 확진자<br>**2020년 2월 2일** 마닐라 첫 사망자<br>**2020년 3월 12일** 국가재난사태 선포, 15일 마닐라 강력한 지역사회 격리, 24일 필리핀 바야니한 법(계엄령에 준하는 강력한 지역사회 격리로 휴교령, 재택근무, 지역사회 이동 금지, 국제여행 전면 금지 등이 포함됨) 발효<br>**2020년 6월 1일** 마닐라 봉쇄 정책 완화, 25일 필리핀 바야니한 법 소멸<br>**2020년 7월 30일** 필리핀 대량 회복 프로그램 실시(의료 역량 보호를 위해 시간 기반 회복을 결정)<br>**2020년 8월** 누적 확진자 10만 명을 넘어서며 아시아 1위<br>**2020년 9월 18일** 필리핀 국가재난사태 1년 연장 포고령 |

| | |
|---|---|
| **영국/ 런던** | **2020년 1월 22일** 영국 첫 확진자<br>**2020년 2월 12일** 런던 첫 확진자<br>**2020년 3월 3일** 영국 종합대책 발표, 19일 런던 야간 지하철 운행 중단, 20일 영국 초중등학교 폐쇄, 다중이용시설 폐쇄, 영국 일자리 유지 정책 발표, 23일 영국 전체 봉쇄 실시<br>**2020년 5월 10일** 영국 외출 금지 부분 해제<br>**2020년 6월 1일** 영국 초등학교 일부 등교, 6일 런던 인종 차별 반대 시위(Black Lives Matter, 흑인의 생명도 소중하다), 24일 영국 다중시설 마스크 사용 의무화<br>**2020년 8월 28일** 영국 초등학교 전면 등교<br>**2020년 9월 14일** 영국 6인 이상 집합 금지<br>**2020년 12월** 런던 확진자 수 급증으로 휴교(온라인 수업) |
| **프랑스/ 파리** | **2020년 1월 24일** 프랑스 첫 확진자<br>**2020년 2월 14일** 프랑스 첫 사망자, 23일 코로나 대응 체제 설립/코로나 대응 1단계, 29일 코로나 대응 2단계<br>**2020년 3월** 뮐루즈(Mulhouse) 공장 집단감염 확산, 9일 프랑스 1천 명 이상 모임 금지, 11일 노인요양시설 방문 금지, 12일 학교 폐쇄, 재택근무 강력 권고, 100명 이상 모임 금지, 14일 코로나 대응 3단계/비필수적 상업 활동 금지, 15일 지역 선거, 17일 전국 1차 봉쇄<br>**2020년 4월 7일** 파리 개인 운동 금지<br>**2020년 5월 11일** 1차 봉쇄 완화<br>**2020년 6월 2일** 2차 봉쇄 완화(1시간 이동 제한 해제, 대중교통 마스크 의무화, 식당 외 상점 재개), 22일 3차 봉쇄 완화(학교, 레스토랑, 영화관, 카지노, 운동시설 오픈)<br>**2020년 7월** 코로나 재확산<br>**2020년 8월 7일** 파리 마스크 착용 의무화<br>**2020년 9월 1일** 회사 내 마스크 필수, 14일 지역별 조치 강화(레스토랑 금지, 학교 내 마스크 작용 의무화), 26일 최고 경계 지역 발표<br>**2020년 10월 5일** 파리 최고 경계 지역 발표, 15일 일부 지역(파리 포함) 통행금지령, 28일 전국 2차 봉쇄 발표(10월 30일~12월 1일) |
| **미국/ 뉴욕** | **2020년 3월 2일** 뉴욕 첫 확진자, 7일 뉴욕 비상사태 선포(유연근무, 원격근무 권고), 10일 뉴욕 뉴로쉘 지역 폐쇄, 11일 뉴욕주립대학 온라인 수업, 12일 뉴욕 500명 이상 이벤트 금지, 브로드웨이 등 공공시설 폐쇄, 16일 뉴욕 공립학교 휴교, 19일 뉴욕 모기지 납부유예, 22일 뉴욕 비필수 노동자 재택근무, 사회적 거리두기<br>**2020년 4월 10일** 뉴욕 저소득층 긴급지원, 15일 뉴욕 공공장소 마스크 의무화, 17일 뉴욕 이민자 긴급구호, 27일 뉴욕 취약계층 지원<br>**2020년 5월 1일** 뉴욕 휴교, 4일 뉴욕 인근 주와 의료장비 공급 공동 협력, 14일 뉴욕 임차인 퇴거 금지<br>**2020년 6월 8일** 뉴욕 봉쇄령 완화 1단계, 22일 뉴욕 봉쇄령 완화 2단계, 23일 뉴욕 식품 무료 제공 서비스 연장<br>**2020년 7월 6일** 뉴욕 봉쇄령 완화 3단계, 20일 뉴욕 봉쇄령 완화 4단계 |

| | |
|---|---|
| | 뉴욕 유치원과 특수학교 등교, 29일 뉴욕 공립 초등학교 등교, 30일 뉴욕 음식점 실내영업 재개<br>**2020년 10월 1일** 뉴욕 중고등학교 등교, 4일 뉴욕 핫스팟 지역 폐쇄, 5일 집단감염 지역 내 적극적 조치 발동(cluster action initiative), 8일 뉴욕 169개 학교 폐쇄<br>**2020년 11월 19일** 뉴욕 모든 수업 온라인으로 전환 |
| **일본/ 도쿄** | **2020년 1월 30일** 일본 코로나 주대책본부 설치<br>**2020년 2월 3일** 다이아몬드 프린세스 집단감염, 26일 일본 이벤트 행사 자숙 요청<br>**2020년 3월 2일** 일본 모든 학교 임시휴교, 23일 올림픽 역사상 첫 연기 결정<br>**2020년 4월 7일** 7개 지역 긴급사태선언, 16일 3밀(밀폐 · 밀집 · 밀접) 정책/전 국민 재난지원금 10만 엔 지급 결정, 17일 전 가구에 천 마스크 지급<br>**2020년 5월 25일** 긴급사태선언 전면 해제<br>**2020년 7월 22일** 경제회복을 위한 고투 트래블 캠페인<br>**2020년 8월 10일** 일본 일주일 확진자 1만 명 증가, 28일 아베 총리 사의 표명<br>**2020년 9월** 스가 총리 취임 후 경제우신 정책, 위드 코로나의 일상 회복 방향 발표<br>**2020년 10월 1일** 일본 체류자 중심으로 입국 허용, 도쿄 감염증대책센터 창설<br>**2020년 12월 14일** 고투 트래블 전국 일제 정지 발표 |

# 2장

## 뉴욕_미국:

## 실패와 성공을 거듭하며 회복을 향해 가다

PANDEMIC

**김진원** 뉴욕시립대학교 소속 뉴욕시공과대학교 사회학 조교수

**김재형** 한국방송통신대학교 문화교양학과 조교수

*뉴욕시공과대학교(New York City College of Technology)는 뉴욕시립대학교(City University of New York) 시스템에 속한 캠퍼스 중의 하나이다.

## 뉴욕의 코로나19 상황

### 코로나19 발생 추이

2020년 3월 1일 이란을 여행했던 한 여성이 뉴욕시의 첫 코로나19 감염 사례라고 쿠오모 주지사에 의해 확인된 바 있다.[1] 2021년 5월 15일 기준 뉴욕의 코로나19 확진자 수[2]는 94만 3,708명(확인 확진자 77만 8,508명과 가능 확인자 16만 5,200명)을 넘어섰으며, 사망자는 3만 3,065명(확인 사망자 2만 7,965명과 가능 사망자 5,100명)에 이른다.

〈그림 1〉에서 볼 수 있듯 뉴욕의 코로나19 상황은 2020년 3월과 4월에 심각했는데, 당시 최대 확진자와 사망자 수가 각각 6,578명(4월 6일)과 813명(4월 7일)에 달했다. 그러다 5월부터 확진자와 사망자 수가 급격히 감소하여 7월 4일에는 확진자 수가 132명으로 역대 최저치를 기록하기도 했다. 하지만 9월 이후 확진자가 점차 증가하며 2차 유행이 시작되었다. 특히 추수감사절에서 연말 연휴로 이어지는 11월

1 뉴욕시에서 제공하는 데이터에 따르면 뉴욕의 첫 확진 사례 발생일은 2월 29일이나, 쿠오모 주지사가 확인한 것은 3월 1일이다.

2 뉴욕시에서 발표하는 확진자와 사망자 자료는 코로나19 확인(confirmed) 확진자 수와 가능(probable) 확진자 수, 확인 사망자 수와 가능 사망자 수를 포함한다.

| 그림 1 | **뉴욕시 확진자 수와 사망자 수**

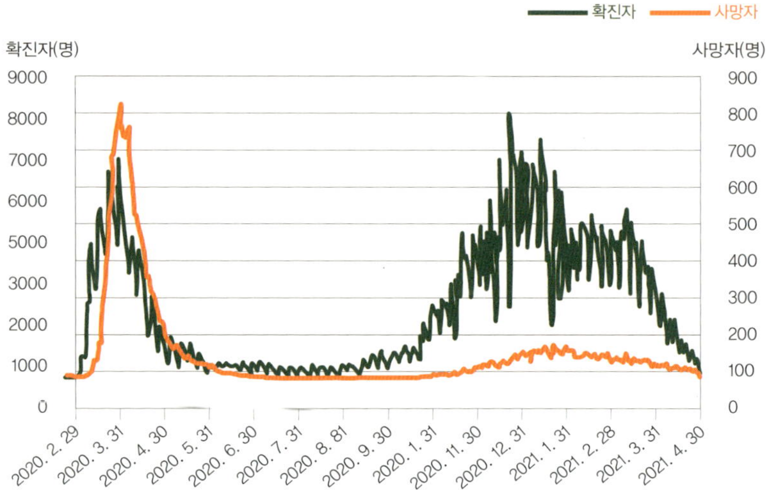


자료: 뉴욕시 보건국에서 제공한 2020년 2월 29일부터 2021년 5월 15일까지의 데이터를 참조하여 저자 작성.

에서 12월에 확진자가 급격히 증가하여 2021년 1월 4일에는 하루에 7,887명에 달하는 확진자가 나와 최고 기록을 갱신했다. 그러나 2020년 12월 첫 백신 접종이 시작된 이후 확진자와 사망자 수가 지속적으로 감소하면서 뉴욕시의 코로나19 상황은 점차 안정되었다.

## 진단검사

뉴욕시는 2020년 3월 3일부터 코로나19를 진단하기 위한 분자 검사(molecular test)를 시작했다. 당일 15명의 검사를 시작으로 검사 건수는 급격히 증가하여 4월 2일에는 1만 회를 돌파했고, 2021년 1월 4

일에는 가장 많은 9만 8,018회에 이르렀다.[3] 2020년 3월 3일에 실시한 15명의 검사에서 양성자가 1명 나와 검사 대비 양성률은 6퍼센트에 불과했으나, 3월 20일에 51퍼센트로 증가했다. 검사자 대비 양성률은 계속 증가하여 3월 28일에는 71퍼센트에 달했다. 이후 검사 건수가 증가하면서 양성률은 점차 감소하기 시작하였고, 코로나19의 확산세가 둔화되면서 더욱 감소했다. 11월 초 코로나19가 재확산되어 양성자가 급격히 증가했을 때도 검사 건수가 많았기 때문에 검사자 대비 양성률은 낮았다. 예를 들어 11월 2일 전날에 비해 확진자 수가 2배로 늘자, 검사량은 3배 가까이 늘어 검사 수 대비 확진율은 2퍼센트에 지나지 않았다.

한편 검사 건수가 늘면서 검사 결과가 나오는 시간은 점차 늦어졌다.[4] 3월 7일에는 검사량의 97퍼센트가 48시간 안에 보고되었는데, 검사 수가 증가한 3월 14일에는 검사량의 52.3퍼센트만이 48시간 안에 보고되었다. 그러나 뉴욕시의 검사 역량이 늘어나면서 2021년 1월 30일 이후에는 검사 건수의 약 80퍼센트가 48시간 안에 결과가 나오고 있다.

뉴욕시는 항원검사도 시행하고 있다. 항원검사는 현재 확진 여부가 아니라 과거 코로나19 바이러스가 몸 안에 머물렀던 적이 있는지를 확인하는 검사다. 항원검사는 3월 18일에 시작하여 점차 검사 건

3 "NYC Health - Corona Virus Data – Tests", New York City, https://github.com/nychealth/coronavirus-data/blob/master/trends/tests.csv.

4 "NYC Health - Corona Virus Data – Turn around", New York City, https://github.com/nychealth/coronavirus-data/blob/master/trends/testing-turnaround.csv.

수가 증가하다가 9월 말부터 가파르게 증가하여 9월 30일 1천 회를 돌파했고, 2021년 3월 1일에는 2만 6,502회에 이르렀으나 이후 감소하는 추세이다. 항원검사 수가 증가하던 시기는 9월 말 확진자 수가 다시 증가하는 시기와 겹친다.

뉴욕시의 코로나19 진단검사 대상자는 모든 뉴욕 시민으로, 증상이 있거나 확진자와 6피트(약 1.8미터) 내에서 10분 이상 접촉했을 때 검사를 받아야 한다. 코로나19의 전파가 증가한 지역에 거주했거나 10명 이상과 실내 모임을 가졌을 때도 검사를 받아야 한다. 그리고 공동 거주환경의 거주자나 근무자, 타인과 상호작용이 많은 사람도 주기적으로 검사해야 한다. 진단검사 초기에는 검사 역량의 한계로 증상이 심한 집단만 진단검사를 하다가 이후 진단검사 역량이 늘어나면서 검사 대상을 확대했다. 진단 장소는 병원, 보건소, 클리닉뿐만 아니라 약국, 정부 시설 등 뉴욕시 전역에 위치해 있다. 뉴욕시에서는 검사 시 신분을 물어보지 않는데, 이는 양성 판정 결과가 자신들의 이민 지위에 영향을 미칠까 걱정하는 이민자들의 불안감을 해소하기 위해서이다. 코로나19 발생 초기에 저소득층이나 이민자 거주지를 중심으로 확산되었는데도 이 지역 주민들은 진단검사를 받을 가능성이 적었다.[5] 이에 뉴욕시는 진단과 관련한 사회경제적 불평등을 해소하기 위하여 검사에 필요한 자원을 이들 지역에 대규모 투입하려 노력했다.

검사 결과 양성이면 뉴욕시 보건국(NYC Health)에서는 대상자에게 전화를 해서 추가적인 의학적 조치가 필요한지 결정하고, 집에서

5 George J. Borjas, 2020, Demographic Determinants of Testing Incidence and COVID-19 Infections in New York City Neighborhoods, *National Bureau of Economic Research Working Paper Series*.

격리하거나 무료 호텔에서 격리할 수 있도록 지원하고, 증상이 시작되기 직전 만났던 모든 사람의 리스트를 작성하는 작업을 한다.

## 뉴욕의 특수성

### 코로나19를 둘러싼 사회적 문제

2019년 미국 센서스국에 따르면 뉴욕시는 인구가 약 834만 명으로 미국에서 가장 많고, 가장 다양한 인종이 사는 도시이기도 하다. 뉴욕시 거주자의 36.8퍼센트가 미국 외 국가에서 출생한 이민자이며, 이민자 가정에서 자란 2세를 포함하면 50퍼센트 이상의 뉴욕시 거주민들이 다양한 인종적 · 민족적 배경을 갖고 있다.[6] 특히 뉴욕의 히스패닉 인구는 전체 인구의 29.2퍼센트에 이른다. 인종 데이터를 보면 백인 42.2퍼센트, 흑인 24.3퍼센트, 아시안 14.2퍼센트로 유색인종의 비율이 높다.[7] 2017년 뉴욕시에 따르면 이들 이민자는 뉴욕시 노동력의 44.2퍼센트를 차지한다. 이민자가 도시경제에 중요한 역할을 담당하고 있다는 것이다.[8]

6 The U.S. Census Bureau, "QuickFacts, New York city, New York", https://www.census.gov/quickfacts/newyorkcitynewyork. 2019년 인구 추정치를 의미한다.

7 미국 센서스국에서 인종을 구분할 때, 히스패닉(스페인어를 하는 인구를 가리키며, 라틴아메리카 출신을 뜻하는 라티노와는 조금 다름) 여부와 인종(백인, 흑인, 아시안 등)은 구분해서 설문한다.

8 New York City Mayor's Office for Economic Opportunity, "An Economic Profile of Immigrants in New York City 2017: Results from NYC

그러나 뉴욕시에서 이민자와 흑인 거주자의 비율이 높은 퀸즈와 브롱스가 다른 지역에 비해 코로나19의 피해가 컸다. 이는 코로나19가 사회적 질병이며 미국 사회의 취약층 문제와 깊게 연관되었다는 것을 보여 준다. 코로나19를 사회적 질병으로 인식하는 데 있어 인종과 계층 등 개인의 사회적인 배경이 어떠한 영향을 끼치는지 이해할 필요가 있다. 특히 뉴욕의 코로나19를 둘러싼 사회문제에서 이민자 도시로서의 뉴욕과 뉴욕의 인종 구성이 중요한 요소로 작용하고 있다. 이것은 백신 접종을 둘러싼 다양한 사회적 논의에서도 드러난다.

언론과 학계에서는 코로나19 사태 초기부터 팬데믹은 미국 사회의 가장 취약한 면을 보여 준다고 주장하였다. 취약계층이나 소수 인종 등이 경험하는 일상생활의 차별, 증오 범죄, 경제문제 등은 나아질 기미를 보이지 않는다. 지난 1년간 아시아인을 대상으로 한 증오 범죄가 지속적으로 증가했다. 아시아계 단체인 스톱AAPI헤이트(Stop AAPI Hate)에 따르면 지난 1년간 약 3,800건의 아시안을 대상으로 한 인종차별과 증오 범죄가 신고되었고, 그중 한인의 피해 사례는 전체의 15퍼센트에 이른다.[9] 뉴욕에서도 구타 등 인종차별 사건이 지속적으로 일어나고 있다.

### 주정부와 시정부의 갈등

현재 뉴욕주 주지사 앤드루 쿠오모와 뉴욕시장 빌 드 블라지오는

Opportunity's Experimental Population Estimate".

9 Russel Jeung, Aggie Yellow Horse, Tara Popovic, and Richard Lim, "Stop AAPI Hate National Report: 3/19/20 – 2/28/21".

모두 민주당원임에도 불구하고 정치적·정책적으로 자주 충돌해 왔다. 이들의 정치적 갈등은 코로나19 정국에도 멈추지 않았으며 미국 언론과 뉴욕 시민도 이들의 갈등에 피로감을 표현하고 있다. 뉴욕주 행정부법에 따르면 뉴욕주의 정책은 시정부 정책보다 상위에 있으며, 이로 인해서 주지사와 시장의 정치적 갈등은 역사가 깊다.[10] 뉴욕주 주지사 쿠오모와 뉴욕시장 드 블라지오의 개인적 정치적 갈등은 꽤나 오래된 일이며 이는 팬데믹 중 잦은 정책의 충돌로 나타났다.[11]

하지만 2020년 대선 이후 급격한 정책 변화로 연방정부와 주정부, 시정부의 관계에 많은 변화가 예상된다. 바이든 행정부는 백신 접종에 있어 연방정부의 역할을 강화하고 마스크 착용 의무화를 주지사들에게 요청했다.[12] 트럼프 행정부와 연일 정면충돌을 해 온 쿠오모 주지사와 드 블라지오 시장은 연방정부와의 공조를 강화할 것으로 보인다. 미국 질병통제예방센터(Center for Disease Control, 이하 CDC)는 2021년 5월 14일 백신 접종자는 코로나19에 감염되어도 전염성이 극히 낮다는 과학적 증거에 기반해 마스크 착용 의무를 완화할 것을 권고했다. 바이든 행정부 또한 CDC의 권고에 따라 백신 접종자에 한하여 공공장소에서 마스크 착용 의무를 완화하는 것을 지지했다. 뉴욕

10 "A Brief History of the Cuomo-de Blasio Feud: The bad blood between New York City's mayor and the state's governor over how to handle the pandemic is the latest chapter in their years-long rivalry", The Nation, 2020. 4. 17.

11 "Cuomo and de Blasio can't put their feud aside-even for coronavirus CNN Digital Expansion 2017", CNN, 2020. 4. 13.

12 "Biden urges states to reimplement masks after CDC director said she's 'scared' about rising cases", Washington Post, 2021. 3. 29.

주는 처음에는 CDC의 권고에 조심스러운 입장을 표명했으나 이후 바이든 행정부의 입장에 동조하며 경제 재개를 독려하였다.

한편 쿠오모 주지사는 현재 뉴욕주 요양병원에서 코로나19 사망자를 50퍼센트나 축소한 혐의를 받고 있으며, 뉴욕주 검찰의 수사 이후 지난 2021년 1월에서야 데이터를 수정하였다. 또한 친인척의 코로나19 검사 특혜, 전비서와 보좌관들의 성추행과 성희롱 폭로도 이어졌는데, 이로 인해 공화당뿐만 아니라 드 블라지오 시장을 비롯한 민주당 내부에서도 쿠오모 주지사에 대한 탄핵과 사임을 요구하는 목소리가 커지고 있다.[13] [14] 이러한 정치적 스캔들이 앞으로 코로나19 방역에 어떠한 영향을 미칠지 주목할 필요가 있다. 또한 뉴욕시는 2021년 11월 2일 시장 선거를 앞두고 있는데 현직인 드 블라지오 시장이 두 번의 임기를 채워 더 이상 연임이 불가능하기에 새로운 시장 아래 뉴욕시의 팬데믹과 포스트 팬데믹에 대한 새로운 접근이 예상된다.[15]

13 "F.B.I. Investigating Whether Cuomo Aides Gave False Data on Nursing Homes: The inquiry has added to the legal pressure faced by Gov. Andrew Cuomo and his aides over the deaths of nursing home residents from Covid-19", The New York Times, 2021. 3. 24.; "Impeachment probe to examine COVID tests for Cuomo relatives", The Washington Post, 2021. 3. 25.

14 "De Blasio joins local leaders in questioning Cuomo's pandemic response amid scandal", Politico, 2021. 3. 2.

15 2022년에 뉴욕주지사 선거가 예정되어 있는데, 뉴욕시장 선거와는 다르게 연임 제한이 없어서 쿠오모 주지사는 2019년에 이미 4선에 도전하겠다고 밝힌 바 있다. 쿠오모의 바이든 행정부 내각 입각설도 꾸준히 제기되고 있으나 스캔들 이후 민주당 내에서조차 사퇴 압박이 강해져 불확실한 상황이다. 뉴욕시장도 주지사의 사퇴를 강하게 요구한 바 있다.

## 코로나19 확산 방지를 위한 정책

### 뉴욕주 일시 중단

2020년 3월 22일 쿠오모 주지사는 주의 필수적인 사업을 모두 닫는 '뉴욕주 일시중단(New York State on PAUSE: Policy that Assures Uniform Safety for Everyone)' 행정명령에 서명했다고 밝히며, 모든 사람에게 적용되는 10개 사항을 발표했다.[16] 이것은 코로나19 확산 방지를 위한 뉴욕주의 다양한 제재 정책을 아우르는 정책이다. 이에 따라 2020년 3월 22일 일요일 저녁 8시를 기점으로 뉴욕주의 모든 비필수 업종은 폐쇄했다. 아울러 모든 비필수 모임은 취소되거나 연기되었고 외부 활동은 필수 업종에만 허용되며 사회적 거리 유지가 필수적으로 적용되었다. 외부 활동 시에는 6피트의 사회적 거리 유지를 요구했고, 모든 사업체는 사회적 거리를 유지할 수 있는 환경을 조성하는 것이 의무화되었다. 개인은 외부 활동을 자제하도록 했으며 외부 활동을 하더라도 가까운 접촉이 필요한 활동은 하지 않도록 했다. 필수 업종 종사자를 제외한 개인은 대중교통 이용을 자제하고, 대중교통을 이용하더라도 6피트 간격을 유지해야 한다. 환자도 병원 치료 외의 외출은 삼가고, 젊은이들은 노인층 등 코로나 취약층과의 만남을 자제할 것을 강조하였다.

이와 함께 주지사는 본인 어머니의 이름을 딴 '마틸다의 법칙(Matilda's Law)'을 발표했는데, 이는 70세 이상 고령자 등 취약 주민을

16 이에 대한 정보는 다음의 뉴욕 주정부 사이트 참고. https://www.governor.ny.gov/news/governor-cuomo-signs-new-york-state-pause-executive-order.

보호하기 위한 정책이다. 외출 제한, 자택 방문 제한, 체온 측정 등의 사전 확인, 취약층과 함께 있을 경우 마스크 착용 의무화, 사회적 거리 두기 등을 강조했다. 또한 주거 혹은 상업적 퇴거와 관련하여 90일의 유예를 발표했으며, 이는 이후 지속적으로 연장되었다.

## 집단감염지역 규제 프로그램

2020년 9월부터 미국 전역과 함께 뉴욕주 브루클린, 퀸즈, 브룸, 오렌지, 록랜드 카운티에서 코로나가 확산세를 보임에 따라 쿠오모 주지사는 10월 5일 집단감염지역(cluster)을 중심으로 관련 규제 정책인 '집단감염지역 규제 프로그램(cluster Action Initiative)'을 발표했다. 뉴욕의 초기 집단감염지역인 뉴로쉘(New Rochelle)도 감염증 사례가 집중된 지역으로 알려졌다. 기존에는 우편번호 지역별 확진율에 따라 공립학교 폐쇄와 사업장 폐쇄 여부를 결정했으나, 주지사는 우편번호와 학군이 일치하지 않아 적절한 자료가 아니라고 판단하여 새로운 정책을 제시하겠다고 밝혔다. 이 과정에서 주지사와 시장 간의 갈등이 표출되기도 하였다.

이 정책은 3단계로 구성되어 있는데, 첫째, 집단감염지역을 적극적으로 조치하는 것, 둘째, 집단감염 주변 지역에 조치를 취해 확산을 저지하는 것, 셋째, 외곽 지역사회에서 예방 조치를 취하는 것이다. 킹스(브루클린), 퀸즈, 브룸, 오렌지, 록랜드 카운티의 총 6개 지역이 집단감염지역으로 지정되었고, 뉴욕시는 브루클린의 한 지역, 퀸즈의 두 지역이 포함되었다. 감염지역은 레드, 오렌지, 옐로우 3단계로 분류해 관리되고 있다. 1단계 지역인 레드존은 감염 중심지로 분류되어 강력한 조치가 시행되었으며, 2단계 지역인 오렌지존은 주의 지역으로 감염 중심지 사람들과 예배당, 대중교통 등을 같이 이용했을 가능성이 있는 지역이다. 3단계 지역인 옐로우존은 예방 지역으로 감염 중심지와 주의 지역에 거주하는 사람들과 접촉할 가능성이 있는 주민들의 거주지역이 포함되었다. 처음 발표된 내용은 이후 일부 수정되었으며, 수정 이후의 시행 조건은 〈표 1〉과 같다.

뉴욕주에서 제공하는 코로나19 지도(COVID-19 Zone Map)에 따르면, 2021년 3월 22일을 기점으로 옐로우 존 클러스터 5개 지역이 마지막으로 해제되었다.[17] 그리고 4월 5일부터는 영화관, 볼링장, 카지노, 헬스클럽 등에 시행 중인 밤 11시 영업 제한이 해제될 예정이다.[18]

| 표 1 | **수정된 집단감염지역 규제 프로그램**

| | 레드존 | 오렌지존 | 옐로우존 |
|---|---|---|---|
| **비거주지역 모임** | 금지 | 최대 10명 | 최대 25명 |
| **거주지역 모임** | 금지 | 최대 10명 | 최대 10명 |
| **예배** | 최대 공간 사용률의 25퍼센트와 인원 10명 중 낮은 수치 | 최대 공간 사용률의 33퍼센트와 인원 25명 중 낮은 수치 | 최대 공간 사용률의 50퍼센트 |

17 New York State Department of Health, “COVID Zone Address Lookup”, https://covidhotspotlookup.health.ny.gov/.

18 New York State, 2021, “Governor Cuomo Updates New Yorkers On State's Progress During COVID-19 Pandemic”.

| | | | |
|---|---|---|---|
| **사업장** | 비필수 사업장 폐쇄 | 체육관, 헬스클럽, 수업은 최대 공간 사용률의 25퍼센트, 이발소, 미용실, 퍼스널 케어 서비스는 직원이 매주 코로나19 테스트를 받을 때만 가능 | 영업 |
| **식당** | 픽업과 배달만 가능 | 야외 다이닝, 테이크아웃, 배달. 테이블당 최대 4명, 술집과 음식점은 밤 10시에 마감 | 야외 실내 다이닝 허가, 테이블당 최대 4명. 술집과 음식점은 밤 10시에 마감 |
| **학교** | 대면 수업에 참여하는 학생과 교사의 30퍼센트가 매달 테스트를 받을 때만 재개 | 대면 수업에 참여하는 학생과 교사의 20퍼센트가 매달 테스트를 받을 때만 재개 | 대면 수업에 참여하는 학생과 교사의 20퍼센트가 매주 테스트를 받을 때만 재개 |

자료: 뉴욕주에서 제공하는 다음의 링크를 참고. https://forward.ny.gov/cluster-action-initiative.

## 여행과 이동 제한

2020년 3월 28일, CDC는 코로나19가 빠르게 확산되고 있는 동부 뉴욕, 뉴저지, 코네티컷 주민의 비필수적인 국내 이동을 삼갈 것을 권하는 여행 경보를 발표했다.[19] 이에 따라 텍사스와 플로리다의 주지사는 이들 3개 주에서 항공편을 이용해 방문하는 여행자들에게 14일간 자가 격리를 명령했고, 로드아일랜드는 뉴욕 번호판을 단 차량을 대상으로 조사를 시작했으며 이를 어기면 벌금이나 형사처벌의 가

19 Centers for Disease Control and Prevention, 2020, "CDC Issues Domestic Travel Advisory for New York, New Jersey, and Connecticut".

능성이 있다고 경고하였다. 메릴랜드와 사우스캐롤라이나 역시 앞의 3개 주 방문자들의 자가 격리 지침을 발표했다.[20] [21]

이후 뉴욕의 코로나19 확산세는 둔화되는 반면 다른 지역의 확산세가 가파르게 증가하면서 쿠오모 주지사는 6월 24일 기자회견을 열고 뉴저지, 코네티컷과 함께 7일 평균 인구 10만 명당 10명 이상의 확진자가 발생한 주나 7일 평균 주 전체 인구 대비 확진자가 10퍼센트 이상인 주의 여행객을 대상으로 공동 여행경보를 발령할 것임을 발표했다. 발표 당시 앨라배마, 애리조나, 아칸소, 노스캐롤라이나, 사우스캐롤라이나, 워싱턴, 유타, 텍사스가 이에 해당되었고, 이들 지역 출신 여행객의 14일간 격리를 의무화했으며 불응 시 벌금을 부과하겠다고 경고했다.[22] 뉴욕시는 8월 18일 숙박업소에서 검역 양식을 제출하는 행정명령을 발표했다. 뉴욕주는 9월 29일 CDC의 분류에 따라 2, 3단계 국가로부터 입국한 여행자는 14일 격리나 여행자 건강정보양식(Traveler Health Form)을 작성해야 하는 행정명령을 발표했다.[23] 이후 12월 29일 CDC의 지침 변경에 따라 자가 격리 기간을 기존의 14일에서 10일로 단축하였다.

2021년 4월 10일 현재 뉴욕주의 여행제한 정책은 '주 외부 여행

20 Covid-19 checkpoints targeting out-of-state residents draw complaints and legal scrutiny", The Washington Post, 2020. 4. 14.

21 "States Restrict Travelers from Coronavirus 'Hot Zones'", The Wall Street Journal, 2020. 3. 29.

22 "New York, New Jersey and Connecticut impose 14-day quarantine on travelers from coronavirus hot-spot states", CNBC, 2020. 6. 24.

23 "No. 205.1: Quarantine Restrictions on Travelers Arriving in New York", New York State, 2020. 9. 28.

객 격리 임시지침(Interim Guidance for Quarantine Restrictions on Travelers Arriving in New York State Following Out of State Travel)'에 따라 무증상 국내 여행객은 일반적으로 자가 격리를 의무화하지 않고 있다. 다만 백신을 맞지 않은 의료계 종사자와 일반 여행객은 진단검사와 자가 격리를 제안하고 있다.[24]

### 공립학교 폐쇄

코로나19 확산 초기에 드 블라지오 뉴욕시장은 공립학교 폐쇄에 부정적이었다. 뉴욕시에서 공립학교에 다니는 학생은 110만 명으로 미국 전체에서 가장 큰 규모로 알려져 있다. 그중 75만 명은 저소득층으로 분류되며 저소득층 중 11만 4천여 명의 학생은 노숙인이다.[25] 뉴욕시는 공립학교 학생 중 상당수가 인터넷 접속이 가능하지 않은 환경에 있거나 식사 등을 학교에 의존하는 저소득층 가정 출신이고 노숙인 쉼터에서 생활하고 있어 공립학교 폐쇄는 염두에 두고 있지 않다고 발표한 바 있다. 따라서 2020년 3월 13일에 500명 이상의 모임을 금지한 방안에도 학교는 포함되지 않았다.

뉴욕주도 확진자가 발생한 때에만 학교를 24시간 긴급 폐쇄하는 것을 고수했다. 그러나 상황이 심각해지자 3월 16일 주지사는 뉴욕주

24 New York State Department of Health, "Interim Guidance for Quarantine Restrictions on Travelers Arriving in New York State Following Out of State Travel", 2021. 4. 10.

25 "Teachers' Herculean Task: Moving 1.1 Million Children to Online School", The New York Times, 2020. 3. 29.

의 모든 학교에 2주간 휴교를 명령했고,[26] 이후 4월 29일까지 휴교 명령은 연장되었다. 뉴욕시장 역시 3월 16일에서 4월 20일까지 뉴욕시 공립학교의 휴교를 발표했다. 이 과정에서 주지사와 시장 간 갈등이 증폭된 바 있다. 4월 11일 시장이 공립학교 휴교와 온라인 수업을 봄 학기까지 연장한 이후, 주지사는 시장에게는 휴교 연장을 결정할 권한이 없다고 비판하였지만 뉴욕시장은 휴교 입장을 고수하였다.[27] 3월 16일 폐쇄 이후, 4월 29일, 5월 15일, 학년 말까지 학교 폐쇄를 명령하였다.

7월 2일 드 블라지오 시장은 학부모 설문조사(45만 명 응답)를 근거로 뉴욕시 공립학교 수업 재개안을 발표했다. 응답한 45만 명의 학부모 중 75퍼센트가 9월 학교 재개를 희망했기 때문에, 뉴욕시는 대면 수업과 온라인 수업을 병행하면서 학교를 재개할 것이라고 밝혔다.[28] 뉴욕시는 이후 두 가지 방식으로 학교 수업 재개를 제시했는데, 첫 번째 방식은 학생을 두 그룹으로 나누어 2~3일 간격으로 대면 수업을 실시하며 건물 내 점유율을 50퍼센트 이하로 유지하는 것이다. 두 번째 방식은 학생을 세 그룹으로 나누어 세 그룹 중 한 그룹만을 대면 수업에 할당함으로 건물 점유율을 33퍼센트로 유지하는 것이다.[29] 반

26 "Governor Cuomo Signs Executive Order Closing Schools Statewide for Two Weeks", New York State, 2020. 3. 16.

27 "N.Y.C. Closes Schools for Academic Year, but Cuomo Says It's His Decision", The New York Times, 2020. 4. 11.

28 "Transcript: Mayor de Blasio Holds Media Availability", New York City, 2020. 7. 2.

29 "New York City Public Schools Will Reopen With 'Blended Learning' Model In Fall, Mayor Says.", CBS New York, 2020. 7. 8.

면 7월 13일 쿠오모 주지사는 다른 산업 경제 재개와 비슷하게 4단계 지역 중 14일간 확진율이 5퍼센트 미만일 때만 공립학교 재개가 가능하고, 7일 평균 감염률이 9퍼센트 이상일 경우 강제로 폐쇄한다고 발표했다. 이는 주지사와 시장의 정치적 갈등이 학부모와 학생들에게 혼란을 가중시킬 수 있다는 것을 다시 한번 보여 주는 사례이다.

드 블라지오 시장은 7월 31일 평균 확진률이 3퍼센트 미만이면 학교를 재개하고 그 이상일 때는 폐쇄한다는 정책을 발표했다.[30] [31] 이는 다른 지역의 5퍼센트 기준보다 좀 더 엄격한 기준이다. 이를 위해 34개 검사소에서 24시간 안에 결과를 통보받을 수 있는 무료 검사를 실시하고, 확진자 발생 시 교실 폐쇄와 14일 격리, 학교 24시간 폐쇄 후 추가 조치를 취할 것을 발표했다.[32] 쿠오모 주지사는 시의 결정에 이견을 표현하며, 지방정부의 결정보다는 학부모의 결정이 중요하다고 주장했다. 8월 10일 시장의 발표에 따르면, 설문조사 결과 학부모의 74퍼센트는 대면 수업을 희망한 반면, 교사의 85퍼센트는 혼용 수업(blended learning)을 희망하는 것으로 나타났다.[33] 8월 24일 기자

30 "Governor Cuomo Announces New Data-Driven Guidance for Reopening Schools", New York State, 2020. 7. 13.

31 "School Scheduling Models", New York City Department of Education 홈페이지 참고. https://www.schools.nyc.gov/school-year-20-21/district-school-reopening-plan-submission-to-nysed/school-scheduling-models.

32 "NYC Submits Plan to Reopen Nation's Largest School District", Associate Press/US News, 2020. 7. 31.

33 "Nearly 75% Of New York City Students Plan To Return To Classrooms This Fall", CBS New York, 2020. 8. 10.

회견에서는 학교장들이 학교 운동장이나 야외에 수업 공간 설치를 결정할 수 있게 했으며, 적절한 야외 공간을 확보하지 못한 학교는 거리 폐쇄나 공원 등을 이용해 야외 학습 공간을 제공하겠다고 밝혔다. 또한 환기설비 관련한 지원을 특히 강조했다.[34]

이후 대면 수업은 단계적으로 이뤄졌는데, 2020년 9월 21일에는 3K, Pre-K, 특수교육, 29일에는 초등학교, 10월 1일에는 중고등학교와 거치학교(Transfer school)와 성인교육학교(Adult education school, 21세 이상 대상)가 수업을 재개하였다.[35] 하지만 10월 5일 코로나19 집중지역에서 확진자가 지속적으로 발생하였고, 10월 6일 확진율이 3퍼센트가 넘는 9개 지역의 학교 폐쇄가 강행되었다.[36] 10월 8일부터는 뉴욕주의 집단감염지역 규제 프로그램에 따라 레드존과 오렌지 존에서는 전면 온라인 수업, 옐로우존에서는 일정한 통제하에 대면 수업이 지속되었고, 10월 8일 169개의 학교가 폐쇄되었다.[37] 11월 18일 뉴욕시 7일 평균 확진율이 3퍼센트에 이르면서 11월 19일부터 모든 수업을 온라인 수업으로 전면 전환하였다. 이는 12월 6일까지 이어졌으며, 12월 7일에야 일부 초등학교에서 대면 수업을 재개하였다. 하지만 대부분의 중고등학교는 정상화되지 못했으며, 2021년 2월 25일에

34 "Transcript: Mayor de Blasio Holds Media Availability", New York City, 2020. 8. 2

35 3K는 3세 유아, Pre-K는 4세 유아를 대상으로 시에서 제공하는 무료 보육 프로그램이다.

36 "N.Y.C. Closes Some Schools … Again", The New York Times, 2020. 10. 5.

37 "October 8 coronavirus news", CNN, 2020. 10. 9.

중학교, 3월 23일에 고등학교 대면 수업이 재개되었다.[38]

2021년 5월 12일, 화이자 백신 접종 가능 연령이 12세로 낮추어짐에 따라, 가을 학기 대면 수업 가능성이 높아지고 있으나, 백신의 안전성에 관한 우려가 종식된 것은 아니다.[39] 2021년 5월 설문조사에 따르면 학부모 10명 중 3명만이 자녀에게 바로 백신 접종을 시키겠다고 답한 반면, 26퍼센트는 백신의 안전성이 확인될 때까지 기다리겠다고 답했다.[40] 18퍼센트는 학교에서 요구할 때만 백신 접종을 시키겠다고 답했으며, 23퍼센트는 절대 백신 접종을 시키지 않겠다고 답했다. 그럼에도 불구하고 2021년 5월 24일 드 블라지오 시장은 2021년 가을 학기 수업을 전면 대면 수업으로 전환하겠다고 밝혔다.[41]

## 코로나19 피해 지원 정책

### 레스토랑 관련 정책

뉴욕주 감사원이 2020년 9월에 발표한 자료[42]에 따르면, 뉴욕의

38 "뉴욕시 대면 수업 신청 24일부터", 미주 중앙일보, 2021. 3. 23.

39 "What It Would Take for N.Y.C. Schools to Fully Reopen This Fall", The New York Times, 2021. 5. 17.

40 "Poll Shows Parents Are Reluctant to Get Their Children Vaccinated for Covid-19", The New York Times, 2021. 5. 6.

41 "New York City Schools Will Be Fully In-Person in Fall, No Remote Learning", The Wall Street Journal, 2021. 5. 24.

42 Office of the New York State Comptroller, 2021, "The Restaurant Industry in New York City: Tracking the Recovery".

레스토랑 산업은 뉴욕 경제의 중요한 한 축을 담당하며, 시 전체 과세 대상 거래의 15퍼센트를 차지할 정도로 규모가 크다. 2019년 뉴욕 레스토랑 산업은 2만 3,650개의 식당이 포함되었고, 31만 7,800개의 일자리를 제공했으며, 전체 임금은 107억 달러에 달한다.

2018년 자료에 따르면 업계 종사자의 60퍼센트가 이민자이며, 이는 타업종(45퍼센트)에 비해 굉장히 높은 비율이다. 업계 종사자의 44퍼센트가 히스패닉, 20퍼센트가 아시아인으로 유색인종의 비율도 높다. 팬데믹 이후에 15만 9천 명이 실직 상태로 예상된다. 더군다나 팬데믹 이후 대부분의 음식점이 포장과 배달 중심으로 운영되고 있기 때문에 팁에 의존하는 서비스 노동자의 타격이 더욱 크다.[43]

따라서 뉴욕의 다양한 소상공인 지원 정책 중에서도 레스토랑 산업의 지원은 특히 주목할 만하다. 그중 대표적인 정책은 '레스토랑 재생 프로그램(Restaurant Revitalization Program)'이다.[44] 이 프로그램은 팬데믹으로 가장 피해를 많이 입은 지역의 음식점을 대상으로 하며, 최대 3만 달러를 지원하여 5명 이상의 직원에게 6주에서 12주간 임금을 보전하는 데 사용하도록 하였다. 시에서 보전하는 임금은 시간당 20달러로 현재 최저 임금보다 높다. 이는 연방정부 레스토랑 활

43 Office of the New York State Comptroller, 2021, "The Restaurant Industry in New York City: Tracking the Recovery".

44 New York City, "Restaurant Revitalization Program: A Subsidized Wage Program for Restaurants", https://www1.nyc.gov/assets/opportunity/pdf/news/restaurant-revitalization-program.pdf.
New York City, "Restaurant Revitalization Program(RRP)", https://www1.nyc.gov/site/opportunity/portfolio/restaurant-revitalization-program.page.

성화 기금(SBA Restaurant Revitalization Fund Program)과 구분되는 뉴욕의 독자적인 정책이다.[45]

드 블라지오 시장은 2020년 6월 18일 음식점의 실외 영업을 허용한 '오픈 레스토랑 프로그램(The Open Restaurant Program)'[46]을 소개하며 6월 19일부터 즉시 시행할 수 있도록 행정명령에 서명했다고 밝혔다. 실제로는 22일에 시작되었다. 〈그림 2〉에서처럼 프로그램에 참여하는 음식점들은 보도 위나 식당 앞 공간, 뒷마당과 파티오(Patio), 공개 도로나 광장 등에 좌석을 설치하고 영업을 재개할 수 있도록 하였다. 8월 3일 현재 9천 개가 넘는 식당이 이 프로그램에 참여하고 있으며, 8만 명의 뉴요커가 이 프로그램 덕분에 경제 활동을 재개했다. 원래 이 프로그램은 10월 31일까지 한시적으로 시행될 예정이었으나 뉴욕시는 9월 25일부터 영구적으로 시행한다고 발표했다.[47]

뉴욕시는 오픈 레스토랑의 운영을 위해 기온이 낮은 겨울 대비용 전기 난방기나 가스 난방기 설치를 허용하였다. 다만 가스 난방기를 사용할 때는 소방서의 허가를 받게 했다. 문제는 외부 좌석에 설치된 천막의 50퍼센트는 개방되어야 한다는 조건인데, 〈그림 2〉에서 확인

45 연방정부 정책은 "Restaurant Revitalization Fund" 참고, https://www.sba.gov/funding-programs/loans/covid-19-relief-options/restaurant-revitalization-fund.

46 "Open Restaurants: As New York City Prepares for Phase 2 of Reopening, Mayor de Blasio Announces Outdoor Dining Guidance for Restaurants", New York City, 2020. 6. 18.
New York City, "Open Restaurants", https://www1.nyc.gov/html/dot/html/pedestrians/openrestaurants.shtml.

47 New York City Office of the Mayor, "Mayor de Blasio Announces Open Restaurants Will return Next Summer", 2020. 8. 3.

| 그림 2 | **뉴욕의 오픈 레스토랑**

자료: 맨해튼 미드타운, 퀸즈 잭슨하이츠 지역에서 저자 촬영.

할 수 있듯 이를 따르는 식당은 별로 없는 것으로 보인다. 이와 비슷한 시기인 9월 30일에 실내 다이닝이 재개되었으나 수용 인원은 최대 수용 인원의 25퍼센트로 제한되었다. 실내에서 식사할 때도 음식물을 섭취할 때를 제외하고는 마스크를 착용해야 하고 직원과 대화를 나눌 때도 마스크 착용을 권장하고 있다.

다양한 정책에도 불구하고 몇몇 음식점과 술집에서 규정을 위반하는 사례가 있어 주지사와 시장이 심각하게 경고하기도 했다. 쿠오모 주지사는 7월 17일 삼진아웃제를 발표하여 세 번 이상 규정 위반 시 사업장을 강제 폐쇄하겠다고 밝혔다.[48]

48 New York State, "Governor Cuomo Announces New Regulations for Bars and Restaurants to Ensure Compliance with State Social Distancing and Face Covering Orders", 2020. 7. 16.

## 학생 지원 정책

뉴욕 공립학교에서는 코로나19로 학생들의 학습 능력 저하가 예상됨에 따라 다양한 프로그램을 제공해 왔다. 2020년 5월 1일 드 블라지오 시장과 카란자 공립학교 교육감은 뉴욕시 교육청이 공영방송국 WNET와 함께 개발한 교육 TV 프로그램인 '렛츠 런 뉴욕(Let's Learn NYC)'을 발표하고 3K에서 2학년 어린이들을 위한 시청각 교육자료를 제공하고 있다.[49]

'브리지 투 스쿨(Bridge to School)'은 학생들의 정신건강을 위한 정책으로 학교 교과과정에 정신건강 관련 내용을 적극적으로 포함시키고 있다. 이는 학생들이 코로나19로 인해 변화된 환경에 적응할 수 있도록 지원을 약속하고, 로빈후드재단이나 그래이재단 등과 협력하며 학교장과 교사들에게 다양한 프로그램을 제공한다. 한편 '러닝 브리지(Learning Bridges)'는 대면 수업과 온라인 수업 혼용에 등록된 3-K(3세)에서 8학년 학생들을 대상으로 무료 보육을 제공하는 프로그램이다. 이들 아동과 학생들이 온라인 수업을 듣는 날에 무료 보육과 학습 지원을 제공함으로써 일하는 학부모들의 부담을 줄여 주는 취지로 제공된다.[50]

또한 뉴욕시는 9월 21일 유색인종 어린이와 청소년을 대상으로 하는 '멘토 매터 이니시에이티브(Mentor Matter Initiative)'를 발

49 Let's Learn 홈페이지, https://www.thirteen.org/programs/lets-learn/.

50 New York City Department of Education, "Learning Bridges", https://www.schools.nyc.gov/enrollment/enrollment-help/learning-bridges.

표했다.[51] 이는 뉴욕시와 뉴욕의 비영리단체인 원 헌드레드 블랙맨(One Hundred Black Men), 뉴욕시립대학교의 튜터링 코업스(CUNY's Tutoring Corps)[52]와 협업하여, 공립학교 학생들 특히 유색인종(흑인과 라티노) 학생들에게 멘토링과 튜터링을 제공하는 프로그램을 강화한 것이다. 10월 22일에는 코로나19 피해 규모가 큰 지역의 학생들 정신건강 관련 카운셀링 서비스를 확대한다고 밝혔다.[53] [54]

### 퇴거 유예 정책

쿠오모 주지사는 2020년 3월 20일 코로나19 관련한 퇴거를 90일간 금지하는 행정명령에 서명했고, 이는 6월 20일에서 8월 20일, 9월 20일, 10월 20일, 2021년 1월 1일까지 점차 연장되었다.[55] 이후 만료를 앞둔 2020년 12월 30일, 뉴욕주의회가 코로나19 관련하여 퇴거 유예를 2021년 5월 1일까지 연장하는 법안(COVID-19 Emergency

51 "Mayor de Blasio Announces the Mentors Matter Initiative for Young People in New York City", New York City, 2020. 9. 21.

52 뉴욕시립대학교 학생들이 중고등학생들에게 과학, 기술, 공학, 수학을 가르쳐 주는 단체.

53 "Mayor de Blasio, First Lady Chirlane McCray and Taskforce on Racial Inclusion and Equity Announce Expansion of Mental Health Supports for Students in Neighborhoods Hardest Hit by COVID-19", New York City, 2020. 10. 22.

54 "City Kicks Off Program to Help Working Parents Through Blended Learning", NY1, 2020. 9. 22.

55 "Governor Cuomo Signs Executive Order Extending Moratorium On COVID-Related Commercial Evictions Through January 1", New York State, 2020. 10. 20.

Eviction and Foreclosure Prevention Act)을 통과시켰고 주지사가 서명했다.[56] 2021년 5월 4일 현재 이는 8월 31일로 연장된 상황이다.[57]

## 경제 재개 정책

### 뉴욕주: 뉴욕 포워드[58]

2020년 4월 쿠오모 주지사는 5월 15일을 기점으로 일부 지역의 경제 재개를 위한 제재 해제 가능성을 언급하며, 구체적인 논의를 위하여 비즈니스와 지역사회 대표, 시민사회 지도자 등 100명 이상으로 구성된 경제재개자문위원회(New York Forward Re-Opening Advisory Board)의 출범을 발표했다.[59] 이는 뉴욕주의 다양한 경제 재개 정책을 관할하는 상위 조직이다. 코로나19 확산이 심각하지 않은 일부 지역은 경제 재개가 가능할 것으로 예상되며, CDC의 가이드라인인 14일간 주요 수치 감소, 사업별 예방수칙 여부, 보건 시스템 역량, 검사 역량, 격리시설, 추격 시스템, 원격의료, 지역적 연계 정책, 추

56 "Governor Cuomo Signs the COVID-19 Emergency Eviction and Foreclosure Prevention Act of 2020", New York State, 2020. 12. 28.

57 "Governor Cuomo Signs Extension of the COVID-19 Emergency Eviction and Foreclosure Prevention Act of 2020 and the COVID-19 Emergency Protect Our Small Businesses Act of 2021"

58 New York State, "New York Forward", https://forward.ny.gov/.

59 New York State, "Amid Ongoing COVID-19 Pandemic, Governor Cuomo Outlines Additional Guidelines for Phased Plan to Re-open New York", 2020. 4. 27.

적 시스템, 지역 통제소 등의 조건이 충족되었을 때 제재 해제가 가능하다고 밝혔다.

뉴욕주는 주를 10개 지역으로 구분하고, 감염 위험성과 우선순위에 따라서 4단계로 산업을 분류하여 점차적인 경제 제재 해제를 시작했다. 각 단계에 속하는 산업과 사업장은 다음과 같다.

- 1단계: 위험성이 다소 낮은 건설업, 농업, 산림업, 어업, 사냥, 소매(온라인으로 선구매, 매장 픽업만 가능), 도매, 제조업.
- 2단계: 식당 야외 영업, 미용실, 이발소, 사무직, 부동산, 실내 매장(소매) 등 포함. 6피트 사회적 거리두기, 마스크 착용, 최대 수용인원 50퍼센트 미만 준수(특히 실내) 등의 규정 의무화.
- 3단계: 식당 영업(실내, 실외)과 식품 서비스 산업, 퍼스널 케어(네일, 마사지, 태닝, 왁싱, 문신, 피어싱 숍 등). 사회적 거리두기와 식사를 제외하고는 마스크 착용 의무화.
- 4단계: 교육시설(Pre-K부터 유치원, 초중고등학교, 대학), 위험도가 낮은 야외 예술 및 오락시설(동물원, 수목원 등), 위험도가 낮은 실내 예술 및 오락시설(박물관, 수족관 등), 미디어 사업체, 무관중 프로 스포츠, 쇼핑몰, 체육관. 뉴욕시는 식당 실내 영업, 박물관 등 문화시설, 실내 쇼핑몰 등은 규제(드 블라지오 시장 발표).

5월 14일 뉴욕주는 핑거 레이크(Finger Lakes), 서던 티어(Southern Tier), 모호크 밸리(Mohawk Valley), 노스 카운티(North Country)에 이어 중부 뉴욕(Central New York)이 추가로 CDC 가이드라인의 재개 요건 7개를 모두 충족했다고 발표했고, 총 10개의 지역 중 5개 지역이

3월 이후 약 두 달 만에 경제가 재개되었다. 뉴욕주는 이와 관련된 정보를 뉴욕주 홈페이지에 공개하고 있다.[60]

뉴욕주는 뉴욕 포워드 정책의 일환으로 다양한 하위 정책을 제시하였다. 특히 어린이 보육 관련 정책과 대출 펀드가 주목할 만하다. 뉴욕주는 2020년 6월 23일 연방정부의 '케어스 액트(Coronavirus Aid, Relief, and Economic Security Act, CARES)' 지원금 중 6,500만 달러를 '뉴욕 포워드 어린이 보육 확대 인센티브(New York Forward Child Care Expansion Incentive)' 프로그램의 일환으로 보육 서비스 분야의 지원을 약속했고,[61] 9월 9일에는 8,860만 달러의 주 예산을 아동 보육 기관에 지원하기로 발표했다.[62] '뉴욕 포워드 대출 펀드(New York Forward Loan Fund)'는 경제 제재 완화 이후 소기업을 지원하는 프로그램이다. 제한적인 연방정부 지원을 보완해 주정부 차원에서 대출을 지원하는 것으로 이민자, 여성 소유의 소기업, 비영리단체, 소규모 건물주를 우선 지원하고 있다.[63]

2021년 5월 13일 CDC에서 백신 접종자의 마스크 착용 완화를 발표했을 당시 뉴욕주는 조심스러운 입장을 표명했다. 그러나 뉴욕주는

60 New York State New York Forward, "Percentage Positive Results By Region Dashboard",. https://forward.ny.gov/percentage-positive-results-region-dashboard.

61 New York State, "Governor Cuomo Announces $65 Million NY Forward Child Care Expansion Incentive", 2020. 6. 23.

62 RochesterFirst.com, "Gov. Cuomo announces $88.6 million in child care support as parents go back to work post-Labor Day", 2020. 9. 9.

63 New York State, "New York Forward Loan Fund", https://esd.ny.gov/nyforwardloans-info.

2021년 5월 19일 자로 백신 접종자를 대상으로 마스크 착용 완화, 사업장 최대 수용 인원 증가, 이벤트 제한 조치 완화 등 CDC의 가이드라인을 따르기로 결정하였다. 이 결정에 따라 독립기념일인 7월 4일부터 해변과 수영장에서 최대 수용 인원의 100퍼센트를 허용할 예정이고, 5월 19일을 기점으로 실내 모임은 최대 100명에서 250명으로, 대규모 실내 행사는 최대 수용 인원의 30퍼센트 수용을 허용할 방침이다.[64] 뉴욕시는 1년간 중단했던 지하철 24시간 운행을 2021년 5월 17일 재개하였으며,[65] 7월 1일부터는 방역 규제의 전면 해제와 100퍼센트 경제 정상화를 계획하고 있다. 또한 2021년 5월 24일 드 블라지오 시장과 메이샤 포터 교육감은 2021~2022학년도의 모든 수업이 대면 수업으로 전환될 것이라고 발표했다.[66]

### 뉴욕시: 리스타트 뉴욕

뉴욕 포워드와 비슷한 맥락에서 뉴욕시 역시 '리스타트 뉴욕(Restart NYC)'을 출범, 주정부와 긴밀한 관계에서 4단계 경제 재개를 시작했다. 리스타트 뉴욕은 기본적으로 주정부의 정책을 따르지만 시정부의 정책적 판단 또한 포함하고 있다. 예를 들어 뉴욕시는 뉴욕주의 경제 완화 정책 4단계 제재 해제 대상인 식당 실내 영업, 박물관 등

64 뉴욕주 뉴욕 포워드 홈페이지 참고. https://forward.ny.gov/(검색 2021. 5. 17.).

65 "Governor Cuomo Announces New York City Subway will Resume 24 Hour Service Beginning May 17".

66 "N.Y.C. Will Eliminate Remote Learning for Next School Year", The New York Times, 2021. 5. 24.

문화시설, 실내 쇼핑몰 등을 규제하고 있다.[67] 뉴욕시는 뉴욕주에서 가장 늦은 2020년 6월 8일에 처음으로 1단계 경제 재개에 도입하였다.[68] 단계별 경제 재개의 차이는 다음과 같다.[69]

• 1단계: 건설, 제조업, 도매업, 비필수 소매업(온라인 결제, 상점 내 픽업)을 시작으로 경제를 재개했다. 이에 따라 드 블라지오 시장은 기자회견에서 업무에 복귀한 시민의 출퇴근을 용이하게 하기 위해 버스 노선과 페리 운영을 증대하고 비즈니스 핫라인과 일반 상담을 제공한다고 밝혔다.[70]

• 2단계: 6월 22일부터 2단계를 시작하여 사무직, 실내 소매업, 야외 식당, 미용실와 이발소, 부동산, 상업 건물 관리, 대여, 수리와 청소, 차량 판매와 임대사업의 영업을 재개했다. 경제 재개 2단계의 원활한 진행을 위해 마스크 총 400만 개를 배포했으며, 식당 재개 지원 핫라인과 웹사이트를 운영한다고 밝혔다. 6월 19일까지 3,192개 식당이 야외 영업을 지원했으며 대부분 자격 요건을 통과하여 영업을 시작한다고 밝혔다.

• 3단계: 7월 6일부터 퍼스널 케어의 영업이 재개되었다. 뉴욕주의

67 New York City COVID-19 Citywide Information Portal, https://www1.nyc.gov/site/coronavirus/index.page.

68 "Governor Cuomo Announces New York City to Enter Phase 1 of Reopening on June 8 and Five Regions Enter Phase 2 of Reopening Today", New York State, 2020. 5. 29.

69 뉴욕시 홈페이지, https://www1.nyc.gov/site/coronavirus/index.page.

70 "New York City Officially Enters Phase 1 Of Reopening With Curbside Retail, Construction And Manufacturing", CBS Local New York, 2020. 6. 8.

뉴욕 포워드에 포함되었던 식당의 실내 영업 재개는 사회적 거리 확보나 집단 모임이 자제되지 않고 있다는 우려와 먼저 실내 영업을 재개한 타 지역에서 문제점이 발견되면서 뉴욕시에서는 허용되지 않았다. 대신 오픈 레스토랑 프로그램(Open Restaurant Initiative)을 통해 음식점에 대한 지원과 프로그램 확장을 약속했다.

• 4단계: 7월 20일에 시작되었고 위험도가 낮은 실외 예술 및 오락시설(동물원, 식물원 등의 33퍼센트 수용인원 제한), 미디어 사업체, 무관중 프로 스포츠 재개를 허가했다. 다만 교육시설, 실내 식사, 쇼핑몰이나 실내 문화기관(박물관, 미술관)은 포함되지 않았다.

## 뉴욕시 백신 현황

### 미국 정부의 mRNA 백신 개발 지원과 도입

미국 정부는 mRNA 백신 개발을 위하여 2020년 4월 모더나에 개발비를 지원했으며,[71] 같은 해 7월 화이자와 6억 도스 분,[72] 8월에는 모더나와 1억 도스 분의 백신 구매 계약을 했다.[73] 이는 코로나19

71 "Moderna Announces Award from U.S. Government Agency BARDA for up to $483 Million to Accelerate Development of mRNA Vaccine (mRNA-1273) Against Novel Coronavirus", Moderna Press Releases, 2020. 4. 16.

72 "Goverment for up to 600 Million Doeses of mRNA-based Vaccine Candidate Against SARS-CoV-2", Pfizer news, 2020. 7. 22.

73 "Moderna Announces Supply Agreement with U.S. Government for Initial 100 Million Doses of mRNA Vaccine Against COVID-19 (mRNA-1273)", Moderna Press Releases, 2020. 8. 11.

와 맞설 수 있는 백신과 치료제, 진단 방법 등의 개발과 제조, 배포를 가속화하기 위해 만든 미국 정부의 '워프 스피드 작전(Operation Wrap Speed)' 전략 아래서 이루어졌다. 그 결과 모더나는 2020년 11월 30일 미국 식품의약국(Food and Drug Administration, 이하 FDA)에 mRNA 백신의 긴급 사용 허가를 신청하고 12월 18일 사용 허가를 받았다.[74] 다음 날인 12월 19일 CDC는 모더나 백신을 18세 이상 성인에게 접종할 것을 권고했다.[75] 화이자는 이보다 앞서 12월 11일에 FDA로부터 긴급 사용을 허가받았다.[76] 정부의 백신 개발 전략에 따라 미국은 2020년 12월 14일부터 mRNA 백신을 사용하게 되었다.

## 뉴욕시 백신 계획

뉴욕시 코로나19 백신 계획은 미국립과학공학의학한림원(National Academy of Science, Engineering and Medicine)과 면역실행계획을 위한자문위원회(The Advisory Committee on Immunization Practices for Planning)의 지침을 따르고 있다.[77] 뉴욕시 보건국은 백신 공급 단계를 1a, 1b, 1c, 2단계로 구분한다. 1a단계에는 감염 위험이 가장 큰 보건 인력을 위해 병원과 같은 보건기관에 백신을 공급하고, 1b단계

74 "Moderna Announces FDA Authorization of Moderna COVID-19 Vaccine in U.S.", Moderna Press Releases, 2020. 12. 18.

75 "U.S. CDC Advisory Committee on Immunization Practices Recommends Vaccination with Moderna's COVID-19 Vaccine for Persons 18 Years and Older", Moderna Press Releases, 2020. 12. 19.

76 "Pfizer and Biontech Celebrate Historic First Authorization in the U.S. of Vaccine to Prevent COVID-19", Pfizer news, 2020. 12. 11.

77 CDC, "COVID-19 Vaccination Program Operational Guidance".

에는 코로나19 고위험군인 기저질환을 가진 모든 연령의 성인과 집단생활을 하는 노인들이 대상이 된다. 그리고 1c단계에서는 특정한 기저질환자가 포함된다. 뉴욕시는 병원과 이동보호소, 연방 자격을 갖춘 보건소, 비보험자에게 서비스를 제공하기로 계약한 긴급 치료 네트워크에 백신을 배포하기로 계획했으며, CDC의 장기요양시설에도 백신 보급을 지원한다. 마지막 2단계는 백신 공급이 충분해지는 단계로, 이때가 되면 뉴욕시 모든 곳에 백신을 공급하고 백신 접종을 위한 인력도 파견된다.[78]

한편 뉴욕 보건국은 백신 관련 정보를 뉴욕 시민에게 전달하기 위해 뉴욕시 홈페이지에 '뉴욕 시민이 코로나19 백신에 관해 알아야 할 사항'이라는 팸플릿을 게재하고 있다. 이 팸플릿에는 백신의 효과, 백신의 안전성과 부작용, 백신 비용, 백신 접종 장소, 백신 접종 후 주의사항 등의 정보가 포함되어 있다.[79] 이에 따르면 16세 이상의 모든 뉴욕 시민에게는 백신이 무료로 제공되며, 보험이 있는 사람에게는 비용이 청구될 수도 있으나 최종적으로 본인 부담금은 발생하지 않는다. 백신 접종 시 신분을 밝힐 필요가 없으며 개인정보 기밀 유지법에 따라 개인정보는 철저하게 보호받는다. 뉴욕 시민은 담당 의료진의 진료실, 약국, 클리닉과 응급진료 센터, 뉴욕시 곳곳에 설치된 지역사회 백신 접종소 등에서 백신 접종을 받을 수 있다. 백신 접종소 위치

78 NYC Health, https://www1.nyc.gov/site/doh/covid/covid-19-vaccine-eligibility.page.

79 NYC Health, "What New Yorkers Need to Know About COVID-19 Vaccines". 한국어 버전: https://www1.nyc.gov/assets/doh/downloads/pdf/covid/covid-19-vaccines-faq-ko.pdf.

는 뉴욕시 웹사이트에서 제공하고 있다.

### 뉴욕시 백신 접종 현황

2020년 12월 14일 mRNA 백신이 미국 전역에 배송되면서 미국 뉴욕시는 12월 15일부터 mRNA 백신을 사용하기 시작했다. 2021년 5월 19일 기준 뉴욕시는 총 876만 5,835도스의 백신을 확보하였고, 그중 768만 2,972도스가 접종 완료되었다. 백신 접종량은 접종 초기인 2020년 12월 15일부터 2021년 1월 중반까지 완만하게 증가하다가 1월 중순 이후 가파르게 증가하고 있다. 백신 생산량이 증가한 것과 함께, 백신의 이송과 접종 현장의 경험이 축적되는 등 체계가 갖춰지면서 백신 접종률이 점차 증가한 것이다. 2021년 5월 현재까지 뉴욕 시민이 사용한 백신량은 397만 2,276도스로, 12세 이상 뉴욕 시민의 48퍼센트가 최소 1회 백신 접종을 완료했고 39퍼센트가 2회 접종을 완료했다.[80]

〈그림 3〉은 뉴욕의 1회 이상 백신 접종자 수와 확진자 수의 상관관계를 보여 준다. 백신 접종이 증가할수록 확진자 수가 감소하는 것을 관찰할 수 있는데, 확진자 수 감소가 온전히 백신 접종 때문인지는 아직 확실하지 않다. 그러나 이스라엘과 영국의 사례, 그리고 상황이 다른 미국의 여러 주에서 백신 접종이 증가하면서 확진자 수가 감소한 것을 보았을 때 백신 접종 증가는 확진자 수 감소에 상당한 기여를 했을 것으로 예측된다. 〈그림 4〉는 백신 접종과 사망자 수의 상관관계

80 NYC Health, "COVID-19 Vaccines: Data", https://www1.nyc.gov/site/doh/covid/covid-19-data-vaccines.page.

그래프인데 백신 접종은 확진자와 마찬가지로 사망자 수 감소에도 상당히 기여한 것으로 보인다.

18세 이상 인종·민족별 백신 접종률은 백인이 가장 많은 32퍼센트, 아시아인이 21퍼센트, 라티노 22퍼센트, 흑인이 14퍼센트를 차지하고 기타 인종과 민족이 10퍼센트를 차지한다.[81] 2021년 뉴욕시 인구 구성이 백인 42.7퍼센트, 아시아인 14.1퍼센트, 흑인 24.3퍼센트, 라티노 29.1퍼센트인[82] 것과 비교하면, 백신 접종에 아시아인이 다른 인종과 민족보다 적극적인 반면 흑인과 라티노는 소극적인 것을 알 수 있다. 흑인과 라티노 집단에서 백신 접종에 소극적인 이유는 백신에 관한 거부감이 강하기 때문이다.

거주지별 최소 1회 이상 백신 접종률은 맨해튼 주민의 접종률이 60퍼센트로 가장 높고 다음으로 퀸즈 52퍼센트, 스텐트섬 45퍼센트, 브루클린 42퍼센트, 브롱스 38퍼센트 순이다.[83] 우선순위 집단이었던 65세 이상의 접종률에서 그 차이는 더 두드러지게 나타난다. 65세부터 74세 주민의 접종률은 맨해튼이 80퍼센트인 반면, 가장 낮은 브루클린은 67퍼센트에 불과하다. 이것은 지역의 사회경제적 수준이 접종률에 영향을 미친 결과로 해석할 수도 있지만 지역별 우선순위 대상자 수(예를 들면 의료진 등)를 확인할 수 없기 때문에 단언하기는 어렵

81 NYC Health, "COVID-19 Vaccines: Data", https://www1.nyc.gov/site/doh/covid/covid-19-data-vaccines.page.

82 United Census Bureau, "QuickFacts", https://www.census.gov/quickfacts/newyorkcitynewyork.

83 NYC Health, "COVID-19 Vaccines: Data", https://www1.nyc.gov/site/doh/covid/covid-19-data-vaccines.page.

| 그림 3 | **백신 접종과 확진자 수 상관관계**

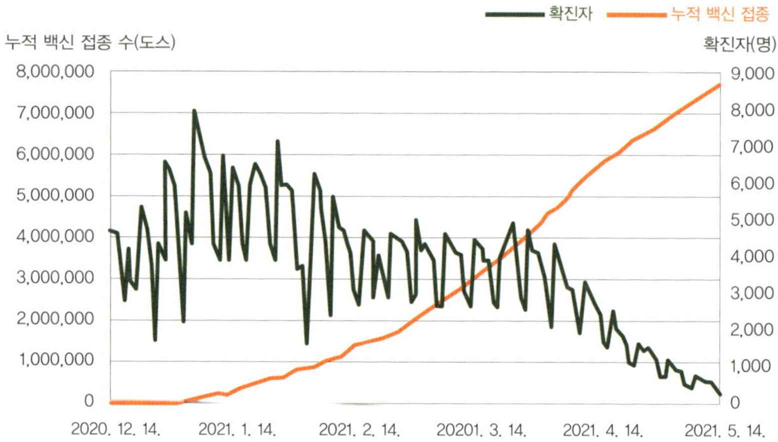


| 그림 4 | **백신 접종과 사망자 수 상관관계**

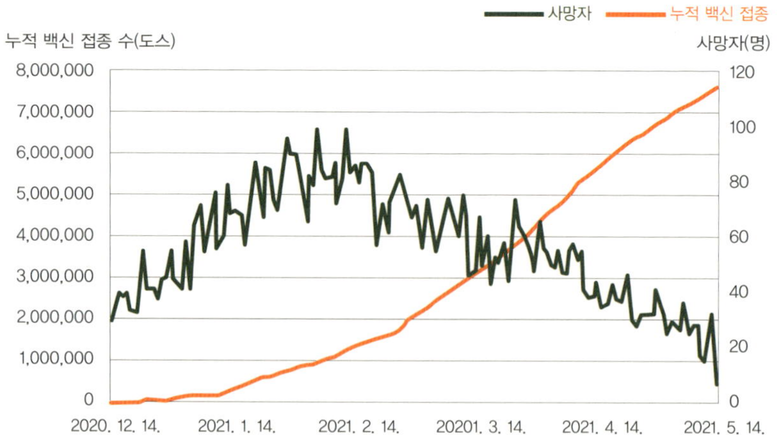


다. 한편 남성보다 여성이 백신 접종에 더 적극적이며, 맨해튼을 제외한 전 지역에서 아시아인이 가장 적극적이다.

## 백신 접종 과정에서 나타난 문제

코로나19 백신 접종 전 미국 보건당국은 고위험군부터 저위험군 순으로 접종한다는 계획이었다. 그리고 이 순서가 무너지지 않도록 엄격한 기준을 설정했는데, 경험이 부족한 백신 접종 초기에 엄격한 기준을 지키기 위해 백신이 버려지는 사태가 발생하였다.[84] 즉 기준에 맞는 접종 대상자를 찾지 못할 때 각 접종 기관에 할당된 백신이 버려진 것이다. 이 문제가 심각해지자 연방정부뿐만 아니라 드 블라지오 뉴욕시장 등 시 공무원들은 뉴욕주의 방침을 비판하고 엄격한 기준을 완화할 것을 요구했다. 이에 따라 뉴욕시는 1월 11일부터 1b 단계 대상인 도시 근로자와 노인에게도 접종을 시작했다. 그리고 3월 30일부터는 30세 이상, 4월 6일부터는 16세 이상 모든 주민으로 접종 대상을 확대했다.

백신 접종 초기에 발생했던 또 다른 어려움은 원활하지 않은 백신 공급이었다.[85] 언론에 따르면 1월 14일 수백 명의 뉴욕 시민이 브루클린 아미 터미널에 마련된 백신 접종장에 몰려들었지만 많은 사람이 접종을 받지 못했다. 드 블라지오 뉴욕시장은 1월 15일 공영방송 WNYC와의 인터뷰에서 공급 제약 때문에 다음 주에는 백신이 고갈될 것으로 예상한다고 말했다. 현장에서 백신 접종이 이루어지지 못하는 이유는 엄격한 기준, 공급 부족뿐만 아니라 등록 문제 등이 복합적으로 작용하였다. 전문가들은 백신 접종 시작 단계에서 발생한 이

84 "Cuomo Widens Eligibility After Vaccine Goes Unused or Is Even Thrown Out", The New York Times, 2021. 1. 8.

85 "Supply shortages, registration issues: NYC struggles with vaccine distribution", NBC News, 2021. 1. 16.

러한 혼란 때문에 더 많은 사망자가 발생하고 있다고 주장했다.[86] 하지만 미국 정부는 국제사회의 비난을 받으면서도 자국 내 백신 공급에 집중함으로써 공급 부족의 문제를 해결했다.

또 하나의 문제는 백신에 관한 불신이었다. 뉴욕시에서 처음으로 백신을 접종받은 사람은 흑인 여성 간호사인 산드라 린제이였다.[87] 설문조사에 따르면 미국 흑인의 35퍼센트가 백신을 맞지 않겠다고 했다. 미국 언론은 그들이 백신을 불신하는 이유로 정부가 흑인 남성을 상대로 40년간 매독 실험을 한 터스키기(Tuskegee) 사건을 지목했다.[88] 일각에서는 미국 흑인들이 일상에서 경험하는 의료 시스템의 불평등과 차별이 백신을 불신하는 원인이라는 주장도 있었다.[89] 역사적 맥락과 구조적 불평등에서 비롯된 흑인들의 백신에 관한 불신은 백신 접종에 있어 매우 중요한 이슈가 되었다.

한편 음모론 때문에 미국 사회에 광범위하게 확산되고 있는 불신도 심각한 문제이다. 미국인 응답자 40퍼센트가 백신을 확실히 또는 아마 사용하지 않을 것이라고 답했다. 갤럽(Gallup) 조사에서도 응답자 중 37퍼센트가 같은 대답을 했다. 국립알레르기전염병연구소(National Institute for Allergy and Infectious Disease)의 앤서니 파우

86 "Chaotic COVID-19 vaccine rollout leads to more deaths, experts say", Los Angeles Times, 2021. 1. 14.

87 "Covid-19: First vaccine given in US as roll-out begins", BBC, 2020. 12. 14.

88 "Family of Tuskegee Syphilis Study participant say they'll take COVID-19 vaccine but understand the distrust", abcNEWS, 2020. 12. 18.

89 "Beyond Tuskegee-Vaccine Distrust and Everyday Racism", The New England Jounal of Medicine, 2021. 1. 20.

치(Anthony Fauci) 박사는 미국인 60~70퍼센트가 백신을 접종해야, 다른 전문가들은 85퍼센트가 백신을 맞아야 집단면역을 달성할 수 있다고 주장했다. 이러한 상황에서 40퍼센트가 백신을 맞지 않겠다고 답한 것은 심각한 문제로 이어질 수 있는 상황이다.[90] 백신 관련 불신의 또 다른 원인은 백신 접종 후 발생하는 사망 사례이다. 미국 전역에서 백신 접종 후 사망하는 사례가 이어지고 있는데,[91] 뉴욕시에서도 2월 9일 사망자가 발생했다.[92] 하지만 전문가들은 백신 접종과 사망 원인 사이에 관계는 없다고 밝혔다.

### 백신 접종 증명서

미국은 코로나19 백신 접종을 마친 사람에게 백신 접종 증명서를 제공하는데, 많은 사업장에서 노동자에게 백신 접종 증명서를 요구하고 있다. 특히 사업자들은 새로운 구직자에게 최소 1회 접종을 완료했다는 백신 접종 증명서를 요구하고, 건강 관련 업종에서는 직원이 백신 접종 증명서를 제출하지 못하면 일정 기간 무급 정직 처분을 내리거나 심지어 해고하는 상황도 생기고 있다. 하지만 백신 접종 증명서는 하얀색 평범한 종이에 수기로 작성되어 있고, 불법 복제를 막기 위한 특별한 기술 처리도 하지 않았기 때문에, 온라인에서 이를 불법으

90 "Too Many Americans Still Mistrust the COVID-19 Vaccines. Here's Why", Time, 2021. 1. 5.

91 "Doctor's Death After Covid Vaccine Is Being Investigated", The New York Times, 2021. 1. 12.

92 "Man in 70s dies after NYC vaccination, not believed to be reaction", Abc7, 2021. 2. 9.

| 그림 5 | **백신 접종 확인서**

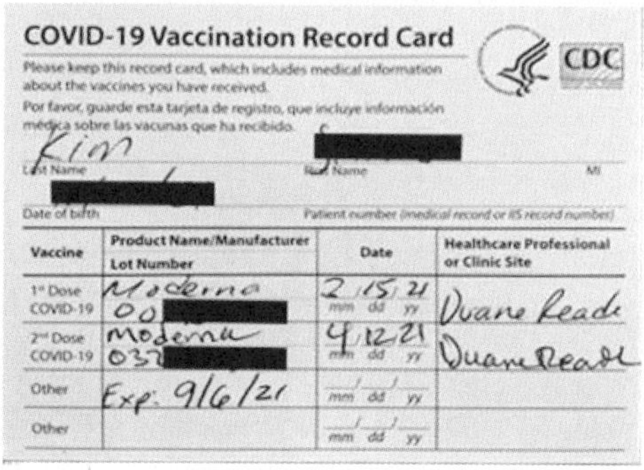

COVID-19 Vaccination Record Card

CDC

Please keep this record card, which includes medical information about the vaccines you have received.

Por favor, guarde esta tarjeta de registro, que incluye información médica sobre las vacunas que ha recibido.

Kim

Last Name | First Name | MI

Date of birth | Patient number (medical record or IIS record number)

| Vaccine | Product Name/Manufacturer Lot Number | Date | Healthcare Professional or Clinic Site |
|---|---|---|---|
| 1st Dose COVID-19 | Moderna 00 | 2/15/21 mm dd yy | Duane Reade |
| 2nd Dose COVID-19 | Moderna 037 | 4/12/21 mm dd yy | Duane Reade |
| Other | Exp: 9/6/21 | mm dd yy | |
| Other | | mm dd yy | |

자료: 저자 개인의 확인서로 촬영 후 개인정보는 삭제함.

로 만들어 주는 행위가 빈번하게 발생하고 있다.[93] 이러한 이유로 미국에서는 점차 디지털 증명서의 필요성이 주목받고 있으며, 실제로 여러 업체에서 기술을 개발하고 시험하는 중이다. 뉴욕에서는 미국 최초로 전자 증명서가 도입되었는데, 이 증명서는 음성 테스트 결과와 백신 접종을 완료했는지를 증명해 준다. 이 증명서 앱은 무료로 다운받아 사용할 수 있는데, 더 많은 기업에서 구직자나 직원에게 이 디지털 전자 증명서를 요구할 것으로 보인다.

93 "What Are the Roadblocks to a 'Vaccine Passport'?", New York Times, 2021. 4. 14.

## 뉴욕 사례의 시사점: 경제 재개와 뉴노멀에 관한 기대

뉴욕에서 첫 번째 확진자가 확인되고 경제 제재가 시작된 지 1년 2개월이 지났다. 코로나19 핫 스폿으로 전 세계의 주목을 받던 뉴욕은 7월 1일 전면적인 경제 재개를 앞두고 있다. 각 국가에서 가장 인구밀도와 주거지 밀집도가 높은 뉴욕과 서울은 코로나19 확산 과정에서 다양한 공통점을 보여 준다. 노인요양시설 관련 집단감염이나 종교시설 위주의 감염 등이 그 예이다. 서울과 마찬가지로 뉴욕주 역시 초기부터 진단검사의 중요성을 지속적으로 강조했다. 그럼에도 불구하고 뉴욕시를 비롯한 미국 대도시에서는 검사 역량이 역학조사나 경로추적으로 이어지지는 않았다. 개인의 자유를 중요시하는 미국 사회의 특성상 스마트폰을 이용한 개인정보의 정부 통제는 불가능한 것으로 보인다. 확진자 수가 통제 불가능한 수준으로 늘어나면서 역학과 추적조사를 수행할 인력이 부족했던 것도 사실이다.

2021년 5월 27일 기준, 뉴욕의 성인 백신 접종률은 42퍼센트이고, 1회차 접종률은 50퍼센트를 넘어섰다. 접종 가능 연령이 12세 이상으로 확대되고 일반 약국에서도 접종이 가능해졌다. 이와 함께, 90일 이내 백신 2차 접종자는 자가 격리 면제, 실내 피트니스 수업 허용, 공립학교 대면 수업 확대 등 규제 완화 정책이 도입되고 있다. 브로드웨이 종사자들에게 백신 접종을 허용하고 극장 재개장을 위한 준비를 시작하기도 했다.[94] 5월 3일부터는 뉴욕시 공무원 8만여 명이 재택근무를

94 "NYC Municipal Workers Start Staggered Return to In-Person Office

마치고 순차적으로 대면 근무를 시작하였다. 이러한 조치는 뉴욕시가 코로나19를 극복하고 있음을 보여 준다고 뉴욕시장은 말했다. 코로나19 방역 정책의 실패와 성공을 거듭해 온 뉴욕시의 사례는 최근 백신 접종률 증가와 함께 다양한 대도시에 다양한 함의를 제공할 것으로 예상된다.

팬데믹 1년, 뉴욕 시민의 경제 재개와 뉴노멀에 관한 기대감은 어느 때보다 큰 듯하다. 하지만 뉴욕이 뉴노멀을 준비하는 과정은 결코 쉽지 않아 보인다. 주지사 스캔들, 뉴욕시장 선거, 뉴욕주지사 선거 등 현재의 정치적 지형이 포스트 코로나 시대를 어떻게 구성할지 예상하기는 어려워 보인다. 그럼에도 팬데믹 이후 시민의 자발적인 커뮤니티 활동(저소득층 가정에게 음식을 나누는 커뮤니티 냉장고 등)이나 반인종차별 시위 등 다양한 사회운동이 전개되는 것을 보면 새로운 형태의 뉴노멀을 기대할 수 있지 않을까.

Work", NBC New York, 2021. 5. 3.

# 3장

## 런던_영국:

## 국가적 재난 상황에서 지자체는 보이지 않았다

PANDEMIC

**손정원** 런던대학교 도시계획학과 교수, 서울시립대 국제도시과학대학원 초빙교수

## 영국의 중심도시 런던

코로나19 사태 자체도 예측한 사람이 적었겠지만, 위생 상태가 나쁘고 보건 서비스가 낙후되고 교육 수준이 낮은 도시가 아니라 런던과 같은 도시에서 전염병 때문에 1만 5천 명이 넘는 사망자가 나오고 병의 확산을 막기 위해 직장과 학교가 몇 달간 문을 닫아야 하는 일이 벌어질 수 있다고 예측한 사람은 거의 없었을 것이다. 런던은 수많은 선진국의 도시 중 하나가 아니고, 현대 역학이 탄생한 나라이자 국민보건서비스(National Health Service, 이하 NHS)가 전 국민에게 무상의료를 제공하는 나라인 영국의 중심도시이다. 경제적으로는 뉴욕과 함께 세계 1, 2위를 다투는 중요 도시이기도 하다.

따라서 런던이 이런 참혹한 사태를 겪을 수 있다면, 감염병을 손쉽게 물리칠 수 있는 도시는 세계 어디에도 없다고 해도 될 듯하다. 런던의 실패 사례는 좋은 제도를 미리 마련해 놓고 전문가들과 시민이 상당한 수준의 노력과 희생을 감내하는 분위기가 조성된 도시에서만 감염병을 물리칠 수 있다는 교훈을 주었다.

이제부터 런던의 사례를 자세히 살펴보려 한다. 먼저 영국과 런던의 코로나19 전파와 그 피해, 정부의 정책 대응을 살펴볼 것이다. 정책 대응은 주로 중앙정부를 중심으로 이뤄졌는데, 런던광역시가 지자체로서 제대로 된 대응을 하기 어려웠던 조건도 살펴볼 것이다.

## 개요: 감염병이 들어오기 쉬운 구조의 도시

한국처럼 수도권 집중 문제가 심각한 나라도 있고, 독일처럼 도시들의 규모가 비슷한 나라도 있는데, 영국은 독일보다 한국 쪽에 가깝다. 한 가지 외국인이 혼동하기 쉬우나, 시티오브런던(City of London)과 런던(London)은 다르다. 시티오브런던은 전통적으로 왕권이 미치지 못하는 자유도시의 위상을 가지고 있었고, 원래 시티오브런던만 런던으로 불렸다. 1889년부터 시티오브런던과 주변 지역을 런던 카운티라고 부르기 시작한 이래, 런던의 구획이 계속 바뀌어, 지금은 런던광역시(Greater London Authority)라는 단위가 존재하고, 이를 보통 런던이라고 부르게 되었으며 시티오브런던은 런던광역시 내부의 자치구 비슷한 위상을 갖게 되었다. 아직도 그리니치 등 런던 변두리 자치구에 대대로 살아온 토박이 중에는 런던 도심만을 런던이라 부르고, 자신들이 사는 곳은 런던이 아니라고 생각하는 이들도 있다. 하지만 보통 런던이라 하면 런던광역시를 말하므로 이 글에서도 주로 런던광역시를 다룰 것이다.

런던광역시는 인구가 890만 명(영국 전체 인구의 13.4퍼센트)이고 면적은 1,569제곱킬로미터이다. 인구 970만 명에 면적 605.2제곱킬로미터인 서울과 비교하면, 인구는 조금 적고 면적은 훨씬 넓어서 인구밀도가 서울의 3분의 1도 되지 않는다. 다만 런던은 행정구역 설정이 도시뿐 아니라 주변 지역을 폭넓게 차지하고 있는 반면, 서울은 사실상 같은 생활권인 의정부, 하남, 과천 등의 도시가 서울 경계 안에 포함되어 있지 않기 때문에, 행정구역에만 기초하여 비교하기 힘들다는 점은 기억해야 한다.

경제적으로 런던은 영국의 중심인 데다가 흔히 뉴욕 다음가는 세계적 도시로 꼽힐 정도로 중요한 도시이다. 그중 가장 큰 비중을 차지하는 것이 금융업이다. 30만 명 이상이 금융업에 종사하고 있으며, 500여 개 은행이 런던에 지점을 두고 있다. 포춘 선정 500개 기업 중 75퍼센트가 런던에 본사나 지사가 있다. 이에 따라 런던은 영국 경제의 중핵으로 국가 GDP의 약 4분의 1을 차지하며, 1인당 국민총생산도 2019년 기준 7만 3천 달러로 영국 전체의 국민총생산 4만 2천 달러에 비해 현저하게 높다.

런던은 인종적으로나 문화적으로 매우 다양한 도시이기도 하다. 300개 이상의 언어가 쓰이고 있으며, 2011년 센서스에 따르면, 소수민족이나 백인과 소수민족 혼혈이 인구의 40.2퍼센트에 이른다. 그리고 출생지 기준으로도 36.7퍼센트가 외국 태생이라, 이민자 비중이 세계에서 뉴욕 다음으로 높다. 가장 큰 소수민족 집단은 아시안인데, 영국에서 아시안이라 하면 주로 영국에서 아시안의 다수이며 구 대영제국 식민지였던 인도, 파키스탄, 방글라데시, 스리랑카 등 남아시아 출신자들을 말한다. 동북아인(한중일 출신)이나 동남아인은 아시안에 포함하기도 하고 포함하지 않기도 하지만, 모든 아시안을 다 합치면 19.7퍼센트로 소수민족 중 최대 집단이다. 흑인은 15.6퍼센트로 두 번째로 큰 소수민족 집단이고, 그 외에 아랍인, 남미인 등이 있다.

코로나 확산과 관련하여 중요한 것 중 하나가 교통이다. 런던의 지하철은 1863년 세계 최초로 건설되어 현재 270개 역, 총연장 400킬로미터로 세계 최대 규모이다. 또한 코로나19와 관련하여 중요한 사실 중 하나는 런던과 런던 근교에 국제 공항이 6개나 있다는 점이다. 그중 히드로공항은 연 이용객이 8천만 명 이상에 이르는 세계 7~8위권 규모의 공항이고, 개트윅공항도 이용객이 연 4,600만 명으로 세계 50위권 안에 든다. 또한 런던은 유로스타 철도로 유럽 대륙과 연결되어 있다. 그만큼 국제 여행객도 많아 방문자 수 세계 1위를 자주 차지하는 도시로 다른 나라에서 발생한 감염병이 런던으로 들어오기 쉬운 구조라고 할 수 있겠다.

## 코로나19 확산과 방역 정책

### 영국

영국의 방역은 봉쇄령 중심이었다고 할 수 있다. 세 번의 봉쇄령이 있었는데, 첫 번째 봉쇄령은 코로나19가 영국에서 급격히 확산되는 것이 처음 확인된 직후인 2020년 3월 23일에 실시되었다. 이를 통해 확산 속도가 어느 정도 진정되어 50여 일 후인 5월 10일에 봉쇄령을 풀었다가, 전 세계적으로 2차 확산이 진행되던 11월 5일 2차 봉쇄령을 내려 확산세를 꺾었다. 그러나 확산이 제대로 통제되기 전인 12월 2일에 봉쇄령을 풀어 성탄절과 연말 연휴 기간 동안 확진자 수의 급증을 자초했고, 결국 2021년 1월 5일에 3차 봉쇄령을 내리게 된다. 그 후 3개월 이상 봉쇄령을 지속한 결과 4월 12일에 봉쇄령을 완화할 수 있었다. 4월 1일 한 국내 언론에 백신 접종이 원활히 이뤄져 일상을 찾게 되었다는 인상을 주는 런던 특파원의 보도[1]도 있었으나, 당시 영국 정부는 백신 효과를 이야기하기에는 아직 이르며, 상황이 좋아진 것은 거의 봉쇄령 덕분이라는 공식 입장을 내놓았다. 4월 12일에 야외 음식점 영업을 재개했고, 5월 17일에서야 실내 음식점 영업을 재개했으며, 심지어 5월 중순까지 매일 신규 확진자 수가 2천 명 이상인 수준이었으니 해당 기사는 꼼꼼하고 비판적으로 읽지 않으면 영국의 상황을 심각하게 오해할 수 있는 보도였다.

5월 12일까지도 확진자 수가 2천 명이 넘어, 한국 기준에서 보면 아직도 확진자 수가 많다고 볼 수 있다. 그러나 위험군은 거의 접종을 완료해 확진자 수가 중환자 수나 사망자 수로 연결되지는 않으며, 빠른 백신 접종이 진행되고 있으므로 앞으로도 계속 확진자 수가 급격히 줄어들 것이고 곧 집단면역을 성취할 수 있을 것이라고 예측한다.

| 그림 1 | **일별 확진자 수**

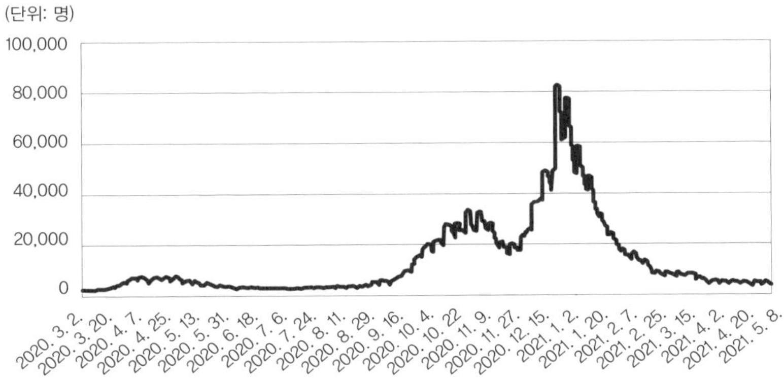


자료: GOV.UK, 2021.

1 이해인, "부럽네요, 백신이 돌려준 영국의 일상", 조선일보 인터넷판, 2021. 4. 1.

〈그림 1〉은 일일 확진자 수를 보여 주고 있는데, 사실 사태 초반에는 〈그림 2〉에서처럼 검사량이 턱없이 부족했기 때문에 확진자 수를 정확히 알 수는 없었다. 당시 NHS와 정부의 공식 입장은, 미열이나 잔기침 등 코로나 의심 증상이 있을 때 집 밖으로 나가지 말고 자가격리를 하라는 것이었다. 당시에는 의료 붕괴를 염려하고 있던 터라, 확산 상태를 정확히 파악하는 것은 가능하지도 않았고 필요도 없던 상황이었다. 한국에서 실행한 것과 같은 확진자 동선 추적은 국민의 저항감도 컸지만, 초반 대응 부재로 확산이 진행될 만큼 진행된 상황이라 철저한 검사나 추적을 통해 확진자를 일부 더 찾아낸다 한들 별다른 효과도 없었을 것이다. 따라서 당시의 실제 감염자 수는 공식 확진자 수의 몇 배였을 것으로 추정된다.

매일매일 수치가 달라지니, 2020년 5월 12일 필자가 확보했던 수치들을 기준으로 상황을 살펴보자. 당시 확진율(확진자 수/검사 수)이 한국은 2퍼센트, 대만은 1퍼센트였는데, 영국은 12퍼센트나 되었으므로(Sonn and Lee, 2020), 많은 환자가 검사를 받지 못했음을 짐작할 수 있다. 같은 날 기준으로 사망자 수가 한국의 125배(영국 3만 2,065명, 한국 256명)였으니, 환자 수도 125배라고 가정한다면 실제 환자 수는 공식적으로 확진된 22만 3,060명이 아니라 그 6배가 넘는 136만 6,395명이 된다. 물론 이는 매우 단순한 계산으로 환자들의 연령이나 사회경제적 환경 등 중요한 변수가 감안되지 않아, 그리 정확한 수치는 아니다. 좀 더 세련된 수학적 방법도 제안된 바 있으나, 그런 방법을 써도 오차가 너무 크고 이 책의 목적에 비추어서 크게 중요하지 않으므로, 여기서는 공식 확진자 수는 별다른 의미가 없고, 실제 감염자 수가 몇 배 더 많았을 것이라는 점만 기억하고 넘어가기로 하자.

이처럼 환자 수가 확실치 않으므로, 단순히 일별 공식 확진자 수만 보고 1차 확산보다 2차 확산이, 2차 확산보다 3차가 심각했다고 보아서는 안 된다. 그래도 〈그림 1〉은 어느 시점이 정점인지를 확인하는 자료 정도의 의미는 있다.

| 그림 2 | **일별 검사 수**

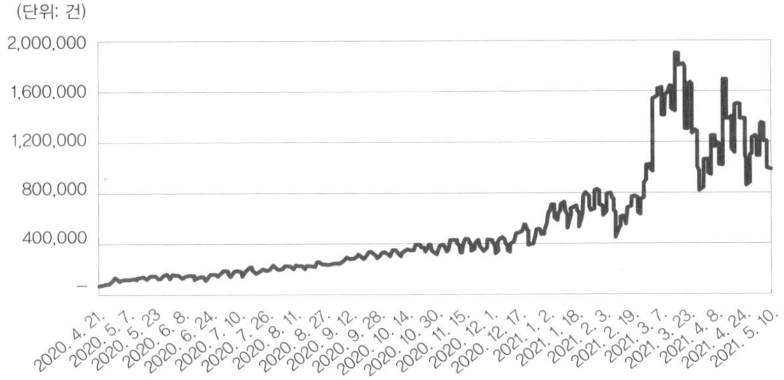


자료: GOV.UK, 2021.

반면 일일 사망자 수는 신뢰할 수 있다. 일본 등의 예와는 달리, 영국은 사망자에게도 코로나19 관련 사망자인지를 확인했고, 사망 일자에 기초하여 사후에 사망자 통계를 수정해 왔기 때문이다. 〈그림 3〉은 사망자 수를 보여 준다. 여기서 1차 확산이 2차 확산보다 훨씬 심각했으며, 2차 봉쇄령을 조기에 풀었던 탓에 하루 사망자가 1,200명이 넘는 날이 며칠 동안 지속된 최악의 3차 확산을 초래한 것을 확인할 수 있다. 이런 상황을 거치면서 런던은 5월 13일까지 누적 사망자 수가 12만 7,668명에 이르는 엄청난 피해를 입었다. 이는 인구 1천 명당 1.915명이 사망한 것으로, 0.037명인 한국보다 무려 52배 많은 사망자를 낸 셈이다.

이런 엄청난 피해는 예상할 수 있는 것이 아니었다. 역사적으로 영국은 전염병 방역에 있어 선구적인 나라였다. 의사였던 존 스노우(John Snow)가 1854년 콜레라가 수인성 전염병임을 밝힌 것은 전염병 연구와 방역 역사에서 선구적인 업적으로 기억되고 있다. 당시 스노우의 연구 결과가 제대로 공유되지 못하여 정부는 콜레라가 폐수의 냄새를 통해 공기로 전염된다고 잘못된 생각을 갖고 있었다. 그래도 폐수 처리가 콜레라를 막을 수 있다고 결론 내리고 정부가 대대적인 하수관 설치를 벌인 것은, 기반시설을 통해 도시의 위생을 개선하여 전염병을 예방한다는 기본적인 대처 방법을 정식화한 업적으로 도시계획사, 토목사, 보건사에 남아 있다. 그리고 흔히 간호의 대모로만 알려진 나이팅게일은 통계를 통해 전염을 파악할 수 있다는 믿음으로 간호 분야에 통계를 활용한 선구적인 인물이자, 손을 씻고 기구를 소독하는 등 위생과 청결로 감염을 예방할 수 있다는 인식을 확산시킨 공로가 큰 사람이기도 했다.

무엇보다도 영국은 전 국민에게 무상의료를 제공하는 NHS 제도를 갖춘 나라이다. NHS는 1970년대 말부터 지속된 신자유주의적인 분위기에서 비효율적이라는 비판에 시달렸고, 부분적인 민영화도 겪어야 했다. 하지만 민영화가 만병통치약이라는 생각이 많이 걷힌 최근에는 NHS에 더 많은 예산을 할당하겠다는 것이 정치인들의 단골 공약이 되었을 만큼 국민의 신뢰를 회복하였다. 그리고 NHS는 규모뿐 아니라 의학 연구에서도 세계 최고 수준이다.

그뿐만 아니라 영국은 최근에 있었던 조류인플루엔자, 구제역 등은 물론, 아시아를 강타했던 사스나 메르스의 피해도 거의 받지 않았다. 그래서 일반 대중이나 정치 지도자들은 영국이 코로나19에 이토록 속수무책으로 당할 것이라고는 전혀 예측하지 못했다. 전문가들 사이에서도 의견이 엇갈려, 일부에서는 강한 경고를 했지만 일부 다른 전문가들은, 손놓고 있으면 안 되지만 영국은 방역 시스템이 좋아서 이탈리아나 이란 같은 사태가 벌어지지 않을 것이라고 주장하기도 했다.

| 그림 3 | **일별 사망자 수**

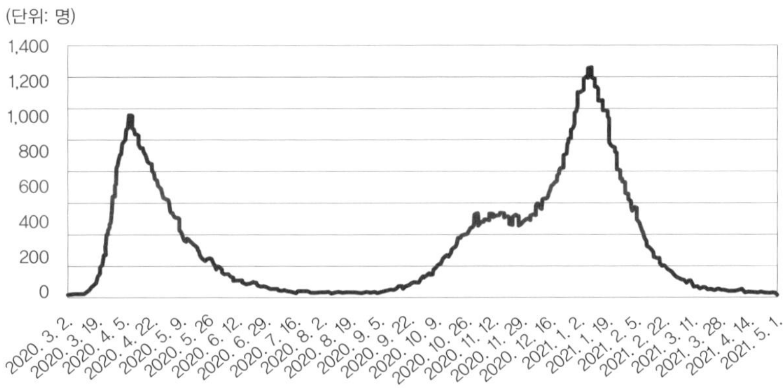


자료: GOV.UK, 2021.

따라서 코로나19가 아시아를 넘어 이란과 이탈리아에서 폭발적으로 퍼져 나가던 2020년 3월 초까지만 해도 "결국 우리도 코로나를 겪긴 할 테지만 큰 탈은 없을 것이다"라는 분위기가 정치권이나 일반 대중 사이에서 지배적이었던 것도 놀라운 일이 아니다. 그리고 1차 봉쇄령이 떨어진 3월 23일에 이르러서도, 일반 국민은 세계 최악 수준의 참극을 겪게 될 것이라고 전혀 생각지 않는 분위기였다.

다행히 영국은 이스라엘, 미국 등과 함께 백신 접종이 세계에서 가장 빨리 진행된 나라 중 하나이다. 2020년 12월 8일에 화이자 백신을 사용하여 고위험군에게 접종을 시작한 이후, 화이자, 아스트라제네카, 모더나 3개 사의 백신을 사용하고 있는데, 2021년 5월까지 주로 사용된 백신은 영국에서 개발된 아스트라제네카이다.

1단계 접종에서는 코로나 관련 사망을 줄이고 코로나 대응에 필요한 인력을 보호하는 데 초점을 두었다. 1단계는 9개의 소 단계로 나뉘어 있는데, 1-1단계는 양로원 등 고령자 수용시설에 수용된 노인들과 시설 종사자들을 대상으로 하였다. 1-2단계는 80세 이상부터 시작해서 1-9단계에서 50세 이상에 이르기까지 연령층이 낮아지는 식으로 접종을 실시하였다. 3월 22일에는 하루 동안 84만 4,285명에게 접종을 하는 등, 대규모로 백신 접종을 진행하여 1단계는 3월에 50대까지 1차 접종을 마쳤다. 2단계에는 2차 접종을 진행하면서 동시에 만 38세 이상자와 의학적으로 고위험군은 아니나 고위험군으로 넘어갈 가능성이 있는 사람, 학습장애가 있는 사람 등에게 1차 접종을 했다.

예방접종은 병원, GP(General Practice), 일부 약국에서 진행되며 등락이 있으나 2021년 4월 2일 기준으로 1,791개소가 운영되고 있고, 그중 191개소가 런던에 있다(NHS England, 2021). 5월 13일 기준으로 1차 접종을 마친 사람이 전체 국민의 68.8퍼센트, 2차 접종까지 마친 사람도 국민의 36.7퍼센트에 이르러, 집단면역 달성이 곧 가능할 것으로 보인다.

## 런던

런던 최초 사례는 2월 12일 중국에서 입국한 여성이었다. 런던은 영국에서 가장 코로나19의 영향을 많이 받은 지역 중 하나였다. 2021

| 그림 4 | **백신 접종자 비율**

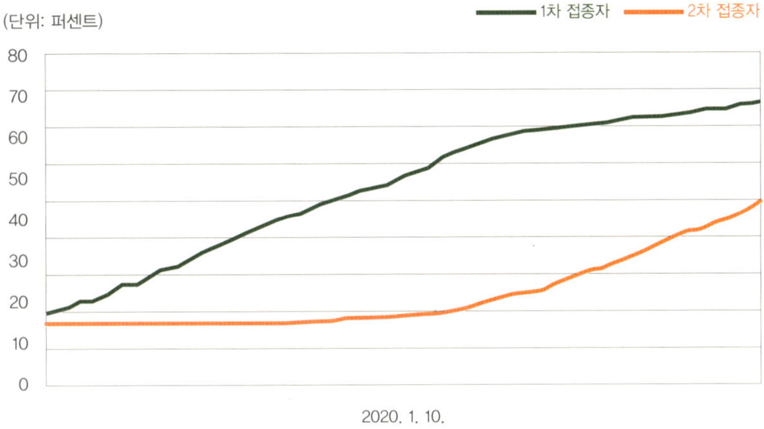


자료: GOV.UK, 2021.

년 5월 14일 기준으로, 누적 확진자 수 72만 3,420명, 누적 사망자 수 1만 5,509명을 기록하고 있다. 런던의 인구가 2019년 기준으로 898만 2천 명이므로 인구 1천 명당 확진자 수와 사망자 수는 각각 8만 541명과 1,727명이다. 이는 같은 날 기준 영국 전체 1천 명당 누적 확진자 수 6만 6,719명, 사망자 수 1,915명과 비교했을 때, 확진자 수는 더 많고 사망자 수는 확실히 적다. 통계적으로 충분히 의미가 있는 수준의 차이지만, 확진자 수가 그리 정확하지 않고 런던과 영국 전체의 인구 구성이 다르기 때문에 인구 구성에 따른 차이인지, 아니면 의료시설이나 다른 도시환경의 차이 때문인지는 더 깊은 연구가 필요하다.

처음에는 서더크(Southwark)와 웨스터민스터(Westminster) 자치구가 확산의 중심이어서 자치구의 특성과 희생자 수에는 특별한 상관관계를 찾기 어려웠으나 점차 소득수준이 낮은 지역일수록 희생자가 많은 경향이 뚜렷하게 나타났다. 2020년 5월에는 런던에서 확진자 수가 가장 많은 4개의 자치구 중 세 곳이 평균 소득이 하위권인 뉴엄(Newham), 브렌트(Brent), 해크니(Hackney)였다. 그러나 시간이 갈수록 경향성은 다시 약해졌다. 2021년 3월 31일 기준으로 10만 명당 누적 확진자 수가 1만 명을 넘은 세 곳의 자치구를 보면, 가장 많은 세 곳 중 헤이버링(Havering)은 소득수준이 상위권이고, 레드브리지(Redbridge)는 중위권, 바킹앤대거넘(Barking and Dagenham)은 하위권이라, 소득과 코로나19 전파의 특별한 상관관계를 찾기는 힘들다.

소득수준을 비롯하여 각종 사회적 박탈의 정도가 높은 지역에서 코로나19로 인한 사망자가 더 많은지를 보기 위해 간단한 산포도를 그려 보았다. 영국에서 각종 사회분석에 많이 사용하는 다중박탈지수(Multiple Deprivation Index)에 포함된 6개의 박탈지수와 각 자치구의 1천 명당 사망자 수를 각각 순위를 매겨 산포도를 그린 것이 〈그림 5〉이다. 34개 런던 자치구 중에서 규모가 작은 시티오브런던은 사생활 침해 우려 때문에 해크니와 합쳐서 사망자 수를 발표하고 있다. 따라서 전체 케이스 수가 33개로 본격적인 통계분석을 하기에 충분하지 못하다. 그러나 산포도를 그려 봄으로써 대체적인 추이는 파악할 수 있을 듯하다.

박탈지수 대부분이 사망자 수와 별 관계가 없는 것으로 나타났다. 소득, 건강 등 직관적으로 코로나19 사망자와 직접적으로 관계가 있을 것으로 예상된 지수조차도 강한 상관관계를 보이지 않았다. 생활환경지수만이 예외적으로 상관계수 0.72를 기록하여 확실한 상관관계를 보여 주고 있다.

| 그림 5 | **각 자치구 박탈지수와 코로나 사망률의 상관관계**

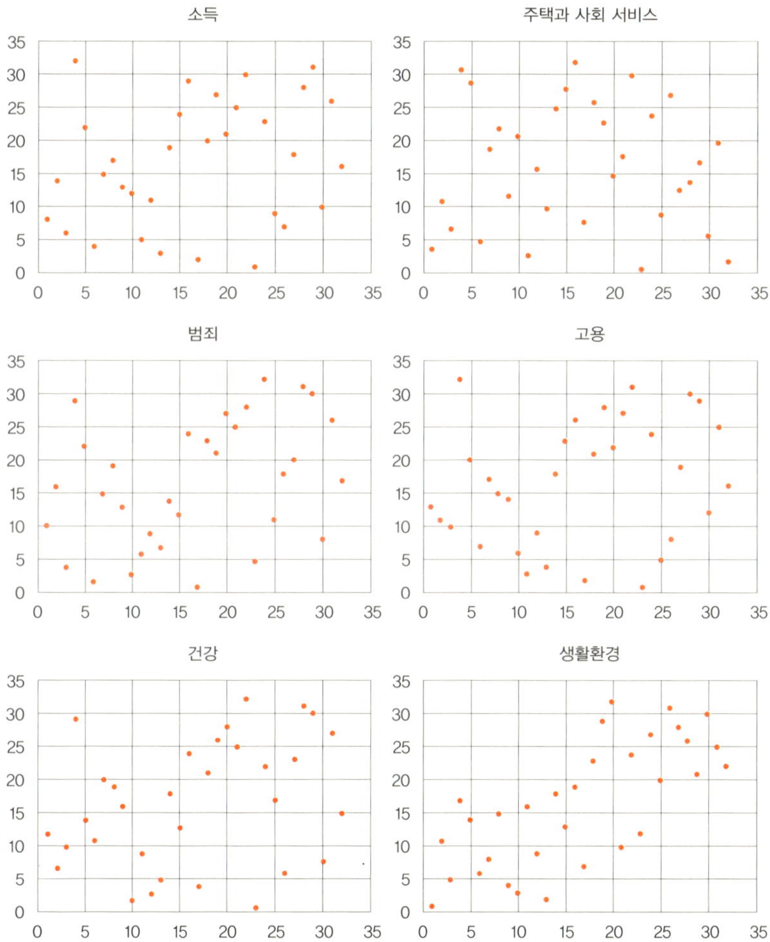


자료: 사망률 데이터(GOV UK, 2021), 박탈지수 데이터는 (National Statistics, 2019).

## 국가 차원의 경제적 대응

영국 정부는 코로나19로 인한 경기 침체, 대량 실업, 대량 도산을 막기 위해 대규모 재정지출을 과감히 실행하는 중이다. 안정된 직장이 있는 중산층에서는 사실 이런 지출이 결국 중산층에 관한 증세로 돌아올 것이라는 불안감도 있고, 방역에 무능했던 정권이 돈으로 지지를 사려 한다는 비판도 있다. 하지만 전체적인 여론은 '매출 하락 → 대규모 해고 → 수요 감소 → 기업 도산 → 대량 실업 → 추가적인 수요 감소 → 추가적인 기업 도산'의 악순환에서 1930년대 대공황 시기만큼, 혹은 그 이상의 경제 위기가 발생하는 것을 막으려면 과감한 재정지출 말고는 다른 방법이 없다는 것이다. 영국 정부가 펼치고 있는 여러 정책 중 대상자도 가장 많고 지출 규모도 가장 큰 것은 '일자리 유지 대책(Job Retention Scheme)'과 '자영업자 소득 지원책(Self Employed Income Support Scheme)'이다.

### 일자리 유지 대책

일자리 유지 대책은 2020년 3월 20일에 발표되어 현재까지 시행되고 있는 영국 정부의 과감한 경제 대책이다. 고용을 유지하는 기업에 1인당 줄어든 노동시간분에 관해 통상임금의 80퍼센트 또는 월 2,500파운드(약 375만 원)까지 임금을 국가에서 보전해 주는 제도이다. 원래 풀타임 피고용인이었던 사람을 파트타임으로 전환하거나 원래 파트타임이었던 사람의 업무 시간을 줄였을 때, 실제로 일한 시간은 기업에서 정상적으로 임금을 지급하고, 줄어든 업무 시간 때문에 줄어든 임금의 80퍼센트를 지급한 후 그 금액을 정부가 보전해 주는 방식으로 일자리를 유지하고 소득을 보전한다. 즉 사업장이 정상적으로 영업을 하여 피고용인이 코로나 이전과 같은 시간만큼 일하면 정부의 부담은 전혀 없으나, 사업장이 문을 닫거나 매출 부진으로 일을 전혀 하지 않은 피고용인은 전체 임금의 80퍼센트를 정부가 부담하고 통상적인 유급 휴가까지도 보장한다. 이 정책은 당초 3개월 기한으로 시행되었으나 여러 차례 연장되어 현재는 2021년 9월 30일까지 실시되는 것으로 예정되어 있다. 짐작할 수 있는 바와 같이, 이 정책을 위해 영국 정부가 지는 재정적 부담은 엄청나다. 매월 정부 부담액 140억 파운드, 한화로 약 21조 원에 이른다. 2019~2020년 회계년도의 정부 1년 예산이 8,420억 파운드(HM Treasury, 2018)였던 것을 감안하면, 대략 평상시 예산의 20퍼센트에 육박하는 엄청난 금액을 일자리 유지를 위해 지출한 셈이다.

정부 재정지출이 항상 그렇듯, 일부 지급 오류와 부정수급도 발견되고 있다. 국세및관세청(Her Majesty Revenue and Customs, HMRC)은 지급 오류와 부정수급이 대략 35억 파운드(약 4조 2,500억 원)에 달하는 것으로 추산하고 회수 작업을 진행 중이다. 그러나 노동자가 줄어든 업무 시간을 이용하여 현금거래가 가능한 수익 활동을 하는 상황에 관해서는 별다른 대책이 없다. 보모가 좋은 예이다. 학교와 보육시설이 폐쇄된 동안 부모가 일을 하기 위해서 보모를 고용하는 경우가 많았는데, 음식점 등 봉쇄령 아래에서 업무 시간이 많이 줄어든 업종의 노동자가 보모로 일을 하고 현금으로 대가를 받으면 정부지원금과 보모 임금을 동시에 받게 되는 것이다. 이런 부정수급 사례가 주변에 흔하다는 것을 모두 알고 있지만, 체계적으로 단속할 방법도 없고, 그 액수가 그렇게 크지는 않으며, 주로 저소득층이 수혜자라는 점에서 사회적으로 크게 문제가 되지는 않고 있는 듯하다.

### 자영업자 소득 지원책

취업자를 대상으로 하는 일자리 유지 대책과 비슷한 수준의 혜택을 주는 정책이 중소 규모 자영업자를 위해서도 실시되고 있다. 2020년 3월에 발표된 자영업자 소득 지원책으로, 시행일시는 2020년 5월 13일이었지만 같은 해 3월 13일까지 소급 적용되었다.

대규모 사업장은 제외하고, 지난 3년간의 평균 연 이윤이 5만 파운드(한화로 약 7,500만 원) 이하인 자영업자만을 대상으로 하여, 줄어든 이윤의 80퍼센트를 정부가 최대 월 2,500파운드(약 375만 원)까지 보전해 준다. 이는 개별 사업자가 신청하는 것은 아니고 국세및관세청에서 과거 소득신고액에 기반하여 대상을 선별, 통보하는 식으로 지원되었다. 그런데 영국도 소규모 자영업자들이 소득신고 시 매출과 이윤을 축소 신고할 때가 상당하기 때문에, 소득신고액을 기반으로 한 대책은 완벽하지 못하다. 연 이윤이 5만 파운드 미만인데 신고를 더 적게 한 자영업자는 지원금을 원래 받아야 할 만큼 받지 못하게 된다. 이때에는 과거 탈세의 결과이므로 부분적으로나마 과거의 탈세를 회수하는 긍정적 효과가 있는 셈이다. 그러나 실제로는 연 이윤이 5만 파운드가 넘는데 소득신고를 그 이하로 한 자영업자가 탈세는 탈세대로 하고 소득 지원은 소득 지원대로 받으니 문제가 크다. 과거에 밝히지 못했던 탈세를 지금에 와서 밝히기 쉬울 리가 없기에, 지원금 부당수혜 문제는 찜찜한 채로 그대로 넘어갈 가능성이 크다.

### 기타 지원책

소매·접객·레저산업 지원기금(Retail, Hospitality and Leisure Grant Fund)을 코로나 사태로 타격을 받은 소기업에게 폭넓게 지원하기 위해 소기업 지원기금(Small Business Grant Fund)으로 개명하고, 지원 한도를 1만 파운드(한화로 약 1,500만 원)로 축소하였다. 전체 123억 파운드(한화로 약 19조 원) 지출 예정인데 한 달 만에 50퍼센트가 집행되는 등 빠르게 소진되고 있다. 그 외에도 일자리 유지 대책이나 자영업자 소득 지원책에 비해 규모는 작지만 '일자리 유지 보너스(Job Retention Bonus)', '일자리 보조 프로그램(Job Support Scheme)', '음식점 수요 창출을 위한 외식 바우처 프로그램(Eat Out to Help Out)' 등이 있다.

## 런던시 차원의 사회경제적 대응

영국이 국가적으로 과감한 재정지출로 경제 살리기를 하고 있는데 비해, 런던광역시 차원의 대응은 약한 편이다. 예산이 작아 큰 효과를 기대할 수는 없으나 흥미로운 정책으로 선결제 매칭펀드가 있다.

### 런던 선결제 매칭펀드 프로그램

런던시는 원래 상시 운영하던 백 투 비즈니스 펀드(Back to Business Fund)에 100만 파운드를 투입하여 기업 1개소당 5천 파운드까지 매칭펀드 형식으로 지원하는 '런던 선결제 매칭펀드 프로그램(Pay It Forward London)'을 만들었다. 이는 고용인 250인 이하의 중소기업만을 대상으로 하며, 코로나19로 타격을 받은 업체만 지원 받을 자격이 있다. 지원금은 사업 유지, 사회적 거리두기에 도움이 되는 방식으로 사업 방식 전환, 이렇게 두 용도로만 사용해야 한다.

이 지원금을 받기 위해서 기업은 크라우드펀딩 프로젝트를 고안하여야 하며, 지원 대상으로 선정되면 런던 선결제 매칭펀드 프로그램의 지원 대상임을 명시하고 크라우드펀딩을 시작할 수 있는데, 지원금은 크라우드펀딩 모금 액수에 비례한다. 한 기업이 여러 크라우드펀딩 프로젝트를 실행할 수 있으나, 기업당 총 지원액은 5천 파운드(한화로 약 750만 원)가 최대이다.

| 그림 6 | **런던 선결제 매칭펀드 프로그램**

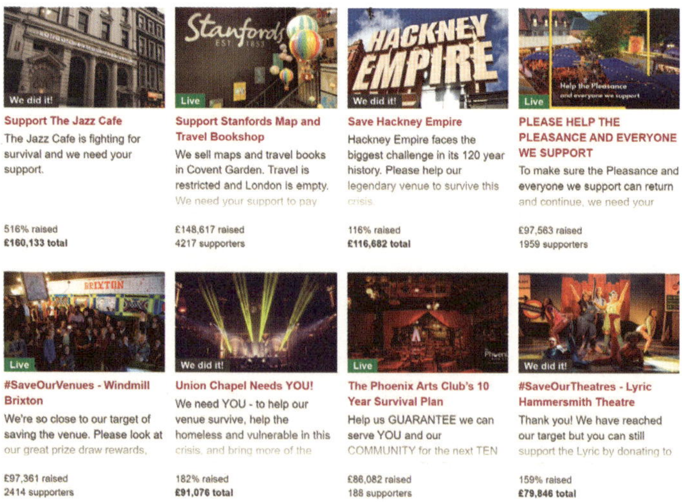


자료: Mayor of London, 2021.

어떤 기업이어야 하고 어떤 프로젝트이어야 하는지 규정은 까다롭지 않으나, 2021년 4월 2일 현재 펀딩을 진행 중인 80개 기업을 보면 대부분 공연장, 문화 공간, 음식점, 주점 등이고 프로젝트는 대부분 상품권(voucher)이나 기념품 판매 사업이다. 소비자의 선결제가 용이한

| 그림 7 | **프로젝트 사례: 윈드밀 브릭스톤**

사진: Ewan Munro from London, UK - Windmill, Brixton Hill, SW2Uploaded by Oxyman, CC BY-SA 2.0, https://commons.wikimedia.org/w/index.php?curid=22395477.

런던 남부 브릭스톤 자치구에 자리 잡은 윈드밀 브릭스톤(Windmill Brixton)은 1971년에 개점한 업소로 주점(pub)과 라이브 음악 공연장을 겸하고 있다. 이름이 윈드밀인 것은, 근처에 런던 유일의 풍차인 브릭스턴 풍차가 있기 때문이다. 2012년에는 잡지 《타임아웃(Time Out)》이 런던에서 세 번째로 좋은 라이브 주점으로 선정했고, 2008년에는 《가디언》에 런던의 10대 라이브 주점 중 하나로 보도될 만큼 상당히 지명도 높은 주점이다.
윈드밀 브릭스톤은 코로나19 기간 동안 꾸준히 공연을 했는데도 거리두기 규정으로 입장객 수가 제한되어 하루에 200파운드씩 적자를 보고, 토지소유주가 임대료를 2배로 올리려 한다는 점을 호소하여 선결제 프로그램 수혜 업소로 선정되었다. 윈드밀 브릭스턴은 크라우드펀딩 사업으로 5파운드짜리 행운권 판매하는 프로젝트를 기획하였다. 행운권은 1천 장을 팔고 상품은 수십 개밖에 되지 않으니 선결제라기보다 사실상 기부라고 볼 수 있다. 하지만 9만 5천 파운드를 성공적으로 달성하여, 런던시청에서 제공하는 5천 파운드 매칭펀드도 받게 되었다.

사업이 고안되고 지원 대상으로 선정된 것이니, 업종과 사업의 편중은 그리 놀라운 일이 아니다. 그리고 소비자가 자발적으로 크라우드 펀딩에 참여할 만한 기업만 프로젝트를 성사시킬 수 있으니 결국 지역 주민이 애착을 가지고 있는 업소들만 이 제도를 활용할 수 있다.

### 런던 코로나19 추모 정원

코로나19 희생자를 추모하는 정원이 건설될 예정이다. 추모 정원은 런던 동부에 위치한 올림픽공원에 설치될 예정이며 33개 런던자치구를 상징하는 33그루의 벚꽃나무가 식수된다. 봄을 상징하는 벚꽃나무가 선택된 것은 영국의 코로나19가 2020년 3월에 시작되었기 때문이다.

### 런던의 NHS

런던 도심은 환자 수가 많고 노인 인구도 많은 데 반해 응급실 병상 수가 오히려 적은 편이라, 도심 병원에서 문제가 클 것으로 사태 초기부터 예측해 왔다(Edge Health, 2020). 예측은 금방 사실로 드러나, 2020년 3월 19일에 런던의 주요 종합병원 중 하나인 노스위크 파크 병원(Northwick Park Hospital)에서 응급실 병상이 꽉 찼음을 발표하였고, 4월 4일에는 와트포드 종합병원(Watford General Hospital)도 위기 상황임을 발표했다.

국가적인 위기 상황을 맞아 NHS에서는 임시병원인 NHS 나이팅게일병원(NHS Nightingale Hospital)을 개원하여 응급환자 4천 명을 수용한다는 계획을 세우고, 이 중 런던지원이 4월 7일부터 환자를 수용하기 시작하였다. 그러나 곧 일반 병원의 수용 능력이 증대되어 임시병원 건설 계획이 유보되고 이미 개원한 병원도 곧 폐쇄되었다. 이후 환자 폭증에 따른 위기를 여러 차례 겪었으나, 경증환자는 가정에서 요양하게 하는 정책을 지속하고 동시에 종합병원 응급실과 중환자실을 증설한 덕분에, 종합병원이 마비되는 사태는 일어나지 않았다.

### 런던의 대중교통

확진자의 증감과 중앙정부의 방역 지침에 따라 런던시 정부는 런던광역교통기구를 통해 대중교통 운영 방식을 조정했다. 사태 초반인 2020년 3월 19일에 야간 지하철 운행을 중단하고 일부 지하철역을 폐쇄했으며, 3월 25일에는 역사 내 승객 이동 속도를 통제하고 바이러스 확산이 용이한 엘리베이터 운행을 중단하였다. 다른 교통수단도 초기부터 부분적으로 폐쇄하고 운영했다. 3월 20일부터는 사우스이스턴 교외철도 운행을 축소했고, 개트윅 공항철도 운행을 중단했으며, 템스강 케이블카 운행도 중단하였다. 항공교통 부문에서도 런던 시내에 있는 소규모 공항인 시티공항을 전면 폐쇄했고, 런던에서 두 번째로 큰 공항인 개트윅공항도 터미널 2개소 중 1개소를 폐쇄하고 활주로 이용 시간을 축소하였다. 그 뒤 9명의 운전사가 코로나로 사망하면서, 4월 20일부터는 버스 요금을 전면 면제하였다. 이는 승객이 교통카드 단말기 가까이에 있는 운전사에게 다가가는 것을 막기 위한 조치였다.

이런 조치들은 세부적인 차이는 있겠으나 여러 나라에서 비슷하게 실시된 것이고, 런던에서 가장 눈에 띄는 이슈는 교통기구의 재정문제였던 듯하다. 승객 감소에 따라 런던광역교통기구는 90퍼센트 수익 손실을 겪었다. 적자를 보전하기 위해 런던광역교통기구는 중앙정부에 20억 파운드(한화로 약 3조 원) 지원을 요청하였고, 중앙정부는 16억 파운드를 지급하여 위기를 넘기게 하였다.

### 런던의 교육기관

런던 공립 교육기관은 독자적 정책이 아니라 국가 정책에 따라 운영되었다. 사태 초반 중앙정부가 3월 중순까지 아무 지침도 내놓지 않았기 때문에, 공립학교는 계속 학생을 등교하게 했다. 정부 관계자들은 경제를 지키기 위해서는 국민이 일을 계속해야 하고, 부모가 일을 하려면 아이들이 학교에 있어야 한다고 주장하면서 휴교는 고려하지 않는다는 발언을 수차례 했다. 자율권이 강한 사립학교 중에는 자체적으로 휴교를 실시한 학교들도 있었으나, 공립학교는 3월 20일 전국적 봉쇄령과 함께 재택수업을 시작했다. 그러나 공립학교는 대부분 온라인 수업에 대한 준비가 전혀 되어 있지 않아 1차 봉쇄령 기간 동안 제대로 된 재택수업을 하지 못했다. 6월 1일 전후하여 유치원과 초등학교 1학년, 6학년의 대면 수업을 재개했고, 다른 학년과 중등학교(secondary school)는 9월에 대면 수업을 재개했다가 12월 초에 확진자 수가 다시 급증하면서 재차 휴교에 들어갔다. 이때는 모든 학교가 온라인 수업에 잘 대응한 것으로 알려져 있다.

대학들은 3월 17일에 건물을 폐쇄하고 온라인 수업으로 전환하였는데, 이 전환은 대체로 원활했다는 평가이다. 오래전부터 대부분 대학에서 온라인에 수업 자료를 공개해 왔고 온라인 수업 플랫폼을 교수나 학생들이 익숙하게 사용하고 있었다. 동영상 강의나 온라인 실시간 수업은 물론 낯선 것이었지만, 온라인 플랫폼에 이미 익숙했기 때문에 혼란을 최소화할 수 있었다.

교육 쪽에서 일어난 가장 큰 사건 중 하나는 대학입학시험(A-Level) 취소일 듯하다. 영국의 대학 수험생은 이 시험 성적이 나오지 않은 상태에서, 교사들이 예측한 점수에 기반하여 대학을 세 군데까지 지원한다. 각 대학에서는 과별로 정해진 최소 커트라인과 다른 요소들을 감안하여 임시 합격자를 뽑고, 대학입학시험 성적이 교사가 예측한 것보다 낮게 나오면 임시 합격을 취소시킨다. 그런데 이 시험이 실시되지 않자 임시 합격자 전원을 합격 처리했다. 일부 대학(주로 상위권 대학)에서는 학생 수가 증가하고 하위권 대학은 학생 수가 줄어드는 결과를 낳았다.

## 평가: 자자체의 한계

런던은 영국의 코로나19 확산에서 큰 비중을 차지했고, 국가의 중심지로서 중요한 정치적 · 경제적 위치를 차지하고 있음에도 중앙정부와 구별되는 방역 정책을 내놓지 못했다. 이는 방역 정책 실행의 중심에 있어야 하는 NHS가 중앙정부기구로서 보건복지부(Department of Health and Social Care, DHSC)에 의해 통제된다는 점이 중요하겠으나, 광역자치단체가 힘이 약한 영국의 정치, 행정 체계의 특성과도 관련이 있다.

전통적으로 런던의 자치단체는 우리나라의 기초자치단체와 비슷한 규모인 자치구(borough)로 구성되어 있다. 32개의 자치구가 있고, 흔히 더시티(The City)라고 불리는 시티오브런던이 있어 33개의 자치구가 있는 셈이다. 자치구가 의회(council)에 의해 통치되는 것과는 달리, 더시티는 시티오브런던공사(City of London Corporation)에 의해 통치된다. 자치구 의회와 공사는 역사적·정치적으로 꽤 큰 차이가 있다. 그러나 코로나19 관리와 관계 있는 영역에서는 별 차이가 없으므로, 이 글에서는 양자를 구별하지 않고 33개의 자치구라고 칭하겠다.

런던의 광역지방정부는 런던광역기구(Greater London Authority, 이하 GLA)라고 불리는데, 이 기구는 1999년에 재정된 「대런던시청법」에 기반하여 2000년에 실시된 런던시민투표를 통해 설립되었다. GLA의 권한 강화에 관한 논의는 계속되고 있지만 역사도 짧고 법적 권한도 다양하지 못하다. 교통, 치안, 방재와 관련해서는 어느 정도 권한을 획득했고, 경제개발과 관련해서도 미미한 수준이나마 자율성이 있지만, 다른 분야에서는 아직 권한이 없거나 매우 약하다. 교육, 사회복지, 여가, 폐기물, 환경 등의 정책 영역에서는 중앙정부가 직접적으로 자치구를 통제하고, GLA는 여기에 관여할 법적 권한이 없다. 따라서 런던이 강력한 경제 정책, 복지 정책 등을 추진하거나 각 분야를 아우르는 종합적 계획을 수립하는 데는 한계가 크다. 재정적으로도 중앙정부의 교부금(grant)에 절대적으로 의존하고 있어 자율적인 정책 수립이 힘들다. 이것이 앞서 살펴본 런던의 코로나19 대책이 교통과 경제 분야에 집중된 이유이다.

GLA가 생기기 전에 런던 자치구를 아우르는 광역자치단체와 유사한 기구가 전혀 없었던 것은 아니다. 대런던의회(Greater London Council, 이하 GLC)가 1965년부터 1985년까지 존재했고, 그 이전에는 런던카운티의회(London County Council, 이하 LCC)가 1889년에서 1965년까지 존재했으며, 그 이전에는 1855년부터 1989년까지 광역행정원(Metropolitan Board of Works, 이하 MBW)이 있었다. 그러나

LCC와 MBW는 런던 중심부만 통치하였으므로, 현재와 비슷한 규모의 지자체는 GLC가 처음이었다.

GLC는 GLA보다 큰 권한을 갖고 있었지만, 그 권한은 대부분 직접적인 행정 서비스 영역에 있었다. 그러나 노동당 내부에서도 좌파 그룹에 속하는 켄 리빙스턴(Ken Livingston) 시장은 1964년에 당선된 이후, 제한된 권력이나마 적극적으로 활용하여 마거릿 대처(Margaret Thatcher) 수상이 이끄는 중앙정부와 맞섰다. 예를 들어 대중교통 요금을 인하한 것은 상징적인 의미가 컸다. 또한 정책 외적 방법으로도 중앙정부를 공격했다. 아일랜드 독립을 주창하는 신페인당의 당수와 회담을 하고 지원금을 주었으며, 국회에서 잘 보이는 곳에 실업률 수치가 적힌 큰 광고판을 세워 보수당 의원들을 자극했다. 이로 인해 보수당에서는 GLC에 대한 적대감이 만연하였고 결국 1985년 GLC는 폐지된다.

GLC를 되살려 GLA를 만든 것이 토니 블레어(Tony Blair) 수상이다. 선거 공약으로 아일랜드, 스코틀랜드, 웨일즈에 각각 더 큰 자율성을 주는 것은 1997년 블레어가 내세운 중요한 선거공약 중 하나였다. 이와 동시에 잉글랜드 내에서도 8개의 지역의회와 지역개발공사를 신설하였는데, 보수당-자유당 연합정부가 들어선 2010년 이후에 모두 폐지되었다. 그러나 GLA는 건드리지 않았다. 오히려 GLA와 비슷한 성격을 갖는 맨체스터지방정부연합체(Greater Manchester Combined Authority)를 새롭게 만들기도 했다.

이와 같은 배경에서 짐작할 수 있듯, GLA가 이번 코로나19 시국에 할 수 있는 일은 애초에 별로 없었다. 좁은 의미의 방역 정책을 살펴볼 때, 런던이라는 도시의 특성이 크게 반영될 필요가 없을지도 모르겠다. 그러나 감염병의 타격은 사회경제적인 측면이 크고, 이에 따라 영국 정부도 앞서 살핀 바와 같이 엄청난 규모의 경제 지원책을 시행하고 있다. 돈을 푸는 정책의 가장 큰 부작용 중 하나가 자산 가격 상승인데, 그중 부동산 가격은 지역별로 매우 다른 영향을 줄 수밖에 없다. 개인이 집을 살 때는 당장의 사용가치는 물론 투자가치도 고려하기 때문에, 돈이 풀려서 집값이 오르는 집들은 미래 투자가치가 있는 곳이고, 이런 곳은 주로 런던을 비롯한 대도시권이다. 런던의 주택 평균가격은 영국 전체의 2배가 넘는다. 다행히 사회주택이 전체 주택의 16.7퍼센트를 차지하여 저소득층의 주택문제에는 큰 도움이 되지만, 대략 중하위 소득층에 속하는 가구나 청년층은 소득의 32퍼센트를 월세로 내고 있는 형편이다. 그런데 런던 시민은 소득의 40퍼센트를 월세로 지출하기에 저축을 할 수가 없고, 그래서 자가 소유의 꿈은 점점 멀어지고 있다(Lee, Kim, Lee and Sonn, 2021). 이러한 런던 특유의 문제에서 지방정부가 담당해야 할 역할이 있으나, 런던광역정부가 가진 제도적 한계, 인적 재정적 자원의 한계는 너무나 뚜렷하다. 이로 인해 런던의 주택가격은 중앙정부의 재정지출에 직접적으로 반응하고 있다. 2008년 세계금융위기 이후 하락했던 주택가격이 양적완화와 낮은 이자율 정책으로 꾸준히 올랐고, 2017년에 이르러서야 안정국면을 찾았는데, 이번에 다시 가격이 상승하고 있다. 《더 위크》(The Week, 2021)에 따르면 코로나 사태가 위중했던 시기와 대략 겹치는 2020년 2월에서 2021년 2월까지 집값이 9.6퍼센트 상승했다. 언뜻 적은 변동처럼 보일 수 있으나, 코로나로 인한 마이너스 10퍼센트 경제성장과 브렉시트라고 하는 2개의 하락요인을 뚫고 이만큼 올랐으니 매우 큰 상승이라 해야 할 것이다.

흥미로운 사실은 주택 종류별로 인상폭이 다르다는 점이다. 단독주택과 준단독주택이 가장 많이 올라 각각 9.7퍼센트, 10.4퍼센트 상승했는데, 한국의 아파트, 연립주택, 빌라를 합친 개념인 플랫(flat)은 1.4퍼센트 오르는 데 그쳤다. 영국에서 보통 단독주택과 플랫의 중간 위치에 있는 것으로 여겨지는 테라스하우스(terrace house)는 9.6퍼센트 올라, 단독주택과 비슷한 수준의 인상폭을 보였다(The Week, 2021). 재택근무를 하면서 안락한 실내환경이 중요해진 현황을 반영하는 듯하다.

## 런던의 교훈

런던은 코로나19에 가장 큰 희생을 치른 도시 중 하나이다. 서울보다 수십 배 많은 사망자를 냈고, 거의 전적으로 봉쇄령을 통해 코로나19의 확산을 막느라 그에 따른 경제적 타격도 어마어마하다. 코로나19는 도시의 재앙이라기보다는 국가적 재앙이었기 때문에 피해가 참혹하다고 해도 그것을 런던 자체의 잘못이라고 보기는 힘들다.

그러나 재앙에 관한 사회경제적 대응이 꼭 국가 수준에서만 이루어져야 하는 것은 아니다. 지방자치단체 차원에서 대응하는 것이 나은 측면이 있을 수 있는데, 런던은 별다른 대응을 하지 못했다. 이는 런던의 리더십이나 런던 시민의 문제라기보다는 제도적인 문제였다. 광역자치단체가 제도적 · 재정적 힘이 약한 상황에서 할 수 있는 일이 별로 없었다. 그렇다고 기초자치단체인 자치구가 전반적으로 제도적 · 재정적 힘이 약하다고만 하기는 힘들다. 도시계획, 주택 정책 등 여러 영역에서 꽤 강력한 힘을 가지고 있는 것이 영국의 기초자치단체이다. 그러나 영국의 기초자치단체의 힘은 주로 주민 일상과 관련된 문제에 집중되어 이번 코로나19 사태처럼 일상적이지 않은 상황을 대응할 수 있는 유연성은 없었다. 흔히 지방자치의 장점은 정치와 행정이 시민의 일상과 가까워지는 것이라고 하는데, 일상과 가까이 있는 것이 반드시 좋기만 한 것은 아니라는 점이 드러났다 하겠다. 결국 광역자치단체는 힘이 없어서, 기초자치단체는 힘은 있으나 해야 할 일이 명확하게 규정되어 있어서 코로나19에 대응하지 못한 것이다.

조직이 클수록 일상적으로 일어나지 않는 일에 인력과 재원을 지출하여 대비할 여력도 큰데, 기초자치단체는 조직의 규모상 당장 필요하지 않은 일에 인력과 재원을 쓰기가 힘들다. 런던의 경험에서 보면, 대규모 감염병에 제대로 대응하기 위해서는 상당한 권한을 가진 광역자치단체가 존재해야 하는 듯하다.

# 4장

## 파리_프랑스:

## 파리시와 중앙정부가 갈등을 넘어 균형으로

PANDEMIC

**이승호** 경제통계연구소CREST 연구원

* CREST: Center for research in economics and statistics

## 유럽의 관문 도시 파리에 닥친 코로나19 충격

서유럽의 중심에 위치한 프랑스는 유럽의 교통, 관광, 물류의 허브로 유동인구가 많다. 그중에서도 전통적 국제도시 파리시는 세계 각국과 거미줄 같은 교통망으로 연결되어 유럽 전역과 아프리카의 관문 역할을 하고 있다. 또한 파리시는 근대 이후 오랫동안 세계 최고의 문화 · 예술 중심지 역할을 해 왔다. 유럽연합 가운데 규모 1위에 속하는 70만 제곱미터의 전시 공간을 확보한 파리컨벤션센터는 2017년 개장하여 7만 2천 제곱미터 공간에 최대 3만 5천 명을 수용할 수 있다. 2018년 기준 약 5천만 명의 관광객이 파리시와 파리 광역권을 방문했고 이는 약 220억 유로(한화로 약 30조)의 소비로 이어졌다.

그러나 전 세계를 강타한 코로나19 팬데믹으로 매년 8천만 명 이상이 방문하던 문화관광대국 프랑스는 경제적 · 사회적 · 문화적으로 큰 타격을 입었으며, 국내에서 시행한 이동 제한령, 자택 격리와 봉쇄령은 프랑스의 경제 활동을 현저히 둔화시켰다. 코로나19 확산 방지를 위한 전대미문의 봉쇄령으로 인해 2021년 3월 프랑스 통계경제연구원(Insee)이 발표한 소비지수와 생산지수는 전년 동월 대비 30퍼센트 이상 폭락하였으며 그 여파로 다양한 사회문제와 정치적 혼란이

동시다발적으로 나타났다. 결과적으로 코로나19는 프랑스의 경제, 사회, 재정, 정치, 문화, 관광 부문에 돌이키기 힘든 전방위적 타격을 입혔다.

2020년 1월부터 2021년 3월 말까지 프랑스는 세 차례의 코로나19 파동을 겪었다. 2021년 중반까지도 코로나19 사태는 여전히 전 세계적으로 진행 중이고 프랑스는 3차 파동의 고점을 찍고 있다. 3차 파동 시기인 2021년 3월 27일 기준 프랑스 내 일주일 평균 확진자 수는 3만 7천여 명, 누적 확진자 수는 451만 명을 기록했다. 이는 유럽연합 가운데 가장 높은 수치이며, 영국(433만 명), 이탈리아(351만 명), 스페인(326만 명), 독일(277만 명) 등이 뒤를 따른다. 사망자 수 또한 9만 4천여 명으로 유럽에서 영국(12만 7천 명)과 이탈리아(10만 8천 명)에 이어 세 번째로 많은 상황이다. 백신 접종이 진행되고 있는 2021년 6월 4일 기준 일주일 평균 확진자 수가 9천 명으로 감소했지만 전체 확진자 수는 569만 명으로 여전히 유럽 국가 중 1위이고 세계에서 네 번째로 확진자 수가 많다.

서울은 전국 모든 지역과 연결성이 높기 때문에, 서울에서 확진자가 늘어나는 것은 같은 숫자만큼 다른 지방에서 확진자가 발생하는 것과는 상대가 안 될 정도로 심각할 수 있다. 파리시는 이런 점에서 서울과 유사한 위상을 갖는다. 즉 중앙집권적인 면이 강한 프랑스에서 파리시와 파리 광역권의 코로나 대응 조치와 성과는 프랑스 전체에 지대한 영향을 미친다. 파리시에 유례없이 강력한 이동 제한령과 봉쇄령을 내린 것도 이러한 파급효과를 최소화하기 위한 것으로 볼 수 있다.

프랑스 정부는 그동안 세 차례의 코로나19 확산을 경험했고 매 시기 대응 조치를 취해 왔다. 2020년 1월부터 7월까지 1차 대유행기에 프랑스 정부와 보건당국은 코로나19 대응 보건 수칙을 수립해 공표하고, 사회적 거리두기와 전례 없는 국가 봉쇄령을 내렸다. 그러나 정부의 늑장 대응, 마스크 공급 부족과 사재기, 정부 당국의 말 바꾸기 등으로 사회적 혼란을 막지 못했다는 지탄을 받기도 했다.

2020년 8월부터 시작된 2차 대유행기(2020년 8월~12월)에는 경제 활동에 미치는 타격을 줄이고 시민의 불편을 최소화하기 위해 '검사(tester), 추적(alerter), 보호(protéger)'라는 코로나19 대응 원칙을 발표했다. 이는 봉쇄령을 내리기보다는 코로나 진단검사 건수를 늘리고 확진자에 대한 추적과 검사, 격리 등을 통해 코로나19 확산을 조기에 막고자 한 것이다. 이를 위해 지역별로 대응 체제를 구축하는 등 노력했지만 결국 2차 전국 봉쇄령을 내렸다.

| 그림 1 | **프랑스의 코로나19 추이**

2021년 1월부터 6월까지 3차 대유행기 시기 마지막 백신 허가와 접종이 시작되었지만 확진자 수가 지속해서 증가하면서 3월 초중순

| 그림 2 | **전국 일일 확진자 수(위)과 일일 사망자 수(아래)**

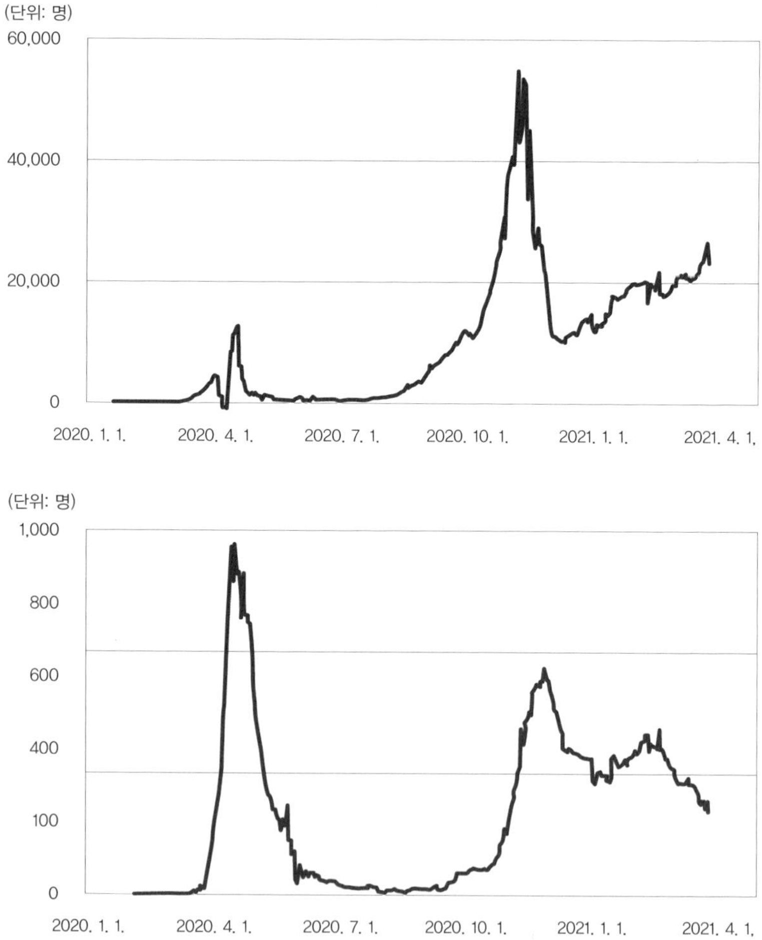


자료: 아워월드인데이터(ourworldindata.org).

주: 초기 확진자 수 통계는 2차나 3차 파동 때에 비해 낮게 잡혔으나 이는 검사 건수가 적은 것과 관련 있으며, 사망자 수는 1차 파동기에 가장 높게 나타났다.

부터 지역별로 봉쇄에 들어갔다. 백신 접종이 시작됐지만 확진자 수

| 그림 3 | **파리 일일 입원자 수**

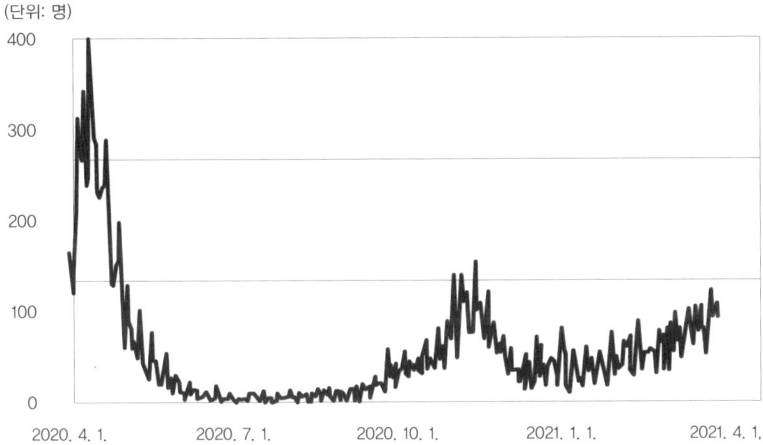


자료: 프랑스 보건당국(data.gouv.fr).

| 그림 4 | **일일 테스트(검사자) 수**

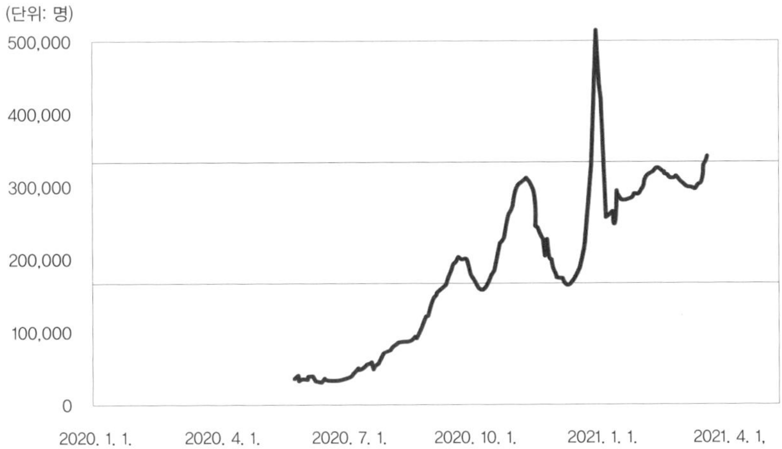


자료: 프랑스 보건당국(data.gouv.fr).

는 2021년 1월 최저점(일주일 평균 9천여 명)을 찍은 뒤 연속 상승 추세로 이어지는 상황이다.

## 코로나19 확산과 대응 조치

프랑스는 지금까지 세 차례 코로나19 대유행을 경험했다. 그때마다 정부는 이동 제한부터 봉쇄령에 이르기까지 다양한 대응 조치를 취했다. 프랑스의 방역과 대응 시스템을 이해하기 위해서는 행정 구조를 먼저 살펴볼 필요가 있다. 프랑스는 중앙정부와 지방정부로 나뉘고, 지방정부에는 도(道, région) 단위의 파리 광역권과 그 안에 시(市, ville) 단위의 파리시가 존재한다. 코로나19 초기 응급 상황 때는 중앙정부의 주도적 대응 정책이 주를 이루었지만, 중후반기를 거치면서 지방정부의 대응과 지역별 정책으로 전환되었다.

서울특별시와 경기도가 각기 독립적으로 운영되는 한국과 달리, 파리시는 파리 광역권에 속해 있어서 시와 도의 긴밀한 역할 분담이 이루어지면서도 상대적으로 유기적인 협력체제로 운영된다. 이런 차이점에 근거하여 이 글은 파리시와 파리 광역권의 대응 정책을 통합적으로 소개한다. 크게 보면 파리시와 파리 광역권의 대응책은 보건과 의료 정책, 민생안정 정책, 기업 지원 정책, 문화와 교육 정책 등으로 구분할 수 있다.

### 코로나 1차 유행기

2020년 코로나 1차 유행 시기의 정부 대응은 초기의 소극적 대응 단계(3월 11일 이전), 이동 제한과 봉쇄 단계(3월 12일~5월 11일), 봉쇄 완화와 격리 해제 단계(5월 11일~9월 중순)로 나뉜다.

| 표 1 | **코로나19 국가 대응 3단계**

| 1단계: 코로나19 초기 대응 | 2단계: 코로나19 확산 방지 | 3단계: 전염병 진압 |
|---|---|---|
| 일시 휴교와 휴강 | 학교 폐쇄 | 전문 인력 증강(의료진) |
| 의료 물품 확보 | 이동 일부 제한과 재택근무 강화 | 이동 제한 |
| 정보 공유와 공지 사이트 개시 | 공공장소의 집회 취소 | 부분적 실업(부분 실업 제도) |
| 여행자들의 건강 체크(공항, 항구 등) | 전국 단위 휴강 | 비대면 수업 실시 |

주: 단기 근로 제도라고도 하는 부분 실업 제도(chômage partiel)는 경제 침체 위기 발생 시 노동시장과 사회적 영향을 줄이기 위한 정책 중 하나이다.

2020년 1월 24일 프랑스 보르도(Bordeaux)시와 파리시에서 각각 1명과 2명의 확진자가 발생했다. 이것이 프랑스와 유럽의 최초 코로나19 감염 사례로 확인된다. 3월 11일 코로나19질병대책과학위원회를 소집하기 전까지 프랑스는 상대적으로 소극적인 대응을 했다. 이후 확진자 수가 빠른 속도로 증가함에 따라 2020년 3월 12일 에마뉘엘 마크롱(Emmanuel Macron) 대통령은 코로나 확산 방지를 위해 3월 16일부터 무기한 휴교령을 시행하겠다고 발표했다. 이어 에두아르 필립(Edouard Phillippe) 총리는 3월 13일 100명 이상의 모임을 금지하고, 3월 14일 '생활에 필수적이지 않은' 상점의 무기한 영업 제한을 실시했다. 3월 16일 마크롱 대통령이 발표한 15일간 자가 격리와 이동 제한령은 5월 11일까지 두 차례 연장되었다. 이 기간 동안 일부 예외 조항(병원 방문, 공익 목적 외출) 이외에는 자택 기준 1킬로미터 이내로 이동 거리가 제한되었고 외출 시간도 1시간 이내로 제한되었다.

2020년 5월 11일 1단계 봉쇄 완화 조치에 돌입한 프랑스 정부는 100킬로미터 이내 이동을·자유롭게 할 수 있도록 했고 대중교통의 정상화와 일부 상점의 영업 활동을 허가하였다. 또한 6월 2일부터는 2단계 봉쇄 완화를 시작해 프랑스 내 모든 음식점, 카페, 주점의 실내 이용을 허가하였으며 관광 숙박시설과 캠핑장을 재개하였다. 6월 15일부터 유럽 내 국가에 한해 2주간 자가 격리 없이 자유롭게 이동할 수 있도록 했다. 7월 11일부터는 프랑스 내 코로나19 관련 모든 봉쇄와 제한령을 해제했다. 그러나 7월 24일 코로나19의 재유행 조짐이 보이면서 프랑스 보건당국은 '책임 있는 시민의식'을 요구했다.

프랑스 정부는 봉쇄령 해제 이후 경계 수준을 3단계로 나누어 다음과 같이 지역별 코로나19 대응책을 내놓았다.

| 표 2 | **코로나 19 경계 3단계**

| | 경계 | 경계 강화 | 최고 경계 |
|---|---|---|---|
| **10만 명당 신규 확진자 수**(일주일 평균) | 50명 이상 | 150명 이상 | 250명 이상 |
| **10만 명당 고령층 신규 확진자 수**(일주일 평균) | 50명 이하 | 50명 이상 | 100명 이상 |

| 응급 병상 점유율 | 영향 미비 | 영향 미비 | 30퍼센트 |
|---|---|---|---|
| 대응책 | 축제와 가족 모임 인원 30명 이하 | 집회 모임 1천 명 제한 | 술집 폐쇄 |
| | 경시청장의 거리두기 조치 권한 강화 | 일부 집회 취소 | 일부 공공기관 폐쇄 |
| | | 공공장소 개인 모임 10명 제한 | 문화시설(영화관, 극장 등) 폐쇄 |
| | | 운동시설과 축제시설 폐쇄 | 재택근무 강화 |
| | | 술집 오후 10시로 영업 제한 | 대학 강의 수용 인원 50퍼센트로 감소 |
| | | 경시청장의 권한 강화 | 경시청장의 권한 강화 |

자료: 프랑스 보건복지부.

## 코로나 2차 유행기

2020년 7월 확진자 수가 다시 증가하기 시작하자 8월 7일부터 파리시와 일부 대도시에서 야외 마스크 착용이 의무화되었다. 여름 휴가 시즌이 끝나는 9월부터 감염자 수가 급속히 증가했고 파리 시내 집단감염 장소가 대부분 학교(비대면 수업)와 직장인 것으로 나타나자 정부는 9월 1일부터 모든 직장과 교육 장소에서 마스크 착용을 의무화했다. 엑스-마르세유(Aix-Marseille)와 구아들루프(Guadeloupe)는 9월 23일부터, 파리와 파리 광역권은 10월 5일부터, 그리고 그르노블, 릴, 리옹은 10월 10일부터 최고 단계의 경계가 시행됐다.

9월 13일 일일 확진자 수가 1만 명을 넘었고 10월 10일 2만 명, 10

월 16일 3만 명, 10월 23일 4만 명, 그리고 10월 26일 5만 명을 넘어섰다. 이에 따라 프랑스 정부는 10월 5일 파리와 일부 도시에 최고 경계 단계를 선포했고, 10월 15일 장 카스텍스(Jean Castex) 총리[1]는 10월 17일 자로 파리 광역권 지역을 포함한 6개 대도시에서 오후 9시부터 오전 6시까지 통행금지를 실행하겠다고 발표했다. 실제로 10월 22일 38개 지역에서 통금을 실행하였으나 코로나19 감염 속도를 낮추는 효과는 저조하였다. 확진자가 빠르게 늘어나 응급실이 포화 상태가 되자 10월 28일 대통령은 대국민 발표를 통해 2차 봉쇄령을 10월 30일부터 12월 1일까지 실시하겠다고 밝혔다. 1차 봉쇄와 마찬가지로 통행증이 있어야 외출이 가능하며 거주지에서 1킬로미터 이상은 벗어날 수 없고 외출 시간은 1시간으로 제한됐다. 생활에 필수적이지 않은 상점들은 행정 폐쇄되었다.

2차 봉쇄는 2020년 3월 15일부터 시작해 두 달 동안 실시됐던 1차 봉쇄보다 완화된 양상으로 진행되었다. 이는 봉쇄가 경제에 미칠 악영향을 최소화하려는 정부의 입장을 반영한 것이다. 1차 봉쇄와 달리 초중고등학교는 대면 수업을 진행하였고 대학교와 대학원은 비대면 수업을 유지했다. 또한 관공서, 건설, 그리고 일부 업종은 예외를 두어 봉쇄령이 경제에 미칠 수 있는 부정적 영향을 최소화하도록 하였다. 2020년 11월 24일 대통령은 대국민담화를 통해 12월 1일부터 3단계에 걸쳐 봉쇄를 완화하겠다고 발표했다. 1차 완화 조치로 12월 1일부터 20킬로미터 이내 이동을 허가하고 야외 활동을 최대 3시간까지 허용하였다. 12월 15일부터는 통행증 지참 의무가 사라지는 대신 야간

1 에두아르 필립 총리의 사임으로 2020년 7월 3일 총리로 임명되었다.

통행금지를 적용하되, 12월 24일과 31일만은 예외적으로 통행금지를 적용하지 않기로 했다.[2] 2020년 11월 26일 카스텍스 총리는 구체적인 봉쇄 완화 계획을 발표하였고, 12월 10일 다시 2차 봉쇄 완화를 발표했다.

12월 3일에는 백신 접종 3단계 계획안이 공표됐다. 백신 접종 1단계는 요양시설에 거주하는 65세 이상 노약자, 75세 이상의 고위험군, 의료진 중 취약층 등을 우선 대상으로 했고, 2021년 3월부터 시작될 2단계는 65세 이상 노약자와 병원 의료진들을 대상으로 접종한다는 계획이었다. 3단계에는 이외의 모든 사람으로 접종 대상을 확대했다. 정부의 계획안에 따르면 단계별 접종 대상자 수는 1단계 약 100만 명, 2단계 1,400만 명, 3단계 1,500만~2천만 명이었다. 백신 구매와 배포

| 표 3 | **코로나19 백신 접종 계획**

| | 1단계 | 2단계 | 3단계 |
|---|---|---|---|
| 기간 | 2020년12월말 ~ 2021년 2월 | 2021년 2월 ~ 2021년 4월 | 2021년 봄경 |
| 대상 | 요양시설 거주 중인 65세 이상 고령자, 75세 이상 노약자 고위험군 의료진(만성질환자) | 65세 이상, 병원 근무자 및 의료진 | 이외 모든 사람. 단, 50~64세 연령층과 사회 필수 인력(교사, 대면 업종 등) 우선 접종 |
| 규모 | 100만 명 예상 | 1,400만 명 예상 | 1,500~2천만 명 예상 |

2 코로나 확진자 수가 목표 수치만큼 줄지 않아 결국 12월 10일 총리 발표에서 12월 31일은 통행금지를 실시하는 것으로 변경되었다.

는 유럽연합이 주도하며 각 나라의 인구수에 비례하여 배포된다. 1차적으로 중앙정부가 협상과 조달을 맡고 지방정부는 운송과 최종 단계를 관리한다. 즉 지방정부는 중앙병원센터로부터 각 백신접종센터로 백신을 운반하고 기술과 행정, 물류를 지원하며 백신접종센터와 콜센터를 운영할 인력도 지원한다.

병상 환자 수는 마크롱 대통령의 공약대로 3천 명 이하로 줄었으나 일일 확진자 수는 목표 수치인 5천 명 이하로 떨어지지 않아 문화시설은 3주 연속 의무 폐쇄되고, 애초에 저녁 9시부터 시작하려 했던 통행금지 시간은 저녁 8시부터 오전 6시까지로 더욱 강화되었다. 2021년 1월 5일 엘리자베트 보른(Élisabeth Borne) 노동부 장관은 1월 7일부터 100퍼센트 재택근무에서 출근을 희망하는 근로자에 한해 80퍼센트 재택근무(주 1회 사무실 근무)로 하향 조정한다고 발표했다. 또

| 표 4 | **코로나19 관련 폐쇄 조치 현황**

| 날짜 | 폐쇄 조치 |
|---|---|
| 2020. 10. 30. | 비필수적인 상점 폐쇄(영화관, 극장, 박물관, 운동시설, 식당, 술집) |
| 2021. 1. 31. | 2만 제곱미터 이상의 상권 |
| 2021. 3. 6. | 1만 제곱미터 이상의 비필수 상점 |
| 2021. 3. 20. | 비필수 상점은 폐쇄. 필수 상점은 2020년 3월과 같음. 서점, 음반점, 미용실, 이발소, 꽃가게, 초콜릿 상점, 세탁소, 신발 수선점 폐쇄 제외 |

자료: https://www.iledefrance.fr/covid-19-consignes-sanitaires-restrictions-deplacements.

한 직장인이 재택근무을 하면서 겪는 소외감이나 심적 어려움[3]을 고려하여 1월 20일부터 고용주와 근로자 간 합의를 통해 재택근무와 사무실 근무 여부를 정할 수 있도록 하겠다고 밝혔다.

## 코로나19 3차 유행기

2020년 연말과 이듬해 정초에 주춤하던 확진자 수는 1월 중순이 지나면서 다시 늘어나기 시작했다. 영국과 남아공발 변이 바이러스가 빠른 속도로 확산되자 프랑스 보건당국은 이동 제한 조치를 재개하겠다고 밝혔다. 2021년 1월 14일 총리 발표를 통해 1월 16일부터 통금 시간을 오후 6시로 앞당겼다. 전염성이 높은 영국발 변이 바이러스의 확산을 조기 차단하기 위한 조치였다. 1월 18일부터는 유럽연합 이외의 국가에서 오는 모든 방문객은 출발일 기준 72시간 내 받은 PCR검사 음성 결과지를 제출해야 입국할 수 있다. 또한 입국 후 7일간 자가격리 이행 서약을 하고 7일 후 PCR 재검사를 받아야 한다. 1월 31일부터 비유럽연합 국가에 국경 봉쇄 조치도 내려졌다. 이에 따라 긴급한 사유가 아니면 유럽연합 회원국 이외의 국가로 출입국이 금지되었다.

2021년 2월 19일부터 자가 격리는 7일에서 10일로 늘어났다. 2월 말부터 니스를 주도로 하는 알프마리팀(Alpes-Maritimes)이 2주간 주말 봉쇄령에 들어갔고, 24일부터는 북부 덩케르크(Dunquerque)도 주말 봉쇄령에 들어갔다. 1차와 2차 봉쇄령과 마찬가지로 봉쇄 지역에

3 장기간 지속된 재택근무(2020년 3월 이후), 통행금지(10월 중순 이후)와 봉쇄령으로 많은 직장인이 출근 규제완화를 요구했다.

한해 외출 시 통행증을 소지해야 하고 이동시간과 거리도 제한됐다. 3월 4일 북부 지역 파드칼레(Pas-de-Calais)도 봉쇄된다고 발표했고, 이 외 20여 개 주는 감시 수준을 강화하였다.

3월 18일 카스텍스 총리는 18개 시(市, département)가 다시 봉쇄될 것이라고 밝혔다. 하지만 이 봉쇄 조치는 2차 때보다 다소 완화된 데다가 지역별 봉쇄라는 차이점이 있었다. 전국적으로 통금 시간은 오후 7시부터 오전 6시까지로 이전보다 한 시간 줄었으며, 지역 간 이동은 금지했지만 낮 시간에는 자기 집으로부터 10킬로미터까지는 시간 제한 없이 이동이 가능했다. 이는 1, 2차 봉쇄 당시 1시간, 1킬로미터 이내로 이동을 제한했던 것보다 훨씬 유연해진 것으로 그간 계속된 봉쇄와 여러 제한 조치에 대한 시민의 반발을 의식한 것으로 보인다.

2021년 3월 25일 기준 프랑스 전체 인구 대비 11.2퍼센트가 1차 접종을 받았고 4퍼센트는 2차 접종까지 마쳤다. 이는 성인 인구 대비 각각 14.3퍼센트와 5.1퍼센트에 해당한다. 2021년 3월 말 아스트라제네카(AstraZeneca)사와 유럽연합, 영국 간에 백신 조달을 둘러싼 갈등이 불거져 접종 속도에 차질이 생기게 되었다. 2021년 5월초 유럽연합은 2022년~2023년 동안 들여올 화이자 백신 18억 회분 계약을 마쳤으며 아스트라제네카 백신 조달 계약이 만료되는 6월 이후 재계약은 없을 것이라 밝혔고, 백신 대란[4]의 책임을 물어 소송을 준비하겠다고 했다. 2021년 6월 4일 기준 1차 접종을 마친 프랑스인은 2,600만 명으로 전체 인구의 39.1퍼센트이고 2차 접종까지 마친 인구는 1,100만 명

4 독일 《슈피겔》지는 아스트라제네카가 1분기에 계약된 1억 2천만 회분 중 3천만 회분만 공급하고 2분기에는 계약된 1억 8천만 회분 중 7천만 회분만 공급할 전망이라 밝혔다.

으로 17.2퍼센트이다.

2021년 4월 30일 마크롱 대통령은 4월 3일부터 시행된 봉쇄령을 해제한다고 밝혔다. 봉쇄 해제는 총 3단계로 진행된다. 1차 완화는 5월 3일부터 시작하며 지역 간 이동이 가능해진다. 2차는 5월 19일부터 통행금지 시작 시간을 오후 9시로 늦추고 카페, 레스토랑, 술집의 테라스 사용과 영화관 개관을 허가한다는 내용이다. 3차는 6월 9일 이후로 운동시설과 음식점의 실내 사용이 가능해지고, 재택근무 강화 조치[5]도 기업의 상황에 따라 완화 조정된다. 그리고 6월 30일 자로 3차 봉쇄령은 모두 해제된다.

### 코로나19 백신 접종

2021년 5월 21일 현재 프랑스에서 1차 백신 접종을 한 사람은 2,259만 명으로 전체 인구의 33.7퍼센트 정도이고 2차 백신 접종을 마친 사람도 981만 명으로 집계되었다.

프랑스는 코로나19 감염 위험에 노출되는 정도에 따라 우선순위

| 표 5 | **코로나19 백신 접종 계획**

| | 기간 | 날짜 | 대상 |
|---|---|---|---|
| **1단계** | 2020년 12월 말 ~ 2021년 1월 | | 노인시설과 요양시설, 위험에 노출된 환경 종사자 |
| | | 1월 18일 | 75세 이상 모두 |

5 2021년 2월부터 재택근무가 가능한 모든 업무를 재택근무로 전환하라는 프랑스 정부의 강력 권고가 있었다.

|  |  | 1월 18일 | 중증 환자(코로나19 합병증 고위험군) |
|---|---|---|---|
| 2단계 | 2021년 2~4월 | 2월 25일 | 50~64세, 코로나19에 의한 동반 질환에 걸릴 수 있는 고위험군 |
|  |  | 3월 2일 | 65~74세 코로나19에 의한 동반 질환에 걸릴 수 있는 고위험군 |
|  |  | 3월 27일 | 70세 이상 모두 |
|  |  | 4월 12일 | 55세 이상 모두 |
|  |  | 4월 16일 | 60세 이상 모두 |
| 3단계 | 2021년 5~6월 | 5월 1일 | 만성질환이 있는 18세 이상 인구 |
|  |  | 5월 10일 | 50세 이상 모두 |
|  |  | 5월 31일 | 18세 이상 모두 |

를 정해 백신을 접종하고 있다. 5월 21일 총리가 발표한 자료에서 바이러스에 더 많이 노출된 것으로 간주된 업종 목록은 다음과 같다. 학교 · 대학 · 고등학교 종사자(급식 위원 포함), 유치원 전문 지역 요원(ATSEM), 장애인 동반자(EASH), 유아 전문직 종사자(보모 포함), 가족 상담사, 청소년 사법보호 전문가, 아동보호 전문가, 응급 구조요원, 경찰, 경비와 보안 요원, 수감자와 개인 감시관, 입원과 검문 기관의 감시자, 버스운전사, 페리와 유람선 직원, 택시기사, 대중교통 감독관, 청소와 유지 관리 요원, 쓰레기 수거원, 쓰레기 처리원, 식수 처리시설

과 폐수 처리시설 운영자, 식수와 하수 처리시설 정비사업자, 식품업계 직원과 기업 경영자, 현금 지급 업자, 육류업자, 식당가 점원, 제빵사, 파이를 포함한 식품 판매자, 호텔 · 카페 · 레스토랑 분야의 직원과 사내 식당 직원, 장례와 장례식 관련 종사자, 식품산업 노동자, 도살장과 육가공업체 직원, 동물 건강 검사관, 노동감사원, 이벤트 관련 직원, 체육관 코치, 해상, 항공사, 여행업 종사자 등이 포함된다.

| 표 6 | **연령별 백신 접종 계획**

| 연령 | 조건 | 백신 접종 장소 |
|---|---|---|
| **16~17세** | 코로나19로 중병에 걸릴 수 있는 고위험군 | 백신접종센터 |
| **18~49세** | 코로나19로 중병이나 동반 질환에 걸릴 수 있는 고위험군 | 백신접종센터 |
| **50~54세** | 요구사항 없음 | 백신접종센터 |
| **55세 이상** | 요구사항 없음 | 주치의, 의사, 약국, 백신접종센터 |

주: 55세 이하는 화이자 백신 권고, 55세 이상은 아스트라제네카나 화이자 백신 접종 권고. 백신 보관 방법에 따라 접종 장소(센터, 약국, 병원)가 달라진다.

## 파리의 코로나19 대응과 평가

프랑스는 코로나19 대응 과정에서 한편으로는 중앙정부와 지방정부 간의 협력을, 다른 한편으로는 갈등과 불협화음을 보여 주었다. 특히 확진자가 급증하고 상황이 긴급해질수록 중앙정부의 일방적인 지침과 지역 상황에 대한 고려가 부족한 조치에 대해 지방정부는 강하게 반발했다. 그러나 지방정부의 재정 악화, 기업 활동의 부진, 의료진 부족에 대해 중앙정부가 적극적으로 예산을 지원하고 중앙정부와 지방정부의 소통 채널을 구축해 협력의 장을 마련한 것은 높이 평가할 만하다. 코로나19 위기 후반으로 갈수록 중앙정부와 지방정부의 역할 분담과 상호 보완적 지원 정책이 있었다.

거시적 관점에서 코로나19로 제기된 핵심 이슈는 첫째, 초기 대응 미숙(정부의 안이한 상황 판단, 대응 계획의 미비), 둘째, 비상 경제 시스템 가동(빈곤층 생계 지원, 중소기업과 자영업 지원, 교육 서비스 부재 등 사회안전망의 문제점 노출), 셋째, 노후하거나 투자가 부족했던 방역과 의료 시스템, 마지막으로 코로나19 이후 탄력회복성 강화 등이다. 파리시 사례에 앞서 국가 단위 대응과 문제에 대해 간략히 소개한다.

## 국가 단위 코로나19 대응

코로나19 확산을 막기 위해 실시된 전례 없는 봉쇄 조치는 여러 가지 사회적 · 경제적 · 문화적 이슈를 양산하였으며, 이동 제한과 봉쇄령은 빈부격차를 비롯한 사회 불균형과 취약계층의 현주소를 적나라하게 드러냈다. 열악하고 협소한 주택에서 다자녀 또는 다수의 가족이 살아야 하는 빈곤층과 팬데믹으로부터 상대적으로 안전한 지역으로 대피하는 부유층의 간극이 여실히 드러났고, 교육 서비스 중단에 따른 청소년 교육의 부재와 계층 간 교육 환경 격차, 갑작스런 소득 감소와 생활비 증가의 이중고를 겪어야 하는 대다수 시민 등의 문제가 수면 위로 떠올랐다.

또한 코로나19 사태는 프랑스의 방역, 보건과 의료 시스템을 재평가하는 계기가 되었다. 중환자 수에 비해 부족한 병상, 열악한 의료 환경과 의료 인력 급여 문제, 의료진의 만성적 부족 등을 해결하기 위해 프랑스 정부는 820억 유로(한화로 약 11조 원)의 예산을 배정하기로 했다(세귀르(Ségur) 합의). 정부가 실시한 각 분야의 대응 정책은 다음과 같다.

보건과 의료 정책으로 우선 비대면 업무를 확대하고 원격진료를 전격 도입하였다. 또한 서비스 강화 집중, 대중교통과 회사 소독 강화, 의료인과 일반인에 대한 마스크와 의료품 지급, 시 단위 원격 진단과 추적 앱 코비돔(Covidom)을 통한 감염자 추적과 역학조사[6] 등도 실시하였다. 일례로 2020년 11월 이후 약국 앞에 선별 진료소를 설치하여 15분 내에 검사 결과를 알려 주는 테스트를 전격 시행하여 무증상이거나 초기일 때 검사와 치료, 그리고 격리를 처리할 수 있게 했다.

한편 민생안정 정책으로 생필품 지원, 사회주택 월세 인하와 보조금 지원, 취약계층 민생 집중 지원, 재기 지원 등을 하였고, 어려움에 처한 기업을 지원하기 위해 단기 재정과 현금 흐름 강화(이를 위해 중앙정부에 대한 세금 납부 유예와 일부 환급, 대출 상환일 조정, 공공투자은행을 통한 신규 대출, 정부조달 납기 불이행에 대한 벌칙 미적용) 등을 하였다. 기술적 또는 부분 실업과 휴업수당 등을 이용해 경제 취약계층에 대한 임금 지급을 지원했다.

문화와 교육 정책의 일환으로 자택 격리 기간 동안 온라인 문화생

6 3월 파리공공병원지원센터(AP-HP)에 따르면, 파리 광역권의 지역보건기구(ARS)와 자유보건전문가지역연합(URPS)이 만든 코비돔 앱이 사용 경험이 있는 환자와 의사의 만족도 조사에서 만족도가 높은 것으로 조사되었다.

활과 도서, 음악 관람을 지원하며 시립도서관에서 무상으로 이용할 수 있는 온라인 학습물도 배포하였다. 또한 학생들을 대상으로 인턴십 기회를 제공하고 코로나19로 인한 실직 시에는 200유로(한화로 약 27만 원)를 지원하는 학생 지원 정책도 있다. 2021년 1월부터는 모든 학생 식당 음식을 1유로(한화로 약 1,350원)에 판매하고 국비장학생과 취약계층 학생을 지원하는 정책도 있다.

### 시 단위 코로나19 대응

파리의 시 단위 지원 정책은 크게 친환경도시로의 전환 정책, 소상공인 · 영세업자 · 중소기업 지원, 취약계층과 노약자 지원 정책 등으로 구성된다. 이는 중앙정부의 포괄적 지원을 보완하는 정책들로 더 선별적으로 맞춤 지원을 하는 특징을 갖고 있다.

파리시는 친환경도시로 전환하기 위해 녹색 인프라를 구축하고 있다. 코로나19 때문에 늘어난 자전거 이용을 감당하기 위해 파리시 전역의 자전거도로를 확장하는 한편 2020년에는 임시 자전거도로를 만들었다. 자전거를 이용하는 시민은 이와 같은 조치를 환영했지만, 일반 자동차도로를 자전거 도로화하면서 생긴 교통체증에 불편을 호소하기도 했다.[7] 현재 파리 시내의 자전거도로는 약 50킬로미터이며, 파리와 파리 근교를 합하면 100킬로미터에 달한다.

7 https://overseas.mofa.go.kr/oecd-ko/brd/m_8516/view.do?seq=1343930&srchFr=&srchTo=&srchWord=&srchTp=&multi_itm_seq=0&itm_seq_1=0&itm_seq_2=0&company_cd=&company_nm=&page=4, https://www.paris.fr/pages/l-essor-des-pistes-cyclables-se-poursuit-8202.

파리시는 소상공인과 영세업자, 중소기업 등을 지원하는 정책도 다양하게 실시하였다. 먼저 파리시가 운영하는 임대 사업장(공영주택 등)의 임대료를 최장 6개월까지 면제해 주고(지원재정 약 7,500만 유로, 한화로 약 1천억 원), 상점이나 식당이 야외 테라스를 운영하는 데 드는 비용도 6개월 면제하며, 공공주차장의 주차료 면제, 공공업무 관련 계약금 신속 결제 등 기업에 도움을 주는 정책을 실시하고 있다. 여기에 투입된 지원재정은 약 4천만 유로(한화로 약 5,500억 원)에 달한다.

1차 봉쇄 조치 이후 파리시는 2020년 9월까지 레스토랑, 주점의 도로변 테라스(노천매장)의 사용 확대를 허용하였다. 이는 코로나19 바이러스가 밀폐된 공간에서 더 빨리 확산될 수 있어 사람들이 실외 공간을 사용하도록 유도하는 목적이다. 이와 함께 휴업 중인 사업자가 공공 공간을 점유(테라스 설치 등)할 때 시에서 징수하는 수수료를 동결했다. 또한 코로나19로 어려움을 겪는 소상공인을 위해 파리시는 600만 유로(한화로 약 81억 원)의 예산을 편성하여 사업장 개조와 개선을 지원할 방침이다. 자신의 사업장을 개선하고 싶은 소상공인이 2021년 11월 13일까지 계획서를 제출해 지원 대상으로 선정되면 최대 5만 유로(한화로 약 6,800만 원)을 지원받을 수 있다.

파리시는 시 운영에 필요한 재화와 서비스의 90퍼센트를 지역 내 중소기업과 신생기업을 통해 우선 조달받는 정책인 '중소기업대책지원책(Paris Small Business Act)'을 내놓았다. 또한 상공업과 예술업 지원을 위해 600만 유로, 관광업 지원용 500만 유로, 사회협력기업 지원용 400만 유로도 내놓았다.

취약계층과 노약자를 위한 지원 정책도 실시된다. 먼저 취약계층을 도와주는 '이웃 간 도움 네트워크'를 구축했다. 파리시가 만든 웹사이트(jemengage.paris.fr)에 자원봉사자로 등록하면 지역사회에 봉사할 수 있는 기회를 주는 시스템이다. 지역사회 또한 코로나19로 발생하는 각종 문제를 자원봉사 공동체를 통해 해결하거나 완화할 수 있다. 통계에 따르면 파리시에는 총 17만 4천 명의 60세 이상 독거노인이 살고 있는데, 이동에 도움이 필요한 이들 노약자를 시민 자원봉사자와 연결시키는 서비스를 개시할 예정이다.

월요일부터 금요일까지 오전 8시 30분에서 저녁 6시 사이 공공 관련 종합 민원 콜센터(연락번호 3975 * )를 가동해 면허증, 신분증, 사건사고 신고, 주차 문제, 도시 청소와 위생 문제, 기타 민원 업무를 비대면으로 해결할 수 있도록 하였다. 그리고 코로나19 관련 자가 격리 중에 발생할 수 있는 가정 내 갈등 문제를 적극적으로 예방하고 해결하기 위해 유사시 비상전화 연락처도 마련했다(번호 17, 문자번호 114). 또한 파리 시내 각급 학교에 등록된 모든 학생에게 일정량의 생필품을 지원하고(예 L'Agoraé), 저소득층 학생들에게는 별도의 네트워크(Resto ducoeur)를 통해 무상 식사를 제공한다.

특히 주목할 만한 정책으로 중앙정부와 지방정부가 공동으로 조성한 연대기금(Fonds de solidarité)이 있다. 총 70억 유로 규모의 기금 중 5억 유로를 지자체가 부담하는 연대기금은 코로나19로 인한 소상공인, 자영업자, 중소기업의 피해를 평가하여 2천 유로부터 4만 5천 유로까지 지원했다. 2020년 3월에 1차로 1,500유로가 지급됐고, 2020년 4월 이후로는 최대 5천 유로까지 추가 지원했다. 11월 이후 2차 봉쇄와 통행금지 기간에는 1만 유로까지 연대기금을 통해 지원됐다. 한편 1차 봉쇄 이후 계속 행정 폐쇄됐던 디스코텍과 클럽 가운데 2019년 8천 유로 이상의 매출이 있었던 상점은 과거 수익을 참작하여 2천 유로에서 4만 5천 유로 사이의 지원금을 받았으며, 2020년 말 2차 봉쇄 기간에는 최대 1만 유로까지 추가 지원금이 나왔다.

파리 광역권이 자체 조성한 회생기금(Fonds de résilience)은 은행 대출이 용이하지 않은 근로자 20명 이하의 영세기업을 대상으로 최대 6년 만기로 3천 유로에서 10만 유로까지 저금리대출을 실시했다. 파리 광역권과 프랑스 공공투자은행이 공동으로 조성한 부양대출(Prét Rebond)은 최소 12개월 이상 활동한 신생기업, 영세업체, 중소기업 중에서 현금 조달이 긴급한 사업체에게 1만 유로부터 최대 30만 유로까지 무담보, 무이자 대출을 해 주었다. 대출은 7년 만기이며 최초 2년은 원금상환 의무가 없다.

코로나19를 맞아 비대면과 디지털화를 선도한 기업들은 그 이전보다 더 빨리 성장한 반면, 일반 상점들의 매출과 수익은 줄어드는 이른바 K자 회복 현상이 나타나고 있다. 이에 따라 파리시는 기업의 디지털화와 온라인화를 촉진하기 위한 자금을 최대 1,500유로까지 지원했다. 2019년 조사에 따르면, 파리 광역권 내 15만여 개 점포 중에서 온라인결제와 인터넷을 활용하여 사업을 하는 기업은 절반도 안 되는 것으로 집계됐다.

### 정책 평가와 시민 반응

1차 봉쇄 조치가 끝난 2020년 여름, 전반적인 코로나19 지표가 개선되면서 봉쇄 조치는 성공을 거둔 것으로 평가되었다. 또한 중앙정부와 지방자치체가 협력하여 취약계층을 보호하고 물질적 심리적 지원을 통해 팬데믹의 충격을 완화한 점도 소기의 성과를 거둔 것으로 인정받았다. 그러나 2차, 3차 대유행이 연이어 발생하고 각종 제재 조치가 장기화되면서 정부와 시민 모두 지쳐 가는 모습을 보이고 있다.

코로나19 발생 초기 프랑스 국민의 안전불감증과 위기의식 결여[8]는 코로나의 급속한 확산을 야기하였다. 이로 말미암아 초기에 내려진 외출과 집회 자제 권고는 이동 제한, 자택 연금, 국경 봉쇄령 등의 극단적 규제로 이어지고 말았다. 정부의 잦은 입장 번복과 모순된 지침은 시민의 불안감을 가중시켰고 중앙과 지방정부에 대한 불신으로 번졌다. 일례로 정부의 사재기 만류에도 불구하고 봉쇄령 초기에 생필품 사재기 현상이 벌어졌으며, 2020년 상반기 마스크 대란을 우려한 정부가 특수 상황에만 마스크를 사용하도록 권고했다가 나중에는 의무적으로 쓰라고 해서 시민이 혼란에 빠지기도 했다. 또 봉쇄령이 내려질 것이라는 소문이 돌 때 그런 일은 없을 것이라고 부인했다가 코로나19의 확산이 예상외로 빠르게 진행되고 의료 시스템이 포화에 이르자 정부가 당초의 발표를 뒤집고 서둘러 봉쇄 조치를 취했던 것도 국민의 신뢰를 잃는 단초가 됐다.

이후 정부당국이 바이러스 추적과 역학조사 앱을 설치할 것을 권유하자, 프랑스 국민은 개인의 사생활 침해를 이유로 거부반응을 보였다. 그래서 2020년 6월 2일 프랑스 정부가 코로나19의 확산을 막기 위해 내놓은 추적 애플리케이션인 '스톱코비드(StopCovid)'의 보급과 사용률은 현저히 낮은 상황이다. 2020년 7월 24일 정보자유위원회(Commission nationale de l'informatique et des liberté)가 스톱코비드로 수집한 개인정보의 이용에 대해 문제를 제기하자, 당국은 2020년

8 2020년 3월 AFP통신은 안느 이달고(Anne Hidalgo) 파리시장과 디디에 랄르망(Didier Lallement) 경찰청장이 공동성명을 발표하고 "경찰의 경고에도 불구하고 너무나 많은 이들이 무책임하고 무분별한 행동을 한다"고 질타했다.

10월 22일 이 앱의 한계를 인정하고 데이터 수집 기능을 최소화한 '토스 안티코비드(Tous AntiCovid)' 앱을 대신 배포하였다.

한국의 K방역 시스템은 효율성 면에서 그 성과를 국제적으로 인정받아[9] 한국의 위상을 높인 것이 사실이다. 그러나 유럽과 미국 등 서구에서는 앱이나 공권력의 추적조사를 개인의 사생활 침해로 여겨 반감이 적지 않다. 이에 따라 프랑스는 코로나19 양성 판정 시 당사자가 지난 일주일간 접촉한 사람의 이름을 보건당국에 밝혀야 하고 프랑스 보건당국이 접촉자와 직접 연락을 한다. 이때 확진자가 신원을 밝히기를 거부하면 보건당국은 접촉자에게 확진자의 신원을 알려 줄 수 없다. K방역 시스템이 명실상부한 글로벌 표준으로 자리 잡기 위해 반드시 고려해야 할 사항이다. 서구의 이러한 문화적 관점을 이해하고 포용한다면 K방역 시스템이 국제사회에 더 큰 기여를 할 수 있을 것이다.

2020년 7월 프랑스 보건당국은 시민의 사회적 거리두기와 예방 지침 준수가 잘 지켜지지 않고 있다며, 7월 21일부터 모든 폐쇄된 공공장소(식당, 주점, 백화점, 대형마트)에서 마스크 착용을 의무화했다. 다만 마스크 구매가 부담스러운 일부 취약계층에는 정부와 지자체가 무상으로 마스크를 지급하였다. 그러나 이 같은 강력한 규제 조치가 장기화되면서 국민이 느끼는 피로도는 점점 가중되는 실정이다.

지난 1년을 거시적 관점으로 회고하면, 코로나19 관련 중앙-지방정부의 대응책은 방역 위기가 경제 위기로 넘어가는 것을 일정 부분

9 2020년 4월 13일 프랑스24 방송은 코로나19 관련 초기 대응과 효율적인 방역에 대해 한국의 강경화 외교부 장관을 인터뷰하였다.

저지한 것으로 평가된다. 이는 경제적 충격의 상당 부분을 정부가 떠안았기 때문에 가능했다고 볼 수 있다. 세수 감소와 지출 증가에 따른 가위 효과는 파리시, 파리 광역권과 중앙정부의 재정 상황을 극도로 악화시켰다. 공중보건 위기로 촉발된 공공부문의 재정 악화와 매출 부진에 따른 기업의 부실화는 시한폭탄처럼 심각한 경제 위기를 예고하고 있다. 2020년 7월 23일 파리시는 코로나19 대응을 위해 5억 6,500만 유로(한화로 약 8천억 원)의 추경예산 통과를 파리시의회에 요청하였다. 이는 이미 지출한 2억 유로(공공투자, 공영주택 월세 면제, 관광업과 문화 · 경제 생활 지원)와 코로나19에 의한 감세(교통세 및 각종 지방세 감면), 앞으로 지출할 1억 3천만 유로(세정제, 소독 비용, 취약계층 생필품 지원)와 2억 4천만 유로의 세수 감소(부동산세, 관광세, 공영주차장 수익금, 견인차량 벌금) 등을 반영한 예산이었다.

## 코로나19 이후 파리시의 도시회복 정책 방향

코로나19의 재유행 위험이 높아지는 상황에서 파리시는 거버넌스의 전략적 방향과 정책기조를 다음과 같이 제시하였다.

첫째, 환경보존과 개선, 대체에너지 개발, 대중교통 확대, 녹지화, 개발 제한 등 팬데믹 방지를 위한 지자체의 중장기 정책과 범지구적 협력(예를 들어 파리협약 준수)에 적극 참여한다. 프랑스는 지난 2019년 유럽 총선과 2020년 지방선거에서 녹색당이 선전하며 친환경에 대한 시민의 갈망이 정치적으로 결집되고 있는 양상이다. 한 예로, 파리시는 방역 대책에 대한 시민의 정서적 지지와 동참을 유도하기 위해 지속적인 녹지화 작업과 자전거도로 인프라 구축 등을 추진하고 있다. 광역권 인프라를 보강하고 확장하기 위한 중앙정부의 예산 이전을 중앙-지방정부의 협약을 통해 진행 중이며, 포스트 코로나 시대의 관광산업을 친환경적으로 전환하는 방안도 모색하고 있다.

둘째, 비대면, 비접촉, 온라인으로 상징되는 뉴노멀 문화의 안정적 이전을 지원한다. 중소기업과 영세업체의 디지털화를 가속시키기 위해 파리시는 디지털화를 원하는 기업에게 재정을 지원해 주고 있다. 파리 광역권 또한 기업의 활력을 고무하기 위한 컨설팅 서비스를 무료로 제공한다. 이 서비스는 특히 포스트 코로나 시대를 대비해 기업들이 온라인 기반으로 재도약하기 위한 발판을 마련하는 데 집중하고 있다.

셋째, 팬데믹에 따른 경제 위기와 장기 불황 탈출 대책을 마련한다. 중앙정부와 협력하여 연대기금, 회생기금, 부양대출 등을 조성하고 지방정부 자체적으로 기업들의 경쟁력 회복을 위한 대책 마련에도 부심하고 있다.

파리시는 중앙정부가 발표한 정책들을 보완하고 코로나19 이후 파리시의 발전 전략을 모색하기 위해 여러 가지 장치를 마련했다. 첫째, 파리시 자문위원회를 통해 포스트 코로나 시대의 담론을 만들고 각계 전문가들의 자문을 구한다. 둘째, 파리시를 환경친화적으로 변화시킨다. 이는 재선에 성공한 안느 이달고 파리시장의 공약인 '15분 도시 파리(laville du quart d'heure)'와 연결된다. 셋째, '참여예산 공모전' 같은 시민 참여 행사를 통해 참신하고 실용적인 아이디어를 모아 구 단위 프로젝트를 실행할 예정이다.

2021년 1월 15일 파리시는 질병학자 도미니크 코스타글리올라

(Dominique Costagliola) 위원장과 약 40명의 자문위원[10]으로 구성된 파리시자문위원회를 출범시켰다. 위원회는 과학 분야(11명), 사회활동 분야(11명), 경제 활동 분야(10명) 등 3개 분야로 나뉘어 다음과 같은 업무를 수행한다. 첫째, 질병과 방역 지식을 공유한다. 현재의 팬데믹 상황을 분석하고 파리시의 특수성을 감안해 정책을 보완하고 방역 거버넌스 재검토 등을 실시한다. 둘째, 위기관리와 경제사회적 지원, 아이디어 공모 등을 지원한다. 셋째, 팬데믹의 향후 영향을 분석하고 경제, 사회, 문화 활동을 강화하기 위한 준비를 한다. 이 자문위원회는 월 2회 모임을 가지며 위원장과 위원들이 선정한 주제를 논의한 결과를 파리시에 보고하게 돼 있다.

2020년 재선에 성공한 안느 이달고 파리시장은 재선 공약으로 '15분 도시 파리'를 내세웠다. 생활에 필요한 주요 장소와 거주지 간의 이동시간을 15분 이내로 줄이겠다는 취지이다. 이는 도시 내에서 개인적인 자동차 이용을 지양하게 하려는 정책과 맞닿아 있다.

2014년부터 시작된 참여예산 정책은 파리 시민의 시정 참여를 유도하기 위해 프로젝트 아이디어를 공모하는 제도로, 2021년도 공모 주제는 '팬데믹 위기 이후 파리시(imaginer Paris au lendemain de lacrise)'였다. 아이디어는 예산 200만 유로 이하여야 하고, 구(區) 단위로 집행할 수 있어야 한다. 2월 4일부터 28일까지 공모를 진행하고 3월 1일부터 26일까지 검토한다. 2019년에 약 23만 명의 파리 시민(전체 거주민의 약 10퍼센트)이 행사에 참여하였다.

시민단체와 일반 시민 또한 결집하여 코로나19 이후의 삶, 도시, 국

10 현재 임명된 위원은 33명이지만 추가 위촉이 있을 예정이다.

가에 관해 논의하는 협의체를 만들었고, 파리시도 이들 협의체를 적극 지원하고 있다. 2020년 5월 25일 마감된 '코로나19 이후의 세계(Le monde d'aprés)' 설문조사는 16만 5천 명에 달하는 시민 참여와 안건 논의가 있었다. 또한 프랑스 총리실 산하 싱크탱크인 프랑스-스트라테지(France-Stratégie)는 2020년 4월 1일부터 5월 31일까지 '지속 가능한 미래를 위하여'라는 주제로 논의하고 토론 내용을 간행물[11]로

| 그림 5 | **'15분 도시 파리' 공약 일러스트**

자료: 안느 이달고 시장 트위터.

11 https://www.strategie.gouv.fr/publications/covid-19-un-apres-soutenable-synthese-contributions.

출간하였다. 공감을 얻어 낸 주제로는 인접성의 재평가(지역 자치, 지역 물품 소비 등 강화), 생태적-친환경적 전환에 초점을 둔 전체적인 사회 변화, 지역사회에 기여 장려, 지역 경제, 공유와 기술 발전에 따른 이익 재분배, 공공 정책의 효율성과 탄력성 검토, 교육 지원과 지식산업 장려, 노동과 기업 혁신(작업 시간, 기업-노동자 관계, 직업 변화, 환경 이슈에 대한 더 많은 배려), 세계에서 유럽의 역할(국제무역기구와 국제 협약, 사회와 디지털 유럽) 등이 있었다. 논의 과정에서 나온 아이디어로는 기업들의 지속 가능한 성장 요소를 포함하는 보완된 회계 시스템 구축, 지역 단위 에너지 효율 강화를 위한 기관 설립, 친환경적 변화를 위한 지방재정 정책의 적극적 사용 등이 있다.

## 파리시와 서울시의 유사점과 차이점

2021년 4월 기준 프랑스는 일일 평균 확진자가 4만 명에 육박하며 3차 대유행을 겪고 있다. 백신 접종이 진행되고 있으나 유럽연합, 영국, 아스트라제네카사 간의 백신 조달과 관련한 갈등이 불거지면서 전망이 불투명한 상황이다. 파리시와 파리 광역권은 유럽 제1의 경제활동 지역이며 세계적 문화 관광지로서 코로나19 팬데믹의 직격탄을 맞았다. 특히 지역별 비대칭성이 두드러지게 나타나는 코로나19의 특성상, 프랑스 수도권 지역은 다른 어느 곳보다 확산 속도가 빠르고 확진자 수 또한 높게 나타나고 있다. 수도권 지역의 코로나19 확산 저지는 결국 국가의 피해를 최소화하고 경제, 사회, 문화적 비용을 줄이는 효과를 가져올 것이다.

파리시와 서울시는 두 국가의 수도로서 어느 지역보다 인적 · 물적 교류가 많고 인구밀도도 매우 높아서 코로나19 확산에 취약하다는 공통점이 있다. 그러나 코로나19 발병률에서 두 도시는 큰 차이를 보였다. 2020년 한 해 동안 서울시의 10만 명당 일주일 단위 최종 발병률은 324명으로 파리시 1,837명의 6분의 1 수준이다.

코로나19 확산 속도의 차이와 마찬가지로 코로나19에 따른 여파는 두 도시에서 서로 다르게 나타났고 대응 방식도 달랐다. 세 차례의 봉쇄령과 장기간 통행금지령을 내리는 등 파리시는 한국과 서울시보다 강력한 이동 제한 조치를 취했다. 그러나 프랑스는 1차 봉쇄 때 중앙정부가 획일적인 국가봉쇄 조치를 주도한 이후 2차, 3차 유행기가 진행되면서 지역별 맞춤형 대응으로 전환하였다. 이는 중앙정부의 하향식(top-down) 지침 하달에 대해 지방정부가 현지 상황을 고려해 달라는 요청이 반영된 결과라 할 수 있다. 일부 지역은 코로나19 확진자 수가 거의 없음에도 국가 봉쇄와 조치 때문에 경제적 · 사회적 · 문화적 타격을 입었고 시민의 반발 또한 컸다.

한편 긴급 지원 대상의 선정과 효과적 지원 방법을 논의하는 점에서도 차이를 보인다. 한국의 여러 지방자치단체가 보편적 지원 정책을 취했던 반면, 파리시와 프랑스는 선별적 지원 정책을 점진적으로 확대하고 강화하였다. 프랑스 정부는 중소기업과 대기업을 정부보증 대출로 지원하고, 가계와 중소기업, 소상공인 등에겐 현금을 선별 지원했다. 한편 지방정부는 선별적으로 지역사회 취약계층을 지원하는 정책(저항기금, 부분 실업, 공공 임대료 동결, 노약자와 지역사회 도움 네트워크 등)을 시행하여 중앙정부가 주도한 전국 단위 정책(정부보증, 연대기금, 장학생 지원 등)을 보완하였다.

코로나19 이후 두 도시 모두 재건과 회복을 원하고 있으며 여기에 시민사회의 적극 개입을 유도하는 점도 유사하다고 볼 수 있다. 파리시와 파리 광역권은 코로나로 맞은 위기를 새로운 도약과 혁신의 기회로 생각하고 코로나19 이후 도시회복을 위한 새로운 거버넌스와 비전을 준비하고 있다. 포스트 코로나 시대를 대비하기 위해 2021년 1월에 출범한 파리시자문위원회를 중심으로 사회, 경제, 문화, 과학 부문을 망라한 파리의 미래 비전과 세부 계획을 고민하고 있다.

코로나19 사태를 통해 전 세계적 혼란과 국가 위기를 경험하는 상황에서 과연 중앙정부와 지방정부의 역할은 무엇이며 가장 바람직한 협력 시스템은 어떤 형태인지 다시 생각해 본다. 프랑스의 코로나19 대응은 중앙정부와 지방정부 간의 협력과 갈등을 잘 보여 주었고 이 둘의 미래 관계를 생각해 보는 계기가 되었다. 긴급한 상황에서 중앙정부의 수직적인 대응은 빠른 결과를 만들 수 있었지만 지역별 상황을 고려하지 못한다는 비난도 피할 수 없었다. 긴급사태가 발생했을 때 전략적이고 신속한 결정을 내릴 수 있는 중앙정부와 지역 상황을 고려한 맞춤형 대응을 잘할 수 있는 지방정부는 마치 한 몸처럼 유기적으로 움직여야 한다. 중앙정부와 지방정부의 협력 방식, 시민사회가 참여한 새로운 거버넌스에 대한 고민은 미래의 또 다른 위기 상황에 어떻게 대비해야 할지 여러 시사점을 제공할 것으로 기대된다.

# 5장

## 베이징_중국:

## 국가 주도 방역 체계와 정보통신기술의 결합

PANDEMIC

**박철현** 국민대학교 중국인문사회연구소 HK연구교수

• 이 장은 《아시아연구》 24권 2호에 실린 「중국 베이징의 코로나19 대응에 관한 연구: 확산추세, 방역전략, 기술-방역 레짐을 중심으로」(박철현, 2021)를 수정 보완한 글임을 밝힌다.

## 베이징의 도시 특성

베이징시는 2019년 말 현재 공식 상주인구 2,153만 6천 명의 초거대도시이다. 상주인구 중 34.6퍼센트인 745만 6천 명은 상주 외래인구이다.[1] 상주 외래인구는 베이징시가 아닌 다른 지역의 호구(戶口)를 소지하고 베이징시에서 일정 기간(6개월) 이상 상주하는 인구를 가리킨다. 베이징시의 면적은 1만 410.5제곱킬로미터로 서울시 면적(605제곱킬로미터)의 27배 크기이다. 현재 베이징시 행정구역은 16구(區)로 구성되는데, 중심부에 해당하는 도심의 6개 구(동청, 시청, 차오양, 하이뎬, 펑타이, 스징산)의 면적은 1,381제곱킬로미터이고 상주인구는 1,208만 8천 명(2017년)이다. 베이징시 전체 상주인구의 60퍼센트가 도심 6구에 살고 있으며 상주 외래인구의 60퍼센트도 도심 6구에 집중되어 있다.[2]

베이징시는 원래 농촌 행정구역인 '현(縣)'과 도시 행정구역 '구

1 http://www.beijing.gov.cn/gongkai/shuju/tjgb/202003/t20200302_1838196.html(검색 2021. 1. 21.).

2 '도심 6구'는 베이징 도심에 위치한 6개의 구(區)인 동청(東城), 시청(西城), 차오양(朝陽), 하이뎬(海澱), 펑타이(豊臺), 스징산(石景山)을 가리킨다.

(區)'를 모두 가지고 있었으나, 1997년 이후 중심부 면적이 확장되어 교외의 '현'을 철폐하고 '구'를 설치하는 '철현설구(撤縣設區)'가 시작되었다. 2015년 11월 마지막 남은 미윈현(密雲縣)과 옌칭현(延慶縣)이 모두 구로 바뀌면서 베이징시는 현재의 16구가 되었다.

베이징시는 중화인민공화국의 수도로서 전국의 육상과 항공 교통의 허브 중 하나이며, 전국 모든 지역으로 이어지는 고속철도의 출발지이자 경유지, 종착지이다. 2000년대 본격화된 중국 고속철도의 중장기 발전 계획인 '사종사횡(四縱四橫, 남북 방향과 동서 방향 각각 4개의 고속철도 간선망을 건설하겠다는 계획)'의 허브 도시가 되었다. 특히 베이징시와 인접한 직할시인 톈진(天津) 사이에 건설된 도시 간 고속철(城際列車, intercity railway)은 매일 15분당 1편의 열차를 배치하고 하루 평균 8만여 명의 승객을 실어 나른다. 2019년 말 톈진시 면적은 1만 1,966.5제곱킬로미터이고 상주인구는 1,561만 8천 명이다.[3] 고속철도와 고속도로로 연결될 뿐 아니라 행정구역의 경계도 접하고 있는 베이징시와 톈진시의 인구를 합치면 3,700만 명이 넘고 면적은 약 2만 8,377제곱킬로미터에 달한다.

이처럼 베이징은 인구 규모와 유동성 측면에서 코로나19에 취약한 도시라고 할 수 있다. 유동인구라고 불리기도 하는 상주 외래인구는 주로 베이징으로 이주하여 노동하는 농민공으로, 비교적 '이동성'이 크기 때문에 방역은 물론 국가 '사회 관리'의 중요한 대상이 된다. 고속철도의 확장과 인구이동의 증가는 코로나19의 급속한 확산에 중요

3 http://stats.tj.gov.cn/tjsj_52032/tjgb/202007/t20200705_2780580.html(검색 2021. 1. 21.).

한 조건으로 지목된다.

개혁기 베이징은 중국의 수도로서 당시 제기되는 정치경제적 · 사회적 도전에 대응하는 정책과 연구의 중심지 역할을 했으며, 그 정책과 연구는 일정한 변용을 거쳐서 지방에 적용되어 왔다. 코로나19 사태에 있어서도 베이징은 이러한 역할을 담당하고 있다. 베이징은 2019년 말부터 급속히 확산된 코로나19에 대응하는 지방의 경험을 흡수하여 이를 다시 전국적인 차원에서 보급하는 정책과 연구의 중심지로서 역할해 왔다.

## 베이징시 코로나19 확산 추세

베이징 시정부는 2020년 1월 24일 「돌발 공공위생 사건(突發公共衛生事件) 1급 대응 기제」를 발동하고, 26일 유치원과 초중고등학교, 대학의 개학을 설날인 2020년 1월 25일 이후로 연기하였으며 오프라인 교육 활동도 일시 중지했다. 하지만 당시 설날을 전후한 시기 중국 전체의 인구이동은 연인원 30억 명에 달했고, 베이징은 관광과 친지 방문을 위한 대규모 인구의 유입지 겸 유출지였다.[4] 베이징은 상주인구 중 약 750만 명이 비(非)베이징 호구 소지자여서 대규모 유입과 유출의 중심이다. 이런 배경으로 설 이후 업무 복귀와 조업 재개가 시작되는 2월 중순까지 코로나 확진자가 급증했는데, 이것은 전국적인 추

4 실제로 2020년 설날 직전 베이징은 유출인구가 가장 많은 전국 10개 도시 중 3위를 차지했고, 유입인구를 뺀 순유출인구도 633만 명에 달했다. https://new.qq.com/rain/a/20200318a0m92p00(从春节人口迁徙数据看人口流动新趋势).

세와 유사하다.

2월 10일 10개의 예방 통제 조치를 발표하고, 사구(社區, 도시 주민 조직)의 봉쇄식 관리와 생활에 불필요한 공공장소의 전면 폐쇄를 시행하였다. 베이징 시정부는 14일부터 외지에서 베이징에 도착한 사람은 14일 동안 자택에 머물거나 집중 관찰을 시행할 것을 요구했다. 이후 확진자 수는 급감했고, 27일 당시 우한(武漢)이 있는 후베이성(湖北省)에 체류 중인 모든 인구의 베이징 귀환이 금지되었다. 28일에는 베이징 번호판을 단 택시(관광차, 인터넷 예매차 포함)와 카 셰어링 차량 등을 베이징 밖으로 운행하는 것도 일시 중지되었다. 그 결과 베이징 확진자 숫자는 급감하였다.

3월 23일에는 베이징에 도착하는 모든 국제항공이 반드시 톈진 등 12개의 지정된 지점을 통해서 입경(入境)하도록 조치하고, 24일에는 베이징에 입경하는 모든 사람에게 목적지와 상관없이 전부 집중 관찰과 PCR검사를 의무화했다. 이후 사회적 거리두기, 해외 유입 항공 승객 통제 강화, 사구 중심 방역 체제 강화 등을 통해서 4월 16일부터 추가 확진자가 0명인 상태가 시작되었다. 30일에 14일 연속 추가 확진자 수가 0명이 되자 베이징 시정부는 「돌발 공공위생 사건 대응 조치」를 2급으로 조정하고, 위험도가 낮은 국내 지역에서 베이징으로 출장 오거나 귀환한 인원의 자택 14일 격리도 해제하였다.

추가 확진자 0명 상태가 지속되는 가운데 5월 10일 베이징의 오피스텔 업무 재개율이 99.5퍼센트에 이르렀으며, 13일에는 유치원과 초중고등학교, 대학 등의 수업 재개 일정이 발표되고 여름방학도 계획에 따라 실시한다고 밝혔다. 17일 베이징 시정부는 '수도 공공위생 응급 관리체제'가 커다란 도전을 돌파했다고 공표했으며 베이징시 질병 예방통제센터는 시민이 실외 활동을 할 때 원칙적으로 마스크 착용이 필요 없다고 밝혔다. 6월 10일에 베이징 시정부는 「수도 공공위생 응급 관리체제 건설 강화 3년 행동계획(2020~2022)」을 발표했다.[5]

추가 확진자 0명 상태가 56일째인 6월 11일 시청구에서 1명의 추가 확진자가 발생했다. 12일에는 베이징 최대의 도매시장인 펑타이구 신파디(新發地) 시장에서 6명의 확진자가 발생하자, 펑타이 구정부는 13일 신파디 시장을 전면 폐쇄하고 인근 아파트 단지 11개를 '봉쇄식'으로 관리하기 시작하였으며 인근 6개 초등학교와 6개 유치원은 휴교나 수업 재개 일시 중지를 명령했다. 14일에는 시 전역에 비상 시기를 선포하고, 신파디 시장 인근 4만 6천 명의 주민 전체에 PCR검사를 실시하였다. 15일에는 시 전역 사구에 2급 예방 통제 태세를 발표하고 5월 30일 이후 신파디 시장을 방문한 20만 명을 대상으로 가정방문 PCR검사를 시행했다. 20일에는 시 전역의 봉쇄식 관리 실시 아파트 단지 수를 4개로 확대하고 시 전역의 모든 택배 노동자와 음식 배달 노동자에 대한 PCR검사도 실시했다.

7월 2일까지 베이징은 연속 5일째 추가 확진자가 10명 미만인 상태를 유지하였고, 이후 20일까지 추가 확진자 0명 상태를 유지했다. 여름을 맞아 관광객 숫자가 늘어나자 정부는 유명 관광지에 최대 수용 인원의 50퍼센트까지만 입장을 허용하였다. 21일에는 신파디 시장발 확진자가 모두 완치되고, 자금성의 관광객 예약 상한도 1일 1만 2

5 「加强首都公共衛生應急管理體系建設三年行動計劃(2020~2022年)」. http://www.beijing.gov.cn/zhengce/zhengcefagui/202006/t20200609_1920151.html, http://www.beijing.gov.cn/zhengce/zcjd/202008/t20200818_1985422.html(검색 2021. 3. 15.).

| 그림 1 | **중국-베이징 확진자 추세**

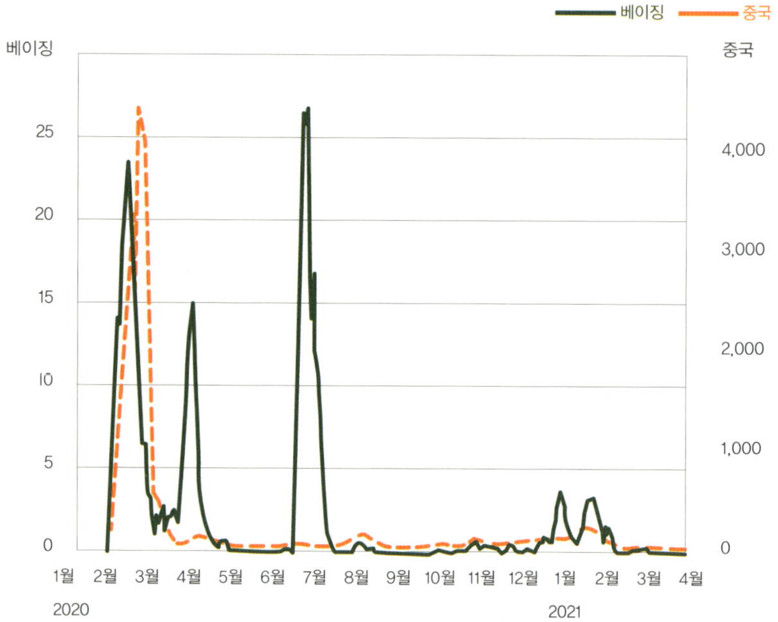


자료: 서울대학교 아시아연구소 아시아지역정보센터.

천 명으로 상향 조정되었다. 24일에는 시 전역의 영화관 영업도 재개했다.

8월에 들어서자 베이징 현지의 확진자가 급감하였고 8월 7일부터 9월 23일까지 추가 확진자 수가 다시 0명으로 떨어졌다. 9월 19일 무증상 감염으로 집중 관찰 대상이 된 경외(境外) 입국자 1명이 9월 24일 양성 판정을 받았으며, 10월에 들어 11일(1명), 19일(1명), 23일(2명), 26일(1명), 28일(1명)에도 모두 경외 입국자가 확진자로 판정되었다.[6]

6 괄호 안의 숫자는 확진자 수이다.

11월에도 2일(2명), 4일(1명), 9일(2명), 19일(1명), 21일(1명), 22일(1명), 30일(1명) 모두 경외 입국자가 확진자로 판정되었다. 12월에는 4일(1명), 12일(2명), 13일(1명), 14일(1명), 15일(1명), 18일(2명), 19일(2명), 25일(2명), 26일(2명), 27일(1명), 28일(7명), 29일(1명), 30일(2명), 31일(5명)에 확진자가 나왔다. 이 중 25일, 26일, 28일, 29일, 30일, 31일 확진자는 베이징 현지인이었고 나머지는 모두 경외 입국자였다.

이처럼 10월부터 12월까지 3개월 동안 베이징 현지인 확진자는 19명에 불과하고 나머지 확진자는 모두 경외 입국자 중에서 발생하자, 베이징 시정부는 베이징 수도 공항 직항 국제항공편의 예방통제 조치를 강화한다. 귀국자들은 충실한 건강 상태 신고, 건강 검역 협조, 격리 관찰 준수 등의 예방 통제 요구를 따라야 하며, 신체 이상이 발생하면 즉시 신고하고 검사를 받아야 한다. 시민에게도 '사구 중심 방역'을 강화하고, 마스크 착용, 개인위생, 환기, 다중이용시설 방문 제한, 거리두기 등의 방역수칙을 지킬 것을 요구하였다.

문제는 2021년 1월에 베이징 현지 확진자가 다수 발생했다는 점이다. 1월 1일(2명), 2일(2명), 3일(2명), 4일(1명), 5일(1명), 7일(1명), 9일(1명), 10일(1명), 11일(1명), 13일(1명), 15일(2명), 16일(2명), 17일(2명), 18일(1명), 19일(7명), 20일(2명), 21일(3명), 22일(3명), 23일(2명), 24일(3명), 25일(2명), 26일(4명), 28일(1명), 29일(1명), 31일(2명)에 확진자가 발생했는데, 이 중 1일, 11일, 13일, 30일, 31일만 모두 경외 입국자였고 2일은 1명이 경외 입국자였다. 나머지는 모두 베이징 현지 확진자였다.

중요한 것은 1월 18~25일, 28~29일에 발생한 베이징 현지 확진자는 모두 다싱구(大興區)에서 나왔다는 점이다. 17~26일 기간 다싱구의 확진자 수는 24명인데, 그중 23명이 다싱구 톈궁위안(天宮院) 룽후이(融匯) 사구에서 나왔고 나머지 1명은 톈궁위안(天宮院) 윈리팡(雲立方) 사구에서 나왔다. 다싱구 정부는 1월 22일 전체 주민의 제1차 PCR검사를 완료하고 20일 톈궁위안(天宮院) 사구를 고위험도 구역으로 지정하였으며, 26~27일 집중 격리자와 재택 격리자를 제외하고 모든 주민의 제2차 PCR검사를 시작했다. 또한 다싱구는 구 전역에 310개 검사 장소를 설치하여 검사를 강화하였다.[7]

2월에는 1일(1명), 3일(5명), 6일(1명), 21일(1명), 28일(2명) 확진자가 발생했는데, 확진자 모두 경외 입국자였다.

## 중국과 베이징시의 코로나19 대응 전략

중국 정부는 코로나19 확산 초기인 2020년 1월 「코로나19 감염의 폐렴 진단 방안」, 「코로나19 감염의 폐렴 질병 예방 통제 방안」, 「코로나19 감염의 폐렴 병례(病例) 감시와 측정 방안」 등 코로나19 관련 진료와 예방 통제 관련 방안을 내놓았다. 이것은 국가건강위생위원회(國家健康衛生委員會)가 만든 공식적인 방안이었다. 이후 복수의 방안을 통합하여 1월 22일과 28일 각각 「코로나19 감염의 폐렴 예방 통제 방안」의 제2판과 제3판을 내놓았고, 2월 6일 「코로나19 폐렴 예방통제 방안」으로 명칭을 변경하여 제4판을, 그리고 2월 21일과 3월 7

7 https://baijiahao.baidu.com/s?id=1689923975171679751&wfr=spider&for=pc(검색 2021. 3. 15.)

일 각각 제5판과 제6판을 내놓았다. 9월 15일 나온 제7판이 최신판이다.[8]

「코로나19 폐렴 예방통제 방안」 제7판은 모두 11개 장과 8개 부속 문서로 구성되었다. 11개 장의 제목은 다음과 같다. 총체 요구, 병원학과 유행병학 특징, 질병 감시와 측정, 유행병학 조사, 접촉자 관리, 질병 처리, 표본 채집과 실험실 검사 측정, 경외 질병 유입 예방과 통제, 중점 고리 예방과 통제, 사회 건강관리와 서비스, 보장 조치이다. 베이징 시정부의 방역 전략도 기본적으로 중국 국가건강위생위원회 「코로나19 폐렴 예방통제 방안」 제7판을 기초로 하고 있다.

## 방역 거버넌스

베이징시 코로나19 방역은 시(市)정부→구(區)정부→가도판사처(街道辦事處)로 이어지는 수직적 지휘 체계와 공안(公安), 민정(民政), 위생(衛生), 공상(工商), 사법(司法) 등 해당 층위 정부의 다양한 부문이 연동되는 수평적 협조 체계가 동시에 작동된다.[9] 중요한 것은 도시 기층사회인 사구를 방역의 중심에 두는 사구 중심 방역 체제가 확립되었다는 사실이다. 2004년 베이징 동청구에서 시작된 '격자망화 관리'는 국가의 사회 관리 능력을 일정하게 제고시켜 준 전략으로 평가되는데, 사구 중심 방역 체제가 작동하는 기초가 되었다.

구체적으로 보면, 코로나19 방역은 시정부→구정부→가도판사

8 제7판의 발행 통지와 다운로드는 다음을 참고: http://www.gov.cn/xinwen/2020-09/15/content_5543680.htm(검색 2021. 1. 21.).

9 가도판사처는 중국 도시의 최말단 행정기관으로 한국의 주민센터에 해당한다.

처→사구로 이어지는 수직적 지휘 체계에 사구 내부의 주민위원회, 아파트 소유자 위원회, 아파트 관리회사, 지원자, 사회복지사, 사회조직 등의 행위자들로 구성된 수평적 협조 체계가 결합된다. 사구 층위에서는 외부에서 파견된 전문 의료 인력과 경찰까지 추가된다. 즉 사구 층위에서 구축된 사구 중심 방역 체제는 수직적 지휘 체계(각급 정부와 공산당 조직)와 수평적 협조 체계(주민위원회, 아파트 소유자 위원회, 아파트 관리회사, 지원자, 사회복지사, 사회조직, 전문 의료 인력, 경찰)가 결합하여 작동하는 것이다. 이러한 방역 거버넌스는 과거와 달리 국가가 사구의 여러 가지 문제에 사회의 참여를 일정한 범위와 영역에서 허용한 결과이며 '다원적 주체 연계 방역'으로 정의된다.

사구 관할범위에는 아파트 단지와 같은 주민 거주지역뿐 아니라 백화점, 호텔, 오피스타워, 관공서, 버스터미널, 기차역, 전철역, 공항, 학교, 병원, 도서관 등의 비(非)거주지역도 있다. 따라서 아파트 단지와 같은 주민 거주지역에서는 주민위원회, 아파트 소유자 위원회, 아파트 관리회사, 지원자, 사회복지사, 사회조직을 주체로 전문 의료 인력과 경찰이 결합되어 방역 체제를 갖춘다면, 비거주지역에서는 해당 단위(백화점, 호텔, 터미널, 학교, 병원 등)가 주체가 되어서 방역 체제를 구축하고 여기에 전문 의료 인력과 경찰이 결합하는 방식의 방역 체제이다. 주민 거주지역 방역 체제와 마찬가지로 비거주지역 방역 체제도 사구→가도판사처→구정부→시정부로 이어지는 수직적 지휘 체계와 결합된다.

### 진단과 치료, 백신 확보와 접종

2020년 3월 16일부터 중국은 자체 개발한 코로나19 백신의 임상

실험에 들어갔다. 8월 5일에는 시노팜(Sinopharm)이 개발한 백신이 중국 국가 검사를 통과하여 생산 허가증을 취득했다. 7월 22일부터 의료 인력, 방역 인력, 세관 인력 등 특수집단을 대상으로 긴급 백신 접종을 시작했다. 9월 25일 중국 정부는 국내에서 개발한 11종의 백신이 임상 시험 중이라고 밝혔고, 2021년 1월 30일에는 국내 개발 16종의 백신이 임상 시험 중이라고 공표했다.[10]

2021년 1월 25일 베이징 시정부는 코로나19 예방 통제 홈페이지를 통해서 진단과 치료, 백신 확보와 접종에 관한 정책을 밝혔다.[11] 총체적인 목표는 2021년 춘제(春節) 이전에 준비-전면 접종-보충 접종으로 단계를 나누어 9종류의 중점 접종 대상 집단에 대한 긴급 접종을 완료하고, 춘제 이후에는 그 외 집단에 대한 접종을 개시한다는 것이다.[12] 2020년 12월 31일 베이징시 위생건강위원회가 발표한 '9종류 중점 집단'은 다음과 같다. ①수입 냉동식품 세관의 검역 인원, ②세관의 하역 인원·운반 인원·운전자, ③교통운수 종사 인원, ④해외출국자, ⑤국경관리 인원, ⑥의료위생 인원, ⑦정부기관 공안·무장경찰·소방·사구 등의 인원, ⑧물·전기·난방·가스 관련 인원, ⑨교통·물류·양로·환경·장례·통신 관련 인원 등으로 연령대로는 18~59세에 해당한다.[13]

10 https://baike.baidu.com/item/%E6%96%B0%E5%9E%8B%E5%86%A0%E7%8A%B6%E7%97%85%E6%AF%92%E7%96%AB%E8%8B%97/24286099?fr=aladdin(검색 2021. 3. 15.).

11 http://bj.bendibao.com/news/202114/286224.shtm(검색 2021. 3. 15.).

12 https://www.sohu.com/a/442450827_120209831(검색 2021. 3. 15.).

13 https://baijiahao.baidu.com/s?id=1687582467085494314&wfr=spider&for=

백신 접종은 3단계로 진행되었다. 제1단계는 2020년 12월 말까지 시정부와 구정부가 백신 접종의 실시 방안과 기술 준비를 완료하고 시 전체를 대상으로 접종 업무를 개시하였다. 이를 위해서 구정부가 주체가 되어 '9종류 중점 집단'에 관한 예비조사를 실시했다. 제2단계에는 2021년 1월 19일까지 190만 명이 넘는 '9종류 중점 집단'의 제1차 접종을 완료하고, 1월 22일부터 '9종류 중점 집단'의 제2차 접종을 시작해서 2월 9일 접종을 완료했다.[14] 마지막 제3단계에는 2021년 2월부터 '9종류 중점 집단'을 제외한 다른 집단의 접종을 시작했다. 3월 29일 11시 현재 누적 백신 접종 인원은 900만 명이고 이 중 2차 접종까지 마친 인원은 546만 명에 달한다.[15]

베이징시는 '일상 방역 가이드(日常防疫指引)'를 다양한 장소, 업종, 교통수단, 기저질환 상황에 맞추어 제시하고 있다.[16] 대표적인 것들로는 요식업, 수입식품, 인터넷 예약 택시, 자동차 부품 물류창고, 자동차 수리업, 농촌지역, 갑상선 질환자, 당뇨병 환자, 고혈압 환자, 슈퍼마켓, 각종 시험장, 학교 식당, 도매시장, 호텔, 야외 활동, 영화관, 대중교통, KTV 등이 있으며, 전체 250개 장소, 업종, 교통수단, 기저질환 상황이 제시되었다. 또한 스마트폰 애플리케이션 '베이징 건강

pc(검색 2021. 3. 15.).

14 https://baijiahao.baidu.com/s?id=1691210103860129365&wfr=spider&for=pc(검색 2021. 3. 15.).

15 https://xw.qq.com/amphtml/20210329A06N3700/20210329A06N3700(검색 2021. 3. 30.).

16 http://www.beijing.gov.cn/ywdt/zwzt/yqfk/kpzs/index.html(검색 2021. 3. 15.).

코드(北京健康寶)'에 관한 사용 가이드도 제시하고 있다.[17]

## 사회적 거리두기

코로나19에 대응한 중국의 사회적 거리두기는 두 가지로 구성된다. 하나는 공간적인 것으로, 〈표 1〉처럼 질병 위험도에 따라 저위험도, 중위험도, 고위험도 구역을 나누고 대응 기제를 시행하는 것이다. 다른 하나는 등급에 따른 것으로, 〈표 2〉처럼 '중대 돌발 공공위생 사건'의 성질, 위해 정도, 파급 범위에 따라서 1급(特別重大), 2급(重大), 3급(較大), 4급(一般)으로 나누어 대응 기제를 시행한다.

베이징의 사회적 거리두기도 이 두 가지를 기초로 실시되었다. 먼저 질병 위험도에 따른 구역 구분과 대응 기제는 「코로나19 폐렴 예방통제 방안」 제7판을 근거로 한다. '구역과 등급 구분의 기준(分區分級標準)'을 단위로 해서 질병 위험 등급을 동태적으로 조정하고 공표한다는 규정에 따라서 베이징시의 사회적 거리두기가 진행되었다.

한편 중대 돌발 공공위생 사건 등급별 대응 기제[18]는 전국적인 범위에서 취해지는 등급별 대응 기제이다. 1급, 2급 중대 돌발 공공위생

17 http://www.beijing.gov.cn/fuwu/bmfw/bmzt/bjjkb/index.html(검색 2021. 1. 21.).

18 https://baike.baidu.com/item/%E9%87%8D%E5%A4%A7%E7%AA%81%E5%8F%91%E5%85%AC%E5%85%B1%E5%8D%AB%E7%94%9F%E4%BA%8B%E4%BB%B6%E2%85%A0%E7%BA%A7%E5%93%8D%E5%BA%94/24286995?fr=aladdin(검색 2021. 3. 15.).

| 표 1 | **질병 위험도에 따른 구역 구분과 설명**

| 분류 | 설명 |
|---|---|
| **저위험도 구역** | 일상적인 예방 통제 업무를 충실히 이행하고 질병 감시와 측정을 강화하며 관련 대응 기제를 시행한다. |
| **중위험도 구역**(저위험도 구역의 관련 조치를 충실히 이행한 후, 대응 기제를 발동한다.) | 우선 예방 통제 구역 범위를 확정한다. 유행병학 조사 결과를 근거로 위험 확산 평가를 조직하고 최소 예방 통제 단위(학교는 학급, 아파트는 엘리베이터 공유 가구, 공장은 작업 칸, 직장은 사무실, 농촌은 가구)를 확정한다. 다음으로 감시와 측정을 강화한다. 병례가 발생하면 특정 구역 범위 내의 의료 기구를 확정하여 장소, 단위, 사구를 중심으로 감시와 측정을 강화하여 마지막 병례 보고 후 14일까지 지속한다. 마지막으로 소독이다. 가정, 아파트, 사무실, 회의실, 교통수단 등의 환경과 물품을 소독한다. |
| **고위험도 구역**(중위험도 구역의 관련 조치를 충실히 이행한 후, 대응 기제를 발동한다.) | 우선 예방 통제 구역 범위를 확대한다. 유행병학 조사 결과를 근거로 위험 확산 평가를 조직하고 최소 예방 통제 단위를 확정한다. 다음으로 코로나19 감염 의심 증상자는 조직적으로 조사하여 즉시 의료 기구로 이송한다. 집합 금지를 시행하여 시장, 영화관, 박물관 등 다중이용시설은 정지하거나 제한한다. 아울러 구역 관리와 통제를 시행하여 업무 정지, 조업 정지, 수업 정지 등의 조치를 취하고, 필요시 구역을 봉쇄하고 출입을 제한하며 최종 확진자 보고 후 14일 동안 구역 내 추가 확진자가 발생하지 않으면 봉쇄를 해제할 수 있다. 마지막으로 상응하는 응급조치를 취하여 응급 지휘 협조 기제를 구축하고 의료 인력 파견과 배치, 실험실 검사와 측정, 격리 관리 등을 시행한다. |

사건이 발생하면 성(省)정부는 성 전역에 걸쳐서 상응하는 응급조치를 취할 수 있다. 3급, 4급 중대 돌발 공공위생 사건이 발생하면 각 지급시(地級市, 광역시)와 현급시(縣級市)가 각각의 범위에서 상응하는 응급조치를 취할 수 있다.[19] 수도 베이징은 성급(省級) 행정구역이므

19 http://baijiahao.baidu.com/s?id=1656595102005796177&wfr=baike(검색 2021. 3. 15.).

로 1급 중대 돌발 공공위생 사건에 상응하는 응급조치를 취할 수 있는 권한을 가지고 있다. 관련 내용은 2017년 1월 3일 공표된 「베이징시 돌발 공공위생 사건 응급 예방책」에 규정되어 있다.[20]

실제로 베이징시는 2020년 1월 24일 1급 돌발 공공위생 사건 대응

| 표 2 | **중대 돌발 공공위생 사건 등급별 대응 기제 분류와 설명**

| 분류 | 설명 |
|---|---|
| 1급 돌발 공공위생 사건 | 베이징시 응급 지휘부는 사건 접수 후 베이징시 응급위원회에 보고하고, 베이징시 응급위원회는 국무원 혹은 국가 돌발 공공위생 사건 응급 지휘부의 비준을 거친 후 '1급 대응 기제'를 발동한다. 필요시 베이징시 응급위원회 주요 지도자 혹은 베이징시 돌발 공공위생 사건 응급 지휘부 총지휘자가 현장에서 지휘한다. 돌발 공공위생 사건은 국무원 혹은 국무원 위생행정 부문과 관련 부문이 대응 기제를 조직한다. 국무원 혹은 국무원 위생행정 부문의 통일적 배치하에, 베이징시 돌발 공공위생 사건 응급 지휘부는 베이징시의 구체적인 상황을 고려하여 시 전역의 관련 부문과 협조해 각 응급조치 업무를 전개한다. |
| 2급 돌발 공공위생 사건 | 베이징시 돌발 공공위생 사건 응급 지휘부는 총지휘자의 비준을 얻어서 '2급 대응 기제'를 발동한다. 총지휘자는 돌발 공공위생 사건의 조치를 지휘한다. 필요시 총지휘자가 현장에서 지휘한다. 베이징시 돌발 공공위생 사건 응급 지휘부는 인원, 물자, 교통수단과 관련 시설, 설비 동원과 현장 격리 · 현장 확정 · 봉쇄 등의 조치, 필요 물자와 경비 확보, 여러 부문이 위생행정 부문과 협조하여 밀접 접촉자의 격리, 치료, 분산, 여론과 홍보 작업 등을 책임진다. 베이징시 돌발 공공위생 사건 응급 지휘부 사무실은 사건 접수 후 즉각 전문가 조사단 조직, 종합평가, 관련 전문기술 기구 인원의 신속한 현장 파견, 샘플 채취와 검사, 격리, 치료, 분산 등의 조치를 취해야 한다. 동시에 사건의 전개 추세를 분석하고, 정해진 시간에 보고서를 작성하여 상급 정부에 제출해야 한다. |

20 http://www.beijing.gov.cn/zhengce/zhengcefagui/201905/t20190522_59844.html(검색 2021. 3. 15.).

| | |
|---|---|
| **3급 돌발 공공위생 사건** | 1급, 2급과 달리 3급 돌발 공공위생 사건은 구정부 돌발 공공위생 사건 응급 지휘부가 주체가 되어 베이징시 돌발 공공위생 사건 응급 지휘부의 비준을 얻어서 대응 기제를 발동한다. 구정부 돌발 공공위생 사건 응급 지휘부의 책임은 2급 돌발 공공위생 사건과 동일하다. |
| **4급 돌발 공공위생 사건** | 3급과 동일하게 4급 중대 돌발 공공위생 사건은 구정부 돌발 공공위생 사건 응급 지휘부가 관련 부문을 조직하여 대응 기제를 발동한다. 구정부 돌발 공공위생 사건 응급 지휘부의 책임은 3급 돌발 공공위생 사건과 동일하다. 필요시 베이징시 돌발 공공위생 사건 응급 지휘부는 전문가를 조직하여 사건이 발생한 구에  기술지도를 진행하고 기술지원을 제공한다. |

기제를 발동했다. 4월 30일에는 2급으로 하향 조정했고, 6월 6일 3급으로 하향 조정했다. 그러나 6월 11일 신파디 시장의 대량 확진자 발생으로 6월 16일 2급으로 상향 조정했다가 7월 20일 다시 3급으로 하향 조정했다.[21]

## 경제 정책

앞서 언급한 베이징 시정부의 코로나19 예방 통제 관련 홈페이지에는 코로나19에 대응하기 위한 경제 정책이 세금 감면과 비용 절감, 기업과 일자리의 안정과 발전, 개인사업자 관련 정책, 중소기업과 개인사업자 서비스 코너, 생활 보장과 취업 관련 문답, 중소기업 금융 서비스, 업무 복귀 조업 재개 기업 지원 정책, 주민 서비스 등 다양하

21 https://baijiahao.baidu.com/s?id=1672636463897893619&wfr=spider&for=pc(검색 2021. 3. 15.).

다.[22] 그중 홈페이지에 소개된 주요 정책은 다음과 같다.

첫째, '세금 감면과 비용 절감, 기업과 일자리의 안정과 발전'과 관련해서 베이징 시정부는 여러 정책을 시행하고 있다. 2020년 4월 17일 베이징 시정부는 '코로나19 대응 중소기업 안정적 발전을 심화 지원하기 위한 약간의 조치'를 발표했다. 주요 내용은 국유기업 소유 부동산을 임대하여 생산과 경영 활동을 하는 중소기업, 미용실, 편의점, 요식업, 가사업 등의 임대료를 면제 또는 감면해 주는 것과 함께, 중소기업과 수출기업에 우대 금융 서비스 제공, 정보통신기술 부문 중소기업 지원, 중소기업의 업무 복귀 조업 재개 지원, 중소기업 경영상황 관리감독 기제 확보, 부가가치세 감면, 소득세 납기 연장, 전기 인터넷 전용선 등의 비용 감면 등을 포함하고 있다.[23] 그리고 2020년 9월 28일에는 '시민편의 서비스 추진을 통해 경영환경을 제고하는 것에 관한 약간의 조치'를 발표하였는데, 주요 내용은 실업 보조금 지원 정책, 재직 중 사망 노동자 장례 비용 보조금과 유족 위로금 지원 정책, 농촌과 도시 통합 실업 보험제도의 실시, 공공부문 취업 정보와 임금 수준 · 자격 등의 관리 통합, 양로보험 자격인증 간소화 등이다.[24]

둘째, '개인사업자 관련 정책'과 관련해서 시정부 차원에서 시행된 주요 정책을 보면 다음과 같다. 2020년 5월 19일 베이징 시정부는 '중소기업과 개인사업자의 2020년 소득세 납기 연장에 관한 국가세무총

22 http://www.beijing.gov.cn/ywdt/zwzt/yqfk/(검색 2021. 1. 21.).

23 http://www.beijing.gov.cn/fuwu/lqfw/ztzl/jsjfjcbyqwgcfz/zhchzc/202004/t20200417_1814532.html(검색 2021. 1. 21.).

24 http://www.beijing.gov.cn/fuwu/lqfw/ztzl/jsjfjcbyqwgcfz/zhchzc/202010/t20201020_2115289.html(검색 2021. 3. 15.).

국의 공고'를 발표하였고, 이어서 7월 2일 '기업 사회보험비의 단계적인 감면 정책 실시 기한 연장 등의 문제에 관한 통지'를 발표했다. 7월 2일 발표된 통지의 주요 내용은 중소기업의 양로보험, 실업보험, 상해보험 등 사회보험비 일부 면제 기한을 2020년 12월 말까지 연장하고, 대기업의 양로보험, 실업보험, 상해보험 등 사회보험비 일부 반액 납부 기한을 2020년 6월 말까지 연장하며, 코로나19로 생산 경영 활동에 심각한 영향을 받은 기업은 양로보험, 실업보험, 상해보험 등 사회보험비 납부 기한을 2020년 12월 말까지 연장한다는 것이었다.[25]

2020년 10월 26일 베이징 시정부는 창업 보조금 지원 정책도 발표했다. 베이징시에서 최초로 창업을 하는 기업이나 개인사업자에게 8천 위안을 지급하고, 창업 후 베이징 호구 소지자 1명을 고용하고 사회보험비를 6개월 납부하면 다시 1천 위안을 지급한다는 것이 핵심이었다.[26] 2020년 11월 12일에는 '사구 상업 발전 촉진에 관한 약간의 조치'를 발표하였는데, 영업 환경을 개선하고 정보통신기술을 활용하여 슈퍼마켓의 유통단계를 간소화함으로써 농산품의 유통비용을 절감하도록 유도하고 베이징 문화와 문화유산 등의 특색을 지닌 '구멍가게 경제'를 발전시키도록 돕는다는 내용이었다.[27]

셋째, '생활 보장과 취업 관련 문답' 관련해서 베이징 시정부는 실

25 http://www.beijing.gov.cn/zhengce/zhengcefagui/202007/t20200710_1945108.html(검색 2021. 3. 15.).

26 http://www.beijing.gov.cn/zhengce/zhengcefagui/202012/t20201214_2163453.html(검색 2021. 3. 15.).

27 http://www.beijing.gov.cn/fuwu/lqfw/ztzl/gtgshzcfczl/zcjd/202012/t20201211_2162631.html(검색 2021. 3. 15.).

업자, 아르바이트생, 농민공 등에게도 컨설팅, 창업 지원, 창업 담보 비용 대출, 창업 보조금 지원, 세금 혜택 등을 해주고, 대학 졸업 후 2년 내 미취업자에게도 사회보험비 보조금을 지원했다. 특히 이들의 창업과 관련해서는 전용 창업 채널을 개설하여 간편한 수속을 제공하고, 행정업무 비용을 면제하거나 국유기업 소유 부동산 임대료를 감면해 준다는 내용이 담겨 있다.

넷째, '업무 복귀 조업 재개 기업지원 정책'과 관련해서 시정부 차원에서 시행된 정책들은 다음과 같다. 이 정책들은 코로나19가 발생했지만 2020년 1월 25일 춘제를 전후하여 30억 명이 이동하는 상황에서 베이징 시정부가 2월 초부터 베이징으로의 인구 유입을 강력하게 통제하여 3월 초 확진자가 급감한 상황을 배경으로 발표되었다. 2020년 3월 16일 베이징 시정부는 '방역업무를 전력으로 완수하여 기업의 질서 있는 조업 재개 업무 복귀를 보장하는 것에 관한 약간의 조치'를 발표했다.[28] 주요 내용은 기업의 철저한 방역, 방역 물자 준비, 원활한 노동력 제공, 주요 기업의 산업 가치사슬 회복, 물류와 교통운수 보장, 원활한 식자재 제공, 노동자 숙소 문제 해결, 비대면 업무 장려, 택배 관련 방역 조치 강화, 방역 관련 종합보험 가입 장려 등이다. 베이징 시정부는 '조업 재개 업무 복귀'를 하는 기업 지원 관련 173개에 달하는 세부 정책을 시행했다.[29] 정책의 내용은 통신비 절감, 창업 보조금과 장려금, 임대료 감면, 사회보험비 감면 등의 경제적인 조치

28 http://www.beijing.gov.cn/zhengce/zhengcefagui/202003/t20200315_1706857.html(검색 2021. 3. 15.).

29 http://www.beijing.gov.cn/so/zcdh/hqzcdx(검색 2021. 3. 15.).

부터 각종 등기 심사 비준 등의 행정절차 간소화, 기술지원, 교육훈련 지원까지 전방위적이다.

다섯째, '주민 서비스' 관련해서도 여러 정책이 시행되었다. 베이징 시정부는 코로나19 방역과 관련하여 베이징 귀환, 출입경, 핵산(PCR) 검사, 건강코드, 자동차 구매, 거주증 신청 등과 관련된 매우 세부적인 지침을 제시했다. 주요 내용은 베이징 귀환과 관련해서 저위험도 인원, 중고위험도 인원, 해외 입경자로 구분하여 핵산 검사 증명서와 건강코드를 이용한 개인별 격리 등의 조치를 취하는 것이다. 특히 해외에서 베이징으로 들어온 사람은 14일 집중 격리, 7일 재택 혹은 집중 격리, 7일 건강 관찰 등의 조치를 취하고, 제3국 사람이 직항으로 베이징에 입경하는 것을 금지했다.

## 베이징의 기술-방역 레짐

### 코로나19 위기와 기술-방역 레짐의 등장

2019년 12월 우한에서 최초로 발견된 코로나19는 2003년 발생한 사스(SARS)와 비교해 확산 속도와 범위가 훨씬 더 빠르고 넓은 특징을 가지고 있다. 이러한 차이를 낳은 사회경제적 조건은 폭발적인 유동인구의 증가와 교통 인프라의 확대이다. 2003년 1억 4천만 명이었던 농민공 수는 2020년 2억 9천만 명을 넘어섰다.[30] 또한 2003년에

30 http://www.stats.gov.cn/tjsj/zxfb/202004/t20200430_1742724.html(검색 2021. 3. 15.).

는 아예 없었던 고속철도가 2020년 연말 기준으로 총연장 3만 7,900킬로미터에 이르며 전 세계 고속철도의 70퍼센트를 차지할 정도로 폭발적으로 증가했다. 인구이동의 대규모 증가와 그것을 가능하게 해준 고속철도와 같은 교통 인프라의 증가는 코로나19가 짧은 시간에 넓은 범위로 확산되는 조건을 제공했다.

이처럼 이전과는 큰 차이가 있는 방역 환경에 직면한 중국은 기존의 '사구 중심 사회 관리'를 정보통신기술과 결합시키는 방식으로 코로나19에 대응했다. 기층사회인 사구의 '격자망화 관리'에 정보통신기술을 결합해서 방역 체제를 구축하기 위해서는 인구의 구체적인 건강 상태를 파악하는 것이 우선이다. 2020년 2월 저장성(浙江省) 항저우(杭州)에서 시작되어 1개월도 안 되어 전국적으로 확산된 건강코드가 바로 인구의 건강 상태를 파악하게 해준다.

건강코드는 개인이 스마트폰으로 인터넷 포털과 모바일결제 플랫폼인 바이두, 위챗, 알리페이 등에서 다운로드하는 애플리케이션이다. 애플리케이션 설치 과정에서 스마트폰 인증을 거친 후 최근 14일간의 방문 기록과 이동경로를 입력하면 최종적으로 녹색, 황색, 홍색 세 가지 QR코드 중 하나가 생성된다. 이 QR코드에는 코로나19 관련 개인의 건강 상태 정보가 저장되어 있다. 현재 방역 데이터를 기준으로 녹색은 '아직 이상 없음'을 의미한다. 하지만 방역 데이터가 업데이트될 수도 있고 현재의 녹색이 반드시 방역 리스크를 완전히 배제하는 것은 아니다. 황색은 현재 방역 데이터를 기준으로 '재택 관찰'을 의미하는데, 만약 아직 재택 관찰에 들어가지 않았다면 즉각 사구 주민위원회와 연락하여 방역 의무를 이행해야 하며, 재택 관찰 기간 동안 방역 의무를 충실히 이행하지 않을 때는 법적책임을 물을 수 있다. 현재 방역 데이터를 기준으로 '집중 관찰'을 의미하는 홍색은 집중 의학 관찰 대상으로 지정된 것으로, 즉각 베이징시 질병예방통제센터와 연락해야 하며 해제 조건에 부합할 때까지 집중 의학 관찰 요구를 충실히 이행하고 베이징시 질병예방통제센터의 관리를 자발적으로 수용해야 한다. 집중 의학 관찰 등의 조치를 위반하면 법적책임을 물을 수 있다.[31]

항저우 소재 정보통신기업 알리바바가 제작한 후 2020년 2월 11일 항저우에서 최초로 시작된 건강코드는 20일도 안 되어 항저우와 저장성은 물론 전국 각 성으로 확산 보급되었다. 그런데 건강코드 확산 보급 과정에서 각 지방 정부별로 건강코드를 만들었기 때문에 특정 지방의 건강코드 소지자는 다른 지역으로 이동할 때 또다시 해당 지역의 건강코드를 다운받아야 하는 불편함이 발생했다. 이에 따라 중앙정부는 전국 통용판 건강코드를 제작하여 보급했다. 전국 통용판 건강코드를 설치하면 특정 지역의 건강코드에 수록된 건강 상태 정보가 공유되어 다른 지역으로 이동할 때마다 현지의 건강코드를 설치할 필요가 없다.[32]

31 http://www.beijing.gov.cn/fuwu/bmfw/bmzt/bjjkb/jkdj/202003/t20200305_1855404.html, http://www.beijing.gov.cn/fuwu/bmfw/bmzt/bjjkb/jkdj/202003/t20200305_1855405.html, http://www.beijing.gov.cn/fuwu/bmfw/bmzt/bjjkb/jkdj/202003/t20200305_1855406.html(검색 2021. 3. 15.).

32 http://www.beijing.gov.cn/fuwu/bmfw/bmzt/bjjkb/cjwt/202003/t20200312_1855552.html(검색 2021. 3. 15.).

## 베이징 건강코드

'베이징 건강코드(北京健康寶)'는 2020년 3월 1일 베이징 코로나19 예방 통제 기자회견에서 최초로 발표되었다. 3월 30일 외국인과 홍콩인, 마카오인, 대만인 전용 베이징 건강코드 헬스 키트(Health Kit)가 발표되었고, 6월 13일 '베이징 건강코드 3.0' 버전이 발표되어 방문자 정보 등록 기능이 추가되었다. 10월 23일에는 스마트폰 기기나 번호 변경 시 베이징 건강코드 사용 기능이 추가되었다.[33] 11월 21일에는 60세 이상 노인과 16세 이하 아동의 건강코드 검색 도움 기능이 추가되었고,[34] 12월 26일에는 베이징 건강코드를 사용하여 개인이 핵산 검사 장소와 시간을 선택하여 신청하는 기능이 추가되었다.[35] 2020년 3월 1일부터 2021년 3월 1일까지 1년간 베이징 건강코드를 사용해 건강 상태를 검색한 횟수와 인원은 누적 48억 회, 5,633만 명이며, 개인의 백신 접종 기록의 검색 횟수도 누적 2억 회에 달했다.[36]

베이징 건강코드의 다운로드 설치 등록 절차는 다른 지역 건강 코드와 동일하다. 스마트폰을 사용해 바이두, 위챗, 알리페이 등에서 내

33 http://news.haiwainet.cn/n/2020/0613/c3541083-31813044.html?baike, http://bj.bendibao.com/news/2020416/273068.shtm, http://bj.bendibao.com/news/20201019/282610.shtm(검색 2021. 3. 15.).

34 http://www.xinhuanet.com/politics/2020-11/23/c_1126772950.htm(검색 2021. 3. 15.).

35 https://www.cn-healthcare.com/articlewm/20210107/content-1178502.html(검색 2021. 3. 15.).

36 베이징 건강코드의 개발 주체는 중관춘 과학성 시티브레인 회사(ZKBRAIN 中關村科學城城市大腦股份有限公司)이다. 영문 홈페이지는 http://www.zgcworld.com/zkdn/eng/이다(검색 2021. 3. 15.).

| 그림 2 | **베이징 건강코드 설치, 사용 방법, 설명**

자료: http://www.beijing.gov.cn/fuwu/bmfw/bmzt/bjjkb/(검색 2021. 3. 15.).

려받아서 이름, 신분증 번호를 입력하고 안면인식 절차를 진행하면 자신의 건강 상태가 녹색, 황색, 홍색 중 하나로 결정된 QR코드가 생성된다. 개인정보보호를 위해 스마트폰 QR코드 화면에는 성(姓)과 신분증 번호 앞 두 자리만 노출된다.

베이징 건강코드는 베이징시 전역에서 이동할 때 코로나19 관련

건강 상태를 확인할 수 있는 유일한 전자 통행증 역할을 한다. 아파트 단지, 백화점, 호텔, 오피스타워, 관공서, 버스터미널, 기차역, 전철역, 공항, 학교, 병원, 도서관 등 모든 장소의 출입구에 설치된 방역 검사소에서 검사원이 베이징 건강코드 제시를 요구하면 반드시 응해야 한다. 베이징 건강코드의 QR코드를 스캔해서 결과가 녹색이면 통과할 수 있지만, 황색과 홍색이면 스캔과 동시에 경보음이 울리면서 통과할 수 없게 된다.[37] 아울러 자신의 건강코드가 녹색이어도 방문 장소에서 코로나19 관련 변동 상황이 발생하면 자동적으로 건강코드가 황색이나 홍색으로 바뀔 수 있다.

베이징 건강코드의 건강 상태 정보는 실시간으로 자동 수집되어 사구→가도판사처→구정부→시정부로 이어지는 수직적 지휘 체계를 따라 상급 정부에서 집계된다. 여기서 도시 기층사회인 사구 층위에서 격자망화 관리가 실제로 방역 체제를 작동시키는 기초가 된다. 여기서 중요한 것은 베이징시는 이미 2012년 '스마트베이징 행동강령'을 발표하고, 이후에도 2015년 '베이징 도시 총체계획(2016년~2035년)' 등을 통해서 스마트시티 건설을 지속해서 추진해 왔다는 점이다. 사구 중심 방역 체제 작동의 기초가 되는 격자망화 관리에서 건강코드를 통해 수집된 정보 분석을 기초로 상급 정부는 하급 정부에게 필요한 대응을 지시한다. 이러한 탐지, 포착, 수집, 전송, 집계, 분석, 대응을 가능하게 하는 정보통신기술이 베이징 시정부의 사회 관리와 결합한 것이 바로 '스마트시티'이다. 따라서 코로나19 사태에 대

37 베이징 시정부는 베이징 건강코드의 설치와 등록 과정에서 이름, 신분증번호, 안면 인식 정보를 제공한다. 이 정보는 베이징 시정부만 보유하며 방역을 위해서만 사용되므로 개인정보 유출 가능성이 적고 매우 안전하다고 주장한다.

응하여 스마트시티가 작동하기 위해서는 사구 중심 방역 체제에서 격자망화 관리를 통해서 건강코드의 건강 상태 정보가 수집되어 상급 정부로 전송되어야 한다.

이렇게 보면, 확산 범위와 속도가 넓고 빠른 코로나19라는 특별히 중대한 돌발 공공위생 위기에 직면하여 2,153만 6천 명의 상주인구와 약 750만 명의 유동인구가 있을 뿐 아니라 상주인구가 1,561만 8천 명인 톈진과 닿아 있는 초거대도시 베이징이 비교적 성공적으로 방역을 유지하는 데는 기존의 사회 관리 전략인 격자망화 관리와 사회 관리 정밀화를 위한 스마트시티에 건강코드를 결합한 것이 중요하게 작용했다고 할 수 있을 것이다. 이런 의미에서 코로나19 사태를 계기로 최초로 등장한 격자망화 관리, 건강코드, 스마트시티를 결합한 베이징시 기술-방역 레짐은 2020년 6월 4일 베이징 시정부가 발표한 「수도 공공위생 응급 관리 체제 건설 강화 3년 행동 계획(2020~2022년)」(이하 행동계획)에도 중요한 내용으로 자리 잡았다.

## 베이징 도시 전환의 의미

코로나19는 베이징시만이 아니라 중국 전역에서 큰 사회적 · 경제적 도전이다. 코로나19의 급속한 확산이 사회와 경제 전반에 영향을 미치면서 2020년 1/4분기 전국 GDP 성장률이 사상 최초로 마이너스(-)6.8퍼센트를 기록했고,[38] 2020년 상반기 베이징시 GDP 성장률

38 2020년 2/4분기부터 다시 3.2퍼센트로 회복하고, 이후 3/4분기 4.9퍼센트, 4/4분

도 마이너스(-)1.6퍼센트를 기록했다.[39] 2020년 2월 전국 실업률은 6.2퍼센트로 2019년 최고치 5.3퍼센트를 넘어섰고, 베이징시 실업률도 2020년 1분기 4.3퍼센트로 2019년 최고치 4.2퍼센트를 넘어섰다.[40]

코로나19는 중국의 정치체제에도 큰 도전이었다. 권위주의적인 중국 체제의 영향으로 중국은 시민의 자율적 역량에 기초한 방역 체제보다는 당-국가 체제의 위계를 통해서 가용한 모든 자원을 방역에 집중하고, 필요할 경우 시민의 의사를 묻지 않고 중앙정부 차원에서 전격적인 도시 봉쇄를 단행하거나 특정 도시의 주민 전체를 대상으로 강제적으로 핵산 검사를 실시하는 등의 방식으로 코로나19에 대응하였다. 베이징시도 이러한 중국식 코로나19 방역을 채택하여 시정부→구정부→가도판사처→사구로 이어지는 당-국가 체제의 위계를 따라서 해당 층위의 여러 부문이 연동되는 '다원적 주체 연계' 방역 체제가 작동했다.

여기서 중요한 점은 이러한 '도시 전환'은 개혁기 내내 지속되었고, 코로나19 사태는 그러한 전환을 가속하는 계기로 작용했다는 사실이다. 1990년대 후반 국가가 사회를 관리하는 사회 관리의 기제였던 단위 체제가 해체되면서, 2000년대부터 베이징은 단위 체제를 대체하여 사구를 건설하고 사구를 기초로 하는 사회 관리를 시작한다. 하지

기 6.5퍼센트를 각각 기록했다. https://www.statista.com/statistics/1102691/china-estimated-coronavirus-covid-19-impact-on-gdp-growth/(검색 2021. 3. 15.).

39 https://www.globaltimes.cn/content/1194727.shtml(검색 2021. 3. 15.).

40 http://www.stats.gov.cn/tjsj/sjjd/202003/t20200316_1732415.html, https://baijiahao.baidu.com/s?id=1664481830399781285&wfr=spider&for=pc, http://www.tjcn.org/tjgb/01bj/36179_4.html(검색 2021. 3. 15.).

만 2001년 세계무역기구(WTO) 가입을 계기로 중국이 세계의 공장이 되면서 기존 경제발전 과정에서 소외된 노동자, 농민의 불만과 저항이 집단행동으로 표출되자, 국가는 정치적 · 사회적 안정 유지를 핵심적인 국정 목표로 설정하고 안정 유지를 실현하기 위해서 사구를 통한 사회 관리를 강화하기 시작한다. 2004년 베이징 동청구에서 최초로 시작된 사구 격자망화 관리는 정치적 · 사회적 안정 유지라는 국정 목표를 실현하기 위한 사회 관리의 유력한 전략으로 부상했다. 2013년 11월 공산당은 '전면 심화 개혁의 약간의 중대 문제에 관한 중공중앙의 결정'을 발표하고 공식적으로 격자망화 관리를 사회 관리의 핵심 전략으로 제시한다.

한편 2010년대 들어서 본격화된 베이징 스마트시티 건설은 공공과 주민 서비스 제공, 관련 산업발전과 더불어 '사회 관리의 정밀화'를 주요 목적으로 한다.[41] 사회 관리의 정밀화는 2004년 시작된 격자망화 관리의 정확성과 효율성을 제고하기 위해서 정보통신기술이 뒷받침되어야 한다는 판단하에 스마트시티를 사구 격자망화 관리와 결합하여 사회 관리의 정밀화를 도모한 것을 의미한다.

이렇게 보면, 코로나19 베이징 방역 체제는 사구 중심 방역 체제를 기초로 하는 격자망화 관리를 통해서 건강코드 정보가 수집되고, 이 정보는 사구→가도판사처→구정부→시정부로 이어지는 위계를 따라서 집계된 후 다시 이 위계를 따라 베이징 시정부의 대응이 진행되는 방식으로 구성된다. 이 과정 전체의 기술적 지원은 스마트시

41 박철현, 2017, 「중국 개혁기 사회관리체제 구축과 스마트시티 건설: 상하이 푸동신구의 사례를 중심으로」, 《공간과사회》, 제27권 1호, p.53.

티가 제공한다. 따라서 2000년대 이후 줄곧 추진한 사회 관리를 위한 정보통신기술로 구성된 스마트시티는 코로나19 사태라는 전대미문의 돌발 공공위생 위기에 직면하여 개인의 건강 상태를 파악하게 해주는 건강코드를 기초로 현재 베이징의 기술-방역 레짐으로 전환되고 있다.

## 베이징시 방역 사례의 보편성과 특수성

중국의 수도인 베이징은 2,153만 6천 명의 상주인구와 약 750만 명의 유동인구를 가진 초거대도시로 코로나19 사태에 대응하는 글로벌 대도시의 방역 전략, 기술-방역 레짐, 도시 전환을 모두 분석할 수 있는 적절한 사례이다. 이 글은 중국의 수도 베이징의 코로나19 방역 경험을 도시 전환의 문제를 중심으로 살펴보았다. 여기서 도시 전환은 국가와 자본이 정치적, 경제적, 사회적 '기획'을 전쟁, 질병, 홍수, 태풍 등과 같은 '재난'을 계기로 관철시키는 '재난 자본주의(disaster capitalism)'를 도시 차원에서 적용한 것으로 정의한다.

앞에서도 밝혔듯이 베이징은 당-국가가 지배하는 중국의 수도로서 코로나19의 방역 경험은 중국 전역의 도시 방역 체제 수립에 중요한 근거로 작용하는 보편성을 갖는다. 하지만 동시에 다양한 지역의 정치적 · 경제적 · 사회적 · 문화적 유산에 기초하여 포스트 사회주의 체제 이행이 진행된 개혁기 중국 역사에 비추어 보면, 베이징의 방역 경험은 베이징의 특수성을 반영하고 있는 것도 사실이다. 1978년 이후 중국은 40년이 넘는 오랜 기간 체제 전환을 추진해 오고 있으며 코로나19가 체제 전환의 중요한 계기로 작동하고 있다. 특히 베이징에서는 체제 전환이 도시 전환의 형태로 나타나고 있으며, 이 도시 전환에는 다른 글로벌 대도시와는 물론, 중국 내 다른 도시와도 구분되는 베이징의 특수성이 반영되어 있다.

따라서 베이징과 다른 글로벌 대도시의 방역 경험을 비교분석하려면 베이징의 방역 경험이 가진 보편성과 특수성을 전제해야 비로소 균형 잡힌 분석이 이루어질 수 있을 것이다. 또한 중국의 코로나19 방역 경험은 체제 이행에 초점을 맞추어 베이징과 다른 지역(동북, 광동 등)의 경험을 비교연구함으로써 비로소 전체상을 그릴 수 있다는 점에 주목할 필요가 있다.

# 6장

## 도쿄_일본:

## 2020 올림픽·패럴림픽과 코로나19 방역의 딜레마

PANDEMIC

**남기정** 서울대학교 일본연구소 교수

**박승현** 계명대학교 일본어일본학과 조교수

• 이 장은 《한국일어일문학회》 118권에 실린 「일극집중사회 일본, 도쿄의 코로나19: 중앙-지방, 중앙정부-지자체의 역동」(박승현 · 남기정, 2021)을 수정 보완한 글임을 밝힌다.

# 도쿄 일극집중 사회
# 일본의 코로나19

코로나19 대유행이 시작된 이래 도쿄[1]의 코로나19 상황은 일본의 코로나19 감염 확산세를 주도했다. 2020년 4월 7일 아베 신조(安倍晋三) 총리의 긴급사태선언은 도쿄를 중심으로 발령되었고, 긴급사태선언 해제 이후 '고 투 트래블(Go To Travel)' 캠페인[2]에서 도쿄 출발이나 도쿄가 도착지인 여행을 지원 대상에 포함할 것인가는 마지막까지 논의의 관건이었다. 인파의 변화를 감지하려는 보도들은 신주쿠 가부키초(歌舞伎町) 밤의 거리, 시부야(渋谷)의 교차로를 비추었다. 스가 요시히데(菅義偉) 총리의 2021년 1월 8일 긴급사태선언 재발령 역시 도쿄도와 수도권에서 시작되었다. 도쿄는 일본 코로나 감염의 진원지로

1 도쿄도(東京都, Tokyo Metropolis)는 광역지방공공단체(도도부현, 都道府県)의 하나로 도쿄도 구부(東京都区部, 23구), 다마 지역(多摩地域), 그리고 도쿄도 도서부(東京都島嶼部)로 구성된다. 2020년 6월 현재 인구 1,399만 9,568명의 도쿄도는 세계 도시 순위 조사에서 런던, 뉴욕, 파리 등과 함께 인구, 경제, 정치, 문화 등 종합적으로 영향력이 큰 세계 5대 도시에 포함된다.

2 2020년 7월 22일 경제 회생 명목의 정부 여행 비용 지원 캠페인으로 1조 3,500억 엔 규모로 시작되었다.

여겨졌으며 도시의 규모와 인구밀도는 물론 익명성과 유동성에 따른 방역의 어려움을 겪었다.

2020년 3월 11일 세계보건기구는 코로나19 팬데믹을 선언했다. 이것이 얼마나 큰 파장을 가져올지 아무도 예측할 수 없는 상황이었다. 코로나19는 무증상 감염을 동반했기에 그 위험성을 판단하는 데도 견해 차이가 있었다. 코로나19 치료제와 백신이 없는 상황에서 조기 진단과 동선 추적을 통해 집단감염과 지역사회 전파를 막는 것이 방역 대책의 핵심이었으며, 감염의 '완화와 억제'를 위해 도시 봉쇄부터 시설 격리까지 각국에서 다양한 조치가 시행되었다.

한국이나 일본에서 첫 감염자가 나온 시기는 거의 비슷하다. 글로벌 수준에서 본다면 코로나19 초기 한국과 일본은 코로나19 확산 양상과 100만 명당 감염자 수, 치명률, 사회 활동 규제 정도에 있어서 유사한 그룹에 속했다.

2020년 여름의 코로나19 2차 감염 확산이 누그러진 후 일본 내에서는 도쿄올림픽 개최에 대한 기대감이 높아졌고, 닛케이 평균주가가 버블경제 이후 처음으로 2만 5천 엔을 넘어 경제회복에 대한 기대감 역시 높아졌다. 일본 정부는 해외 출장에서 돌아오는 일본인의 2주간 격리를 면제했고, 올림픽위원회 토마스 바흐(Thomas Bach) 회장이 일본을 방문해 스가 총리를 만나며 올림픽 개최 의지를 다지기도 했다. 그러나 코로나 백신에 대한 기대감과 동시에 다가오는 겨울의 감염 확산 우려가 제기되었고, 도쿄도에서는 이미 코로나19 3차 감염 확산 조짐이 나타나기 시작했다. 이때부터 한국과 일본의 코로나19 감염 확산 양상에 차이가 벌어졌다. 특히 연말연시 도쿄도와 수도권의 감염 확산세는 걷잡을 수 없었다.

| 그림 1 | **인구 100만 명당 코로나19 신규 확진자 수의 추이 한일 비교**

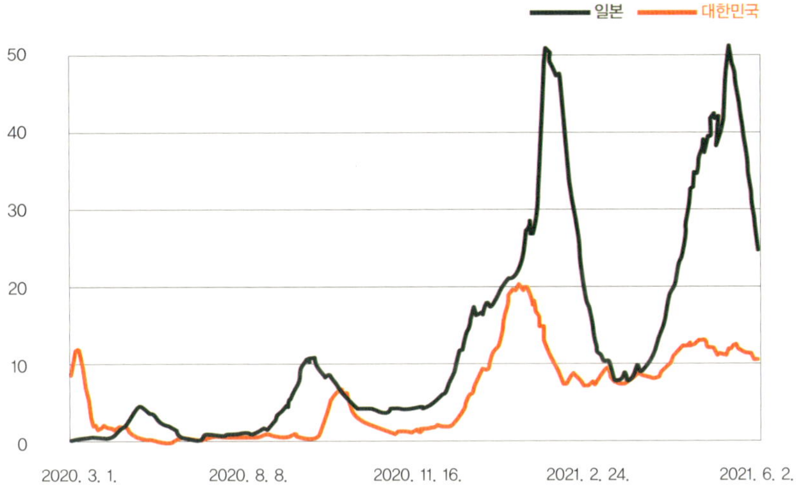


자료: https://ourworldindata.org/coronavirus(검색 2021. 6. 3.).

도쿄가 일본 코로나19 감염의 진원지로 상정된 것은 도쿄 일극집중(一極集中)이라는 일본 사회의 고질적인 문제가 감염병 상황에서 고스란히 드러난 것이다. 도쿄도뿐 아니라 도쿄 생활권이라 할 인근 현들 역시 도쿄도와 코로나19의 궤적을 함께 그렸다. 〈그림 2〉는 일본 전체와 도쿄도, 그리고 흔히 수도권 3현이라 불리는 가나가와현, 지바현, 사이타마현의 코로나19 추이를 보여 준다.

코로나19 초기부터 긴급사태선언 재발령까지 전국의 감염자 수 추이는 도쿄도와 매우 유사한 양상으로 전개되었다. 코로나 4차 감염 폭발의 상황에서 도쿄도와 전국의 코로나19 추이에 차이가 보이기 시작했다. 긴급사태선언 재발령에도 그 효과가 미비하다는 절박함 속에서 고이케 유리코(小池百合子) 도쿄 도지사는 급기야 "도쿄에 오지 말아주십시오"[3]라고 외쳤고, 이후 도쿄도의 감염세는 누그러졌다. 수도권 3현 역시 도쿄도와 같은 궤적을 그리며 전국 상황과 비교해 파도의 높이가 절반 정도로 억제되는 것을 확인할 수 있다.

| 그림 2 | **일본 전국 코로나19 감염자 수 추이**

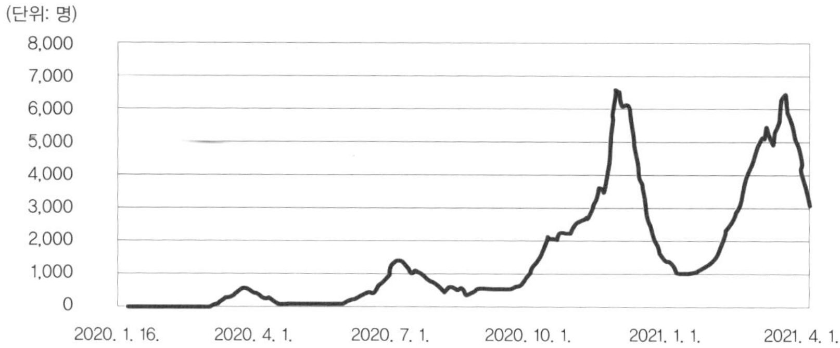


자료: 아사히신문, 2021. 6. 3.

| 그림 3 | **도쿄도 코로나19 감염자 수 추이**

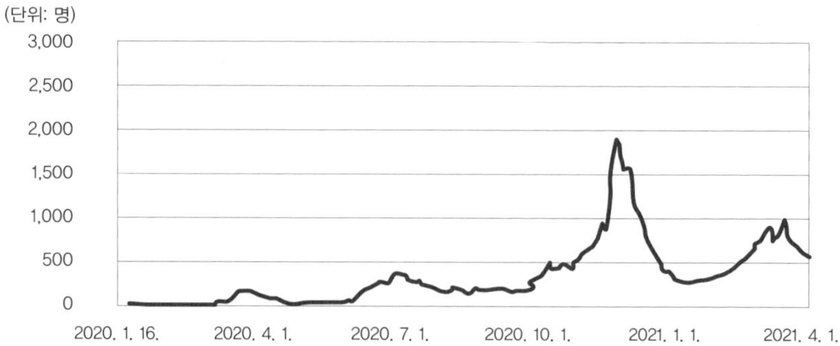


자료: 아사히신문, 2021. 6. 3.

3 "小池知事「都外の人は来ないで」増える若い世代の感染", 아사히신문, 2021. 4. 16.

| 그림 4 | **가나가와현 코로나19 감염자 수 추이**

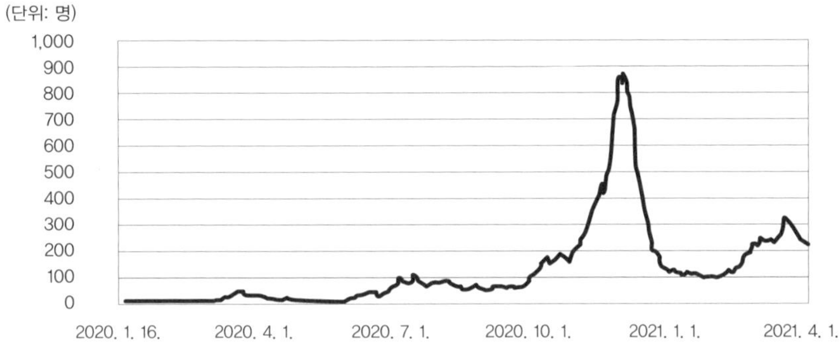


자료: 아사히신문, 2021. 6. 3.

| 그림 5 | **지바현 코로나19 감염자 수 추이**

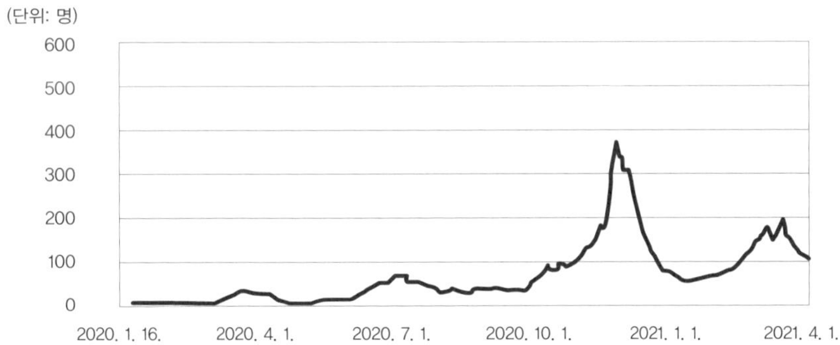


자료: 아사히신문, 2021. 6. 3.

| 그림 6 | **사이타마현 코로나19 감염자 수 추이**

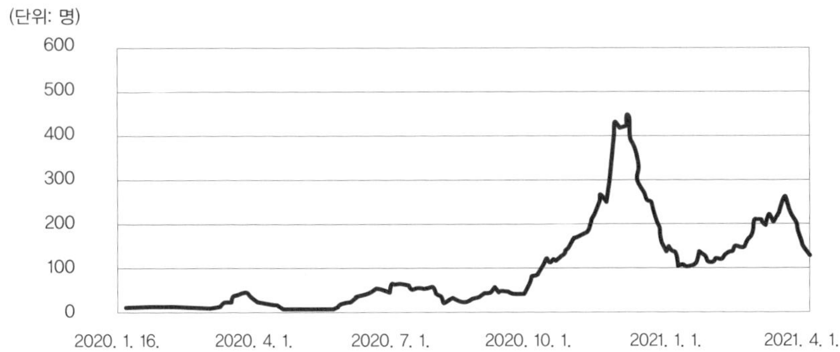


자료: 아사히신문, 2021. 6. 3.

# 일본과 도쿄도의 코로나19 진행과 대응

## 4월 7일 긴급사태선언까지의 상황

일본에서 후생노동성이 코로나를 언급하기 시작한 것은 2020년 1월 6일이다. 중국 우한시에서 비정형폐렴이 집단 발병한 것에 대한 주의를 환기하는 내용이었다. 일본 국내에서 코로나19 감염자가 처음으로 발견된 것은 1월 16일이다. 그로부터 나흘 뒤 아베 총리의 시정방침 연설은 '레이와(令和)의 새로운 시대를 함께 열어 가자'라는 메시지가 주를 이루었고, 코로나19는 전혀 언급되지 않았다. 일본 사회에서 코로나19 문제는 2월 3일 가나가와현 요코하마항에 정박한 크루즈선 다이아몬드 프린세스호로부터 본격화하였다. 크루즈선은 1월 20일에 요코하마를 출항하여 홍콩, 베트남, 대만을 거쳐 2월 3일에 요코하마항에 도착했다. 1월 25일에 홍콩에서 하선한 승객의 코로나19 확진이 파악되었기에, 검역관이 선내에 들어가 탑승자 검역을 시작하였다. 다이아몬드 프린세스호에는 세계 57개국의 선원 1,068명과 승객 2,645명, 총 3,713명이 탑승하고 있었고, 일본 정부는 탑승자 선내 격리 방침을 내렸다. 통풍관을 통해 공기순환이 이루어지는 크루즈선의 밀폐환 환경이 선내 감염 위험을 높인다는 비판이 높았으나, 탑승자 전원 하선은 3월 1일에야 완료되었다. 다이아몬드 프린세스호와 관련하여 712명이 감염되고 13명 사망했다. 초기 대응과 후속 대처까지 일본 정부는 거센 비판을 받았으며, 공항이나 항만을 통한 바이러스의 국내 유입을 막는다는 대응의 한계 또한 분명해졌다.[4]

4 일본 코로나19 대응 체제 컨트롤타워는 2020년 1월 30일에 설치된 '신형코로나

2020년 3월 11일 세계보건기구는 코로나19 팬데믹을 선언했다. 그 뒤 후쿠시마 J-빌리지 '부흥의 불' 성화 봉송 출발을 단 이틀 앞두고 3월 24일 도쿄올림픽은 연기되었다. 코로나19 팬데믹은 전 세계의 시련이지만 도쿄올림픽 · 패럴림픽(이하 도쿄올림픽)의 기대 속에 있던 일본 사회의 혼란은 더욱 컸다. 2020년 3월 11일은 일본에서 동일본대지진이 발생한 지 9년이 되는 날이었다. '부흥'의 올림픽을 기대하던 일본 사회에 코로나19는 두 번째 '3.11 재난'이었다. 전 세계로부터 선수와 관객이 모여드는 메가 스포츠 이벤트를 준비하고 있던 일본에 올림픽과는 가장 모순되는 코로나19 방역이 시작되었다.

아베 총리가 긴급사태선언을 검토하기 시작한 것은 올림픽 연기 직후부터이다. 긴급사태선언에 있어서 큰 전환점이 된 것은 올림픽 연기를 결정하기 전날 고이케 도쿄 도지사가 '락다운(도시 봉쇄)'을 언급한 것이다. 고이케 도지사는 "앞으로 추이에 따라서 도시 봉쇄, 이른바 락다운 등 강력한 조처를 해야 할 사태가 벌어질 가능성이 있다"라고 경고했다. 도쿄올림픽이 연기된 다음 날 도지사의 락다운 언급으로 긴장감이 높아졌고 곧 락다운될 것이라는 가짜 뉴스가 돌기도 했다. 이러한 혼란 속에서 도민들이 도쿄를 탈출하려는 조짐이 보이자, 정부는 일본의 긴급사태선언이 외국의 락다운과는 달리 일상생활을 유지할 수 있는 조치라는 것을 충분히 알려야 했다(アジア・パシフィ

바이러스감염증대책본부(본부장: 내각총리대신, 부본부장: 내각관방장관, 후생노동대신)'이다. 2월 14일에는 대책본부 아래 전문가회의(좌장 국립감염증연구소장)가 설치되었다. 전문가회의는 6월 19일 회의를 마지막으로 막을 내렸다. 7월 3일에는 의료와 경제 전문가들이 참여하는 분과회가 설치되어 '방역'과 '경제' 양립의 방향성이 뚜렷해졌다.

ック・イニシアティブ, 2020: 283).

4월 7일 아베 총리는 도쿄, 가나가와, 오사카, 후쿠오카 등 대도시를 중심으로 7개 도도부현에 긴급사태선언을 했다. 이날 전국 코로나19 감염자 수는 368명이었고, 첫 감염자 발생일부터 긴급사태선언까지 일본의 확진자 수는 약 4,500명이었다. 나중에 돌이켜 보면 이 누적 확진자 수는 2020년 연말연시의 하루 확진자 수보다 적지만, 당시 긴급사태 선언과 함께 일본의 번화가는 텅 비어 버렸다. 4월 16일에 긴급사태는 전국으로 확대되었다. 그리고 다음 날부터 466억 엔 예산의 일명 '아베노마스크'가 전 가구에 두 장씩 배포되었다.

일본 정부는 코로나19가 전파력이 높으나 치명률은 낮다는 점에 근거해 '클러스터(집단감염) 대책'과 중증자 치료에 집중하는 방식으로 초기대응을 했다. 클러스터 대책은 전국 보건소를 중심으로 감염자의 행동 이력으로 밀접 접촉자를 확인하고, 감염경로의 역학조사를 실시한 뒤 이들의 상태를 관찰하고 외출 자제를 요청하는 방식이다. 그리고 의료 제공 체제를 유지하면서 사회경제적 영향을 최소화하는 방향으로 코로나 상황을 조절해 가는 것을 목표로 했다. 긴급사태선언하에서 코로나 대응의 기본 방향은 3밀(三密)을 피하는 자숙(自粛)이었다. '스테이홈(자발적 자가 격리)'을 기본으로 밀폐, 밀집, 밀접을 피하고, 음식점 등의 휴업과 영업시간 단축을 요청하는 것이 그 주요 내용이었다.

5월 25일에 긴급사태선언은 전면 해제되었다. 아베 총리는 "불과 한 달 반 만에 코로나19 사태를 수습했다. 일본 모델의 힘을 보여 주었다"라고 자부했다. 다른 나라에 비해 대규모 검사나 강제 조치 없이 감염 확산을 저지하였기에 이는 '일본의 기적', '일본의 수수께끼'라고 불리기도 했다(박승현, 2020, p.28).

| 표 1 | **코로나19 첫 확진자 발생부터 1년간 일본의 상황**

| 2020년 | | |
|---|---|---|
| 1월 | 15일 | 코로나19 감염 국내 첫 확인 |
| | 28일 | 코로나19를 지정 감염증으로 각의결정 |
| 2월 | 3일 | 다이아몬드 프린세스호 요코하마항 입항 |
| | 13일 | 코로나19 감염된 80대 여성 사망 첫 확인 |
| | 27일 | 아베신조 총리, 전국 초중학교 휴교 요청 |
| 3월 | 11일 | 세계보건기구 팬데믹 선언 |
| | 13일 | 개정 신형인플루엔자 등 대책특별조치법 성립 |
| | 24일 | 도쿄올림픽 1년 연기 결정 |
| 4월 | 7일 | 7개 도도부현 긴급사태선언 발령 |
| | 16일 | 아베 총리, 국민 전체 코로나19 지원액 일률 10만 엔 표명 |
| | | 긴급사태선언 전국 확대 |
| 5월 | 25일 | 긴급사태선언 전국 해제 |
| 7월 | 22일 | 여행 지원 캠페인 고투 트래블 사업 개시 |
| 8월 | 17일 | 4~6월 실질국내총생산액, 전후 최악의 마이너스 성장 |
| | 28일 | 아베 총리, 사임 의향 표명 |
| 9월 | 16일 | 스가 요시히데, 제99대 총리 취임 |
| 10월 | 1일 | 고투 트래블 캠페인 대상에 도쿄 발착 추가 |

| | | |
|---|---|---|
| | **29일** | 코로나19 국내 감염자 수 10만 명 넘음 |
| **11월** | **22일** | 코로나19로 인한 사망자 수 2천 명 넘음 |
| **12월** | **14일** | 스가 총리, 고투 트래블 전국 일제 정지 발표 |
| | **20일** | 코로나19 일본 국내 감염자 수 20만 명 넘음 |
| | **22일** | 코로나19 일본 국내 사망자 수 3천 명 넘음 |
| **2021년** | | |
| **1월** | **8일** | 1도 3현에 긴급사태선언 재발령 |
| | **9일** | 코로나19 국내 사망자 수 4천 명 넘음 |
| | **13일** | 일본 국내 코로나19 감염자 수 30만 명 넘음 |
| | | 긴급사태선언 대상에 7부현 추가 |

## 도쿄도의 코로나19 대응

코로나19는 전 세계로 확산되는 동시에 지역사회 감염을 통해 각 나라에서 전국화되었기 때문에, 방역의 효율성은 중앙정부와 지자체의 협업과 분업에서만 보장할 수 있다. 방역과 의료 체제를 구축하는 데 있어 중앙정부와 지방자치단체의 협력 체제는 핵심적이며, 국가와 지자체가 서로 다른 수준에서 동시에 위기관리의 주체가 되어야 한다. 지역사회에서 보건소를 통해 확진자를 조기 발견하고 관리하는 것은 감염 억제를 위한 가장 기본적인 체계이기도 하다.

일본 코로나19 대응에서 주목할 점 가운데 하나는 도도부현 지사가 코로나19 방역의 선두에 섰다는 점이다. 일본의 코로나19 방역은 세계적으로도 강제력이 약한 것이 특징이었기에 국지적 대응에 있어지사의 리더십은 더욱 중요하게 작용했다. 도쿄도는 도지사 선거를 앞두고 있었고, 오사카부는 오사카 '도구상(都構想)'을 주민투표에 부친다는 계획을 세워 놓고 있었기 때문에 코로나19 초기 상황에서 정치적 리더십을 발휘하려는 지사들의 경쟁이 부각되기도 했다.

지사의 리더십이 부각된 것은 일본 코로나19 대응의 법적 근거인 「신형인플루엔자 등 대책특별조치법(新型インフルエンザ等対策特別措置法, 이하 특조법)」이 방역에 관한 협력 요청과 의료 제공 체제 확보를 위한 광범위한 권한을 지사에 부여했기 때문이다. 정부(총리)는 '기본적 대처 방침' 책정, 도도부현 종합 조정과 지시, 긴급사태선언 발령의 권한을 가지는데, 여기서 도도부현(지사)에는 단체와 개인의 협력 요청, 시정촌 종합 조정과 지시, 긴급사태선언 하의 외출 자숙과 휴업 요청의 권한이 부여된다. 따라서 지사는 국가의 기본 방침을 따르면서도 지역 내에서 국지적으로 발생하는 문제를 관리하며 독자적인 결정을 내리게 된다. 도쿄도는 2020년 1월 30일 도쿄도 신형코로나감염증대책본부를 설치했는데 3월 26일에 이는 「특조법」에 의거한 대책본부로 자리매김했다.[5]

그러나 감염병 위기 시의 권한이나 책임 관계가 구체적 상황에서는 역할이나 책임 분담이 애매하여 여러 국면에서 국가와 지자체 간에 책임 떠넘기기나 주도권 다툼이 벌어졌다. 1차 긴급사태선언 당시 정부 코로나19 대책을 담당하는 니시무라 야스토시(西村康稔) 경제재생담당상은 먼저 국민에게 외출 자숙을 요청하고 감염 추이를 살핀

5 도쿄도 홈페이지, https://www.metro.tokyo.lg.jp/tosei/hodohappyo/press/2020/03/26/46.html(검색 2021. 5. 4.).

후, 필요하다면 휴업 요청을 한다는 계획을 세웠다. 이에 비해 고이케 도지사는 의료 현장의 핍박 우려 속에서 '이것은 도민의 생명에 관한 문제'라며 외출 자숙과 휴업 요청을 동시에 실시해야 한다고 주장했다. 갈등과 타협 속에서 이는 최종적으로는 '영업시간 단축 요청'으로 절충되었다(アジア・パシフィック・イニシアティブ, 2020: 283). 코로나19는 중앙정부와 지방정부 사이의 정부 간 관계(intergovernment relations), 중앙-지방 정치의 역동적 전개를 드러내는 촉발자 역할을 했다. 전례 없는 대응이 요구되었던 코로나19 대응에서 현장에 밀착한 지자체의 대응은 우호적인 평가를 받기도 했지만(片山善博 2020), 독단적 대응이 실질적인 결과를 내지 못하는 퍼포먼스(泉智徳 2021 春)에 머물러 코로나19의 '실질적 통제'를 어렵게 했다.

고이케 도지사는 골든위크를 앞둔 4월 25일부터 5월 6일까지를 '생명을 지키는 스테이홈 주간'으로 정하고, 음식점에 저녁 8시(주류 판매는 저녁 7시)로 영업시간을 단축할 것을 요청하였다. 이 요청에 응하는 중소자영업들에게는 한 점포 운영 시 50만 엔, 두 점포 이상 운영 시 100만 엔의 협력금을 지급했다. 그러나 각 지자체가 '영업시간 단축 요청'을 검토하고 시행하는 과정에서 협력금을 지급할 수 있는 지자체와 재정 여력이 없는 지자체의 격차가 드러났다.

긴급사태선언이 종식된 5월 25일 이후 고이케 도지사는 도쿄도의 독자적 경보 체계인 '도쿄경보(東京アラート)'를 설치하고, 하루 신규 양성자 수가 34명이었던 6월 2일 처음으로 도쿄경보를 발동했다. 도쿄경보를 해제하기 위해서는 첫째, 하루 확진자 수가 일주일 평균 20명 이하, 둘째, 감염경로 불명 사례가 일주일 평균 50퍼센트 미만, 셋째, 지난 주 대비 증가율 1 미만, 이 세 가지를 충족해야 했다. 그리고

이 조건을 가까스로 충족시킨 6월 11일 고이케 도지사는 도쿄경보를 해제하고, 이날 오후 6시 도쿄도지사 출마를 선언한다. 그리고 7월 5일 도쿄도지사 선거에서 고이케 도지사는 366만 표로 압승했다. 선거에 앞선 6월 말 NHK 세론조사에서 도민 75.5퍼센트가 "지금까지의 고이케 도정을 (높게) 평가한다"라고 답했고, 고이케 도정에 긍정적으로 답한 응답자 중 60퍼센트가 코로나19 대응을 고이케 도지사가 잘하고 있는 분야로 꼽았다. 도쿄올림픽이 13.7퍼센트, 어린이집 대기아동 대책이 7.6퍼센트로 뒤를 이었다.[6]

재선 성공 후 고이케 도지사는 도쿄 코로나19 대응의 새로운 체계로서 의사와 감염증 전문가 등으로 구성된 '도쿄도 신형코로나바이러스감염증 모니터링회의(이하 모니터링회의)'를 설치했다. 그리고 7월 9일 첫 회의를 시작으로, 도쿄도 내 '감염 상황'과 '의료 제공 체제'를 중심으로 7개 모니터링 항목의 상황 분석을 공표하고 있다. 7개 항목 중 '도쿄도 코로나19 감염 상황'에 대한 것으로 ① 신규 양성 판명자 수, ② 발열 상담 건수, ③ 신규 양성자 중 감염경로 불명자 수와 그 증가 비율 등이 있다. 이에 더해 '의료 제공 체제'에 대한 것으로 ④ PCR 검사자 수와 양성 판명자 비율, ⑤ 구급 의료 도쿄도룰 적용 건수, ⑥ 입원환자 수, ⑦ 중증 환자 수 등이 집계 발표된다. 모니터링회의는 고이케 도지사가 참여하는 가운데 매주 온라인으로 생중계되며, 도쿄도의 감염과 의료 제공 상황에 대한 전문가 총괄 코멘트가 더해진다.

긴급사태선언이 재발령되었던 2021년 1월 7일의 모니터링회의 분

6 2020년 6월 도쿄 도지사 선거에 관한 세론조사, https://www.nhk.or.jp/senkyo/opinion-polls/02/pdf/telephone-survey.pdf.(검색 2021. 4. 1.).

**| 그림 7 | 2021년 1월 7일 모니터링회의 감염 상황과 의료 제공 체계 분석**

| 구분 | 모니터링 항목 | | | 전회 수치 (2020. 12. 29.) | 현재 수치 (2021. 1. 6.) | 전회와 비교 | (참고) 지금까지의 최대치 |
|---|---|---|---|---|---|---|---|
| 감염 상황 | ① 신규 양성자 수(그중 65세 이상) | | | 751.0명 (93.6명) | 1029.3명 (126.6명) | ↗ | 751.0명 (2020. 12. 29.) |
| | 잠재·시중감염 | ② #7119(도쿄소방청 구급상담센터) 발열 등 상담 건수 | | 67.9건 | 109.9건 | ↗ | 117.1건 (2020. 4. 5.) |
| | | ③ 신규 양성자 중 감염경로 불명자 | 수 | 475.6명 | 697.6명 | ↗ | 475.6명(2020. 12. 29.) |
| | | | 증가비 | 134.0퍼센트 | 138.1퍼센트 | ↗ | 281.7퍼센트 (2020. 4. 9.) |
| 의료 제공 체제 | 검사체제 | ④ 검사의 양성률(검사인 수) | | 8.4퍼센트(8,085.3명) | 14.4퍼센트(6,799.3명) | ↗ | 31.7퍼센트 (2020. 4. 11.) |
| | 수용체제 | ⑤ 구급의료의 도쿄룰 적용 건수 | | 60.9건 | 79.6건 | ↗ | 100.0건 (2020. 5. 5.) |
| | | ⑥ 입원환자 수(병상 수) | | 2,274명 (3,500건) | 3,090명 (4천 건) | ↗ | 2,274명 (2020. 12. 29.) |
| | | ⑦ 중증 환자 수(병상 수) | | 84명 (220건) | 113명 (250건) | ↗ | 105명 (2020. 4. 28~29.) |

자료: https://www.bousai.metro.tokyo.lg.jp/_res/projects/default_project/_page_/001/012/674/2021010702.pdf.

석은 〈그림 7〉과 같다. 우상향하고 있는 화살표는 각 지표가 지난주에 비해 악화되었음을 의미한다. 이에 방역 전문가는 신규 양성자 증가를 철저하게 억제해야 하며, 접촉력을 알 수 없는 이들의 증가 비율이 높아 실효성 있는 강한 감염 확대 방지책이 필요하다고 언급했다. 또한 입원환자 수가 약 3천 명으로 계속 증가하고 있어 의료 제공 체제가 위기에 직면하고 있으며, 파국을 피하기 위해서는 신규 양성자를 줄이고 중증 환자 수를 감소시키는 것이 무엇보다 중요하다는 코멘트가 이어졌다.

### 연말연시 3파와 중앙정부-도쿄도의 방역

2020년 11월 이후 도쿄올림픽 개최와 경제회복에 대한 기대가 높아졌으나 동시에 도쿄와 홋카이도, 오사카를 중심으로 감염자 수가 늘어나기 시작했다. 감염 확대와 함께 홋카이도는 11월 7일부터 삿포로 · 스즈키노는 오후 10시, 오사카 북구 · 중앙구는 11월 27일부터 오후 9시로 음식점 영업시간 단축 요청을 실시했다. 11월 19일 도쿄도의 신규 감염자 수는 처음으로 하루 500명을 넘었고, 도쿄도는 11월 28일부터 오후 10시까지로 음식점 영업시간의 단축 요청을 발령했다. 영업시간 단축 요청은 1차 긴급사태선언과 2차 감염 파도 이후 세 번째였다.

11월 영업시간 단축 요청 이후 홋카이도와 오사카에서는 번화가의 인파가 줄어들었고 2~3주 후에 신규 감염자가 감소하는 효과가 나타났다. 그런데 도쿄의 인파에는 변화가 없었으며 감염자 수 역시 줄어들지 않았다. 이후 도쿄도의 감염 상황은 돌출되기 시작했다. 도쿄도 내에서 신규 감염자의 60퍼센트 이상이 '감염경로 불명'인 상황에서

'도쿄 감염세가 진정되지 않으면 긴급사태선언도 피할 수 없다'라는 이야기까지 나왔다. 의료와 경제 전문가로 구성된 코로나감염증대책 분과회(이하 분과회)는 도쿄도에 폐점 시간을 오후 8시로 앞당겨야 한다고 제언했으나, '사업자가 응하지 않아 효과가 없을 것이다'라며 도쿄도는 이에 응하지 않았다. 정부가 고투 트래블 캠페인을 실시하고 있으며, 감염자는 늘어났으나 중증자가 늘지 않았다는 것이 그 이유였다.

도쿄도 1일 신규 감염자 수가 500명을 넘어선 11월 중순 이후 후생노동성 자문위원회는 '이대로 방치하면 급속한 감염 확대 가능성이 있으며, 통제 불가능하다'라고 보고했다. 감염자가 폭발적으로 늘어나 적극적인 역학조사가 어려우며, 감염경로를 파악할 수 없는 '보이지 않는 클러스터'가 산발적으로 발생하는 상황, 그리고 바이러스가 만연하여 클러스터 대책을 강화해도 유행을 억제하는 것이 매우 어려운 상황에 빠진 것이다. 분과회는 의료 제공 체제의 과부하 우려 속에 3주간 집중 기간을 두고, 음식점 영업 단축과 고투 트래블 운영 방식을 긴급 재검토할 것을 요청했다.

한편 스가 총리는 12월 14일, '고민 끝의 판단'이라고 밝히며 12월 28일부터 2021년 1월 11일까지 전국적으로 고투 트래블의 일제 중단을 발표했다. 도쿄의 감염자 수가 폭발적으로 증가하는 상황에서 중단 조치는 2주 뒤에나 시작되는 것이었기에 안이한 판단이라는 비판이 잇따랐다. 그러나 앞서 12월 11일에 코로나 대책 예비비에서 고투 트래블에 311억 엔을 추가 지출하였고 같은 날 스가 총리는 "고투 캠페인의 전면적인 일시 정지는 아직 생각하지 않고 있다"라고 한 바 있기에, 중단 발표는 매우 긴급한 결정이었다. 한편 12월 17일, 도쿄도는 처음으로 의료 제공 체제의 경계 레벨을 가장 높은 수준인 '핍박되고 있다'로 상향 조정하고 연말연시 특별 경계를 발표했다.

### 2021년 1월 8일 긴급사태선언 재발령

연말연시의 상황은 긴박했다. 12월 21일 도쿄도의사회, 일본간호협회 등 9개 의료단체는 '의료 긴급사태선언'을 하고, 정부의 강한 메시지와 실효성 있는 방안을 요청했다. 도쿄도의사회는 12월 22일 긴급 기자회견을 열어 의료 체제 과부하를 다시 경고했다. 이는 평상 진료나 응급의료 체제가 무너져 살릴 수 있는 생명을 살릴 수 없게 되는 것에 대한 경고였다. 12월 25일에는 PCR검사 양성률 8.2퍼센트로 긴급사태선언 중이었던 5월 이후 최고치를 기록했다. 이날 영국에서 귀국한 항공기 조종사의 변종 코로나19 감염 사실이 발표되어 위기감은 더욱 높아졌다.[7] 고이케 도지사는 가정과 시설 등으로 집단감염이 이어지는 상황이므로 방역 지침에 따르는 것은 곧 타인의 생명을 살리는 것이라는 생각을 가져 달라며 연대감에 호소했다.

12월 30일 고이케 도지사는 "감염이 억제되지 않으면 긴급사태선언 발령을 요청할 수밖에 없다"라고 언급한다. 1차 긴급사태선언에 앞선 '락다운' 발언과 마찬가지로, 긴급사태선언 재발령이라는 강력한 대응을 먼저 언급한 것은 고이케 도지사였다. 12월 31일 도쿄의 신규 감염자 수는 1,337명으로 처음으로 1천 명을 넘었으며, 가나가와

7 다무라 노리히사(田村憲久) 후생노동상은 12월 25일 긴급 기자회견을 열어 영국에서 귀국한 30대 남성과 그 가족 등 5명의 변종 코로나19 감염 사실을 알렸다. 다음 날에는 변종 바이러스에 대한 예방 조치로 12월 28일부터 2021년 1월 말까지 모든 국가와 지역에서 오는 외국인의 신규 입국을 일시 정지한다고 발표했다.

현 588명, 사이타마현 330명, 지바현 252명으로 각각 최대치를 기록했다. 1도 3현의 신규 감염자 수가 전국 수치의 절반을 차지하였으며, 특히 도쿄도의 신규 감염자 수는 전국 수치의 4분의 1에 달했다. 고이케 도지사와 가나가와 · 지바 · 사이타마현 지사 등 수도권 1도 3현 광역단체장은 1월 2일 중앙정부의 코로나19 대책을 담당하는 니시무라 야스토시(西村康稔) 경제재생상에 긴급사태 재발령 검토를 요청했다. 스가 총리는 연말만 해도 '고심 끝에' 고투 트래블의 일시 중단을 결정했다고 할 정도였으나,[8] 1도 3현 지사가 긴급사태 재발령을 공개 요청하자 이틀 후 신년 기자회견에서 "긴급사태선언을 검토한다"라고 입장을 바꾸지 않을 수 없게 되었다.

재발령에 대해 중앙정부의 늑장 대응을 비판하는 목소리가 높았지만, 정부가 11월부터 도쿄도에 영업 단축 시간을 앞당길 것을 요구했음에도 도쿄도가 이를 받아들이지 않았기 때문에 도쿄도의 대응 역시 비판을 받았다. 실효성 있는 방역 대책으로 무게중심을 옮겨야 할 타이밍을 정부와 도쿄도 모두가 놓친 가운데, 중앙정부와 도쿄도의 주도권 싸움과 불협화음이 두드러진 것이다.

2021년 1월 8일 긴급사태선언 재발령에서는 도쿄도의 코로나19 감염의 심각성과 특수성이 언급되었다. 분과회는 도쿄도는 감염자 수

8 스가 총리는 12월 14일 오후에 열린 코로나19 대책본부 회의에서 고투 트래블을 전국 모든 지역에서 일시 중단하겠다고 발표했다. 12월 12일 일본의 하루 신규 확진자가 처음으로 3천 명을 넘은 상황에도 스가 총리는 고투 트래블에 관해 요지부동이었다. 13일에 내각 지지율이 17퍼센트포인트나 떨어졌다는 마이니치(毎日)신문의 여론조사가 나오자 스가 총리는 비로소 고투 트래블 중단을 결정했다("支持率低下で追い込まれた首相 敗れた「勝負の3週間」GoTo全国一斉停止", 마이니치신문, 2020. 12. 14.).

| 표 2 | **긴급사태선언 재발령 당시 1도 3현의 코로나 감염 상황 6대 지표**

| | 스테이지3 기준 | 스테이지4 기준 | 도쿄 | 가나가와 | 사이타마 | 치바 |
|---|---|---|---|---|---|---|
| **병상 이용률**(퍼센트) | 20 | 50 | 78.9 | 84.8 | 62.4 | 60.9 |
| **요양자 수**(명) (인구 10만 명당) | 15 | 25 | 79.1 | 41.5 | 56.1 | 49.8 |
| **PCR검사 양성률**(퍼센트) (직전 1주, 인구 10만 명당) | 10 | | 14.7 | 15.6 | 7.5 | 11.5 |
| **신규 양성자 수**(명) | 15 | 25 | 61.9 | 38.3 | 28.6 | 29.1 |
| **직전 1주와 이전 주와의 신규 감염자 수 비율**(배) | 1 | | 1.4 | 1.1 | 1.2 | 1.3 |
| **감염경로 불명자의 비율** (퍼센트) (직전 1주 평균) | 50 | | 67.8 | 64.4 | 45.2 | 71.7 |

자료: NHK, 2021.1.8.

주: 도쿄는 병상 이용률, 요양자 수, 양성률, 신규 양성자 수, 증가 비율, 감염경로 비율 모두 최고 경계 수준인 '스테이지4' 기준을 크게 웃돈다.

가 많을 뿐 아니라 유동성과 익명성 때문에 소규모 지역사회에 비해 집단감염의 고리를 찾는 것이 어렵다고 토로했다.

코로나19로 의한 사망자 수 추이는 긴급사태선언 재발령 당시의 긴급한 상황을 보여 준다. 그러나 방역의 규제는 1차 긴급사태선언 때보다 오히려 느슨해졌다. 음식점 오후 8시 영업시간 제한이나 70퍼센트 재택근무 요청은 동일했으나, 1차 긴급사태선언 때와는 달리 극장 등의 휴업 요청이나 이벤트 중지, 휴교 조치가 없었다. 무엇보다 긴급사태선언에 따른 국민의 극적인 행동 변화가 나타나지 않았다. 1차

| 그림 8 | **일본 코로나19 사망자 수의 추**

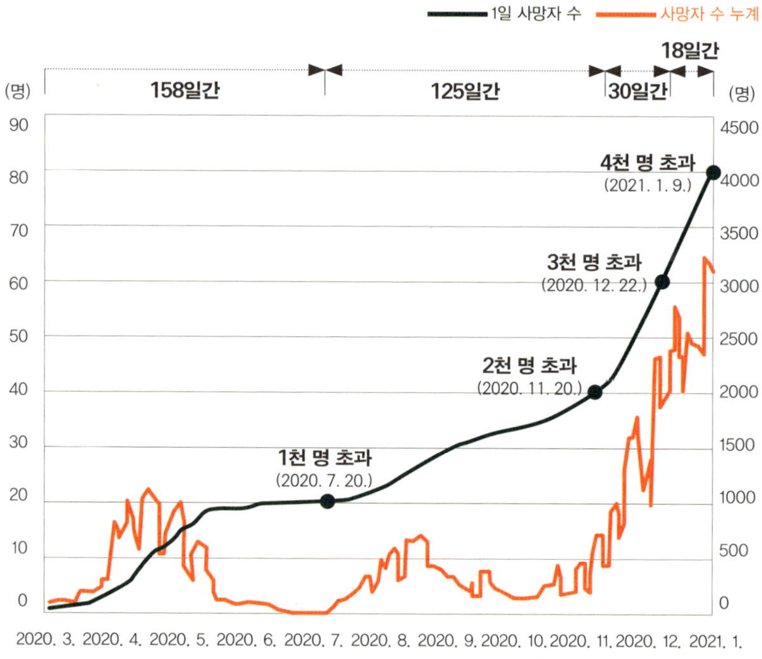


자료: 마이니치신문, 2021.1.9.

주: 처음 1천 명 사망까지 158일, 1천 명에서 2천 명으로 증가하는 데 125일이 걸렸으나, 2천 명에서 3천 명으로 증가하는 데 1개월, 긴급사태선언 재발령 당시에는 18일 만에 1천 명이 더 늘어났다.

긴급사태를 선언한 날 도쿄의 신규 감염자 수는 87명이었는데, 2차 긴급사태선언 당일 도쿄의 신규 감염자 수는 2,447명으로 30배 가까이 증가했다. 그러나 방역 규제는 더 느슨해지고, 이에 대한 사회적 경각심 또한 줄어들어 '자숙(自肅) 피로' 속에 긴급사태선언의 효과가 미미하다는 진단마저 내려졌다.

1월 14일 정부는 입원을 거부하는 감염자에게 징역형을 내리는 내용을 담은 「감염증법」 개정안을 마련하였으나, 이후 형사벌칙 항목은 삭제하고 행정적인 과태료를 부과하는 것으로 수정하였다. 코로나19로 인한 차별을 두려워한 환자가 감염 사실을 은폐할 가능성 등에 대한 우려가 반영된 것이다. 자택에서 요양 중이던 30대 여성이 본인은 무증상이었음에도 주위에 폐를 끼친 것에 죄책감을 느끼고 자살한 사건 등이 발생하면서 법적 조치가 아니라 코로나19 환자에 대한 차별을 없애는 대책이 필요하다는 문제의식이 제기되었다.

### 긴급사태선언 해제와 자숙 피로

3월 22일부터 도쿄와 수도권의 긴급사태선언이 해제되었다. 그러나 코로나 감염자 수가 감소세를 멈추고 오히려 조금씩 늘어나는 가운데 급한 불만 끈 형국이었다. 해제 직후인 3월 25일 도쿄도 모니터링회의는 '제3파를 넘어서는 감염의 급속한 확대가 우려된다'라고 총괄 코멘트했다.[9] '자숙 피로'는 도쿄도 내 인구이동 추이에서 잘 드러난다. 도쿄도의학종합연구소 사회건강의학연구센터는 2020년 10월에 설립된 '도쿄 감염증대책센터(東京iCDC)'에서 도쿄도 내 7개 번화가(이케부쿠로, 신주쿠 가부키초, 신주쿠 니쵸메, 시부야, 우에노, 긴자, 롯폰기 등)의 인구이동을 추적하기 위해 도쿄도 인구유동(人流) 데이터를 분석했다. 2차 긴급사태선언 해제 직전인 3월 20일의 데이터를 분석

9 제3파를 넘어서는 코로나19 재확산이 우려되는 가운데 긴급사태선언 해제의 지표가 된 것은 '병상 이용률'이었다. 긴급사태선언 연장 때에도 병상 이용률이 주요 지표였다. 3월 16일 시점에 병상 사용률은 도쿄도 25퍼센트, 가나가와현 25퍼센트, 지바현 37퍼센트, 사이타마현 38퍼센트로 개선되었다. 감염자 수가 줄어든 것도 있지만 무엇보다 긴급사태선언 기간에 새로이 병상이 확보된 덕분이다.

하면, 주요 번화가의 야간 이동인구는 2주 연속 증가로 돌아선 상황이었다.[10]

이미 우려한 바와 같이 2차 긴급사태선언이 해제되자마자 제4파가 시작되었다. 이러한 상황에서 도쿄 23구에 4월 12일부터 '만연방지 등 중점 조치(蔓延防止等重点措置 이하, 중점 조치)'가 시작되었다. 중점 조치는 '스테이지3' 단계[11]에서 감염 확산을 억제하여 긴급사태선언을 재차 발령해야 하는 상황을 피하기 위한 조치로, 2021년 2월에 개정된 신형코로나 특별조치법에 신설된 대응 규정이다. 긴급사태선언과 같이 음식점에 대한 휴업 명령이나 요청은 할 수 없지만, 영업시간 단축을 명령하거나 요청할 수 있으며 명령을 위반한 사업자에게 20만 엔 이하의 과태료를 부과할 수 있다(긴급사태에서는 30만 엔 이하). 긴급사태선언은 도도부현 단위에서 설정되나, 중점 조치는 시구정촌으로 대상 지역을 한정해 국지적 대응을 할 수 있다. 또한 긴급사태선언 발령과 해제 등이 법률에 따른다면 중점 조치는 부수적 결의로 보다 신속하고 탄력적으로 운영할 수 있다.

제4파 감염 상황은 변종 바이러스의 유행이라는 또 다른 국면을

10 도쿄도 의학종합연구소(Tokyo Metropolitan Institute of Medical Science)는 코로나19 대응을 위해 8개 도립병원과 도쿄도 보건의료공사 산하 6개 병원의 7천 병상을 연계하는 체제를 구축했다. https://www.igakuken.or.jp/r-info/covid.html#covid_1(검색 2021. 3. 28.).

11 감염 상황 '스테이지1'은 감염자가 산발적으로 발생하는 상태, '스테이지2'는 감염자가 서서히 증가해 의료 제공 체제 부담이 누적되는 상태, '스테이지3'은 감염자가 급증하여 의료 제공 체제에 지장이 있는 상태, '스테이지4'는 폭발적인 감염 확대가 일어나 의료 제공 체제 기능부전의 상태이다. '스테이지3'은 중점 조치, '스테이지4'는 긴급사태선언에 해당한다.

맞았다. 정부 대책본부는 4월 16일 사이타마, 지바, 가나가와 등 수도권 3현과 아이치현에도 중점 조치를 적용했다. 그러나 자숙 피로 속에서 감염자는 줄어들지 않았고, 특히 젊은 층의 감염률이 높았다. 4월 15일 모니터링 회의에서는 도쿄도에 감염력이 높은 변종 바이러스 'N501Y(알파변이)'가 번지고 있으며, 4월 중 도쿄도 신규 감염자 절반 이상이 변종 바이러스에 감염될 가능성이 있다는 보고가 나왔다.[12] 이에 고이케 도지사는 "통근을 포함하여 가능한 도쿄에 오지 말아 달라"고 철저한 이동 자숙을 요청하기에 이른다. 이미 정치권 내부에서 올림픽 취소가 언급된 가운데 도쿄에 오지 말아 달라는 요청은 다급한 상황을 가감 없이 전달하는 호소였다. 그리고 열흘 뒤, 세 번째 긴급사태선언이 발표되었다.

### 일본과 도쿄의 백신 정치

감염병 방역과 의료 체계 관리에서 국가와 지방자치단체가 동시에 위기관리를 하는 협력 체계는 중요한 요소이다. 지자체가 보건소를 중심으로 조기 발견과 국지적인 대응을 한다면, 국가는 국민 생활 전체에 영향을 미치는 일제 휴교나 긴급사태선언, 치료약이나 백신 확보 등 국제관계 업무의 사령탑이 된다. 코로나19 대응 과정에서 중앙 · 지방 정부는 갈등과 협력 사이를 오가는 모습을 보였다.

백신 접종이 시작된 후 코로나19 대응에서 경쟁과 협력 사이를 오가던 일본 정부와 지자체 간 관계는 새로운 국면으로 접어들었다. 백

12 2021년 4월 15일 도쿄도모니터링회의, https://www.bousai.metro.tokyo.lg.jp/taisaku/saigai/1013388/1013601.html.

신 확보와 배분, 접종을 둘러싼 현장의 목소리에 대응해야 하는 상황에서 국가-도도부현-시정촌의 유기적인 연계 협력이 더욱 중요한 과제로 부상한 것이다. 백신 확보 등 국가(중앙정부)의 주도적 역할, 중앙정부의 백신 계획과 구시정촌의 접종 실시 사이를 매개하는 도도부현의 광역적 시점, 구시정촌 지자체의 눈높이 서비스 제공 등 세 층위의 역할 분담 체계가 구축되었기 때문이다.[13]

백신 접종의 우선순위를 정하는 과정은 과학과 정치가 만나는 지점이다. 일본에서 백신 접종은 2021년 2월 17일부터 2022년 2월 말까지 예정으로 개시되었다. 접종 대상은 16세 이상으로 의료 종사자, 65세 이상 고령자, 고령자 이외에 기저질환이 있는 사람이나 고령자 시설 등에 종사하는 사람, 그 외의 사람 등의 순서로 확대해 나간다는 방침이다.[14]

도쿄도는 2021년 2월 26일 대책본부의 보도 발표 자료 '신형 코로나바이러스 백신 접종에 관한 준비상황 등에 대해(제1694호)'의 기본 방침을 확정 고시했는데, 3월 1일 의료 종사자 등 우선 접종 대상자 60

13 백신 접종과 관련하여 중앙정부와 지자체의 역할은 다음과 같다. 국가 역할은 코로나19 백신과 주사 바늘 · 주사기 구입, 접종 순위 결정, 백신 정보제공, 부작용과 건강 피해 대응 등이다. 도도부현은 지역의 도매업자와의 조정, 구시정촌 조정, 의료 종사자와 고령자시설 입소자 접종 체제 구축, 상담 체제 확보, 도도부현에 할당된 백신을 구시정촌에 할당하는 업무를 맡는다. (구)시정촌은 의료기관 등과의 위탁계약, 접종 비용 지불. 접종 장소 확보, 접종 장려와 상담 접수, 구시정촌에 할당된 분량을 각 접종시설에 할당하는 업무 등을 맡는다.

14 주민표 소재지 시정촌 의료기관과 접종시설에서 접종하며, 시정촌에서 접종권과 안내가 도착하면 예약할 수 있다. 비용은 전액 무료이다. 접종은 본인 동의하에 실시되며, 부작용 발생 시 건강 피해에 대해서는 「예방접종법」에 따라 구제한다. 厚生労働省 「接種についてのお知らせ」, https://www.mhlw.go.jp/stf/seisakunitsuite/bunya/0000121431_00218.html(검색 2021. 3. 28.).

만 명을 상정하고,[15] 3월 4일에는 고령자용 백신 배분을 결정했다.[16] 그리고 3월 5일부터 본격적으로 의료 종사자를 대상으로 미국 화이자사 백신 접종을 시작했다. 구시정촌에 백신 배부를 시작함과 동시에 구시정촌 측으로부터 '배분량이 너무 적다', '순서가 너무 늦다'는 등의 비판이 제기되었다.[17] 도쿄도는 애초 예상보다 백신 할당량이 적어서 곤혹스러워했고, 이에 대해 접종 방침을 도도부현에 맡기지 말고 중앙정부가 직접 정해야 한다는 지적이 나오기도 했다.

2월에 접종을 시작한 의료 종사자(대상 약 480만 명) 가운데 4월 12일 현재 2차 접종을 마친 이는 50만 명 정도여서 백신 접종을 받지 않은 의료진이 백신 접종을 할 수 있다는 우려 또한 높아졌다.[18] 고령자 백신 접종이 시작된 4월 12일 도쿄, 교토, 오키나와현에 중점 조치가

15 東京都福祉保健局, 「新型コロナウイルスワクチンの接種に関する準備状況などについて(第1694報)」, https://www.bousai.metro.tokyo.lg.jp/taisaku/saigai/1010035/1013129/1013148.html(검색 2021. 3. 28.).

16 東京都福祉保健局, 「高齢者向けの新型コロナウイルス感染症にかかる予防接種のためのワクチンの配分数について」別紙, https://www.fukushihoken.metro.tokyo.lg.jp/iryo/kansen/coronavaccine.files/030305besshi.pdf(검색 2021. 3. 28.).

17 3월 25일 현재 전국 전체 접종 회수 77만 5,122회 가운데 도쿄도는 6만 3,690회를 실시하여, 전국 대비 8퍼센트를 차지했으며, 2회 접종을 마친 사람은 전국에 3만 7,450명이며, 도쿄도는 2,296명으로 전국 대비 6퍼센트를 차지했다. 東京都保険福祉局,「接種の実績について」, https://www.fukushihoken.metro.tokyo.lg.jp/iryo/kansen/coronavaccine.html(검색 2021. 3. 28.). 3월 27일 현재 전국의 누계 감염자 수가 46만 7,207명이고, 그 가운데 도쿄도가 11만 9,661명으로 전국 대비 26퍼센트, 약 4분의 1을 차지했다. 그에 비해 접종자 수는 8퍼센트에 불과했다.

18 "ワクチン計画「時間との闘い, 接種後暮らしはどう変わるのか", 마이니치신문, 2021. 4. 12.

적용되었다. 감염력이 강한 변종 바이러스의 확산 우려가 큰 가운데 올림픽 개막을 염두에 둔 백신 접종은 시간과의 싸움이 되었다.

## 초연결 시대 인류의 팬데믹 대응

코로나19를 비롯한 모든 인간 감염병은 생물학적인 것과 사회적인 것이 중첩되어 발현(emergence)한다. 감염병의 유행과 확산에는 감염자가 얼마나 많은 사람을 접촉하는지(접촉률), 다른 사람에게 얼마나 쉽게 옮기는지(전파율), 얼마 동안 전파할 수 있는지(감염 기간) 등이 중요하다. 감염병 확산에 결정적으로 중요한 이 세 가지 요소에는 생물학적인 것과 사회적인 것이 통합되어 있다(김창엽, 2020). 도쿄와 같은 글로벌 대도시는 인구수와 인구밀도, 유동성으로 인해 대규모의 밀접 접촉이 일어나면서 동시에 익명성으로 감염경로를 추적하고 차단하는 데 어려움을 겪었다. 특히 도쿄와 도쿄 생활권인 수도권 3현의 코로나19 상황은 전국적인 감염세를 주도함으로써, 도쿄일극집중이라는 사회문제를 감염병 상황에서 위협적으로 드러냈다. 코로나19가 종식되더라도 다른 감염병의 위협이 더욱 자주, 더욱 심각하게 올 것이라는 경고 가운데 일극집중을 해소하는 것은 더이상 미룰 수 없는 과제임이 분명해졌다.

일본과 도쿄의 방역에서 다른 도시에는 없는 중요 변수는 메가 스포츠 이벤트 올림픽을 준비하고 있었던 점이다. 도쿄올림픽은 동일본대지진 이후 일본의 재부상, 일본의 재결집, 경제적 부흥의 발돋움이라는 목표를 일본이 구현할 수 있는 기회였기에 정치적 · 경제적으로 가장 중요한 이슈였다. 그러나 세계적으로 올림픽 관계자와 선수, 관객이 대이동하는 올림픽은 이동을 최소화하고 밀집을 피해야 하는 코로나19 대응과 가장 모순되는 이벤트이다. 올림픽 개최에 대한 국민의 반대 여론과 전 세계인의 우려 속에서 IOC와 일본 정부는 도쿄올림픽 개최를 강행했으며, 올림픽 정신은 증발한 채 올림픽 개최 혹은 취소에 따른 비용 계산 등 돈 문제만 남아 있는 현실이 드러났다. 방역 전문가의 제언이나 의료 현장의 호소에도 불구하고 올림픽 개최와 경제에 미치는 악영향을 의식한 정치적 판단이 감염증에 대한 사회적 경계심을 무디게 한 것은 물론이다. 올림픽 개최를 고수하는 일본 정부의 코로나 대응은 갈팡질팡하며 관중 실험 같은 무리수를 두었으나, 결국 도쿄올림픽은 개최 시기가 연기된 첫 올림픽이자 관객 없이 열리는 첫 올림픽이 되었다.

코로나19 바이러스가 전 세계로 확산되는 동시에 지역사회 감염을 통해 전국화되었기 때문에, 방역에 있어 중앙정부와 지자체의 협업과 분업은 필수적이었다. 방역과 의료 체제를 구축하는 데 있어 중앙정부와 지방자치체의 협력 체제는 핵심적이며, 국가와 지자체가 서로 다른 수준에서 동시에 위기관리의 주체가 되어야 했다. 또한 감염자 수가 적은 상황에서는 도도부현, 시정촌 안에서 대응이 완결되었으나, 감염이 확산되는 상황에서는 중앙정부와 인근 지자체를 포함한 광역적 연계가 필수적이다. 지역의 경계를 넘나드는 이동이 일상적이기에 감염병의 특성상 그 대책과 대응에서 지역의 경계를 긋는 것은 불가능하기 때문이다.

코로나19는 세계화된 자본주의 시장경제에서 국가 간 상호 의존성과 상호 연결성이 커지고 인구이동이 극적으로 증가한 상황에서 확산되었다. 각국의 공중보건과 의료 체계뿐만 아니라, 감염병에 대응하는 국가권력과 거버넌스에 따라 감염병의 확산과 피해 규모가 다르기에 코로나19 팬데믹으로 국제질서가 재구성되는 상황에서 '국가'는 가장 뜨거운 화두가 되었다(남기정, 2020, p.37). 그러나 코로나19 첫 감염자가 발생한 지 1년이 넘은 시점에서 국경을 봉쇄하는 각자도생 방식의 방역 한계가 확인되고, 한 국가만의 코로나19 종식은 있을 수 없다는 것 역시 분명해졌다. 그렇기에 각 나라와 도시의 코로나 추이와 대응 경험을 기록하고 비교분석하며, 초연결 시대 인류의 감염병 대응에 대한 지식을 축적하는 작업은 더욱 중요한 의미를 가진다.

# 7장

## 자카르타_인도네시아:

## 끝없는 1차 유행을 꺾은 백신 정책

PANDEMIC

**최경희** 서울대학교 아시아연구소 HK연구교수

**누르 아이샤** 서울대학교 아시아연구소 방문학자

## 코로나19 회복력 지수와 인도네시아 상황

2020년 3월 12일 세계보건기구(WHO)가 코로나19 팬데믹을 선언한 후 현재까지 코로나19의 전 세계적인 확산과 이에 대응하기 위한 국제적 · 지역적 · 개별 국가적 방역 정책, 그리고 마지막 단계인 코로나19 백신 보급까지 일련의 과정을 지나왔다. 코로나19에 대한 대응은 크게 방역과 백신의 2단계로 나누어 볼 수 있다. 2020년 한 해 동안은 주로 방역 정책이 중심이었다면, 2020년 하반기 또는 2021년부터는 백신 정책이 중심이 되고 있다. 전 세계적으로 방역에 열중하던 2020년은 일반적으로 선진국은 전염병에 잘 대응하고 개발도상국은 그렇지 않을 것이라는 예측이 명확히 어긋난 이례적인 시간이었다. 그러나 백신 단계로 접어들면서 '국가의 재정 능력과 거버넌스'가 상대적으로 우수한 선진국이 백신 접종을 통해 코로나19에 대한 대응력을 높이고 있음을 볼 수 있다.

2021년 5월 25일 자 블룸버그 코로나19 회복력 순위(The Covid-19 Resilience Ranking)에 이러한 현상이 명확히 나타난다. 블룸버그 코로나19 회복력 지수 순위에 따르면, 1위 뉴질랜드, 2위 싱가포르, 3위 호주, 4위 이스라엘, 5위 한국, 6위 핀란드, 7위 노르웨이, 8위 덴마크,

9위 중국, 10위 홍콩이다. 2020년에 비해 영국은 7단계가 올라 세계 11위, 미국은 13위를 차지했다. 즉 2020년 상반기 영국과 미국은 코로나19 확산으로 사회적 혼란이 컸지만, 백신 국면으로 접어들면서 국제적 양상은 확실히 달라졌다. 방역 정책에 상대적으로 성공적이라는 베트남도 이 순위에 따르면 23위로 이전 조사보다 12단계나 하락했다. 인도네시아는 42위이다. 인도네시아가 어느 정도 위치인지 1위인 뉴질랜드와 비교하면 다음과 같다. 인도네시아의 회복력 점수는 50.9이고, 뉴질랜드는 80.8이다. 한 달 동안 발견된 인구 10만 명당 확진자 수는 인도네시아가 51명이고, 뉴질랜드는 1명이다. 인도네시아의 3개월간 치사율(3-Month Case Fatality Rate)은 3.5퍼센트, 뉴질랜드는 0퍼센트이고, 인구 100만 명당 사망률은 각각 180명과 5명이다. 그리고 코로나 확진자 양성 테스트 비율(Positive Test Rate)은 인도네시아가 10.7퍼센트, 뉴질랜드가 0.1퍼센트이고, 인구 대비 백신 접종률은 인도네시아가 4.6퍼센트, 뉴질랜드가 4.8퍼센트이다. 이렇게 인도네시아와 뉴질랜드를 비교한 결과, 인도네시아의 확진자 발생률과 사망률은 높지만, 백신 접종률은 뉴질랜드와 비교해 낮지 않다는 데에서 인도네시아 방역 정책의 특이점이 존재한다. 결론적으로 백신을 통한 방역에 더 많은 강조점을 두고 있는 것이 인도네시아 코로나19 대응의 특징이라고 할 수 있다.[1]

1 블룸버그 통신이 측정하는 코로나19 회복력 지수는 코로나19로 인한 사회경제적 혼란을 최소화하며 전염병을 얼마나 잘 통제하는지를 측정한 것이다(https://www.bloomberg.com/graphics/covid-resilience-ranking/, 검색 2021. 8. 13.). 코로나19 회복력 지수는 재개방 과정(Reopening progress), 코로나19 현황(Covid Status), 삶의 질(Quality of life) 등 크게 세 가지 범주로, 각 범주는 네 가지 요소로 구성된다. 재개방 과정 범주에 네 가지 지표(People Covered by Vaccines,

인도네시아 코로나19 상황은 '끝없는 1차 유행(endless first wave)'이라는 표현처럼(Allard and Lamb, 2020), 흔히 분류하는 1차 유행 또는 2차 유행이라는 구분 없이 작년 하반기까지 코로나19 확진자가 계속해서 증가하는 모습을 보였다. 이러한 끝없는 1차 유행 곡선이 꺾인 것은 바로 '백신 보급' 이후이다. 즉 인도네시아 자카르타의 코로나19 대응 특징은 백신 정책 이전과 이후로 구분된다고 볼 수 있다. 인도네시아 사례뿐만 아니라 다른 개발도상국 모두에게 백신 공급이 코로나19의 게임 체인저임이 분명해졌다. 2021년 3월 31일 자 월드오미터(Worldometer) 자료에 따르면, 2020년 3월 2일부터 2021년 3월 31일까지 인도네시아의 누적 확진자 수는 150만 5,775명으로 세계 20위에 해당한다. 그러나 인구 100만 명당 누적 감염자 수 또는 100만 명당 누적 사망자 수를 보면 인도네시아는 100위권 너머에 있다. 인도네시아는 2020년 3월 2일에 코로나19 확진 사례가 처음 발견되었다. 첫 확진 사례는 광역 자카르타(Metropolitan Jakarta) 데폭시(Depok City)에 거주하는 31세와 64세의 두 사람인데 일본인과 접촉한 후 코로나19에 감염되었다(Gorbiano, 2020). 그러나 첫 환자를 며칠 동안 입원시킨 후 의사는 코로나19 확진 진단을 내리지 않고 집으로 돌아가도록 하였다. 집으로 돌아간 환자의 상태는 악화하였고 집중하여 돌봐

Lockdown Severity, Flight Capacity, Vaccinated Travel Routes)가 있고, 코로나19 현황 범주에 네 가지 지표(1-Month Case Per 100,000, 3-Month Case Fatality Rate, Total Deaths Per 1 Million, Positive Test Rate)가 있으며, 삶의 질 범주에 네 가지 지표(Community Mobility, 2021 GDP Growth Forecast, Universal Healthcare Coverage, Human Development Index)가 있어 총 12개 지표로 구성된다. 본문에 있는 내용은 5월 25일 자 블룸버그의 코로나19 회복력 지수에 관한 기사를 정리한 것이다.

준 어머니도 비슷한 증상을 보이기 시작했다(Velarosdela, 2021a). 이러한 사례를 보았을 때, 인도네시아 의료진조차 초기에는 '정체불명의 감염 사례'에 대한 인식이 전혀 없었던 것으로 보인다.[2] 2020년 3월 말이 되어서야 인도네시아 정부는 코로나19 국가 공중보건 비상사태를 선포하고, 코로나19의 영향을 예방하기 위해 다양한 공중보건과 사회적 조치를 취하였다.

## 자카르타 코로나19 발생 현황과 특성

### 자카르타의 코로나19 현황

자카르타는 인도네시아의 수도이자 34개 주(Provisi)의 하나로, 원래 이름은 자카르타특별주(Provinsi Daerah Khusus Ibukota Jakarta, 이하 자카르타)이다. 자카르타의 면적은 서울시보다 조금 큰 662제곱킬로미터이고, 2019년 기준 인구 규모는 1,106만 3,324명, 인구밀도는 1킬로미터당 16,88명이다.[3] 자카르타는 인구 과밀에 따른 주거 공간 부족, 공기오염, 낙후된 상하수도시설 그리고 심각한 홍수 문제를 안고 있으며 특히 교통체증은 전 세계적으로 유명하다. 자카르타 수도 이전은 매우 오래된 이슈였고 현 조코위 정부는 수도를 자바섬에서 칼리만탄섬으로 이전할 계획을 천명한 상태이지만 코로나19 발발

2 조코위 대통령이 코로나19 첫 확진 사례 2건을 보고 받았다는 소식이 전해지자 자카르타 사람들은 식품, 의료보조제와 전통 허브를 비축하기 위해 슈퍼마켓에 몰려들기 시작했다(Loasana, 2020).

3 자카르타 주정부 통계 사이트(https://statistik.jakarta.go.id/).

로 계획의 실행이 지연될 수밖에 없었다. 그러나 코로나19로 도시 기능이라는 측면에서는 더 많은 논의가 확장되는 계기가 되었다.

자카르타 주정부는 자카르타 코로나 홈페이지(corona.jakarta.go.id)를 통해 정보를 제공하고 있다. 〈표 1〉에서처럼 2021년 3월 18일 기준 자카르타의 코로나19 누적 발생 건수는 36만 3,700건이다. 자카르타의 진단 확진 비율은 11.2퍼센트로 전국 평균 12.7퍼센트보다 낮다. 정부는 총 326만 명 이상에게 400만 개 이상의 PCR검사를 하였다. 자카르타 주지사 바스웨덴(Anies Baswedan)은 인도네시아 전 지역에서 코로나19 진단검사 비율이 높은 것에 만족을 표했지만, 검사 건수의 51퍼센트 이상이 자발적으로 PCR검사를 받은 것이라는 점을 지적하였다(Fauzia, 2020). 이는 대부분 코로나 양성 사례가 확진자에 대한 역학조사가 아니라 시민의 자발적인 검사 참여를 통해 발견되고 있다는 것을 보여 준다.

자카르타 주지사 바스웨덴은 자카르타 코로나19 대응팀(Jakarta covid-19 task force)을 만들어 자카르타 방역을 주도하였다. 자카르타 코로나19 대응팀은 사망률을 측정하는 데 두 가지 방법을 동원하였다. 첫 번째는 면봉 검사 결과 양성으로 사망한 사람들, 즉 직접적으로 코로나19로 인해 사망한 숫자를 의미한다. 이것은 중앙정부에 보고되는 사망자 수이다. 두 번째는 사망 원인이 코로나19 증상과 유사하거나 검사 여부와 상관없는 사망자 수 전체를 포괄한 숫자를 의미한다. 첫 번째 상황의 사망자 수와 두 번째 상황의 사망자 수가 불일치하면 더 정확한 역학조사가 요구되기 때문에, 이러한 방법을 선택한다고 볼 수 있다. 이러한 사망자 측정 분석을 코로나19 프로토콜(covid-19 protocol)이라고 하는데, 〈그림 1〉은 해당 프로토콜에 기초하여 생성

| 표 1 | **자카르타 코로나19 현황**(단위: 건)

| 자카르타 코로나19 검사 | | 자카르타 코로나19 확진자 | |
|---|---|---|---|
| PCR 검사 대상자<br>12,644<br>인도네시아 58,752<br>(자카르타 검사 비율: 22퍼센트) | PCR 검사 표본<br>18,064<br>인도네시아: 75,980<br>(자카르타 비율: 24퍼센트) | 확진자 사례<br>(치료 및 격리 확자 모두 포함)<br>5,943 (+196) | 전체 회복 사례<br>351,680 (+1119)<br>(인도네시아: 1,266,673) |
| 지난주 검사 대상자<br>78,740<br>자카르타 기준 WHO 주밀 목표: 최소 10.645 | 지난주 양성율<br>12.2퍼센트<br>(인도네시아: 11.9퍼센트) | 전체 사망자<br>6,077 (+15)<br>(인도네시아: 38,915) | 전체 사례<br>363,700 (+1330)<br>(인도네시아: 1,437,283) |
| 전체 PCR 검사<br>(인구 100만 명당)<br>306,376<br>(인도네아: 29,098) | 전체 음성율<br>11.2퍼센트<br>(인도네시아 18.2퍼센트) | 사망률<br>1.7퍼센트<br>(인도네시아: 2.7퍼센트) | 회복율<br>96.7퍼센트<br>(인도네시아: 88.1퍼센트) |

| **PCR 검사 대상자** | |
|---|---|
| 3,261,370 전체 검사자 수 | |
| 363,700(11.2퍼센트) 양성 | 2,897,690(88.8퍼센트) 음성 |
| **PCR 검사 표본** | |
| 4,017,910 전체 검사 표본 수 | |
| 809,831(20.2퍼센트) 양성 | 3,208,079(79.8퍼센트) 음성 |

자료: https://corona.jakarta.go.id/id(검색 2021. 3. 18.).
확진 사례는 인도네시아보건부(Ministry of Health of The Republic of Indonesia) 발표 자료에 근거.

된 사망률 추이이다. 코로나19 프로토콜에 따르면, 일일 사망률(daily public cemetry)이 코로나19로 인한 일일 사망률(daily death)보다 훨씬 높다. 이는 질병과 관계없이 모든 사망자가 코로나19 프로토콜로 처리된 결과이다. 또한 자카르타 주정부는 코로나19 희생자를 위한 특별 묘지를 지정하여 운영하였다. 그런데 시민은 이 무덤 때문에 전염이 확산되는 것은 아닌지 우려를 표하기도 했었다.

| 그림 1 | **코로나19 사망률 추이**

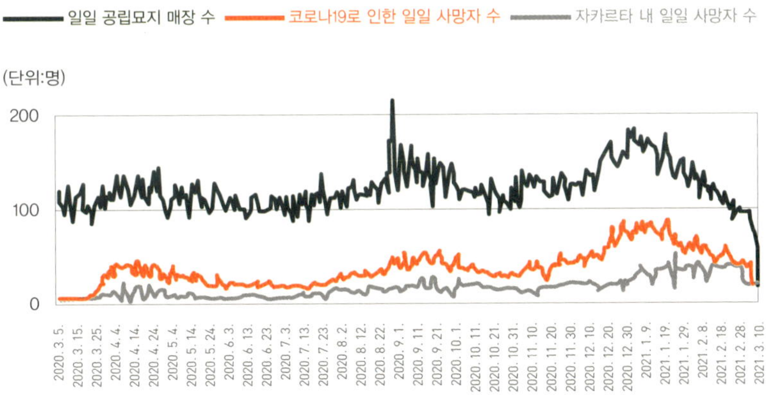


자료: https://corona.jakarta.go.id/id(검색 2021. 3. 18.).

## 전국 추이와 자카르타 코로나19 현황 비교분석

코로나19 대유행이 시작된 이래 인도네시아 수도인 자카르타가 바이러스의 온상이 되었기 때문에, 자카르타의 코로나19 추이는 전국 상황과 동일하다. 〈그림 2〉와 〈그림 3〉은 2020년 3월 이후 인도네시아 전국과 자카르타의 코로나19 추이를 나타낸 것이다. 전국과 자카르타 모두에서 시간이 지남에 따라 확진자 수가 증가한 것으로 나타난다. 결국 전국적 상황과 자카르타 상황은 유사한 모습을 나타내고 있다.

〈그림 2〉와 〈그림 3〉에서 알 수 있듯이 인도네시아 군도 전체와 자카르타 주정부는 코로나19 관련 홈페이지에서 코로나19 확산의 위험 정도를 지역별로 구별해서 알리기 위해 색깔을 구분하여 시각적으로 설명하고 있다. 6월 21일 기준으로 112개 지역과 도시는 코로나19가 전혀 없는 녹색 구역, 188개는 위험도가 낮은 노란색 구역, 157개는 중간 위험지역을 나타내는 주황색 구역, 57개는 고위험지역을 나타내는 적색 구역으로 구분하여 표시하기도 한다(GTN, 2020). 그리고 6월 21일 기준으로 자카르타 북쪽에 위치한 '천 개의 섬'이라는 뜻의 이름을 가진 스리브섬(Pulau seribu) 지역은 녹색 구역이었다. 사실 이름

| 그림 2 | **인도네시아 코로나19 전국 확진자 추이**

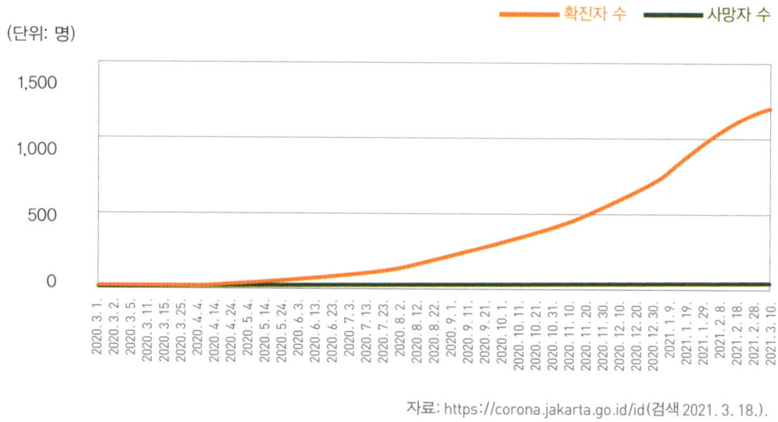


자료: https://corona.jakarta.go.id/id(검색 2021. 3. 18.).

| 그림 3 | **자카르타 코로나19 확진자 추이**

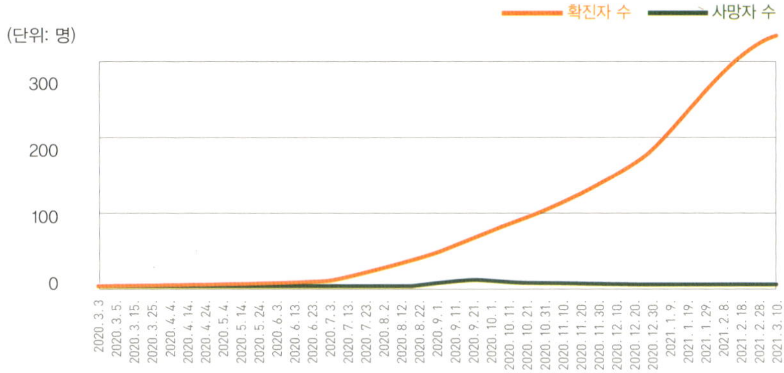


자료: https://corona.jakarta.go.id/id(검색 2021. 3. 18.).

과 달리 이곳은 대략 350여 개 섬으로 구성되어 있다. 자카르타가 코로나19 확산의 중심 지역이긴 하지만 자카르타와 지리적으로 분리된 것이 이 섬 지역의 코로나 확산 방지에 이점으로 작용한 것이다.

## 자카르타 코로나19 방역과 관련 정책

### 자카르타 주정부 주도의 방역 정책

자카르타 주지사 바스웨덴은 인도네시아에서 첫 확진자 사례가 보고된 뒤에 수도를 봉쇄할 것을 촉구했다. 그러나 조코위 대통령은 이를 원하지 않았고, 이는 중앙정부와 지방정부 사이의 정치적 대결 양상으로 비추어졌다. 이들은 코로나19 방역 완화 전략에서도 서로를 비판하였다. 코로나19 확산 초기 두 정치 지도자의 의견 차이는 열렬

한 지지자들 사이의 정치적 긴장을 고조시키는 상황으로 이어졌다.

조코위 대통령은 국가 비상사태를 준비하는 대신, 일련의 긴급한 봉쇄 요구에 거부 의사를 표하거나 코로나19의 급속한 확산을 막는 데 주저하는 모습을 보였다. 그러나 자카르타 주지사는 공항과 항구 등 인도네시아로 진입하는 주요 지점에 온도 체크 스캐너를 설치하고 모든 지방정부가 코로나19 감염 전파 방지 조치를 하도록 지시했으며, 코로나19 대응팀을 구성하고 투명성을 제공하는 등 신속하게 대응했다. 코로나19가 발생한 처음 한 달 동안 공식 코로나19 웹사이트를 만들어 대중에게 공개하기도 했다. '대규모 사회 제약(Pembatasan Social Berskala Besar, 이하 PSBB)' 규제가 강화되기 이전에 자카르타 행정부는 먼저 자동차 없는 날을 시행하고, 종교 활동(금요일 기도 또는 주일 예배)과 교육과 학습 활동 등 많은 사람이 모이는 활동을 취소했으며, 주정부 공무원들은 온라인과 재택근무로 근무 형태를 변경했다(Hanggara, 2020). 즉 중앙정부 차원에서 적극적인 코로나19 방역 조치가 있기 전에 자카르타 주정부 주도의 방역이 먼저 시행되었다.

3월 말까지 자카르타의 일일 확진 사례가 매우 높은 비율이었는데, 예를 들면 2020년 3월 29일 기준 인도네시아 전체 1,155명 확진자 중에서 627명 사례가 자카르타에서 발생하였다. 이에 자카르타 주지사는 수도 지역에 완전한 봉쇄령을 내리기를 원했다(Basith, 2020). 그러나 조코위 대통령은 이의를 제기하며 지자체는 봉쇄를 결정할 권한이 없고 중앙정부의 승인을 받아야 한다고 했다. 중앙정부는 수도에 대한 완전한 봉쇄 대신 PSBB를 집행하도록 허락했다. 3월 말부터 급증한 코로나19 확진자로 의료 시스템은 한계에 봉착했다. 그래서 4월 9일 자카르타 주정부는 '2020년 자카르타주 규정 33(Governor

Regulation No.33 of 2020)'을 만들어 PSBB를 2주 동안 처음으로 실시하였다. 이로서 자카르타는 PSBB 정책을 시행한 최초의 주가 되었다(Hanggara, 2020). PSBB 동안 자카르타 주민은 집에 머물면서 사회적 거리를 지켜야 했다. 공공장소나 시설에서 5명 이상이 모이는 활동은 금지되었는데, 다만 음식, 전기, 의료, 금융, 물류 등 기본적인 필요를 제공하는 활동은 제외되었다. 관광지, 학교, 사무실은 계속 문을 닫았고 식당이나 카페는 테이크아웃 음식만 제공했으며 대중교통의 운행 빈도도 제한되었다. 온라인, 오토바이, 택시 서비스는 패키지 배달만 허용됐다.

코로나19 방역 정책을 시민이 철저히 준수하도록 하기 위해 자카르타 주지사는 '2020년 자카르타주 규정 41호(Regulation No. 41 of 2020)'를 발령하고 PSBB 이행 위반 시 다양한 제재를 부과하도록 했다. 예를 들어 집 밖에서 마스크 착용 의무 또는 공공장소에서 활동 인원을 최대 5명으로 제한한 의무를 위반하는 사람은 행정제재를 받는다고 규정하고 있다. 제재 내용은 첫째, 행정적 서면경고, 둘째, 공공시설 청소 등과 같은 사회봉사, 셋째, 지방경찰에 의한 10~25만 루피아의 행정 벌금 부과이다.

## PSBB와 경제

인도네시아에서 내려진 코로나19에 대한 가장 대표적인 방역 조치가 PSBB이다. PSBB의 실효성을 둘러싼 논쟁과 PSBB와 경제의 관계를 둘러싼 논쟁은 방역 조치가 이루어지는 내내 진행되었다. PSBB를 처음 2주간 시행한 후, 확진자 사례가 계속 급증하여 지방정부는 2020년 6월 4일까지 PSBB를 연장하였다. PSBB 규제는 2020년 6월

5일부터 완화되기 시작하여 9월 10일까지 지속되었는데, 이 기간을 'PSBB 과도기'(Damarjati, 2020)라고 한다. 최초 PSBB는 코로나19 전파를 억제하는 데 성공적이었다고 평가되지만, 인도네시아 역학 분석에 따르면 PSBB 과도기 동안 자카르타의 코로나19 확산이 지속되었기 때문에 다시 PSBB로 전환하는 것을 서둘렀다. PSBB 과도기 동안 시민의 자유로운 이동이 완전히 복원되어 끝없는 유행병 확산으로 이어진 탓이었다. 첫 번째 PSBB가 시행됐을 때 폐업으로 많은 사람이 고향으로 돌아갔다가, PSBB가 해제되고 이들이 수도로 되돌아오면서 새로운 코로나19 사례가 발생하기도 했다(Syakriah, 2020).

두 번째 PSBB는 9월 14일에 시작됐지만, 첫 번째 PSBB보다 제한이 완화되었다. 학교는 첫 PSBB가 시행되기 이전부터 폐교령이 내려졌고 두 번째 PSBB가 발표될 때까지도 계속 닫혀 있었지만, 사무실과 공공시설은 최대 수용 인원을 50퍼센트로 유지하면서 효과적인 사회적 거리두기를 운영하고자 하였다. 첫 번째 PSBB 때 사용하던 자카르타를 출입할 수 있는 출퇴근 허가증(SIKM)도 필요하지 않았다. 두 번째 PSBB는 거의 한 달 동안 지속되었다. 하지만 두 번째 PSBB를 시행하면서 경제적 쟁점이 부각되었다. 경제부 장관 아를랑가(Airlangga Hertanto)는 두 번째로 시행한 PSBB 때문에 인도네시아 증시가 급락한 '긴급 브레이크'가 초래됐다고 비난했고, 무역부 장관 아구스(Agus Suparmanto)는 두 번째 PSBB가 GDP에 심각한 타격을 주었으며 경직된 PSBB로 물류 유통을 방해해서는 안 된다는 견해를 내놓았다.

신규 확진자 발생이 줄어들자 자카르타 주지사는 2020년 10월 12일 두 번째로 내린  PSBB를 완화하여 PSBB 과도기 두 번째 단계로 전환했다. 완화된 규칙에 따라 레스토랑과 카페는 문을 열 수 있었지만 수용 인원을 50퍼센트로 제한하고 엄격한 프로토콜을 지키도록 했다. 쇼핑몰, 예배당, 사무실, 이발소, 박물관, 소매점, 실내와 실외 스포츠센터 등은 수용 인원의 절반만 받는 상태로 개방할 수 있었다. 그러나 워크숍, 장기간의 실내 모임, 결혼식 등은 수용 인원 제한 25퍼센트를 유지했다. 체육관과 레크리에이션 업소, 나이트클럽, 스파, 마사지, 노래방 등은 코로나19 전파 위험이 특히 크다는 이유로 운영을 허용하지 않았다. 또한 모든 레스토랑, 카페, 상점, 사무실, 종교시설 등의 방문자를 기록하도록 했는데 이는 PSBB 과도기 두 번째 단계에서 도입된 새로운 조치이다. 사례 조사와 연락처 추적을 쉽게 하기 위해 방문자의 이름, 주소, 확인된 전화번호, 신분증(KTP)의 처음 6자리 숫자 등 세부 사항을 기록하도록 했다. PSBB 과도기 두 번째 단계는 2021년 1월 10일에 종료되었다.

코로나19 확진 사례 증가와 함께 중앙정부는 2021년 1월 11일 자

| 그림 4 | **시기별 PSBB 조치**

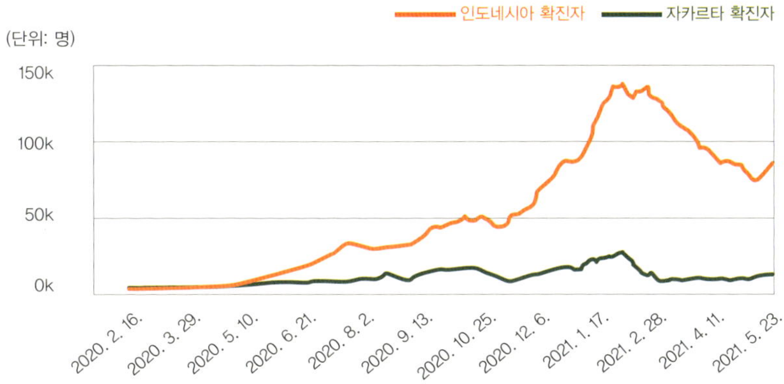


자료: https://corona.jakarta.go.id/id(검색 2021. 6. 3.).

바와 발리에 더 광범위한 사회 활동 제한 조치인 PPKM(Pembatasan Kegiatan Masyarakat)을 발령했다. 자바에 위치한 자카르타에게 이는 완전한 PSBB의 복귀를 의미했다. 자카르타 주정부는 공식적으로 PSBB 기간을 PPKM으로 변경했다(Detik, 2021). PSBB와 PPKM가 내려진 세 번째 제한 조치 단계에서 직원과 공무원을 포함하여 자카르타의 모든 주민은 집에 머물도록 권고되었다. 쇼핑센터는 오후 7시까지만 문을 열었고 공공장소는 모두 문을 닫았으며 식당은 수용 인원의 25퍼센트까지만 받았다. 학생들은 코로나19가 시작된 이래 거의 1년 동안 집에서 공부했다. 조코위 정부가 추진한 6개 고위험 전파 지역인 자바와 발리 지역에서 PSBB와 PPKM 정책을 계속 시행했지만, 결과적으로 코로나19 확산 추이를 막지 못했다는 것이 대체적인 평가이다. 그래서 중앙정부는 2월 9일부터 22일까지 소규모 지역 단위 사회활동 제한 조치(PPKM Mikro)도 시행하였다. 이는 지역 단위와 커뮤니티 단위 안에서 확산 추세를 막기 위한 조치였다(Loasana, 2021).

### 3T 전략

작년 3월 12일 세계보건기구가 코로나19 팬데믹을 선언하고 세계가 우왕좌왕할 때, 한국의 코로나19 대응 모델인 3T 전략은 세계보건기구가 극찬할 만큼 좋은 대응 전략이었다. 3T 전략은 확진자를 찾아내고(Trace), 진단하고(Test), 치료하는(Treatment) 일련의 방역 과정을 말한다. 한국의 3T 전략이 잘 전수된 국가가 인도네시아라고 볼 수 있으며, 자카르타 주정부는 3T 전략을 적극적으로 활용했다.

지역보건센터(Pusat Kesehatan Masyarakat, 이하 보건소)는 인도

네시아 공중보건의 핵심 기관으로, 코로나19 모니터링의 최전선 역할을 했다. 면봉 검사를 통한 코로나19 진단은 저렴하지도 않고 결과를 얻는 데도 시간이 걸리기 때문에 자카르타 주정부는 보건소(Puskesmas)에 항원검사 키트를 배포하여 신속하게 검진하고 커뮤니티 내 전파를 차단하도록 했다. 보건소의 검사는 '코로나19 증상이 없는 사람(Orang Tanpa Gejalal, OTG)', '관찰 대상자(Orang Dalam Pantauan, ODP)', '감시대상 환자(Pasien Dalam Pengawasan, PDP)'로 분류하여 진행하였다.

〈그림 5〉에 따르면, 2021년 3월 25일까지 자카르타 주정부는 72만 3,625건의 신속 항체검사를 시행했으며 3만 9,443건은 양성반응(5.5퍼센트), 68만 4,182건(94.5퍼센트)은 음성이었다. 그리고 9만 6,173건의 신속 항원검사 결과 4,607건(4.8퍼센트) 양성, 9만 1,556건(95.2퍼센트) 음성으로 확인되었다. 보건소의 선별 검사는 의심, 가능성, 여행 중인 환자, 그리고 밀접접촉과 같은 여러 범주로 분류된다. 의심 사례는 다음 기준 중 하나로 정의된다. ① 급성 호흡기 감염(acute respiratory

| 그림 5 | **코로나19 진단과 다양한 양상에 따른 분류**

| 항체 신속진단검사 | 항원 신속진단검사 | PCR 검사(진단목적) | PCR 검사(표본) |
|---|---|---|---|
| 723,625<br>전체 검사 | 96,173<br>전체 검사 | 3,338,673<br>전체 진단 수 | 4,129,008<br>전체 표본 검사 |
| 39,443(5.5퍼센트)<br>반응 | 4,607(4.8퍼센트)<br>양성 | 373,761(11.2퍼센트)<br>양성 | 833,084(20.2퍼센트)<br>양성 |
| 684,182(94.5퍼센트)<br>무반응 | 91,566(95.2퍼센트)<br>음성 | 2,964,912(88.8퍼센트)<br>음성 | 3,295,924(79.8퍼센트)<br>음성 |

(단위: 퍼센트)

| | 의심자의 성별 | 밀촉접촉자 성별 | 확진자 성별 |
|---|---|---|---|
| **남성** | 51.28 | 51.16 | 49.89 |
| **여성** | 47.09 | 47.04 | 50.15 |
| **비보고** | 1.63 | 1.81 | 0.0 |

(단위: 명)

| | 의심자 성별 | | 밀촉 접촉자 성별 | | 확진자 성별 | |
|---|---|---|---|---|---|---|
| **연령 분포** | **여성** | **남성** | **여성** | **남성** | **여성** | **남성** |
| 〉59 | 12,806 | 16,959 | 18,853 | 22,754 | 48,923 | 47,489 |
| 49∼58 | 18,522 | 25,498 | 31,159 | 40,091 | 59,552 | 60,532 |
| 39∼48 | 24.039 | 34,096 | 43,708 | 57,112 | 73,014 | 77,362 |
| 29∼38 | 38,650 | 45,067 | 63,814 | 74,265 | 91,384 | 99,632 |
| 19∼28 | 45,667 | 36,234 | 71,637 | 65,093 | 104,424 | 87,890 |
| 5∼18 | 9,223 | 9,451 | 20,595 | 21,791 | 45,335 | 43,769 |
| 1∼4 | 2,710 | 3,200 | 5,197 | 6,060 | 9,193 | 10,052 |
| 〈1 | 2,152 | 2,320 | 3,313 | 4,050 | 2,247 | 2,615 |
| **기록 없음** | 1,169 | 1,228 | 3,147 | 3,164 | 31 | 22 |

자료: https://corona.jakarta.go.id/id(검색 2021. 3. 18.).

infection, ARI)과 증상이 나타나기 전 지난 14일 동안 현지 감염을 보고한 인도네시아 국가 지역에 여행 또는 거주 경력이 있는 사람, ② ARI 증상 징후 중 하나가 있고 증상이 나타나기 전 지난 14일 이내에 코로나19 확진 또는 예상 사례와 접촉한 이력이 있는 사람, ③ 임상 설명에 근거하여 입원이 필요하고 다른 원인이 없는 중증 ARI 폐렴 환자, ④ 감시대상환자(PDP) 사례 등이다.

코로나19 검사는 개인의 감염 여부를 진단할 뿐만 아니라 자카르타 보건당국이 전염병의 현재 상태를 추적하고 모니터링하는 데 도움이 된다. 예를 들어 〈표 2〉에서 2021년 3월 25일까지 확진 사례는 37만 3,761건, 의심 사례는 78만 3,708건, 가능성이 있는 사례는 8,054건, 여행 중인 환자는 5,182건, 밀접접촉은 105만 7,994건, 폐기된 사례는 1만 7,529건이다. 폐기된 사례는 24시간 이상의 간격으로 연속 2일 동안 의심되는 상태와 2개의 음성 RT-PCR 진단 결과를 가진 사람, 또는 14일 동안 격리를 완료한 사례이다. 코로나19 감염 모니터링은 끌루라한(kelurahan) 지역과 그 이하의 지역 단위까지 감염 확산 경로를 모니터링할 수 있다. 〈그림 6〉은 2021년 3월 25일 북부 자카르타 빼강사안(Pegangsaan)이란 동네에 4건의 활성 사례가 새로 나타났다는 것을 보여 준다. 이 4명은 입원 조치되었고 모두 여성이며 나이는 각각 46세, 56세, 33세, 21세로 밝혀졌다. 이처럼 자카르타 주정부는 모니터링과 역학조사를 매우 적극적으로 수행하고 있다.

한편 인도네시아 정부는 코로나19 확진자를 추적하기 위해 스마트폰 모바일 애플리케이션 기반 기술을 사용하여 접촉 추적과 체크포인트 모니터링(check-point monitoring)을 수행하였다. 이 코로나19 추적 앱을 JAKI라고 한다. 추적 응용 프로그램을 통해 주민들은 자신과

| 표 2 | **코로나19 확진자 모니터링**(단위: 건)

| 인도네시아 전국 코로나19 확진 사례 | | 자카르타 코로나19 확진 사례 | |
|---|---|---|---|
| 확진 사례 | 1,476,452 | 확진 사례 | 373,761 |
| | | 병원 | 2,693(0.7퍼센트) |
| 활성화 사례 | 123,936(8.4퍼센트) | 회복 | 362,248(96.9퍼센트) |
| | | 사망 | 6,224(1.7퍼센트) |
| 회복 사례 | 1,312,543(88.9퍼센트) | 자가 격리 | 2,650(0.7퍼센트) |
| | | 미증상 | 595(11.2퍼센트) |
| 사망 | 39,983(2.7퍼센트) | 증상 | 2,663(50.3퍼센트) |
| | | 불명확 | 2,031(38.4퍼센트) |

확진 사례는 인도네시아 보건부 공식 발표 자료에 따름.

| 의심 사례 | 가능성 사례 | 여행 환자 사례 | 밀접접촉자 사례 | 폐기된 사례 |
|---|---|---|---|---|
| 773,879<br>(98.7퍼센트)<br>격리 완료 | 2.521<br>(31.3퍼센트)<br>격리 완료 | 5,180<br>(100.0퍼센트)<br>격리 완료 | 1,029,448<br>(98.2퍼센트)<br>격리 완료 | 17,528<br>(100.0퍼센트) |
| 7,462<br>(1.06퍼센트)<br>집에서 격리 | 0<br>집에서 격리 | 2<br>(0.0퍼센트)<br>병원 격리 | 18.546<br>(1.8퍼센트)<br>집에서 격리 | 0<br>집에서 격리 |
| 56<br>(0.0퍼센트)<br>병원 격리 | 16<br>(0.2퍼센트)<br>병원 격리 | | | |

| | | | | |
|---|---|---|---|---|
| 2,311<br>(0.3퍼센트)<br>사망 | 5,517<br>(68.5퍼센트)<br>사망 | | | 1<br>(0.0퍼센트) |
| 783,708 전체 | 8,054 전체 | 5,181 전체 | 1,057,994 전체 | 17.529 전체 |

의심 상태, 가능성, 여행 환자, 밀접 접촉자, 방치된 사례 등의 자료는 자카르타 보건국과 중앙정부 보건부에 기초함

### | 그림 6 | 코로나19 활성화된 사례

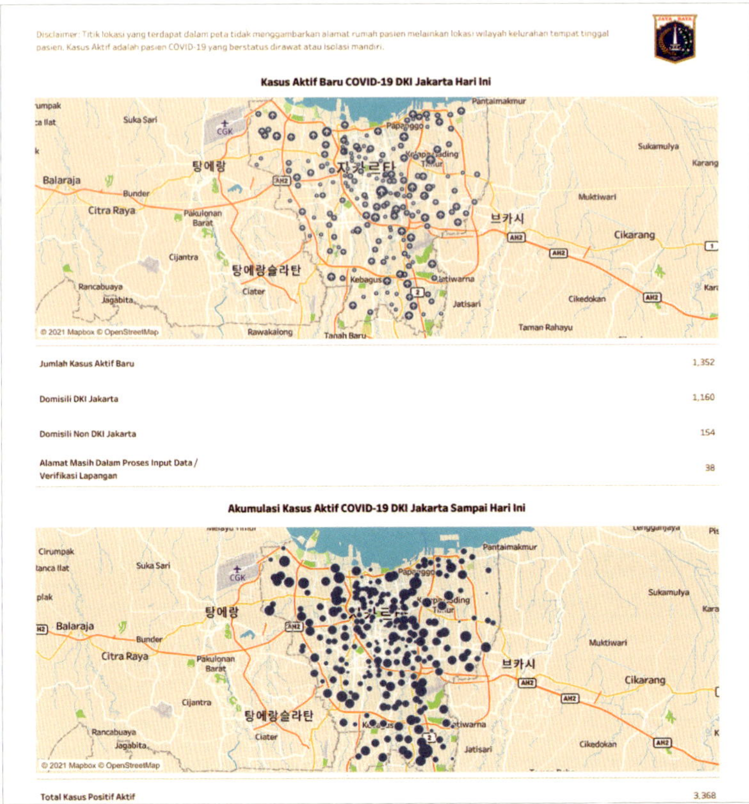


자료: https://corona.jakarta.go.id/id(검색 2021. 3. 19.).

가족, 그리고 주변 환경을 보호하는 동시에 정부의 추적 작업을 지원할 수 있다.

자카르타에 있는 모든 보건소에는 코로나19 환자를 병원 또는 자체 격리를 위해 지정된 호텔로 이송하기 위한 특수 구급차가 준비되어 있다. 자카르타 정부는 자가 격리하는 코로나19 환자에게 무료로 호텔을 제공하였다. 자가 검역 비용은 자카르타 주정부에 인계되어 국가재난관리청(BNPB)이 부담한다. 이 호텔은 무증상 코로나19 환자와 경증 증상이 있는 환자를 격리하는 데 사용된다. 무료 호텔 숙박을 하려면 코로나19 양성 감염이 확인되고 심각한 임상 상태가 아니라는 의사·보건소·병원의 진단서가 필요하다. 한편 2018년 아시안게임과 장애인 아시안게임 개최 당시 선수용 숙소로 만들어진 센트럴 자카르타의 끄마요란선수촌(Wisma Atlet Kemayoran)은 응급 야전병원으로 전환되었다. 3천 개 병상을 수용할 수 있는 이 병원은 세계에서 가장 큰 병원 중 하나가 되었다. 끄마요란선수촌은 초기 유행 이후 가벼운 증상이 있거나 집에서 자가 격리를 할 수 없는 환자를 치료하는 데 사용되었다. 다만 어린이 환자 또는 동반 질환 환자에게는 병상이 제공되지 않는다.

코로나19 감염률이 급증하면서 자카르타 주정부는 더 많은 공립·사립 병원을 코로나19 지정 병원으로 전환하기 시작했다. 지정된 병원에 입원해 있던 비코로나19 환자는 다른 병원으로 이송되었다. 현재 자카르타 주정부는 코로나19에 대비해 101개의 지정 병원을 보유하고 있다. 코로나19 치료를 받는 환자는 국가사회보장제도인 BPJS(Health Care and Social Security Agency)가 적용되기 때문에 비용이 청구되지 않는다. 자카르타 주정부는 무증상 코로나19 확진자나 응급환자를 지정된 병원으로 이송하기 위해 버스를 개조하기도 했다.

자카르타 주지사는 자카르타 주정부 산하 싱크탱크 기관인 자카르타지역연구소(Dewan Riset Daerah, Regional Research Council)의 추천으로 빠드망안(Pademangan)의 스포츠 단지(GOR)에 독립적이고

| 그림 7 | **코로나19 추적 앱**

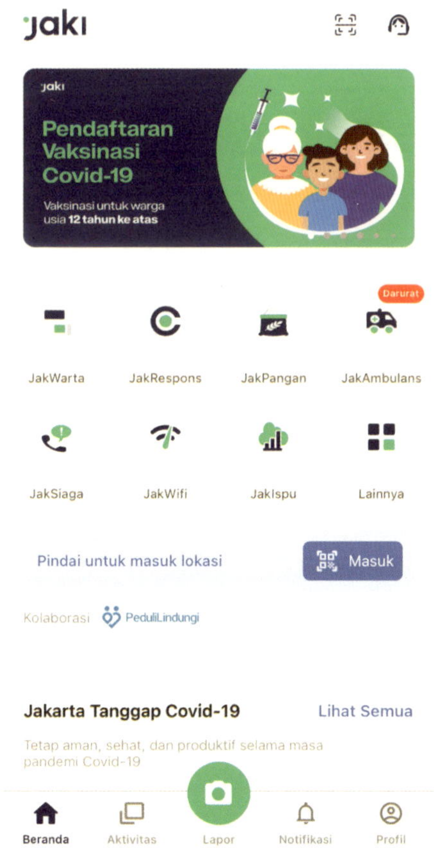


자료: https://corona.jakarta.go.id/id(검색 2021. 3. 20.).

건강을 유지할 수 있는 숙박시설(Grha Sehat Mandiri) 모델을 만들었다. 이 숙박시설은 공공시설로 사용되고 있는데, 끄마요란선수촌에서 치료받는 가족으로부터 코로나19 확산을 염려하는 주민을 위한 솔루션이 되었다. 지역사회에 더 가까운 독립적이고 건강을 유지할 수 있는 숙박시설을 마련함으로써 환자 가족의 걱정을 줄여 줄 수 있었다. 또한 주정부는 방역에서 가장 중요한 요소인 주요 도로, 보도, 시장, 예배 장소와 개방형 지역사회, 야외 공간 등을 지속적으로 소독하고 있다.

### 시민참여형 방역

자카르타 주정부는 코로나19 팬데믹에 대응하기 위해 여러 방법을 동원하였지만, 의미 있는 방역 결과가 만들어지고 있다고 생각하지 않았다. 자카르타 시민의 참여가 매우 저조한 것이 원인이라고 파악했고, 코로나19 대유행을 극복하기 위해서는 시민의 참여가 절실하다고 판단했다. 이에 자카르타 주정부는 코로나19 위험성에 대한 인식을 제고하고자 다양한 노력을 하였다. 2020년 9월 1일 방호복을 입은 자카르타 공무원들은 분주한 거리를 행진한 후 자카르타의 267개 전략적 지점에서 홍보 활동을 했는데, 이는 자카르타 주지사의 아이디어였다. 많은 사람이 바이러스를 과소평가하고 있었기 때문에, 항상 경계를 유지하고 사회적 거리두기 지침을 실천해야 하며, 마스크를 쓰고 손을 씻어야 한다는 인식을 높이기 위한 노력이었다.

코로나19 극복을 위한 대중적 운동으로 '3M 캠페인'을 펼쳤다. 3M은 마스크 착용(Memakai masker), 거리두기(Menjaga jarak), 그리고 손 씻기(Mencuci tangan)를 독려하는 운동이다. 3M 캠페인 외에도 자카르타 주정부는 밀폐된 공간(hindari Ruang sempit)을 피하고, 험담(hindari Rumpi)을 피하고, 크고 작은 군중(hindari Ramai-ramai)을 피하라는 3R 캠페인도 시작했다.

시민참여 효과를 극대화하기 위해 자카르타 주정부는 2017년 CRM(Citizen Relations Management System)이라는 애플리케이션을 개발했다. CRM은 시민이 불만 사항이나 질문, 건강 프로토콜 위반 혐의 등을 앱에 올리면 자카르타 주정부가 이에 대응하는 시스템이다. 자카르타 주정부는 이 시스템을 코로나19 관리에도 활용하였다. 2020년 3월 1일부터 10월 11일까지 4,404명의 목격자로부터 6,886건의 PSBB 위반 신고가 있었고, 이 가운데 97.1퍼센트, 6,686건을 자카르타 주정부가 성공적으로 해결했다. 자카르타 주민이 가장 많이 신고한 PSBB 위반은 공공질서 범주였으며 2,865건이 신고되어 해결되었다. 그다음으로는 고용주와 근로자의 관계 범주 536건, 지방정부령 규제와 지사령 규제 관련 범주 486건, 그리고 보안, 질서와 지역사회 안전 관련 범주 319건 등의 위반 사례가 있었다. 2020년 10월 31일까지 주정부는 PSBB 규정을 위반한 개인과 기업으로부터 상당한 양의 벌금을 거두어들였으며, 금전적 처벌 외에도 사회봉사, 서면경고 등 다양한 처벌이 위반 시 적용된다.

## 재난 지원과 중소기업 지원 정책

코로나19 대유행의 영향에 대처하기 위해 자카르타 주정부는 코로나19로 인해 경제적 어려움을 경험한 주민에게 특별 지원금을 제공했다. 자카르타 주민은 중앙정부가 지급하는 사회적 지원금 이외에 주정부로부터 사회 지원금도 받았다. 주정부 사회 지원금의 재원은 자카르타지역예산(APBD) 기금에서 제공되었고, 한 달에 30만 루피아(20.79달러)를 주정부은행(Bank DKI)을 통해 지급하였다. 사회 지원금 지급은 2021년 1월부터 4월까지 4개월 동안 진행되었고, 모두 105만 5,216명이 지원금을 받았다. 사회 지원금 수혜자의 절반은 동부 자카르타에 거주하는 사람이고, 두 번째로 수혜자가 많은 지역은 북부 자카르타(22만 9,570명)이다. 그다음으로는 남부 자카르타(15만 7,101명), 서부 자카르타(7만 4,684명), 중부 자카르타(5만 6,554명), 플라우스 리브(5,022명) 순이었다.

현금으로 지급되는 사회적 재난 지원금과 별도로 PSBB 동안 사회적약자와 극빈층 가정에 대한 지원(bansos)도 있었다. 이 구호 프로그

| 표 3 | **자카르타 주정부 산하 지역별 재난 지원금 수혜자**

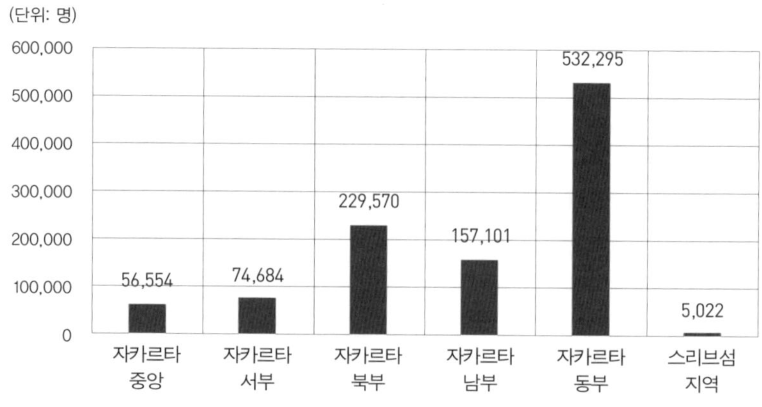


자료: https://corona.jakarta.go.id/id(검색 2021. 3. 20.)

램은 중앙부처와 자카르타 지역예산(APBD)의 공동 기금으로 운영되었다. 〈그림 8〉은 자카르타 사회적 기금의 분배 상황을 보여 준다. 이에 따르면 동부 자카르타 찌삐낭 무아라(Cipinang Muara) 구역에 669명의 사회복지 수혜자가 있고, 각 수혜자는 쌀 5킬로그램 패키지, 비스킷 2팩, 마스크 2개, 튀김유 0.9리터를 수령했다. 2021년 3월 29일까지 대부분의 사회복지 수혜자는 주정부로부터 이러한 구호 패키지를 받았다.

자카르타 주정부는 지역사회를 위해 기부하고자 하는 개인을 수용할 플랫폼도 만들었다. 이 프로그램은 이슬람 기숙학교, 고아원, 요양원, 장애인이 모여 있는 복지재단 등 궁핍한 지역사회단체나 기관에 식량을 제공하는 대규모 사회협력(Kolaborasi Sosial Berskala Besar, 이하 KSBB)을 말한다. KSBB는 국가 위기 상황에서 개인 간 협력을 도모하고 인도네시아 시민사회의 유대와 연대를 강화하는 프로그램이다. 기부자는 주정부로부터 코로나19로 어려움을 겪는 지역에 대한 정보를 받아 도움이 필요한 사람들에게 지원하는 방식으로 운영된다. 지원 형태는 기부자에 의해 결정되지만 주정부는 여러 패키지를 만들어 사람들이 쉽게 지원할 수 있도록 했다. 자카르타 주정부는 KSBB 기부금 분배에 대한 행정 지원과 감독 역할을 하고, 커뮤니티는 사이트(https://corona.jakarta.go.id/en/ksbb)를 통해 프로그램을 모니터링할 수도 있다. 지원 배분에 관한 질문, 불만 또는 위반 사항 등은 앞에서 언급한 CRM과 통합된 자카르타 주정부의 14개 채널을 통해 제출되고 해결된다.

마지막으로 코로나19와 같은 위중한 상황에서 중소기업에 대한 관리와 지원도 놓쳐서는 안 될 부분이다. 자카르타 시민의 일상적인 필

| 그림 8 | **사회적 기금 분배와 모니터링**

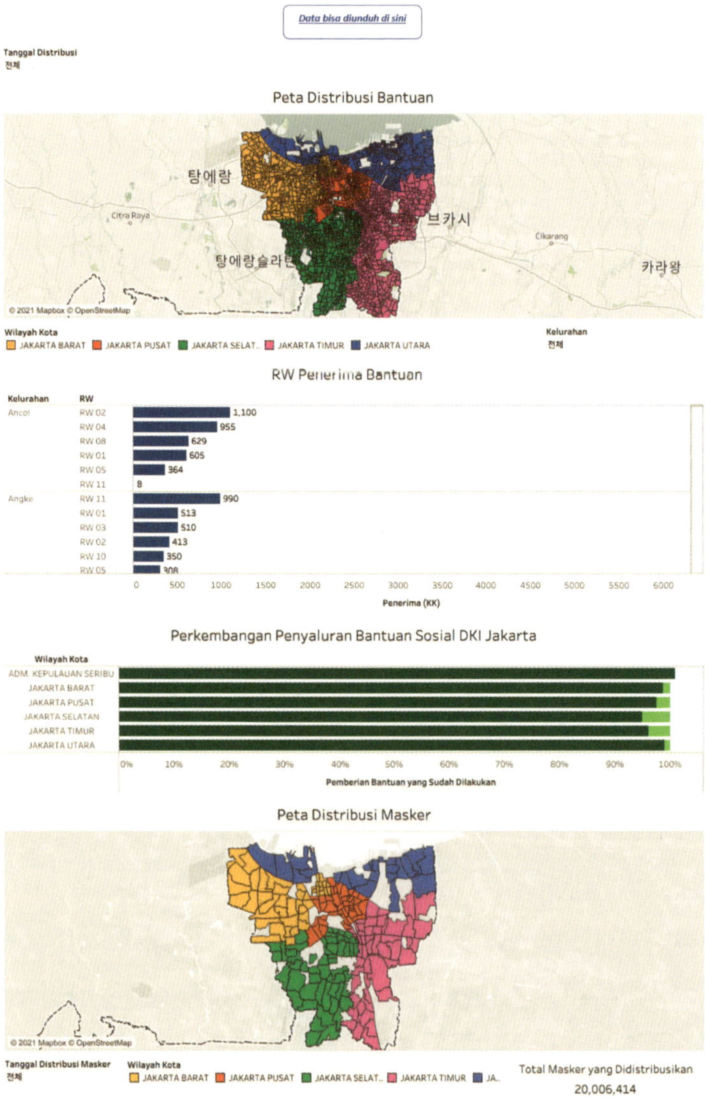


자료: https://corona.jakarta.go.id/id(검색 2021. 3. 20.).

요를 채우고 있으며, 도시경제의 94퍼센트를 차지하는 100만 개 이상의 중소기업(SME)의 본거지가 바로 자카르타이기 때문이다. 자카르타 주정부는 작쁘레누르(Jakpreneur)라는 플랫폼을 통해 중소기업 지원에 참여하고 있다. 작쁘레누르는 중소기업의 창조, 촉진과 협업 플랫폼으로 자카르타 주정부는 이 플랫폼을 통해 14만 명 이상의 중소기업 회원을 육성했다. 코로나19 대유행 기간 자카르타의 중소기업은 재정, 인력, 위생 기준 준수 등 다양한 문제와 한계에 직면했다. 이에 자카르타 주정부는 중소기업을 위한 대규모 사회협력(중소기업의 KSBB)을 통해 중소기업을 위한 다양한 지원을 제공했다.

## 자카르타 코로나19 백신 현황과 효과[4]

### 백신 프로그램

인도네시아는 주로 중국의 시노백 바이오텍에서 개발한 백신을 사용하고 있다. 유엔이 지원하는 조달 계획인 코백스를 통해 110만 용량의 아스트라제네카 백신도 받았지만, 영국의 백신 투여 후 혈전 발생 사례 보고로 인도네시아 보건부는 세계보건기구를 비롯한 세계 각국의 조사를 기다리고 있다(Bona, 2021). 2020년 2월 100명 기업의 CEO 포럼이 조코위 대통령과 함께 모여 '백신자체공급(Self-Supplied Vaccines)'을 제안했고, 그 후 인도네시아의 백신 정책을 '백신고똥로

4 백신 정책은 대부분 국가 차원에서 진행되기 때문에, 자카르타 주정부가 아니라 인도네시아 국가 차원의 백신 정책을 소개한다.

용(Vaksinasi Gotong Royong)' 정책으로 명명하였다. '고똥로용(Goto Royong)'은 상부상조라는 뜻으로 '협력적인 백신 정책'을 구현하겠다고 표명한 것이다. 조코위 대통령은 이러한 정책을 보건부에 요구했고, 이에 보건부는 백신 정책을 구현할 법령을 준비했다. 인도네시아 상공회의소는 8,300개 이상의 기업이 참여하도록 했으며 2천만 명의 접종자를 위해 4천만 용량을 구매하는 것을 목표로 했다(O'Rourke, 2021). 백신 접종은 법령에 기초하여 무료로 진행되었다. 접종 속도를 높이기 위해 백신 프로그램을 민영화해야 한다는 요구가 있었지만, 중앙정부 주도로 진행하고 있다. 백신 공급 경쟁을 피하기 위해 민간 영역은 정부가 구입하는 백신 7종과 다른 종류만 공급할 수 있다고 명시하고 있다. 정부가 제공하는 7개 종류의 백신은 시노백, 아스트라제네카, 시노팜, 모더나, 노바 백신, 화이자, 바이오엔텍, 그리고 시노백 바이오텍 등이다.

2021년 1월 13일 조코위 대통령이 첫 백신 접종자가 되었다. 인도네시아 보건당국은 노동가능인구인 19~59세 연령대를 우선 접종 대상으로 정했다. 부디(Budi Gunawan Sadikin) 보건부 장관은 고령층 대신 바이러스에 감염될 위험성이 큰 사람들을 우선하겠다고 말했다. 그 이유로 젊은이들이 노동력 대부분을 차지하고 있으며 정부는 국가 경제회복도 고려해야 한다는 점을 들었다(Hani, 2021). 이후 2021년 3월 18일까지 약 480만 명이 1회 백신을 맞았고, 거의 200만 명이 최종 예방접종을 마쳤다. 조코위 행정부는 백신을 거부하는 사람은 사회 보조금이나 정부 서비스를 지원받지 못한다는 대통령령을 발표했다. 또한 백신을 거부하면 지역 보건기관이나 지방정부의 결정에 따라 벌금을 부과한다고 밝혔다.

| 표 4 | **자카르타 백신 접종(단위: 명)**

| 자카르타 | | 인도네시아 |
|---|---|---|
| **주 전체의 백신 목표** | 8,815,157 | 181,554,465 |
| **백신 접종의 1단계와 2단계** (보건종사자, 노인, 공무원) | 3,000,689 | 40,349,051 |
| **도스 1 전체 백신 접종** | 692,365(23.1퍼센트) | 4,705,248 |
| **도스 2 전체 백신 접종** | 159,736(5.3퍼센트) | 1,876,140 |

| | 백신 접종 목표 | 백신 도스 1 | 백신 도스 2 |
|---|---|---|---|
| **보건 종사자** | 112,301 | 120,003(106.9퍼센트) | 94,619(84.3퍼센트) |
| | 인도네시아: 1,468,764 | 인도네시아: 1,431,713(97.5퍼센트) | 인도네시아: 1,208,113(82.3퍼센트) |
| **어르신** | 911,631 | 236,230(25.9퍼센트) | 1,963(0.2퍼센트) |
| | 인도네시아: 21,553,118 | 인도네시아: 836,628(3.9퍼센트) | 인도네시아: 6,600(0.0퍼센트) |
| **공무원** | 1,976,757 | 336,132(17.0퍼센트) | 63,154(3.2퍼센트) |
| | 인도네시아: 17,327,169 | 인도네시아: 2,436,907(14.1퍼센트) | 인도네시아: 661,427(3.8퍼센트) |

자료: https://corona.jakarta.go.id/id(검색 2021. 3. 18.).

인구가 많은 자카르타 주정부는 4단계로 나누어 백신 접종을 진행하고 있다. 예방접종의 1단계에서는 보건 종사자, 보건 종사자 보조자, 보건 업무 지원 직원, 그리고 현재 의료 전문 교육을 공부하며 보건 서비스 시설에서 일하는 학생에게 우선순위가 부여된다. 2단계에서는 60세 이상의 노인, 군인, 경찰, 공무원, 법무관과 공항, 항구, 역, 터미널에서 일하는 장교를 포함한 기타 공무원을 대상으로 한다. 은행, 주정부 전기회사, 지역 식수 회사, 지역사회 서비스 제공에 직접 관여하는 기타 공무원 등이다. 3단계에서는 공간적 · 사회적 · 경제적 측면에서 취약한 사람이 대상자이다. 4단계에서는 백신의 가용성에 따라 클러스터 접근 방식을 사용하는 지역사회와 기타 경제 행위자 순으로 대상자를 정했다.

자카르타의 백신 접종 첫 번째 단계는 2021년 1월 15일 바스웨덴 주지사의 접종을 시작으로 전개되었다. 두 번째 단계에서 예방접종 프로그램을 용이하게 하기 위해 자카르타 주정부는 484개의 공중보건센터를 활용하였다(Velarosdela, 2021b). 〈표 4〉처럼 예방접종은 880만 명을 접종할 예정이며 2021년 3월 18일 현재 거의 70만 명, 자카르타 인구의 23.1퍼센트에 해당하는 비율이 백신 접종을 완료했다. 2차 접종을 받은 사람들은 거의 16만 명, 자카르타 인구의 5.3퍼센트를 차지한다. 자카르타 주정부는 코로나19 백신을 거부한 주민에게 최대 500만 루피아(450달러)의 벌금을 부과하고 있다. 백신의 효과에 의심을 갖고 있거나 할랄 인증 절차 여부가 정확하지 않아 백신 접종에 확신이 없는 무슬림 신자들이 많은 상황이었다. 그럼에도 불구하고, 백신 저항에 대한 엄격한 벌금 정책을 집행하는 것은 코로나19를 종식하겠다고 하는 정부의 강력한 의지가 반영된 것이라고 볼 수 있다(Lisnawati, 2021).

### 적극적인 백신 정책의 효과

앞에서 언급한 것처럼 인도네시아의 코로나19 상황은 '끝없는 1차 유행'이라는 표현으로 압축되었다. 코로나19 감염자 수가 급증한 후 일정 기간 안정화 시기를 거치고 2~3차 유행기를 맞이한 다른 나라와 달리, 인도네시아 확진자 수는 큰 폭의 감소 없이 꾸준히 증가하는 추세를 보였다(김형준, 2021). 그래서 '실패한 방역'이라는 가혹한 평가와 그 책임이 어디에 있는지 서로 공방하는 안타까운 상황이 전개되었다. 그러나 이러한 끝없는 1차 유행은 〈그림 11〉에 나타난 것과 같이 분명히 변화를 보이는 것을 알 수 있다. 2021년 1월 13일 조코위 대통령이 첫 백신주사를 맞은 이후, 계속 치솟던 확진자 추이가 2021년 2월이 되면서 하강하기 시작하였다.

인도네시아 백신 공급에 현격한 공헌을 한 것은 중국이다. 작년 상반기부터 중국 제약회사인 시노백 바이오텍은 인도네시아 국영기업인 파르마 바이오 회사(PT Bio Farma)와 협력하여 백신 제조뿐만 아니라 백신 생산을 위한 공동연구도 추진하기로 하였다. 2020년 10월 반둥에서 1,620명의 지원자를 받아 백신 실험도 추진하였다. 이 과정을 통해 중국은 시노백 백신을 대량으로 인도네시아에 공급하고 있다. 2021년 3월 1일 중국 왕이 외교부 장관은 인도네시아가 동남아에 공급하는 백신 생산의 허브가 되겠다고 입장을 밝혔다(Yeremia and Raditio, 2021). 중국 백신의 적극적인 공급 때문에 인도네시아가 중국에 종속되는 것은 아닌가 하는 우려도 있다. 비록 인도네시아의 백신 수급에서 시노백이 전체의 38퍼센트를 차지하기는 하지만, 노바백스 15.2퍼센트, 가비-코백스 15.2퍼센트, 아스트라제네카 15.2퍼센트, 화이자 16.4퍼센트 등 여러 백신이 수급되고 있다. 완전히 대등한 관계는 아니더라도 흔히 인도네시아가 중국에 과도하게 종속된다고 하는 것은 호사가들의 얘기인 것 같다.

## 자카르타 도시 전환의 과제와 미래

코로나19 팬데믹으로 전 세계는 기후변화에 따른 생태계 파괴의 위험성을 경험적으로 인식하게 되었다. 그리하여 포스트 코로나19 이후 어떻게 변화할 것인가, 어떻게 나아가야 할 것인가를 활발하게 논의해 왔다고 할 수 있다. 그중에서도 코로나19와 같은 감염병이 앞으로도 주기적으로 발생할 수 있다는 위기의식이 뚜렷해지며 국민의 생명과 안전을 보장하는 '보건 거버넌스'의 역할이 강조되고 있다. 이를 위해서 중앙정부 차원의 거버넌스뿐만 아니라 지방정부 차원에서도 보건과 생명 안전을 위한 기능과 역할을 고도화하려고 노력할 것으로 예측된다. 지방정부 차원의 생활 밀착형 보건 거버넌스를 구축하는 데는 디지털 세계로 전환이 매우 중요한 역할을 한다. 코로나19 이전부터 4차 산업혁명 담론이 본격화되면서 선진국은 물론 인도네시아를 포함한 개발도상국도 디지털 경제로 전환을 진행하고 있었는데, 코로나19 때문에 더 압축적으로 진행되었다고 볼 수 있다. 앞서 언급하였듯이 자카르타가 코로나19에 대응하는 데에도 디지털 기술이 매우 중요한 역할을 하였다. 코로나19 확진자 추이를 알리고, 대국민 인식을 고취시키고, 확진자를 추적하고, 확진자를 격리하고, 치료하는 모든 방역 단계에서 디지털 기술이 빠르게 적용되었다.

다른 대도시와 비교해 자카르타의 코로나19 대응은 어떤 특징이 있는가? 코로나19의 발병률과 사망률을 종합한 대도시 대응 시스템의 회복성 측면에서 자카르타는 마닐라와 뉴욕처럼 회복성이 낮은 도시에 해당한다. 회복성(resilience)은 사회 시스템의 질서유지 역량을 의미한다. 한편 변화와 안정의 역동적인 조화를 나타내는 복잡성 측면에서 자카르타는 중간 정도 수준에 위치하고 있다. 서울, 런던, 파리, 도쿄보다는 낮지만 베이징보다는 높고, 자카르타, 델리, 마닐라, 뉴욕 등과 같은 수준에서 복잡성의 결과를 보여 준다(김준·양현영, 2021).

인도네시아의 코로나19 발병률과 사망률은 백신 보급 이후 상당히 변화하고 있음을 알 수 있다. 블룸버그가 측정하는 회복력 지수에서 인도네시아 백신 보급률은 상대적으로 높은 편이다. 자카르타에서 코로나19 백신의 보급 이후 확진자 추이가 현저히 달라지고 있다는 것은 백신 정책이 전염병 대응에 매우 중요한 요소임을 확인해 준다. 감염병 대응을 위한 보건 거버넌스의 역량을 개발하기 위해 바이오 기술에 대한 투자와 노력 등을 강화해야 하고, 개별 대도시나 국가를 넘어 연대와 협력으로 백신 협력 체계를 구축하는 것이 더할 나위 없이 중요하다.

자카르타 주정부가 코로나19 팬데믹과 같은 상황에 대응하기 위해서 어떤 변화를 주문하고 있는지를 살펴보면 다음과 같다. 핵심 키워드는 '지속 가능한 도시'를 만드는 것이다. 지금의 자카르타는 도시개발 계획이 없는 난개발의 대표 도시이다. 현 주지사는 자카르타를 지속 가능한 도시로 만들기 위해, 전염병에서 회복하면서 도시가 기업, NGO, 풀뿌리 커뮤니티 단위와 협력을 최적화하여 앞으로 다층의 이해관계자들이 모두 참여하는 포괄적인 개발 협력을 해야 한다고 주장하였다. 그 구체적인 내용은 다음과 같다. 첫째, 장거리 여행이 불가피하게 어려울 때를 대비하여 주민의 모든 요구가 충족되는 '이웃 기반 도시 공간 계획'을 구상하였다. 둘째, PSBB 규정의 교훈으로 각 지역에서 자급자족 시스템의 중요성을 강조하였다. 공공시설과 서비스 등 모든 도시 거주자에게 개발 혜택이 돌아가고, 그러한 공공시설과 서비스를 획기적으로 개선하고 확장해야 할 필요성을 제기했다. 셋째, 현대 도시 거버넌스의 핵심으로서 디지털 인프라의 업그레이드 필요성을 역설하였다. 재택근무와 홈스테이 학교 등 코로나19로 변화된 일상이 모든 계층에게 안정적이고 안전하게 제공되기 위해서는 디지털 인프라의 확보가 절실하다. 넷째, 효과적인 정부 정책과 프로그램 제공을 위한 통합 데이터의 필요성과 특히 인구 데이터의 중요성을 제기하였다(Nafian, 2020). 즉 데이터에 기반한 주정부 정책을 만드는 데 데이터의 투명성, 개방성, 고도화 작업은 다른 어느 때보다 중요하게 여겨진다.

인류는 많은 어려움을 극복하면서 지금까지 발전된 문명을 창조해 왔다. 스페인 독감 이후 세계는 대량생산 시스템을 만들어 인류 물질문명을 한 단계 발전시키는 놀라운 변화를 가져왔다. 이제 코로나19 이후 인류는 다시 한번 디지털 세계로의 전환을 꿈꾸고 있다. 좀 더 구체적으로 말하자면, '지속 가능한 생태에 기반한 디지털 경제'로의 전환을 의미한다. 코로나19가 우리 인류에게 준 가장 중요한 것은 바로 지금과는 '다른' 세계에 대한 도전과 비전의 제시라고 할 수 있다. 코로나19에 대한 자카르타의 대응이 이러한 변화를 향한 하나의 사례가 되기를 기대해 본다.

# 8장

## 메트로마닐라_필리핀:

## 중앙정부의 권위주의 방식 속에 빛난 시정부의 도전

PANDEMIC

**엄은희** 서울대학교 사회과학연구원 선임연구원

**배경민** 필리핀국립대학교 한국학연구소 소장

## 필리핀과 메트로마닐라의 코로나19 상황

### 코로나19 확산 추이

코로나19라는 지구적 감염병이 발생한 지 1년이 넘었지만 전 인류는 보건의료뿐 아니라 삶의 모든 영역에서 여전히 위기 상황에 갇혀 있다. 다행히 2020년 말 주요국에서 유례없는 속도로 단기간에 백신 개발에 성공하여 팬데믹에서 벗어날 가능성에 한 발 더 다가가는 듯 보였다. 하지만 2021년 4월 말 현재 많은 국가에서 백신 접종의 속도를 넘어서는 변이 바이러스의 발생과 통제되지 않는 감염 재확산이 현실화되고 있다. 인류가 코로나19의 종식을 선언하고 일상의 회복에 실질적으로 이르기까지는 아직 갈 길이 많이 남아 있다.

필리핀은 동남아시아 11개국 중 인도네시아에 이어 두 번째로 코로나19 확진자가 많은 나라이다. 동남아 국가 중 강력한 물리적 이동 제한을 가장 오래 시행하였음에도 필리핀은 방역과 경제회복 모두에서 악화일로에 놓여 있다(엄은희, 2020; Hapal, 2021). 재확산세도 동남아시아 국가 중에서 가장 심각하다. 2020년 8월 10일 일일 확진자 수 4,143명으로 정점을 찍었던 필리핀의 코로나19 상황은 2021년 4월 5일에 1만 3,942명으로 일일 확진자 수 최고점을 갱신했다. 특히 3월 이후의 확산세는 집계를 비롯한 통합 관리에도 어려움이 있을 정도로 가파르게 증가해서, 3월 24일 이후에는 보건당국 통계자료 발표에 누락이 자주 발생하는 등 방역관리의 허점이 노출되었다.[1]

| 그림 1 | **필리핀의 코로나19 확진자 수(일주일 평균) 추이**

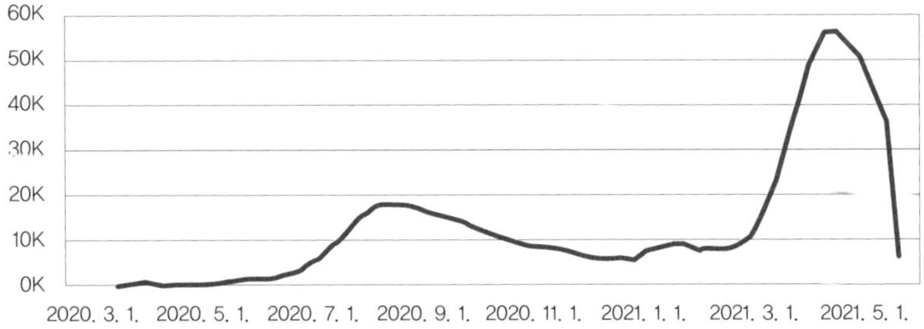


자료: https://doh.gov.ph/covid19tracker(검색 2021. 5. 15.).

구체적인 수치를 살펴보면, 2021년 5월 17일 기준 필리핀의 누적 확진자 수는 114만 9,925명이고 누적 사망자 수는 1만 9,262명이다. 이 중 메트로마닐라의 누적 확진자는 48만 9,195명(총 확진자의 42.5퍼센트), 사망자는 6,920명(총 사망자의 35.9퍼센트)으로 집계되었다. 또한 메트로마닐라의 남단을 포함하는 광역경제권(메트로마닐라와 칼라바

1 필리핀 정부는 보건부 웹사이트(https://doh.gov.ph/2019-nCoV?page=1)와 공식 대시보드(https://covid19.gov.ph/)를 통해 매일 오전 1차 집계 결과(COVID-19 Tracher)를 발표하고, 늦은 오후 구글 드라이브(https://drive.google.com/drive/folders/1Wxf8TbpSuWrGBOYitZCyFaG_NmdCooCa)를 통해 더 정제된 상황보고서(Beat COVID-19 PH Situationer)를 공식적으로 제공한다. 상황이 악화된 3월 26일부터는 일주일 이상 업로드를 하지 않았는데, 다행히 4월 초에 상황이 개선되었고 누락된 일자의 통계수치도 소급 정리되었다.

| 그림 2 | **메트로마닐라의 코로나19 확진자 수**(일주일 평균) **추이**

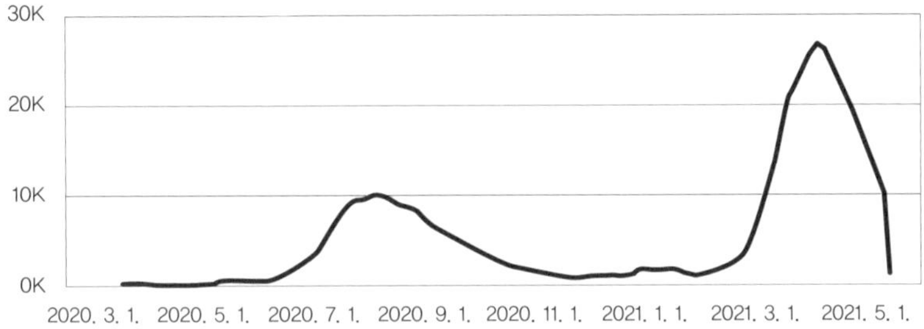


출처: https://doh.gov.ph/covid19tracker(검색 2021. 5. 15.).

존: 카비테주, 라구나주, 바탕가스주, 리잘주, 퀘손주)으로 확장하면 총 확진자의 60.2퍼센트, 현 확진자의 46.3퍼센트, 총 사망자의 49.1퍼센트가 수도권에 집중되어 있다. 2021년 3~4월의 확산세도 메트로마닐라에서 가장 심각했는데, 강력한 봉쇄 조치의 재시행으로 5월 중순 현재 필리핀의 일일 확진자 수는 4~7천 명대로 다시 관리되고 있다. 하지만 여전히 일일 신규 확진자 수가 불규칙하다는 점에서 코로나 위기는 끝날 때까지 끝날 수 없는 지난한 과제임을 상기시킨다.

필리핀의 수도는 흔히 마닐라(Manila)로 알려져 있지만 필리핀 수도의 공식 명칭은 메트로마닐라(Metro Manila) 혹은 국가수도지역(National Capital Region, 이하 NCR)이다. 인구 1,287만 7,253명(2015년 기준), 총면적 638제곱킬로미터에 이르는 메트로마닐라는 16개의 시(city)와 1개 군(municipality)으로 구성된 광역도시 지역이다. 흔히 말하는 마닐라는 메트로마닐라의 17개의 시군 중 한 도시로 메트로마닐라와는 다른 행정구역 단위이다. 메트로마닐라는 필리핀 총인구의 12.75퍼센트가 거주하는 동남아 최대의 메가 도시이며, 경제 면에서

| 표 1 | **필리핀 전국과 수도권의 코로나19 확진자와 사망자**

| | 총 확진자 | 현 확진자 | 총 사망자 |
|---|---|---|---|
| **전국**(명) | 1,149,925 | 54,235 | 19,262 |
| **메트로마닐라**(명) | 489,195 | 14,752 | 6,920 |
| **광역수도권**(**NCR**와 남부 수도권)(명) | 693,390 | 25,138 | 9,465 |
| **수도의 비중**(퍼센트) | 42.5 | 27.2 | 35.9 |
| **수도권의 비중**(퍼센트) | 60.2 | 46.3 | 49.1 |

자료: 보건부 자료(2021년 5월 17일 기준)를 기초로 재구성(https://doh.gov.ph/covid19tracker).

는 GDP의 37.2퍼센트를 차지하는 수도로서 국가의 관문이자 정치와 행정의 중심지이다.

필리핀 전국과 수도의 코로나19 확산세는 1년 이상 유사한 진행을 보여 주었다. 다시 말해, 필리핀의 코로나19 전개 상황에 있어 수도인 메트로마닐라는 감염의 진입 경로이자 확산의 진원지이다. 반면 환자 발생 비중에 비해 사망자 비중은 낮은 편인데, 이는 의료 자원이나 경제 자원이 수도권에 집중되어 있어 환자 관리 역량이 상대적으로 높음을 보여 준다.

## 코로나19 전개 양상과 거버넌스 특성

2020년 1월 첫 번째 코로나19 확진자가 확인된 이후 2021년 5월까지 필리핀의 코로나19 전개 상황은 5개 국면으로 나누어 볼 수 있다.

제1국면(2020년 1~2월): 최초 사례 보고와 지연된 대응

필리핀에 중국발 신종 바이러스와 집단 폐렴 소식이 국제뉴스로 전해진 것은 2019년의 마지막 날이었다. 당시만 해도 대부분 국가가 우려를 표하면서도 이를 중국의 특수한 사정으로 여길 뿐 글로벌 팬데믹으로 전개될 것을 예상하지 못했다. 필리핀도 마찬가지였다. 필리핀 정부는 사스, 에볼라 등의 감염병 대응 경험이 있었음에도 중국과 한국, 동남아 인접국의 상황을 방관하며 2020년 1~2월에 적절한 조처를 하지 않았다.

필리핀 내 첫 확진자는 2020년 1월 30일에 발생하였다. 우한 출신 중국인 관광객으로, 세부를 통해 입국하여 이미 2주 동안 체류 중이었으며 복잡한 이동 경로를 거쳐 마닐라에서 최종 확진 판정을 받았다. 기저질환이 있던 1호 환자는 곧 사망(2월 1일)하였고, 이는 '중국 밖의 첫 번째 코로나19 사망 사례'로 기록되었다. 첫 환자가 보건당국의 직접 관리나 통제가 어려운 외국인이었다는 점은 필리핀의 초기대응이 늦어진 원인이 되었다. 그나마 다행스러운 점은 1월 12일 수도권에 있는 탈(Taal) 화산의 분출로 화산재 피해가 발생함에 따라, 국가 공항 운영을 일시 중단하고 수도권 주민에게 코로나19와 무관하게 마스크 착용을 독려했다는 점이다.

사망자 발생에도 불구하고 1~2월 동안 필리핀의 방역은 보건당국의 모니터링 수준을 넘지 않았고 국가적 방역 체계는 아직 작동하지 않았다. 2월 13일에는 "(코로나19 관련) 국가를 믿고 '조용하고 조심스럽게' 대응하기 바란다"라는 다소 위압적인 내용의 대통령 대국민 성명이 발표되었다(CNN Philippine, 2020. 2. 13.). 코로나19를 여전히 외국의 문제이자 특수한 경우로 인식하고 사태가 진정되기만을 기다렸

다고밖에 볼 수 없는 상황이었다.

### 제2국면(2020년 3~5월): 글로벌 팬데믹 선언과 국가보건비상사태

3월부터 필리핀의 코로나19 사태도 심각해졌다. 3월 6일 해외 방문 이력이 없는 내국인의 지역사회 감염이 발생하면서 코로나19 문제에서 필리핀도 당사국이 되었다. 보건부(DOH)의 건의에 따라 적색경보 1단계의 국가보건비상사태가 선언되었고 학교 휴교와 재택근무가 권고되었다. 세계보건기구가 글로벌 팬데믹을 선언한 3월 11일에는 최초로 내국인 사망자가 발생하였다. 이 시점이 되어서야 두테르테 대통령은 직접 나서 3월 12일에 국가비상사태를 선언하며 계엄령에 준하는 고강도 사회 규제를 시행할 것을 결정하였다. 여행금지령이 모든 국가로 확대되고 강력한 이동 통제와 도시 봉쇄가 결정되었으며 60일간 모든 기본 생활필수품의 가격 동결 명령도 함께 내려졌다. 이어서 정부는 재난 사태를 근거로 6개월간 계엄령에 준하는 강력한 통제를 시행할 것을 선언하였다.

무엇보다 인구밀도가 높고 외국과의 교류가 빈번한 수도 메트로마닐라의 전염병 확산 위험을 통제할 필요가 있었다. 3월 15일부터 한 달간 지역사회격리(Community Quarantine, CQ) 명령이 내려졌는데, 이 조치는 하루 뒤 총인구의 60퍼센트가 거주하는 루손섬 전 지역(Luzon-wide Community Quarantine)으로 확대되었다. 루손섬 전역에는 가장 강력한 수준의 봉쇄령인 강력지역사회격리(Enhanced Community Quarantine, 이하 ECQ)가 애초에 한 달로 예정되었으나 4월 9일과 4월 30일 두 차례 연장되었다. 5월 중순에는 지역별 코로나19 위험도를 상중하로 구분하고 고위험 지역(메트로마닐라, 라구나주,

세부시)에는 수정된 강력지역사회격리(Modified ECQ, 이하 MECQ)가 5월 말까지 연장되었고, 그 외 지역에는 완화지역사회격리(General Community Quarantine, 이하 GCQ)가 시행되어 대중교통과 상업 시설의 운영이 일부 허용되었다.

### 제3국면(2020년 6~8월): 위험을 동반한 봉쇄 완화

3월 15일부터 지역별로 수위를 달리하며 세 차례 76일간 연장되었던 도시 봉쇄는 6월 1일부터 메트로마닐라를 비롯한 전국에서 GCQ로 전환되었다. 그러나 이 완화 조치는 방역 목표가 달성되어서가 아니라, 사회 격리의 장기화로 국민의 사회경제적 불만이 커졌기 때문에 내려진 결정이었다. 문제는 봉쇄 수위가 낮아졌을 뿐 봉쇄가 완전히 해제된 것은 아니었음에도, 많은 국민이 이를 봉쇄 해제에 준하는 조치로 이해하고 행동했다는 것이다.

메트로마닐라의 코로나19 확산세가 멈추지 않았으나 사회경제적 위기 발생을 고려하여 수도 지역의 GCQ는 유지되었고 상황은 지속해서 악화되었다. 8월 들어 필리핀의 확진자 수는 10만 명을 넘어섰고, 일일 신규 확진자 수도 3천 명 선을 넘기는 날이 많아졌다. 메트로마닐라에 대한 ECQ 재지정을 요구하는 의료계의 목소리가 나온 후, 정부는 8월 4일 메트로마닐라와 남부 수도권(Region 4A)에 MECQ 유지를 선언하였다. 8월 7일에 필리핀은 인도네시아의 확진자 수를 넘어서 코로나19의 동남아 최대 피해국이 되었다.

8월의 급속한 확산세의 한 원인으로 '오플랜 리커버리(Oplan Recovery)' 프로그램의 효과를 짚어 볼 필요가 있다(엄은희, 2020). 이 조치는 의료와 격리시설의 한계를 고려하여 '시간 기반 회복'을 결정하는 것이다. 확진 후 14일이 경과한 무증상과 경증 환자는 심각한 증상이 발현되지 않으면 격리에서 바로 해제하고 회복자로 분류하는 것을 내용으로 한다. 이 조치에 따른 첫 대량 회복자 분류 집계는 7월 30일부터 시작되었는데, 이날의 회복자 수는 총 3만 8,075명이었다. 이 조치 이후 필리핀 보건당국과 병상 관리는 다시 감당 가능한 수준으로 회복되었지만 이는 인위적 회복에 불과했다(The Inquirer, 2020. 8. 14.). 이후 필리핀의 회복자 그래프는 계단식으로 증가하는 모습을 보였다.

### 제4국면(2020년 9월~2021년 2월): 안정된 관리기

정부는 3월 24일 고강도 통제와 사회경제 지원을 위해 바야니한법(1)(Bayanihan to Heal as One Act of 2020)을 제정하였다. 이 법안의 효력은 6월 말에 만료되었는데, 필리핀 헌법에서 위기 상황에 허용되는 대통령의 비상권력(emergency power)은 3개월을 넘지 못한다는 규정 때문이었다. 바야니한법(1)의 만료 직후 사회 격리로 인한 빈곤층에게 지급되던 현금지원이 중단되었고, 코로나19에 대응하기 위한 특별한 법적 · 제도적 프로그램이 부재한 상태가 되었다(Joaquin and Binana, 2020).

그로부터 약 3개월이 지난 9월 11일 두테르테 대통령은 바야니한법(2)(Bayanihan to Recovery as One Act of 2020)를 발표하였으며, 일주일 뒤 국가재난사태를 2021년 9월까지 연장한다는 포고령을 발표하였다. 다행스럽게도 코로나19 상황은 9월 중순에서 2021년 2월까지 일일 신규 확진자 수가 2천 명 이하로 유지되었다.

#### 제5국면(2021년 3~5월 중순): 급격한 감염 재확산기

2020년 12월 10일 영국을 시작으로 코로나19 백신 접종이 시작되었다. 백신은 코로나19 팬데믹을 종식시킬 수 있는 게임 체인저이다(Yoo, 2021). 필리핀에서도 2021년 3월 1일을 기점으로 백신 접종이 개시되었다(Philippine News Agency, 2021. 3. 1.). 2021년 4월 11일 기준 필리핀의 백신 접종자는 약 110만 명(인구 대비 0.92퍼센트)으로 동남아에서 인도네시아(1,470만 명, 인구 대비 3.66퍼센트), 싱가포르(170만 명, 인구 대비 19.34퍼센트)에 이어 세 번째로 많다.

하지만 백신 접종 개시라는 희망적 소식과는 반대로 필리핀의 코로나19 확산세는 2021년 3월 들어 급증하고 있다. 2월 28일부터 일일 신규 확진자 수가 2천 명을 넘어선 후 확산세는 급속도로 증가하였다. 3월 한 달 동안만 17만 명 이상의 신규 확진자가 늘어났다. 급기야 필리핀 정부는 부활절을 기리는 성주간 휴일인 3월 29일에서 4월 4일 동안 가장 높은 수준의 도시 봉쇄인 ECQ를 메트로마닐라와 남북 인근지역을 포함하는 광역수도권(NCR-Plus)에 다시 적용하였다. 수도권의 격리 수준은 4월 11일을 기점으로 MECQ로 한 단계 낮추었다가 4월 말 GCQ로 일부 재조정되어 5월 중순 현재까지 강력한 격리 상태가 유지되고 있다.

## 필리핀의 국가 수준 코로나19 대응 정책

### 코로나19 대응 제도와 거버넌스: 손쉬운 권위주의적 대응

일명 사스(SARS)로 불린 중증급성호흡기증후군(Severe Acute

Respiratory Syndrome)은 2000년대 이후 아시아 지역을 혼란에 빠뜨린 첫 번째 신종 감염병이었다. 이 감염병은 특히 동남아시아에 큰 타격을 주었는데, 필리핀의 방역 기능은 사스에 대해서는 어느 정도 역학적 성과(14명 확진, 2명 사망)를 거두었다. 필리핀은 2014년 신종 감염병 대응을 위한 행정명령을 제정한 바 있다. 이 법령에 따라, 신종 감염병이 국내 발생 시 신종 감염병 대응을 담당하는 '신종감염병 범정부태스크포스(IATF-EID Inter-Agency Task Force on Emerging Infectious Diseases, 이하 IATF)'를 설치하여 감염병의 진단, 모니터링, 통제, 확산 방지를 목표로 위기 상황을 관리할 수 있다.[2]

하지만 이번 코로나19에 있어서 제도의 시행은 다른 방식으로 이루어졌다. 3월 24일 대통령은 재난대응특별법인 「바야니한법」에 서명하였으며, 동시에 코로나19 대응 국가행동계획(NAP on COVID-19)도 직접 발표하였다. 그런데 이날 대통령의 옆에 선 사람은 IATF의 수장인 보건부 장관이 아니라 NAP에 따라 새롭게 구성된 코로나19 국가태스크포스(National Task Force against COVID-19, 이하 NTF)의 수장인 델핀 로렌자나(Delfin Lorenzana) 국방부 장관이었다. IATF라는 신종감염병 관련 법정 기구가 있음에도 불구하고 국방부 장관을 수장으로 하는 NTF 조직을 별도로 출범시킨 것이다.

코로나19 바이러스가 예상을 뛰어넘어 빠르고 광범위하게 전파되었으나 이에 대응하기 위한 필리핀 정부의 관리 거버넌스는 문제가 많았다. 필리핀 보건부, IATF, 대통령궁, 각 시의 시장 등 코로나19 상

2 IATF의 조례(resolution) 공보 사이트: https://www.officialgazette.gov.ph/section/laws/other-issuances/inter-agency-task-force-for-the-management-of-emerging-infectious-diseases-resolutions/.

황이나 백신 진행 과정을 알리는 정보채널이 혼재되었고, 정보의 홍수에서 일반 국민은 신뢰할 만한 데이터와 정부의 정책 등에 혼란을 겪었다. 공중보건을 중심으로 한 접근보다는 군과 경찰에 힘을 실어 준 정부의 접근 방식 때문에 IATF의 역할에 대한 일반 국민과 언론의 의구심이 증폭되었다.

코로나19로 인한 위기 상황에서 행정수반에게 특별한 권한이 주어지는 것은 시급성과 효율성 차원에서 일정 수준까지는 용인될 수 있다. 하지만 이러한 특수한 권력 행동이 인권남용으로 이어질 수 있다는 점에서 사회적 논쟁이 따를 수밖에 없다. 두테르테 대통령은 4월 1일 라이브방송에서 ECQ의 규칙을 위반하거나 감독관 위협 시 경찰과 군은 위반자를 총으로 쏠 수 있다는 발언을 직접해 논란을 낳았다(CBS News, 2020. 4. 1.). 3일 뒤에는 실제로 60대 음주자가 경찰을 위협했다는 이유로 마닐라의 한 검문소에서 총에 맞아 사망하는 사건이 발생하기도 했다. 코로나19 대응의 최고 수장이 군 출신이라는 점이 보여 주듯 필리핀의 코로나19 대응은 군경을 전면에 내세운 권위주의적이고 통제 위주로 이루어졌다. 급속한 바이러스 확산이 시작된 3월 이후 필리핀 정부는 국민과 전문가의 참여를 포함하는 정책 혼합적 태도나 과학적 사실에 근거한 정책보다 권력의 입장에서 가장 손쉬운 권위주의적 방식만을 일방적으로 선택하였다.

방역 조치가 효과를 얻으려면 가이드라인이 제시하는 행동 규범 기준이 명확해야 하고 규범에서 벗어나는 행위를 어떻게 제재할 것인지에 대한 사회적 합의가 중요하다. 문제 행동에 대한 경찰 권력의 대응이 위반자의 사회경제적 지위에 따라 불평등하게 적용될 때 국민의 자발적 협력 의지는 꺾일 수밖에 없다. 3~5월까지 ECQ 기간 동안 통행금지나 격리 규정 위반으로 처벌받은 필리핀 국민은 10만 명에 달한다(Recio et al, 2020). 하지만 동일한 규정 위반에도 불구하고 공직자나 정치인에 대해서는 규제 당국이 방어적인 태도를 보일 때가 있었다. 예를 들어 마닐라 경찰서장은 격리 기간 중 생일파티를 한 것으로 알려졌다. 도시 봉쇄라는 극단적 조치는 사회적인 조치(대량 테스트, 감염자 접촉 추적, 지역사회 건강관리 등)와 결합될 때만 효과를 낳을 수 있다. 하지만 필리핀은 시민에 대한 강압적 이동 제한과 격리 조치는 있었으나, 이에 상응하는 사회 의료적 대응이 거의 없었기 때문에 국민의 자발적 공조도 제한적일 수밖에 없었다는 평가를 받는다.

### 지역사회격리와 이동 제한

필리핀은 코로나19 최초 발생 이후부터 현재까지 국경 봉쇄를 하지는 않았지만 강력한 국내 이동 제한 조치를 동남아시아에서 가장 길게 시행한 국가이다. 필리핀의 이동 규제 정책을 지역사회격리(CQ)라고 한다. 감염자 숫자에 따라 구역을 구분하고 구역별로 위험도를 평가하여 지역사회격리 명령을 내린다. 지역사회격리 제도는 강도에 따라 5단계(ECQ〉 MECQ〉 GCQ〉 MGCQ〉 New Normal)로 구분되며 단계별로 봉쇄 수위와 사회경제적 규제 내용이 다르다(〈표 2〉 참고). 지역사회격리 제도는 사회적 이동 규제이면서 동시에 물리적 공간 통제 전략이다.

최고수위 봉쇄인 ECQ 동안은 휴교령과 집회 금지, 그리고 저녁 8시부터 새벽 5시까지 통금령이 내려진다. 2020년 3~5월에는 대중교통수단(MRT, LRT, 택시, 지프니, 트라이시클 등) 운영도 전격 중지되었다. 또한 ECQ 기간에는 의료나 생필품 구매와 관련된 이동을 제외하고는 엄격한 사회적 거리두기 제한을 받았다. 2020년 제2~제3 국면 기간에는 생필품 구입 시 가구별로 1인만 외출이 가능하며, 외출 시에는

| 표 2 | **봉쇄 수위별 사회경제적 규제 사항**

| 봉쇄 수위 | 이동과 보건 조치 |
|---|---|
| **ECQ**<br>(강력지역사회격리) | 절대 이동 제한<br>연령과 건강 상태와 관계없이 이동 제한<br>필수 서비스(식량, 전력, 상수도)와 핵심 경제 부문을 제외한 경제 활동의 최소화<br>유틸리티 서비스를 제외한 교통망 통제<br>휴교령 |
| **MECQ**<br>(수정된 강력지역사회격리) | 구역 내 제한적 이동<br>필수 서비스와 직업을 위한 제한적 이동만 허가<br>선택된 제조업 공장 가동 허가(최대 인력의 25퍼센트만 출근)<br>필수 상품과 서비스를 위한 제한적 교통 허용<br>휴교령 |
| **GCQ**<br>(완화지역사회격리) | 버퍼존(BZ)*에서 제한적 경제 활동 허용<br>관광서와 산업계 업무 재개(최대 인력의 75퍼센트만 출근)<br>정부와 민간 활동 지원용 교통 서비스의 제한적 허용<br>유연적 학습 체계(역량에 따른 학급 운영) |
| **MGCQ**<br>(수정된 완화지역사회격리) | 버퍼존 외곽(OBZ)*에서 최소한의 보건 기준에 따른 사회경제 활동 허용<br>사회적 거리두기 유지<br>장소별 차등화된 방역 조치 유지<br>보건 대응 시스템 유지 |

자료: National Task Force Against COVID-19 〈Omnibus Guidelines in MECQ〉.

주: 버퍼존과 버퍼존 외곽은 집중 감염병 발생지(핫스팟)로부터 10킬로미터 이상 떨어진 상대적으로 안전한 지역임.

바랑가이(한국의 읍면동에 해당하는 행정단위)에서 발급한 외출증을 반드시 소지해야 했다. 초기에 종이 형태이던 외출증은 2021년 각 시에서 개발한 QR코드로 대체되었는데, 관리와 운영은 비교적 일관된 시스템을 갖춘 것으로 평가된다.

지역사회격리 기간에 메트로마닐라에서는 도시 간 경계를 넘는 것까지 제한받았다. 예를 들어 맞닿아 있는 만달루용과 파식시 간의 이동도 제한을 받아 군과 경찰이 동원된 검문소를 통과해야만 했다. 의료진과 필수 근무 목적을 위해 고용주가 발급한 증명서를 소지한 사람은 예외로 인정되었으나, 2020년 3월 이후 메트로마닐라 내 대부분의 사업체가 최소한의 인력으로 운영되거나 재택근무로 전환된 상태이다. 2021년 3월 현재도 도시 간 경계를 넘거나 여가나 휴양 목적으로 타 지역을 방문하려면 의료 확인증, 코로나19 진단검사 확인증 등을 제출해야 한다. 메트로마닐라를 포함한 수도권은 글로벌 팬데믹 선언 직후인 2020년 3월 15일부터 두 달 반에 걸쳐 ECQ 조치가 시행된 이후에도 봉쇄 수위의 등락이 있었을 뿐 여전히 지역사회격리를 유지 중이다. 〈그림 3〉은 2020년 2월부터 2021년 3월까지 메트로마닐라와 남부 수도권인 칼라바존 지역에 부여된 지역사회격리 조치를 시계열적으로 보여 준다. 안타깝게도 수도인 메트로마닐라를 중심으로 2021년 3월부터는 급속하게 바이러스가 재확산되었고, 이에 따라 최고 수위 ECQ와 한 단계 완화된 MECQ 상태가 반복되고 있다.

필리핀의 신종 감염병 관련 제도는 전임 대통령인 베니뇨 아키노(Benigno Aquino III)가 재임하던 2014년에 처음 제도화되었다.[3] 필리

3 행정명령(EO 168호)에 따라 신종감염병의 국내 발생 시 이에 대응을 담당하는

| 그림 3 | **메트로마닐라와 칼라바존 지역의 지역사회격리 부여 추이**

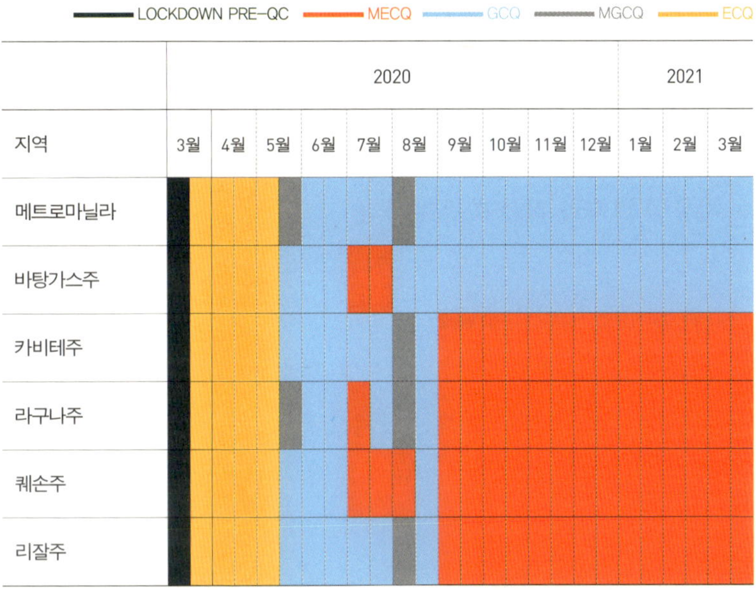


자료: 래플러(Rappler) 기사(2021. 3. 12.)를 일부 재구성함.

주: https://www.rappler.com/newsbreak/iq/how-covid-19-restrictions-look-like-philippines-year-after-lockdown-2021.

핀에서 신종 감염병과 관련된 제도화가 이루어진 후 지역사회격리 조치가 실제로 발동된 것은 이번 코로나19 사태가 처음이다. 필리핀은 2020년 2월 초 중국 밖에서 첫 사망자가 나온 국가임에도 방역에 적극적이지 않다가 3월에 지역사회 감염에 이어 내국인 사망자가 발생한 이후 급작스럽게 최고 수준의 강력한 사회 봉쇄 정책을 취했다. 그

IATF가 설치되고, 역학조사 실시 및 '격리(CQ)-완화(MCQ, Modified CQ)-뉴노멀(New Normal)'의 방역 수준 계열화 등 제도적 장치가 가동된다(엄은희, 2020).

러나 지역사회격리의 부여와 전환은 명확한 기준에 의해 진행되었다고 보기 어렵다. 사실 〈표 2〉와 같은 지역사회격리 단계별 방역 가이드라인은 ECQ가 최초로 내려진 3월 중순이 아니라 통제 완화가 예고되던 5월 중순에야 처음으로 공개되었다.

### 치유와 회복을 위한 특별법 제정

세계보건기구가 코로나19 글로벌 팬데믹을 선언한 다음 날인 2020년 3월 12일에 두테르테 대통령은 국가비상사태를 선언하고 계엄령에 준하는 고강도 사회 규제를 실시할 것을 결정하였다. 코로나19는 보건의료적 위기를 넘어 심각한 사회경제적 위기를 초래했는데, 특히 취약한 계층이 더 빨리 위험 상태에 처하게 되었다. 필리핀에서도 지속적인 확진자 증가로 메트로마닐라 내 특정 바랑가이에 봉쇄령이 내려지면서 사회적 취약계층이 경제난에서 벗어나지 못하고 있다.

필리핀 정부는 이처럼 코로나19로 어려움을 겪는 취약계층을 지원하기 위한 특별법을 제정한다. 2020년 3월 24일 두테르테 대통령이 일명 「바야니한법(Bayanihan to Heal as One Act of 2020)」[4]에 서명하였고, 이를 근거로 2020년 재정 권한을 단독 수행할 수 있는 강력한 비상 권한을 갖게 되었다. 바야니한은 '협력적 노력'이라는 뜻으로 이 법은 취약계층의 치유와 회복을 위한 지원을 목적으로 한다. 그런데 필리핀 헌법에 비상 권한은 3개월로 한정되는 조건이 있어서 「바야니

4 바야니한은 필리핀의 사회문화적 기본단위이자 지역공동체인 바랑가이(barangay)를 중심으로 농경사회에서 일상적으로 도움을 주고받는 일을 의미한다. 재난이 잦은 필리핀에서는 홍수, 화재, 지진, 태풍 등으로 인한 비상상황이 발생할 때 공동의 이익을 위한 특별한 조치로 공동체에 바야니한을 호소하는 경우가 있다.

한법(1)」은 6월 말에 효력이 중지되었다. 코로나19 사태가 장기화되면서 필리핀 정부는 9월 「바야니한법」의 후속 조치 제정에 착수하였다. 이 법안은 전자의 법안과 구분하여 「바야니한법(2)」로 불린다. 두 법안의 주요 내용은 〈표 3〉과 같다.

한편 필리핀 사회복지개발부(DSWD)는 코로나19 대유행 상황에서 생계지원금을 두 차례 지원하였고, 현재도 지원이 필요한 도시와 지역사회를 대상으로 생계지속프로그램(DSWD-NCR Sustainable Livelihood Program), 음식 기부 등을 실시하고 있다.[5]

| 표 3 | 「바야니한법(1)」과 「바야니한법(2)」의 비교

| | 바야니한법(1) | 바야니한법(2) |
|---|---|---|
| 공식 명칭 | Bayanihan to Heal as One Act | Bayanihan to Recover as One Act |
| 법령 지위 | 행정명령 11469호(Republic Act 11469) | 행정명령 11494호(Republic Act 11494) |
| 주요 내용 | · 저임금 가정, 취약계층에 금전적 지원<br>· 사회복지개발부의 주도로 취약계층에 현금과 식료품 제공<br>· 취약계층의 건강, 교육(0-18세 아동, 청소년)을 위한 정부의 지원책<br>· 4Ps: Philippines' Conditional Cash Transfer Program(조건부 현금지원 정책) | · 1년이 지난 현재까지도 동선 추적 시스템이 효율적으로 이루어지지 않고, 신뢰할 만한 데이터 구축에 인적자원이 부족한 상황<br>· 2020년 「바야니한법(2)」는 동선 추적을 위한 인력 보충에 예산 산정(참고: 계약직으로 월급 1만 8,784페소) |

자료: 필리핀 관보의 법령정보를 근거로 재구성함(http://www.officialgazette.gov.ph/).

5 DSWD 홈페이지(https://livelihood.dswd.gov.ph/)를 통해 복지지원금 온라인 신청이 가능하고 지원금 분배 현황을 알 수 있다.

## 교육 정책

2020년 3월 전국적으로 봉쇄령이 내려지면서 필리핀 교육부는 IATF의 권고에 따라 전국의 초중고등학교 휴교령을 선포하였고, 필리핀 고등교육위원회와 각 시정부 역시 대학교와 직업학교 등 모든 교육기관의 휴교를 선포하였다. 확진자가 급격히 증가한 3월 둘째 주에는 사흘간 휴교령이 선포되었으나 그 후 상황이 악화되면서 2주간 잠정적인 휴교령이 무기한 연장되어 모든 교육기관은 학기가 중단되는 초유의 사태가 벌어졌다(DEPED, 2021).[6]

온라인 교육 환경이 준비되지 않은 상황에서 휴교가 시작되어 학생들의 학업 성과는 최소한의 학업 결과물만으로 평가하도록 지침이 내려졌지만, 2분기까지도 분명한 정책이 결정되지 않아 혼선을 빚었다. 메트로마닐라를 위시한 대부분 지역에서는 3분기부터 원격 비대면 교육을 실시하였으나, 1년이 지난 2021년에도 산간벽지에서는 여전히 인터넷 접속이 어렵고 학습자료 인쇄물의 발송 지연, 기기와 시설 부족 등 다양한 문제를 겪고 있다. 전국에 균등한 인터넷 환경이 조성되지 않은 현실적 문제를 타개하기 위해 필리핀 교육부는 무료 텔레비전 채널에 'DepEd TV' 방송을 편성하여 초중고등학교 학생들이 텔레비전을 통해 학습할 수 있도록 하였다. 그러나 단기간에 마련된 학습 콘텐츠에서 오류와 오보가 많아 비판을 받고 있으며, 불균형적 교육을 극복할 방안에 대해 지속적으로 논의하고 있다.

최근에는 비대면 교육의 장기화로 인한 청소년의 정신건강과 사회

6 https://www.deped.gov.ph/wp-content/uploads/2020/04/AM-On_Suspension_of_Classes_due_to_COVID-19.pdf.

성 부족 등의 문제를 해결할 방안에 대해 교육계가 목소리를 높였다. 정부 방침 외에도 각 교육기관이 유동적으로 학사일정을 운영하며 교육의 질을 유지하기 위해 가능한 수단을 동원하고 있으나, 동남아시아의 이웃 국가에서 안정된 방역으로 등교가 재개되거나(베트남) 혼합형 학습이 이루어지는(태국) 것과 비교하면 필리핀의 교육 정상화는 아직 요원하다. 따라서 코로나19가 필리핀 교육에 장기적으로 미칠 파급효과는 어마어마할 것으로 예상된다.

## 메트로마닐라의 코로나19: 구성 도시 사례 분석

앞서 소개한 것과 같이 메트로마닐라는 17개의 시군으로 구성되는데 이들을 종합하는 광역정부는 없다. 이렇듯 17개의 시군은 독자적인 정치 행정 단위여서 코로나19 상황에 대한 집계도 각 시군이 별도로 정리한다. 코로나19 진단 능력을 인증받은 병원을 통해 집계된 각 시군의 코로나19 상황은 매일 보건부에 보고되고, 보건부 메트로마닐라 사무소에서 NCR의 상황을 총정리하여 중앙정부 보건부로 이첩하는 과정을 거친다. 3월 말 기준 코로나19 검진이 가능한 병원급 RT-PCR 실험실(lab)은 전국적으로 160개소, 실험실급 진엑스퍼트 연구실(GeneXpert Labs)은 총 46개소가 운영 중이며, 이 중 메트로마닐라에 소재한 진단기관은 병원급 71개소(전국의 44퍼센트), 실험실급 17개소(전국의 37퍼센트)에 달한다.

따라서 광역 지방정부로서 수도 전체가 코로나19 상황에 어떻게 정치적 · 행정적으로 대응하였는가를 살피는 작업은 불가능하다. 이 글에서는 메트로마닐라의 구성 시군 가운데 3개 도시, 즉 마닐라(Manila City), 파식시(Pasig City), 퀘손시(Quezon City)를 선정하여 코로나19 상황[7]과 지방정부의 대응을 살펴볼 것이다. 이들은 필리핀 지방정부 경쟁력 평가에서 우수한 평가를 받았고 현지 언론에서 창의적인 코로나19 대응으로 주목받은 도시이기 때문에, 도시 단위의 코로나19 전개 상황과 도시정부의 접근 전략을 살펴보기에 좋은 사례라고 할 수 있다.

## 마닐라시 현황과 정책

마닐라시는 필리핀을 대표하는 수도 지역의 고도화된 도시로, 스페인 식민시대의 행정 중심지이자 성곽도시였던 인트라무로스(Intramuros)와 차이나타운이 있는 비논도(Binondo)를 비롯해 16개 행정구와 897개의 바랑가이로 구성된다. 2015년 기준 마닐라시는 인구가 178만 148명이며, 인구밀도는 1제곱킬로미터당 7만 1,263명으로 필리핀에서 인구밀도가 가장 높은 도시이다. 스페인 식민 시기 태평양을 가로지르는 갤리온 무역(galleon trade)의 종착지이자 중계항으로 대항해시대부터 이미 글로벌 도시로 인식되었고, 미국의 식민지배기인 1901년 최초로 공인된 도시의 지위를 얻기도 했다. 현재 마닐라시의 시장은 배우 출신의 이소코 모레노(Isko Moreno)로 차기 대선후보군에도 들 정도로 대중적 인기가 있고 행정적 지도력도 보여

7 COVID-19 Tracker에서 지역 및 시군별 통계를 확인할 수 있다. https://ncovtracker.doh.gov.ph/?fbclid=IwAR2YpK0yDikz5H1F_jBGCxtZ940Wnc5GelaYFtM3VTBPEp7fxL-Y_IX1Xec.

주고 있다. 코로나19 상황에서는 의사 출신인 부시장과 역할을 분담해 감염병 대응과 관리에 성과를 거둔 것으로 평가받고 있다.

마닐라시의 코로나19 전개 상황을 보면, 2020년 4월 12일 기준 신규 확진자 789명, 누적 확진자는 4만 9,566명이며, 사망자는 980명이다. 그러나 마닐라시가 발표한 숫자와 같은 날 보건부 마닐라 사무소에서 집계한 데이터가 일치하지 않는다(〈그림 4〉 참고). 마닐라시의 코로나19 통계를 좀 더 살펴보면, 마닐라시의 바랑가이에서 톤도, 삼빨록, 산타 크루즈, 말라떼 지역 순으로 코로나19 확진자와 사망자 수가 많은 것을 알 수 있다. 이 지역은 마닐라시에서도 대표적인 빈민가로 높은 인구밀도와 확진자 증가세 간의 연결고리를 무시할 수 없는 것이 현실이다.

백신 접종은 현재 의료진 우선으로 이루어지고 있으나 백신 부작용 등에 대한 우려로 접종률이 저조한 실정이다. 시장 본인이 소셜미

| 그림 4 | **마닐라시 코로나19 통계(2021. 4. 12. 기준)**

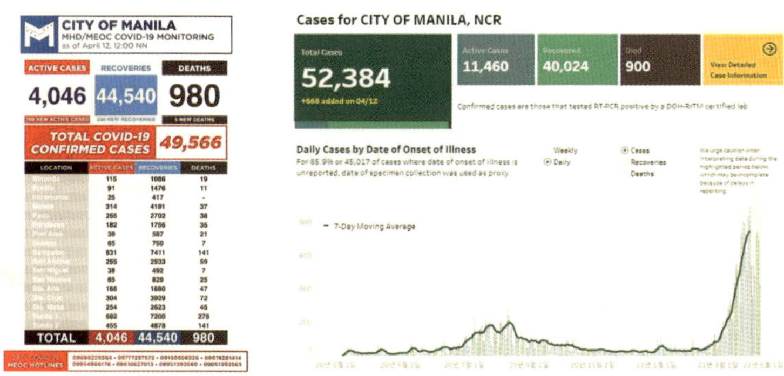


자료: 마닐라시 공보부 페이스북(좌, https://www.facebook.com/ManilaPIO/posts/1098816323936389), 보건부의 코로나19 트랙커(우, https://doh.gov.ph/covid19tracker).

디어와 시청 소통 창구를 통해 의료진들의 백신 접종을 독려하고 있다. 일반 시민은 온라인으로 백신 접종 신청서를 작성하도록 되어 있다.[8]

2020년 코로나19 발생 초기부터 마닐라시는 바이러스 확산을 막기 위한 방안을 적극적으로 강구하였으나, 도시 내 임시 주거민, 노숙인, 인프라 부족 등으로 확진자 수가 지속해서 증가하고 있다. 마닐라시의 코로나19 대응에서 나타나는 가장 큰 특징은 의사 출신인 라꾸나 부시장이 적극적인 역할을 하고 있다는 점이다. 2020년 3월 전국의 봉쇄령이 내려지고 마닐라시 내 코로나19 확진자가 30명대 초반에 불과할 때부터 마닐라시는 최악의 시나리오에 대비해 만반의 준비를 시작했다. 모레노 시장은 소셜미디어를 통한 시민과의 소통, 정보 제공, 실시간 업데이트 등에 사활을 건 모습을 보였다. 이는 공중파 뉴스를 통해 자주 보도되어 마닐라시정 홍보에도 도움이 되었다. 마닐라시 홈페이지 역시 코로나19 발생 초기 이후 지속적으로 가독성 있는 정보를 제공하기 위해 노력하고 있다. 2021년 3월 현재 부시장은 필리핀 정부 인사 중 최초로 백신 접종을 하며 백신의 안전성을 시민에게 알리고 있다.

### 퀘손시 현황과 정책

퀘손시는 인구 294만 명(메트로마닐라의 23퍼센트), 면적 166.20제곱킬로미터(메트로마닐라의 약 4분의 1)의 메트로마닐라 내 최대 도시다. 행정구역은 6개 구와 142개 바랑가이로 구분된다. 퀘손시는 필리

8 신청서 링크: https://www.manilacovid19vaccine.com/home.php.

핀의 2대 대통령인 마누엘 케손(Manuel Quezon)이 마닐라를 대체하는 국가 수도로 삼기 위해 개발한 계획도시로, 1948~1976년에는 마닐라의 공식 수도의 지위를 유지하였다. 하원이 위치한 바타상 팜바나사 콤플렉스(Batasang Pambansa Complex)와 퀘손시 영빈관(현 부통령 관저), 사회복지부, 통계청, 농업부와 농업개혁부, 직업안전건강센터 등의 국가 주요 기관과 대표적인 고등교육기관인 필리핀국립대학교(University of the Philippines)와 아테네오대학교(Ateneo de Manila University) 등이 위치하고 있다(Quezon City, 2021).[9] 현재 퀘손시의 시장은 여성정치인 조이 벨몬트(Joy Belmonte)인데, 관내 고등교육기관의 역량에 힘입어 코로나19 대응에서 디지털 기술을 선도적으로 활용한 것으로 주목받았다.

2020년 4월 12일 기준 퀘손시의 신규 확진자는 940명, 누적 확진자는 7만 5,280명이며, 사망자는 1,077명이다. 코로나19 발생 이후 거의 전 기간 퀘손시는 전국 227개 지방정부 가운데 가장 많은 누적 확진자와 신규 확진자가 발생했다. 퀘손시에 위치한 공공기관도 확진자 발생의 예외가 되지 못했다. 2020년 3월 중순 한 온라인 매체의 기획기사에 따르면, 퀘손시에 위치한 21개 공공기관에서 1월 1일부터 3월 8일까지 발생한 코로나19 확진자는 245명에 달했다. 하원청사(67명)와 국민TV네트워크(40명)에서 특히 많은 확진자가 나왔다. 필리핀국립대학교에서는 2월 중 교직원을 대상으로 무료 검사를 실시하였지만, 캠퍼스 주변에 교직원 거주지역이 있고 캠퍼스에는 임시 거주민

9 퀘손시 사회경제 프로파일: https://quezoncity.gov.ph/wp-content/uploads/2021/01/Eco_Profile_2018_Chapter-3.pdf.

들이 제한 없이 이동을 하고 있어서 확진자가 꾸준히 발생하고 있다. 정부 청사 내 감염 확산은 주요 공공기관의 봉쇄로 이어져 국가 행정 기능에 문제를 일으키는 수준에 이르렀다

| 그림 5 | **퀘손시 코로나19 상황과 진행 추이**

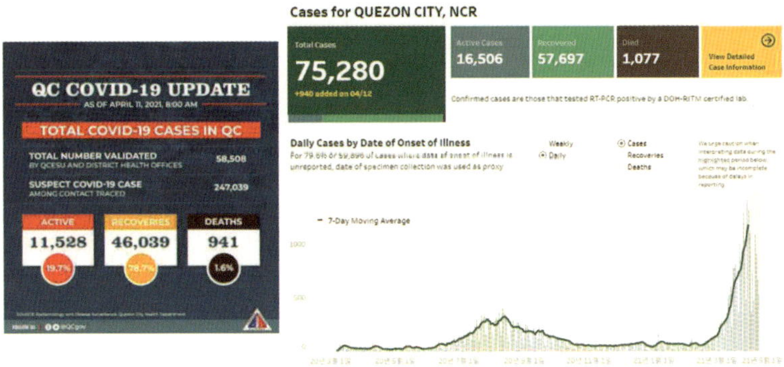


자료: 퀘손시 웹사이트 코로나19(좌, update(https://quezoncity.gov.ph/covid19counts/qc-covid-19-update-as-of-april-11-2021-8am/), 보건부의 코로나19 트랙커(우, https://doh.gov.ph/covid19tracker).

한편 퀘손시는 2021년 1월 5일 아스트라제네카 백신 75만 명분의 물량을 확보할 계획을 수립하였는데, 이는 퀘손시 총인구의 13퍼센트가 접종할 수 있는 물량이다. 2021년 3월 3일부터 의료진을 대상으로 시작된 백신 접종에서는 정부 지침에 따라 중국산 시노백이 사용되었다. 일반 시민을 대상으로 하는 백신 접종은 연초부터 관련 보도가 나왔지만 실제로 언제 시작될지에 대한 구체적인 정보는 시정부나 현지 보도에서 제공하지 않는 현실이다. 3월 말 현재 시청과 정부 기관 등에서 자체적으로 시민에게 백신 접종 의향에 대한 설문조사를 실시하고 있으나, 구체적인 일정이나 우선순위 등은 공식적으로 전달되지

않았으며 다만 의료진 백신 접종이 우선이고 18세 이하와 65세 이상 인구는 접종 대상이 아니라는 정보만 시민이 알고 있는 정도이다.

2021년 3월 현재 퀘손시의 확진자 증가 추세가 심상치 않아 사회적 거리두기가 더욱 엄격히 지켜지고 있다. 3월 21일부터 4월 4일까지 식당 내 취식이 금지되고 밤 10시 통금이 실시되었다. 하지만 이전과 차이가 없는 통제 조치로 회귀하는 것이 얼마나 효과가 있을지는 지켜보아야 하는 실정이다. 퀘손시에 위치한 다수의 정부 기관 공무원들이 거리두기, 마스크 쓰기 등의 방역수칙을 위반하는 사례가 늘고 있어서 벌금 부과를 엄격히 하고 군경의 배치 인력을 늘리는 등 강력하게 대응하고 있다.

### 파식시 현황과 정책

파식시는 마닐라시에서 동쪽으로 12킬로미터 거리에 있는 오래된 도시로 1572년 만들어졌다. 총 도시 면적은 34.32제곱킬로미터, 인구수는 75만 5,300명(2015년 기준)이며 행정구역은 2개 구와 30개 바랑가이로 구분된다.[10] 전형적인 농촌지역이었으나 에드사(EDSA) 가로를 따라 메트로마닐라의 대표적 중심업무지구인 오르티가스센터가 건설되면서 도시가 확대되기 시작하였다. 메트로마닐라를 남북으로 가르는 파식강과 메트로마닐라와 동부의 리잘주의 경계를 이루는 마리끼나강(Marikina River)이 합류하는 곳에 위치한 까닭에 우기 동안 홍수 피해 등 재난에 취약하다는 문제를 안고 있다.

메트로마닐라를 대표하는 3개 도시 중 하나로 필자가 파식시를 선

10 파식시 웹사이트(https://www.pasigcity.gov.ph/facts-and-figures).

택한 이유는 이 도시를 이끄는 젊은 시장 비코 소토(Vico Sotto) 때문이다. 1989년생으로 메트로마닐라 내 최연소 시장인 비코는 악숀당(Aksyon Demokratiko party)이라는 진보적 색채의 소수정당 소속으로, 2016년 시의원을 거쳐 2019년 시장에 당선되었다. 파식시를 공공 컨설팅, 데이터 기반 거버넌스, 보편의료보장(UHC)의 플랫폼으로 만들겠다는 공개적 목표와 함께 교육, 주거, 반부패 등을 시정부 운영의 우선 과제로 제시하는 신선한 정치인이다. 2021년에는 미국 국무부가 수여하는 12명의 국제반부패챔피언상(the International Anticorruption Champions Award)의 수상자로 선정되면서 국제사회의 주목까지 받았다.[11]

파식시의 코로나19 현황은 2021년 4월 12일 기준 신규 확진자 610명, 누적 확진자 2만 5,023명이며 사망자는 513명이다. 파식시의 감염자 수치가 마닐라시와 퀘손시에 비해 적은 것은 파식시의 인구밀도가 상대적으로 낮기 때문으로 보인다. 파식시는 지리적으로 까인따(Cainta), 마리키나(Marikina), 퀘손시와 경계를 맞대고 있어 2020년 3월 강력한 봉쇄령이 내려진 후 물류와 교통이 교차하는 지점마다 검문소가 세워지고 강력한 이동 통제가 이루어졌다. 하지만 이후 봉쇄령이 완화되는 시점에 이들 교차 지점을 중심으로 확진자가 급증하여 특정 바랑가이에 세부화된 봉쇄가 몇 차례 반복되기도 하였다. 타 시와 마찬가지로 파식시 역시 온라인을 더욱 적극적으로 이용하여 정보를 유포하려고 노력하였는데, 특히 시정부의 코로나19 대응과 백신

11 "Pasig Mayor Sotto named among 12 global 'anti-corruption champions'", Manila Times, 2021. 2. 24.

정책 관련 발표 내용을 폭넓게 유포하는 노력을 보였다. 2021년 5월 28일 기준으로 1차 백신 접종을 마친 시민의 수는 6만 6,745명, 2차 접종 완료자는 1만 6,631명으로 총 8만 3,376명분의 백신이 파식시 전체의 약 10퍼센트의 시민에게 제공되었다.

코로나19 상황에서 파식시가 시행한 몇 가지 혁신적인 대응책이 언론과 타 지방정부의 관심을 모았다. 먼저 '트라이시클' 운영을 둘러싼 파식시의 행보는 지방정부가 제한된 조건에서나마 할 수 있는 일이 있음을 보여 준 상징적 사건이다. 트라이시클은 오토바이 옆에 좌석 공간을 설치한 3륜 교통수단으로 필리핀에서는 지하철이나 버스 등 대중교통 정거장에서 주거지까지의 이동을 담당한다. 우리 몸으로 예를 들면 미세혈관에 해당하는 교통수단이다. 2020년 3월 ECQ라는 가장 강력한 수준의 도시 봉쇄가 실시되는 동안 대부분 교통수단의 운행이 중단되었다. 당시 비코 시장은 보건 인력의 출퇴근이나 환자 이동을 이유로 제한적 트라이시클 운영을 중앙정부에 요청하였다. 이 정책은 중앙정부의 반대로 이루어지지 않다가 봉쇄 수준이 GCQ로 낮아진 이후 제한적 운영이 가능했다. 비코 시장은 대중교통 운영 중단 기간 동안 무료 자전거 대여와 셔틀 서비스를 제공하는 등 시민의 편에서 행정을 펼쳤다(온라인 교민매체 필앤러브, 2020. 5. 17.).[12]

파식시에서 시작된 동선 추적 시스템 파식 패스(Pasig Pass) QR코드도 주목할 만한 행정 혁신 사례다. 메트로마닐라 내 시정부나 사설 사업체, 공공기관 등에서 다양한 QR코드를 개발했지만 실제 사용량은 천차만별이다. QR코드를 통한 동선 추적 시스템이 가동하기 위해

12 https://www.philinlove.com/entry/Metro-Manila-cities-allow-tricycles.

서는 QR코드 등록이 우선되어야 한다. 비코 시장과 시정부는 적극적인 QR코드 홍보를 통해 시민의 협력을 이끌어 냈고, 파식시 내 기관과 시설에서도 통일된 QR코드를 적극적으로 사용하여 시민의 편의를 높였다. 2020년 12월 5일 발렌수엘라시와 동선 추적 시스템 공유 협약을 체결하였고, 2021년 1월 25일 안티폴로시가 이에 동참하였다. 메트로마닐라 전체를 아우르는 시스템이 없는 상황에서 이러한 지역적 협력은 매우 고무적인 움직임으로 평가될 만하다.[13]

마지막으로 시민을 위한 이동장터(Mobile Palengke) 프로그램도 주목할 만한 사례이다.[14] 파식시는 ECQ로 시민의 외출과 이동이 극

| 그림 6 | **파식시 이동 장터**

자료: 파식시 웹사이트(https://www.pasigcity.gov.ph/).

13 https://www.pna.gov.ph/articles/1128475.

14 https://www.goodnewspilipinas.com/pasig-city-sends-mobile-palengke-to-directly-serve-communities-under-quarantine/.

도로 제한되었던 2020년 3월 24일에 이동 장터 시스템을 도입하였다. 파식시 시청 근방의 파식메가마켓 상인들은 공지된 일정에 따라 청과, 육류, 수산물 등을 트럭으로 운반해 시민 거주지 가까이로 이동하여 판매했다. 이는 대중교통수단이 전면 중지된 상황에서 시민에게 즉각적으로 필요한 조치였으며, 현지 상인들의 수익 창출을 위한 상생의 기회라고 볼 수 있다.

## 필리핀의 백신 정책과 과제

### 필리핀 정부의 백신 정책

필리핀 정부는 백신 접종을 위한 국가계획인 '국가 백신 프로그램 이행계획'을 2020년 11월 6일 승인하였다. 같은 날 IATF-EID 산하에 이 계획을 집행할 전담 조직이 백신 클러스터의 형식으로 만들어졌다. 국가 백신 프로그램에 따르면, 필리핀은 2월부터 중국이 지원하는 시노백과 코백스 퍼실리티를 통해 화이자 백신을 인도받고 집단면역 시기는 2021년 말로 예상했다. 일반적으로 식약청을 통한 약품과 백신의 승인은 6개월 이상 소요되지만 코로나19의 시급성을 이유로 식약청은 긴급 사용을 승인했다(FDA, 2020).

백신 도입을 위한 필리핀 중앙정부의 계획은 ① 제약사 직접 협상, ② 국가 간 협상, ③ 국제 기부, ④ 제3자 계약 등이다. 계획상으로는 2021년 말까지 총 1억 4,800만 회분의 도입을 목표로 삼았다(CNN Philippines, 2021. 1. 6.). 이에 따라 우선 필리핀 정부는 2020년 말부터 주요 해외 제약사(중국 시노백, 러시아 가마레야, 미국의 모더나

·화이자·노바백스)와 백신 구입 협상을 시작하였다. 둘째, 필리핀 정부는 인력 송출국이라는 필리핀의 특성을 반영해 필리핀의 의료 인력을 파송하는 조건으로 주요 선진국의 백신 잉여분을 제공받는 국가 간 협상을 한다는 계획이다. 이 계획은 한 국제노동그룹(Migrante International)이 독일과 영국을 상대로 제안하여 협상이 진행 중인데, 영국은 이를 고려하지 않고 있다는 의견을 밝혔다(Business World, 2021. 3. 4.). 셋째, 기부는 중국의 백신 외교와 글로벌 백신이니셔티브인 코백스 참여를 통해 얻는 방식이다. 〈그림 7〉의 백신 도입 현황에서 보듯이, 필리핀 정부가 확보한 백신 중 중국의 기부량이 가장 많다. 필리핀이 코로나19로 인한 중국 밖 첫 번째 사망자가 나온 국가이자 그 사망자가 중국인 관광객이었다는 이유로 중국은 필리핀을 1순위 백신 지원국 그룹으로 분류하였다. 넷째, 지방정부는 지방재정과 민간기업의 지원을 받아 아스트라제네카사와 약 260만 회분의 백신 협상에 나선 바 있다. 민간기업들도 자체적으로 백신을 확보해 직원들에게 접종한다는 계획을 밝혔다. 하지만 필리핀의 초기 백신 정책의 설계에 있어 지방정부가 직접 해외 백신사와 접촉하거나 국제적 백신 공동 분배 프로젝트인 코백스(Covax)에 참여하는 것이 불가능했고, 따라서 민간기업이나 지방정부는 중앙정부와 해외 백신 제조사와 제3자 계약을 통해서만 백신 도입이 가능한 상황이다(Inquirer, 2021. 1. 13.).

### 백신 접종 현황과 과제

필리핀 식약청은 2021년 5월 현재까지 총 7종의 코로나19 백신의 긴급 사용을 허용하였다. 화이자, 아스트라제네카, 시노백, 스푸트니

| 그림 7 | **코로나19 백신 조달 현황**(2021년 5월 12일 기준)

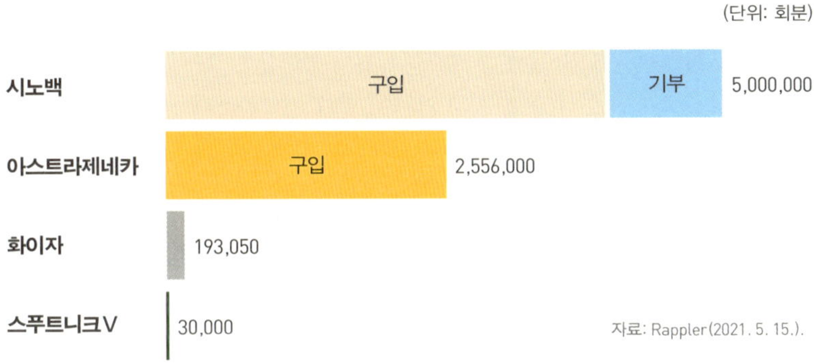


자료: Rappler(2021. 5. 15.).

크 V, 얀센, 코백신, 모더나 등이다. 그 밖에도 백신 8종의 임상실험이 진행 중이다. 필리핀에 도입이 승인된 백신의 종류와 수량은 〈그림 7〉과 같다.

필리핀의 코로나19 백신 접종은 3월 1일 시작되었다. 1호 접종자는 필리핀 국립대학병원의 제라도 레가스피 병원장으로 중국계 제약사 시노백이 개발한 '코로나백(CoronaVac)'을 맞았다. 같은 날 5만 명의 군인과 25만 명의 의료 종사자가 1차 접종을 마쳤다. 지역 차원의 접종은 3월 3일 메트로마닐라에서부터 시작되었다. 5월 13일 기준 총 13회차 접종이 이루어졌으며, 1회차 접종자 수는 202만 5,038명(전체 인구의 1.86퍼센트), 2회차 접종까지 완료한 접종자 수는 51만 4,655명(전체 인구의 0.47퍼센트)이다. 이때까지 수도인 NCR 지역에 보급된 백신은 필리핀에 도입된 총 물량의 98.2퍼센트(총 253만 9,693회분 중 249만 5,970회분)를 차지할 정도로 지역 편차가 컸다. 다만 이는 필리핀이 백신 접종 초기 단계이며, 정부 정책에 따라 의료당국, 의료진, 군인, 중앙정부 관료들에게 우선적으로 접종하고 있기 때문인 것으로 파악

된다(NTF, 2021. 5. 13.).[15]

백신 접종과 관련하여 필리핀 사회가 넘어야 할 장벽은 여러 가지이다. 먼저 일반 국민 사이에서 백신 접종 의사나 신뢰도는 매우 낮은 편이다. 〈표 4〉에서처럼 펄스아시아가 4월 초 공개한 조사 결과에 따르면, 백신 신뢰도는 제조국에 따라 10~44퍼센트로 절반 이하이며, 일반 국민 중 접종을 원치 않는다고 밝힌 비중이 61퍼센트에 달한다. 무상으로 얻을 수 있는 중국산 백신에 대한 신뢰도가 특히 낮다는 점에서 앞으로 자발적 백신 접종률을 높이기 위한 특단의 조치가 필요해 보인다.[16]

한편 정부의 조달계획에서 벗어난 백신 블랙마켓이 존재하며(중국계 온라인 도박장 중심), 식약청의 허가를 받지 않은 가짜 백신에 대한 다양한 보도가 1월 이후부터 꾸준히 나오고 있다(Asian Journal News, 2021. 1. 20.).[17] 나아가 중앙부처 공무원이나 재력 있는 배우 등이 정부의 접종 우선순위를 따르지 않고 새치기한 사실이 드러나 사회의 지탄을 받기도 했다. 더 큰 루머는 대통령 경호실이 이미 2020년 말 중국 정부가 제공한 백신을 접종받았다는 주장인데, 이 문제로 상원 회의에서도 격론이 있었다(Rappler, 2021. 1. 6.).[18] 5월 초 두테르테 대통

15 https://www.facebook.com/ntfcovid19ph/photos/a.286620139667253/312287667100500/.

16 http://www.pulseasia.ph/february-2021-nationwide-survey-on-covid-19/.

17 https://www.asianjournal.com/philippines/across-the-islands/report-black-market-for-illegal-covid-vaccines-emerges-in-ph/.

18 https://www.rappler.com/nation/senate-vows-probe-government-covid-19-vaccination-program.

| 표 4 | **백신 제조국별 신뢰도**(단위: 퍼센트)

| | 알고 있음 | 신뢰함 | | | 중간 | 불신함 | | |
|---|---|---|---|---|---|---|---|---|
| | | 합계 | 매우 신뢰 | 신뢰 | | 합계 | 약간 신뢰 | 신뢰 안 함 |
| **미국** | 99 | 44 | 8 | 36 | 34 | 22 | 15 | 7 |
| **러시아** | 97 | 25 | 4 | 21 | 40 | 35 | 23 | 12 |
| **영국** | 96 | 22 | 3 | 19 | 43 | 35 | 23 | 12 |
| **인도** | 93 | 11 | 1 | 10 | 43 | 45 | 27 | 18 |
| **중국** | 100 | 10 | 2 | 8 | 27 | 63 | 32 | 31 |

자료: Pulse Asia(2021. 4. 26.).

| 표 5 | **백신 접종 의사**(단위: 퍼센트)

| | 지역별 | | | | | 계층별* | | |
|---|---|---|---|---|---|---|---|---|
| | 전국 | 수도 | 기타 루손 | 비사야스 | 민다나오 | ABC | D | E |
| **그렇다** | 16 | 2 | 13 | 16 | 20 | 14 | 17 | 12 |
| **아니다** | 61 | 63 | 63 | 56 | 58 | 68 | 59 | 62 |
| **무응답** | 23 | 15 | 24 | 28 | 23 | 18 | 23 | 26 |

자료: Pulse Asia(2021. 4. 26.).

주: 계층 구분은 알파벳순으로 상층에서 하층으로 나누고, ABC는 중산층 이상, D는 빈곤층, E는 노숙인을 포함하는 극빈층임.

령은 중국산 시노팜 백신을 접종받았다. 하지만 4월 이후 남중국해를 둘러싼 갈등이 고조되는 상황에서 대통령이 중국산 백신을 공개 접종한 것은 대중국 유화책이라는 비난을 받았다. 더군다나 시노팜은 당시 식약청의 승인을 받지 않은 상태여서 논란은 더욱 비화되었다.[19]

## 도시 간 협력을 위한 제언

필리핀의 코로나19 대응은 방역과 경제라는 양 측면에서 크게 실패했다고 평가된다. 실패 원인은 최고 의사결정자의 재난에 대한 이해가 적설치 못했던 깃에서 일차적 원인을 찾을 수 있다. 방역 대책 실행을 강압적 방식에 의존하여 시민과 전문가의 참여 가능성을 배제한 점 역시 사회 전체 공조에 기반한 재난 대응 체계의 출현과 운영을 어렵게 만들었다. 그럼에도 두테르테 대통령의 국정 지지도는 최고치를 갱신하는 현상(2021년 기준 91퍼센트)이 나타났는데, 이는 오히려 필리핀 사회의 정치 혐오의 뿌리가 얼마나 깊은지를 드러내는 것으로 해석할 수 있다.

필리핀과 메트로마닐라의 코로나19 대응은 중앙정부의 권위주의적 방식이 두드러진 것이 특징이라 할 수 있다. 하지만 중앙정부 정책의 일관성과 예산 부족, 비과학적인 태도, 권한의 독점에 비해 턱없이 부족한 가용예산 등으로 다양한 문제에 봉착하고 있는 것을 확인할 수 있었다. 필리핀의 분권화는 1986년 민주화운동과 1987년 신헌법의 산물이다. 하지만 현재 상황에서는 분절화와 토착 엘리트에 의한

19 "BREAKING: Duterte receives China's Sinopharm vaccine", Philippine Daily Inquirer, 2021. 5. 3.

정치 독점이 심화되면서 행정의 비효율이 다수 발생하고 있다. 코로나19라는 큰 위기에서 정부 정책의 대부분은 중앙정부의 결정에 의해 일방적으로 이루어지는 측면이 컸고, 지방정부나 민간이 할 수 있는 일은 매우 제한적이었다. 하지만 그 안에서도 메트로마닐라를 대표하는 3개 도시, 마닐라, 퀘손시, 파식시의 창의적 대응은 인상적이다. 특히 정치 가문의 장벽을 뚫은 정치 신인이 시정부를 이끄는 파식시의 대응은 다양한 측면에서 주목해 볼 필요가 있다.

코로나19는 분명 세계적이며 글로벌 차원의 위기이다. 코로나19와 같은 심각한 재난 상황에서 정부의 최상위 과제는 어떠한 수단과 방법을 통해서라도 확산 속도를 늦추고 국민의 생명과 재산의 손실을 줄여 사회 붕괴를 막아 내는 것이다. 이는 국제 협력이 제대로 작동하기 어려운 현시점에서 일차적으로 개별 국가가 감당해야 할 과제인데, 필리핀 정부의 결함 많은 대응은 방역과 경제 측면에서 심각한 위기를 초래했다고 볼 수밖에 없다. 현재의 악화된 상황에서 필리핀 정부는 단기적으로는 국내와 국제적 협력을 통해 대응하면서, 장기적 관점에서 코로나19의 전개와 대응 과정을 일종의 '학습' 기회로 삼아 향후 감염병 관리 체계를 진화시키고 대응 전략을 수정할 필요가 있을 것이다.

코로나19 재난 이후 필리핀 사회에 요구되는 개선 과제로는 첫째, 재난 대응 체계와 거버넌스를 개선하고, 둘째 과학적 증거에 기반한 정책 결정과 운영 가능성을 넓힐 것을 제안한다. 이 글에서 주목하였듯이 지방정부의 권한과 역할 분담 또한 적극적으로 고려할 필요가 있다. 특히 코로나19의 재확산이 분명해지고 전국적으로 백신 접종을 완료해야 하는 과제까지 주어진 현 상황에서 중앙정부의 인력풀을 넘어서 지방정부의 틈새 역할까지 폭넓게 가동할 필요가 있을 것이다. 물론 이러한 과제를 실행하기 위해서는 지방정부 자체의 혁신이 우선되어야 하며, 시민사회와 전문가의 역할이 강화되고 국내 정치의 역동성 역시 되살아나야 할 것이다.

# 9장

# 델리_인도:

## 반성이 요구되는 개발도상국 대도시의 한계

PANDEMIC

**강성용** 서울대학교 인문학연구원 부교수, 아시아연구소 남아시아센터장

**로힛 네기** 인도 델리 암베드카르 대학교Ambedkar University Delhi 국제학부 부교수

# 델리의 역사와 팬데믹, 그리고 미래를 위한 함의

## 델리의 팬데믹 경험과 미래를 위한 함의

세계 최대 대도시 중 하나이자, 탈식민지 역사 그리고 특별한 정치적 · 경제적 맥락을 지닌 델리(Dehli)의 경험은 개발도상국의 감염병 대응 차원에서 많은 시사점을 보여 준다. 델리에는 소득, 생활수준, 의료 접근성에서 큰 격차를 가진 2천만 명 이상의 주민이 살고 있다. 백 년에 한 번 올 법한 팬데믹이 개발도상국의 대도시를 강타하면 무슨 일이 일어나고, 정부는 어떻게 대응하며 그리고 도시가 더 나은 회복력을 갖추려면 우리는 무엇을 배워야 할까 하는 질문을 던져 보고자 한다.

첫 확진이 확인된 2020년 3월부터 2021년 2월 말 사이 델리에서는 65만 명에 가까운 확진자가 발생했고 약 1만 1천 명의 사망자가 기록되었는데, 우선 이 기간 동안 사태 전개를 추적하고자 한다. 정부의 대응은 크게 두 부분에 역점을 두었는데, 하나는 비상 대책과 치료 체계 마련, 대규모 감염에 대응하기 위한 기초 인프라 구축과 같은 의료적 개입이었다. 다른 하나는 일련의 봉쇄 조치와 일부 식민 시기 법률 제도를 동원한 공공과 사적인 도시 공간의 통제, 그리고 취약계층 지원을 포함한 공공의료 행정이었다.

코로나19의 영향과 정부의 개입이 모든 계층 사람에게 미친 영향을 염두에 두고 델리의 경험에서 중요한 순간과 핵심적인 면을 밝혀 보고자 한다. 델리는 엄청난 회복력을 보여 주었고, 전례 없는 상황에서 혁신적인 대응책을 발전시키기도 했지만, 이주노동자를 비롯하여 많은 주민이 정책의 중요한 사각지대에 남아 있었다. 도시가 미래의 팬데믹 상황을 대비하는 데 도움이 되고 또 다른 형태의 혼란과 불확실성에 더 탄력적으로 대응할 수 있는 길을 찾는 일에서 2020년의 교훈을 이끌어 낼 수 있기를 바라며 델리의 특수성, 정부의 대응, 정책의 맹점들, 후속 개선책을 논해 보고자 한다.

## 델리의 역사와 맥락

서쪽의 타르사막과 북쪽의 히말라야산맥 사이에 위치한 델리는 1천 년이 넘는 오랜 역사를 가진 정착지이고, 지속적인 확장을 거쳐 현재는 도시 내에 다양한 하부 단위가 혼재하고 있는 도시이다. 델리는 '델리왕조(Delhi Sultanate)'라 불리는 여러 왕조의 통치 시기를 겪었고 16세기 중반부터 무갈제국 통치기를 거쳐 1857년부터 1947년까지 영국의 식민 지배를 받았다. 이후 독립된 인도의 수도로서 급속히 성장하며 정치적으로만이 아니라 경제적 · 문화적으로 중요성을 더해 왔다. 팬데믹의 맥락에서 중요한 델리의 20세기 역사를 중심으로 공중보건과 복지에 영향을 미치는 요소를 살펴보자.

1638년 무갈 황제 샤자한(Shah Jahan)은 제국의 수도를 아그라(Agra)에서 델리로 옮겼다. 그는 왕실과 왕실이 거느린 수공업자, 노동자 그리고 여타 거주자들을 위해 야무나(Yamuna) 강변에 성곽도시 샤자하나바드(Shahjahanabad)를 건설했다. 이를 둘러싼 지역에서 농업이 이루어졌고, 용수 공급과 쓰레기 처리를 위한 정교한 메커니즘이 설계되었다. 1857년 반군에 의해 델리가 잠시 독립 인도의 수도로 선언되고 나서는 영국의 인도 직접 통치가 시작되었다. 샤자하나바드의 북쪽에 위치한 시빌라인스(Civil Lines)[1]에 행정기관과 필요한 기반시설을 건설했다. 여기에는 야무나강으로부터의 관로를 통한 용수 처리와 공급 그리고 하수시설이 포함되었지만, 이 모든 것은 대다수인 원주민보다 주로 영국 정착민을 위한 것이었다(Sharan, 2011). 1911년 대영제국 황제가 인도의 수도를 캘커타(Calcutta)에서 델리로 이전한다고 발표했을 때, 이렇게 양극화된 인프라와 차별적인 서비스는 도시 구조를 결정짓는 유산을 남겼다. 1930년대 초 수도 뉴델리(New Delhi)가 식민지 관리들과 기관 그리고 상업 활동을 수용하기 위해 건설된 뒤 기존의 샤자하나바드는 '구도심(Old City)'이라는 이름을 얻었다. 뉴델리의 계획과 건설에서 중요한 지침 중 하나는 당시에 건강과 위생 측면에서 안전하다고 믿던 방식에 따라 '코르동 사니테르(cordon sanitaire)'(Legg, 2007)라 불리는 빈 땅을 완충지대로 두어 새로 건설된 수도를 토착민 지역과 격리하여 안전한 거리를 두고 건설하는 것이었다. 1947년 인도 독립 이후에도 두 지역은 여러 면에서 사실상 거리를 유지해 왔고 엘리트(Elite)와 서발턴(Subaltern)의 분리는 도시경관에서도 드러나는 상황이 지속되었다.

1 현재는 중앙 델리(Central Delhi) 지구(district)의 세 지역 중 하나인 거주지역이다. 1911년 뉴델리가 들어서기 전까지 유럽식 주거의 중심지였고 지금도 델리 부지사(Lieutenant Governor)의 공관이 있는 곳이다.

영국으로부터 분할 독립되면서 현재 파키스탄에 포함된 지역에서 힌두와 시크(Sikh) 실향민들이 대거 유입되었고 델리의 인구는 폭발적으로 증가했다. 델리의 인구는 1941년에서 1951년 사이에 90퍼센트 증가했으며(〈표 1〉), 이 수십만 명을 수용하고 고용하기 위해서는 엄청난 노력이 필요했다. 국가 단위에서 5개년 경제개발계획이 결정되었고, 이는 하부의 도시와 농촌에서도 그 발전 양상을 규정하였다. 이 계획의 특징 중 하나는 강력한 국가 주도의 틀이었다. 민간부문이 기여할 수 있는 가능성이 열려 있기는 하지만 공공부문의 주도가 당연시되었다. 델리개발청(Delhi Development Authority, DDA)은 델리의 도시화 과정을 주도하기 위해 1957년에 설립되었고, 그 최초의 기본계획이 1962년에 수립되었다. 도시기반시설용 용지 개발과 건축 권한을 위임받은 델리개발청은 토지구획을 추진했고, 국가권력을 동원해 산재해 있던 마을로부터 많은 땅을 수용했다. 수십 년 동안 이 개발지에 건설사업이 추진되었고, 델리는 뉴델리와 구 델리의 경계를 훌쩍 넘어 확장되었다. 2000년대 초반까지 20년마다 인구가 2배씩 증가하는 상황이 지속되는 상황 속에서, 공공부문이 제공한 주택과 기본 서비스는 수요에 턱없이 못 미치는 수준이었다.

## 경제 상황 변화와 기반시설

흔히 '비공식 부문(informal sector, 혹은 지하경제)'에 속하는 것으로 폭넓게 분류되는 다양한 고용의 형태 및 재화와 서비스 공급이 현실화된 필요와 공급의 큰 격차를 메우기 위해 등장했다. 가장 최근 자료에 따르면, 델리 인구의 약 24퍼센트만이 합법적인 거주권을 갖고 적절한 서비스를 이용할 수 있는 '도시계획에 포함된' 지역, 현지에서는 흔히 '주거단지(colony)'라고 부르는 지역에 살고 있다(Bhan, 2009). 나머지 인구는 대개 공유지에 암암리에 건설되는 무허가촌이나 이른바 '무허가 주거단지'라고 하는 도시계획상의 허가 없이 건설된 주거

| 표 1 | **델리의 인구**

| 연도 | 인구(명) | 10년 단위 성장률(퍼센트) |
|---|---|---|
| 1901 | 405,819 | |
| 1911 | 413,851 | 2.0 |
| 1921 | 488,452 | 18.0 |
| 1931 | 636,246 | 30.3 |
| 1941 | 917,939 | 44.3 |
| 1951 | 1,744,072 | 90.0 |
| 1961 | 2,658,612 | 52.4 |
| 1971 | 4,065,698 | 52.9 |
| 1981 | 6,220,406 | 53.0 |
| 1991 | 9,420,644 | 51.4 |
| 2001 | 13,850,507 | 47.0 |
| 2011 | 16,753,235 | 21.0 |
| 2021(예상) | 20,250,406 | 20.9 |

주: Census of India, 2011. 2021년 예상치는 http://www.populationu.com/in/delhi-population에 근거함(검색 2021. 3. 9.).

단지에 살고 있는데, 이는 농경지에 건설된 무허가 건축 등 형태가 다양하다. 그리고 각 지역의 구체적인 편의시설은 개인, 공동체 또는 개별 사업자의 공급이 결합된 '수요 주도형(needs driven)'으로 제공된다(Allen, Dávila and Hofmann, 2006). 이렇게 차별화된 상황은 더 큰 함의를 갖는데, 한 연구(Chaplin, 1999)에 따르면 델리와 같은 인도 도시지역에서 보편적인 위생 개혁이 없었던 이유가 영향력 있는 중산층이 도시 서비스를 독점하고 도시의 다른 대다수 주민으로부터 자신들을 고립시켰기 때문이라고 한다. 어쨌거나 계획된 주거단지를 제외하고 다른 주거지는 주거밀도가 높고, 용수 공급과 위생시설을 포함하는 기반시설이 열악한 것으로 파악된다.

시간이 흐르면서 델리의 경제는 다원화되었고, 1970년대에는 델리가 지역 산업 중심지가 되었다. 1980년대 후반에 이르러 이전의 강력한 국가 주도 개발 모델은 변화를 맞아 경제 부문의 대부분에 걸쳐 민간 투자와 소유를 향한 개방이 이루어졌다. 이 과정은 특히나 1990년대에 엄청난 가속을 얻었고, 이후 20년 동안 인도 경제가 성장하면서 델리는 부동산, 서비스업, 숙박업 투자의 중심지가 되었고, 더 광범위한 지역의 경제 지형을 변화시켰다. 인근 하리아나(Haryana)주와 우타르프라데시(Uttar Pradesh)주에 있는 구르가온(Gurgaon), 파리다바드(Faridabad), 노이다(Noida)와 같은 많은 위성 도시가 빠르게 발전했는데, 구르가온은 비즈니스 프로세스 아웃소싱(business process outsourcing, BPO) 활동을 통해 IT 분야에서 유명해졌고, 노이다는 대규모 택지개발로 주요 교외 지역이 되었다. 1990년대 후반에 이르러서는 대기오염을 중심으로 한 환경문제가 악화되면서 주거가 불가능할 정도의 상황이 되어 해당 지역 주민은 물론이고 정부도 이를 심각한 문제로 받아들이고 있다. 환경운동가들은 정부가 경제성장을 주요 의제로 삼아 이 문제를 심각하게 다루지 않았다고 판단하고 있다. 결국 환경운동가들은 정부를 움직이기 위해 이미 기본계획에 명기된 내용이라도 시행하도록 요구하기 위해 사법부를 찾는 길을 택했다(Negi, 2010).[2] 경제적 변화에 동반되는 사회적 변화는 산업 활동뿐 아니라 서비스 분야에서도 전환의 신호를 보냈다. 비공식 부문의 확장과 함께 광범위한 노동의 비정규직화가 나타났다.[3] 호황은 세계 경제 위기가 인도의 문턱에 도달한 2010년대 초반까지 계속되었는데, 경제가 서서히 회복되고 있었던 2016년 말 어느 저녁에 인도 총리 나렌드라 모디(Narendra Modi)는 모든 고액권 통화 유통을 금지하겠다고 깜짝 발표했다. 몇 달이 지나 그 결정은 경제, 특히 기장되지 않은 채로 현금 거래에 의존하는 비공식 부문에 엄청난 충격을 주면서 잘못된 것이었음이 분명해졌다.[4] 따라서 2020년 3월 코로나19가 인도를

2 정치의 사법화 현상은 인도 사회에서 많은 문제를 노골적으로 드러내고 있다. 팬데믹 중에도 정책 대응 방식에 관한 충돌에서 종종 사법부의 판단을 요구하는 일이 벌어졌고 이것이 팬데믹에 효과적인 대응을 어렵게 하기도 했다. 이는 델리의 다층적인 정치 지배구조의 층위마다 지향성이 다른 정당과 세력이 자리잡고 있는 상황 때문에 벌어진 문제였고, 중앙정부를 떠나 델리 자체로만 본다면 팬데믹 대응에서 문제를 일으킨 가장 근본적인 원인이라고 할 수도 있다.

3 카푸르(Kapoor, 2020: 2)에 따르면 2011~2012년과 2017~2018년 통계치 비교를 근거로 GDP가 지속해서 성장하던 시기에도 대략 660만 개의 일자리가 사라진 사실이 확인된다. 일자리 없는 성장이 이미 인도에 자리잡고 있었다는 뜻이다.

4 고액권 통화 유통 금지 조치가 암시장 경제와 부정부패의 검은돈을 없애는 정치적 결단으로서 성공했다고 모디 정부는 주장하지만, 필자가 아는 한 긍정적인 효과를 주장할 수 있을 만한 유일한 데이터는 조세징세율의 증가뿐이다. 그런데 조세징세율 증가 현상이 이전의 국민회의당(INC) 정부에서도 일어난 현상임을 볼 때 인과관계가 약하다는 것을 알 수 있다. 그러나 정치적 반응은 달랐다. 경제 실

강타했을 때 인도 경제는 이미 꾸준한 하락세를 보이고 있었다.

### 델리의 의료 기반시설

위생시설, 용수 공급, 질병 관리 등은 델리가 식민 시기부터 경험한 건강 관련 문제의 일부였다. 독립 후에 델리는 도시 성장에 대응하기 위해 의료 기반시설 구축을 추진했는데, 시의 지자체 당국(municipality)은[5] 도시 전역에 1차 진료 시설을 건설했고, 중앙정부는

패를 정치적 성공으로 포장하는 일에서 모디 정부는 성공하였다. 2019년 파키스탄과 전투기를 동원한 충돌에서도 군사적 실패는 정치적 성공으로 탈바꿈되어 모디 정부는 뒤따른 총선에서 인도국민당(BJP)의 압승을 달성할 수 있었다. 직전 지방선거의 참패를 모두 뒤집는 성공이었다. 유사한 방식으로 방역 실패를 정치적 성공으로 포장하려는 일련의 시도가 2021년 초에 이루어졌고, 그 결과 인도는 2021년 5월 초 공식 일일 확진자만 40만 명이 넘는 최악의 상황을 맞이하게 된다. 이 글에서는 2021년 2월의 상황까지만을 주로 다루도록 하겠다.

5 인도는 28개의 주(state)와 9개의 연방직할지(union territory)로 구성되어 있는데, 그 하부의 각 행정단위 구분과 명칭이 다른 경우가 있다. 대부분 주 아래에는 지구(district)가 있는데, 상당수 주와 연방직할지는 '지구'가 아니라 '지방(division)'으로 나뉜다. 연방직할지 중 하나가 행정단위로 델리연방수도구역(National Capital Territory of Delhi, NCT)이다. 일반적으로 대도시(metropolis)로서 '델리'라고 부를 때는 바로 NCT를 의미한다. 따라서 델리의 행정단위는 인도의 여타 주의 골격을 그대로 갖추고 있으며, 선출직 주지사(Chief Minister, CM)가 이끄는 장관들이 있고 독자적인 입법기관은 물론이고 고등법원(High Court)도 있다. 그런데 델리는 여타 주의 규모는 아니며 단일한 행정과 조세 단위를 이루기 때문에 하나의 델리 지방(Delhi Division)을 구성한다. 그리고 이 델리 지방 아래에 11개 행정 혹은 조세단위의 지구(revenue district of Delhi)가 있다. 이 구 단위가 뉴델리(New Delhi), 센트럴델리(Central Delhi), 이스트델리(East Delhi), 노스델리(North Delhi) 등 11개가 있는데, 이 중 뉴델리가 바로 인도의 수도이다. 11개 구마다 인도공무원단(Indian Administrative Service, IAS) 소속의 부청장(Deputy Commissioner)이 임명되며, 각 구에 3개씩 소지구(subdivision)와 구역단위(tehsil)를 나누고 있다. NCT 델리 안에 다수의 시(city)와 읍(town)이 존재하는데, 그 수와 경계는 유동적이며 센서스를 계기로 이들의 공식 단위를 재설

더 큰 병원과 3차 진료의 책임을 맡았다. 잘 알려진 (전)인도의학연구소((All) India Institute of Medical Sciences, 이하 AIIMS)가 중앙정부 주도 공공의과대학으로 설립되었는데, 그 출발은 1956년에 델리에 설립된 최초의 AIIMS이다.[6] AIIMS와 델리 소재의 다른 병원들은 치료의 질이 좋고 비용이 들지 않는다는 점에서 델리 시민뿐 아니라 시 경계선을 넘어 많은 사람에게 계속 도움을 주고 있지만, 보건 분야 공공 지출이 제한적이다 보니(GDP의 약 4퍼센트에 불과) 사람들은 주로 민간이나 대체 의료 시스템을 이용해 왔다. 이는 의료 비용 지출에서 본인 부담의 비중이 압도적으로 높다는 것을 의미한다(Joshi and Tak, 2013). 이에 2015년 이후 델리 지역에 집권한 '평민당(Aam Aadmi Party, AAP)'은 델리 전역에 동네 병원(Mohalla Clinic)을 세워서, 사람들이 거주지와 가까운 곳에서 무료로 기본적인 의료시설에 접근할 수

정하는 것이 일반적이다. 행정조직의 단위와는 다르게 경찰 조직은 델리를 15개 단위로 나누어 관할한다. NCT 델리는 동쪽으로 우타르프라데시주와 그리고 나머지 3면으로 하리아나주와 접해 있다. 이 NCT로서 델리는 중앙정부는 물론이고 NCT의 선출직 지방정부와 3개의 지역공사(municipal corporation)가 공동으로 통치하는 복잡하고 다원적인 행정 구조를 지니고 있다. 그래서 델리의 지방자치단체는 현재 5개가 있다. 뉴델리지구(New Delhi district) 지역을 관할하는 뉴델리지역위원회(New Delhi Municipal Council, NDMC)가 있고, 남서델리지구(South West Delhi district)의 일부를 담당하는 델리컨톤먼트(Delhi Cantonment)가 있고, 나머지 3개의 지역공사가 있다. 6개 구역(zone)을 관할하는 북델리지역공사(North Delhi Municipal Corporation), 4개 구역을 관할하는 남델리지역공사(South Delhi Municipal Corporation), 2개 구역을 관할하는 동델리지역공사(East Delhi Municipal Corporation)가 그것이다.

6 2020년 기준으로 총 15개가 운영 중이며 2025년까지 8개가 추가로 설립될 계획이다.

있도록 했다.[7] 현재 거의 500개에 달하는 동네 병원이 운영되고 있다.

## 델리의 행정 체계

행정 체계와 관련해 주목할 점은 델리와 주변 지역에서 행정 서비스를 제공하는 데에 구조적으로 행정의 분절화와 중복 그리고 사각지대 문제가 자리 잡고 있다는 것인데, 이 문제는 전반적인 조율과 세심한 시행 전략을 요구한다(Chakravarty and Negi, 2016). 말은 쉽지만 정치적 이해관계가 상충되는 상황에서 실행에 옮기는 것은 결코 쉽지 않다. 헌법상 델리는 선출직 주정부를 구성하나 토지와 치안유지와 법 집행은 그 관할권에 들어가지 않는다. 이는 델리가 동시에 인도 중앙정부의 소재지이기 때문이다. 이 말은 주정부가 교육, 보건과 건강, 교통 등의 기반시설을 건설하기 위해 개발행위를 하려면 토지를 델리개발청(DDA)을 통해 구입해야 한다는 뜻이다. 물론 토지 구입이 가능한 때에 한해서 말이다. 정치 지형에 따라 어떤 시기에는 이런 조율이 좀 더 어려워진다. 1998년부터 2013년까지 델리는 국민회의당(Congress Party, 공식 명칭은 인도국민회의(Indian National Congress, INC))의 지배를 받았고, 국민회의당은 2004년부터 2014년까지 중앙정부의 집권 세력이었다. 따라서 이해관계에 개입되는 인물들의 동

7 평민당은 안나 하자레(Anna Hazare)와 아르빈드 케즈리왈(Arvind Kejriwal) 등 사회활동가들이 이끌던 '인도 반부패 운동(India Against Corruption)'에서 출발했다. 정당 구성과 현실 정치 참여를 주장한 케즈리왈이 이에 반대한 하자레와 2012년에 결별하고 창립한 정당이 평민당이다. 평민당은 평민의 이익을 대변하고 식민 시기의 외세가 독립 이후 일부 엘리트로 대체된 상황에 저항하며 간디의 자치론을 이데올로기의 근간으로 표방했다. 케즈리왈은 현재 델리의 주지사이다.

조를 얻기 쉬웠고 델리에서는 원만한 통치 상황이 만들어졌다. 그러다 2015년부터는 평민당이 집권했다. 평민당은 국민회의당과 인도국민당(Bhartiya Janata Party, BJP)의 양대 정당을 포함하는 기존 정치 체제에 반대하는 포퓰리즘 운동의 결과로 대두된 정당이었다. 모디 총리가 이끄는 인도국민당은 2014년부터 중앙정부의 집권 세력이었고, 인도국민당과 평민당은 지난 몇 년간 여러 대립의 교착상태를 겪었는데, 그때마다 평민당은 중앙정부가 적절한 재정지원을 하지 않은 채 주정부의 업무에 개입한다고 비난해 왔다.[8] 헌법상으로는 부지사(Lieutenant Governor, LG)가 델리 주정부의 책임자인 상황이어서, 중앙정부가 부지사 등 대표자를 통해 시정에 개입한다는 비난이 있었다. 게다가 델리와 위성도시를 포함하는 광역 델리(연방수도권역, NCR)는 3개 주와 여러 지자체를 가로지르는 규모로 확장되었고,[9] 이

8 2021년 코로나19 사태가 한창이던 1월 7일 자로 델리의 북 · 동 · 남 지역공사(〈주 6〉 참고) 직원들이 3~5개월째 임금을 받지 못해 무기한 파업에 들어갔는데, 이는 매년 반복되는 일이라 크게 시선을 끌지는 못하지만, 당장 도시 위생관리 등에서 문제가 심각해지고 있다. 중앙정부와 주정부의 집권당이 다른 가운데 델리 시내의 하부 지자체에서 다시 현 중앙정부 집권당인 인도 국민당이 집권할 때가 있어서, 이러한 난맥상의 어려움은 가중되는 면이 있다.

9 NCT델리의 인구는 2020년 추정치로 1,871만 명 정도이다(Unique Identification Authority of India(web) 2020, https://www.citypopulation.de/en/india/cities/delhi/). 그런데 NCT델리의 생활권은 이미 행정 경계선을 넘어섰고 수많은 위성도시, 가지아바드, 파리다바드, 구르가온, 노이다 등을 포함한다. 이들을 포함하는 큰 단위의 델리 지역을 델리 연방수도권역(The National Capital Region, NCR)이라고 부른다. NCR에는 하리아나주와 우타르프라데시주만이 아니라 서남쪽으로 라자스탄주의 일부가 포함되어 있다. NCR은 1985년에 연방수도권역계획위원회(National Capital Region Planning Board)와 함께 지역 단위 토지이용과 기초 인프라 개발을 효율적으로 조율하기 위해 해당 법률이 제정되면서 성립되었다.

모든 상황이 공중보건 대응을 효율적으로 시행하는 데 악영향을 미치고 있다.

## 코로나19와 델리, 그 전개 과정

### 초기 대응

델리 지역에서 첫 코로나 확진이 발생한 것은 2020년 3월 초 한 남성 여행자가 이탈리아에서 돌아왔을 때였다. 확진자가 진단 직전 수십 명이 참석한 생일잔치에 갔던 사실이 알려지면서 큰 경계감을 불러일으켰다. 이렇게 해서 당시까지 한국, 중국, 이탈리아에 대한 보도로만 접하던 코로나19 현실이 델리를 덮쳤다. 3월 11일 세계보건기구는 코로나19를 세계적인 전염병으로 선포했다. 며칠 만에 새로운 확진 사례가 이어지면서 중앙정부는 교육기관, 체육관, 쇼핑몰을 봉쇄하였는데, 처음에 사람들은 3월 말까지만 봉쇄가 이어질 것이라 예상했다. 고위험 국가에서 온 비행편도 비슷한 시기에 중단되었다. 확진 사례가 서서히 늘고 있었지만 중앙정부가 다양한 단위에서 어떤 추가 조치를 취할지 분명하지 않았다. 세계보건기구의 발표를 일주일 앞두고 인도의 보건부 장관은 코로나19 대비 태세를 강화하라는 야당 지도자 라훌 간디(Rahul Gandhi)의 요구에 "간디가 '당황할 필요는 없다'고 말하는 세계보건기구보다 더 잘 알고 있음이 확실해 보인다"라고 조롱의 트윗을 게시하기도 했다.

그 후 3월 24일, 총리가 오후 8시에 전국 방송에 출연해 자정부터 전 국가가 전면 봉쇄에 들어간다고 발표했다.[10] 모든 경제와 공공 활동이 중단될 상황이었다. 사람들은 즉시 생필품을 비축하기 위해 밤늦게 소동을 일으켰고, 나중에 정부에서 생필품 유통과 생필품 소매점은 봉쇄되지 않는다고 발표했다. 항공편과 철도망은 물론이고 공공과 민간 사업장을 포함한 모든 것이 4월 14일까지 봉쇄되었다. 당시 정부는 공중보건의 적확한 이해라는 확신 속에서 거리두기를 강제하면 코로나19 전파를 멈출 수는 없어도 최소한 그 속도가 느려질 것이라고 판단했다. 그리고 이렇게 시간을 벌면 의료 체계를 정비해서 만에 하나 가능한 대규모 전염 사태에 대비할 수 있다고 생각했던 것이다. 엄격한 봉쇄 조치에 뒤이어 점진적인 개방 조치가 내려졌는데, 〈표 2〉에서처럼 이 전략은 크게 3단계에 걸쳐 시행되었다.

충격과 불확실성으로 가득했던 초기 몇 주 후, 중앙정부와 시정부는 이 사태가 오랜 기간 지속될 것이며, 봉쇄가 코로나19의 확산 속도를 늦추었을지는 모르지만, 코로나19 자체를 멈추지는 못했다는 사실을 분명히 알게 되었다. 거의 모든 직장과 사업장을 폐쇄하는 것은 공식적인 고용이 없거나 불안정한 일자리에 있는 수백만 명이 주요 생계 수단을 잃었음을 의미했다.[11] 그중 많은 이가 국내 이주노동자로,

10 이러한 결정이 연관된 주정부나 보건·의료 관련 부처나 기관과 충분한 논의 없이 총리실 주도로 이루어졌다는 비판과 언론 기사가 몇 달 후에 쏟아져 나왔다. 결국 코로나19에 대해 섣부르고 부적절한 대응을 한 큰 요인 중 하나는 국가적 의사결정이 체계보다 총리 개인의 판단과 결단으로 이루어지는 인도 정치의 한계였다고 할 수 있다.

11 세계적으로 선례가 없는 강도의 갑작스런 전면 봉쇄 조치가 내려진 맥락에 대해 2021년 3월 30일 자 BBC의 탐사보도(https://www.bbc.com/news/world-asia-india-56561095)는 모디 총리가 봉쇄 조치 발표 전에 관할부처는 물론이고 지방

보통 가족을 시골 지역에 남겨 둔 채 일자리를 찾아 델리로 온 사람들이었다. 그렇지 않은 사람도 경제적 혼란기를 넘기기 위해 필요한 저축액은 매우 제한적이었다.[12] 이 모든 것은 두 가지를 의미했다. 국가는 국민의 생존을 위한 대대적인 긴급구호 노력을 해야 하고, 이주노동자는 장기간 봉쇄 상황을 감안할 때 집으로 돌아갈 길을 필사적으로 찾으리라는 것이었다.

3월 말이 되자 델리 전체 확진자는 150명도 되지 않았지만 불안감이 극도로 고조되었다. 해외에서 돌아온 사람들은 집 밖에 스티커가 붙여진 채 격리되었고, 처음 몇 달의 봉쇄 기간 동안 양성반응을 보인 사람들은 두려움의 대상으로 낙인이 찍히고 말았다. 의사들조차 감염 확산을 우려한 이웃으로부터 아파트단지에서 배척받는 영상이 SNS에 등장할 정도였다. 이러한 경향은 코로나 '핫 스폿'으로 부상한 델리의 니자무딘(Nizamuddin) 지역에 대한 피해망상 반응에서 가장 잘 드러났다고 할 수 있다. 이 지역에서 '설교자모임(Tablighi Jamaat)'이라는 이슬람 영성 단체의 국제 회합이 열렸고, 인도네시아와 말레이시아 같은 나라에서 온 참석자들이 있었다. 몇몇 참석자가 양성반응을 보이자 인도의 맹목적인 애국주의 언론은 이 종파뿐 아니라 이슬

정부와도 제대로 의논하지 않았다는 보도를 내보냈다. 인도의 주요 정치적 결정이 총리실에서 독단적으로 내려지는 일은 독립시기부터 오랫동안 문제로 지적되어 왔다.

12 이주노동자의 빈곤문제가 역사적으로 도시빈민의 형성과 연계된다는 것은 사실이지만, 이 두 집단의 문제가 경제적 · 사회적인 직선적 연관관계에 있다는 피상적 판단에 대한 비판이 있었다(Mitra, 2008: 26). 농촌의 빈곤문제만 잘 제어하면 곧바로 도시빈민층 확대가 해결되리라는 기존 정책의 단순논리는 심각한 오류에 빠져 있었던 것이다.

| 표 2 | **인도의 봉쇄 조치 단계**

| 단계 | 시작일 | 종료일 |
|---|---|---|
| **봉쇄1.0** | 2020. 3. 3. | 2020. 4. 14. |
| **봉쇄 2.0** | 2020. 4. 15. | 2020. 5. 3. |
| **봉쇄 3.0** | 2020. 5. 4. | 2020. 5. 17. |
| **봉쇄 4.0** | 2020. 5. 18. | 2020. 5. 31. |

람교도를 싸잡아 질병의 매개자로 묘사했고, 심지어는 대다수 힌두교도인 인도인에게 '코로나 지하드(corona jihad, 코로나 항전)'를 수행하고 있다고 표현한 장면이 어느 TV 방송에 등장하였다(Perrigo, 2020). 이후 확진자가 점차적으로 늘어 10만 명을 훨씬 넘어서자 도시 전역에서 코로나는 일상화되었고, 환자들이 동정을 받고 세심한 치료를 받게 되면서 이러한 배제와 배척은 사라졌다.

## 제1차 대유행

2단계 봉쇄 기간 동안 전국 170개 지구(district)가 코로나 핫 스폿으로 지정되었고, 확산 정도에 따라 적색, 흰색, 녹색 구역으로 구분되었으며, 적색 구역에 해당하는 지역은 즉각 발표되었다. 중앙정부는 4월 20일부터 유효한 특정 산업과 활동의 점진적인 개방에 관한 일련의 지침을 발표했고, 각 주는 상황에 따라 유연성을 발휘하도록 했다. 델리 정부는 도시에서 여전히 확진 사례가 증가하고 있기 때문에 예방 차원에서 어떠한 완화 조치도 취하지 않기로 결정했다. 3단계 봉쇄 기간에는 다양한 산업과 기타 부문의 점진적인 봉쇄 완화와 더불어 감염이 덜한 지역의 광범위한 완화 조치가 따랐다. 총리는 각 주의 주지사와 여러 차례 화상회의를 갖고, 봉쇄를 단계적으로 종식하기 위한 전략에 초점을 맞췄다. 델리는 주정부가 봉쇄 완화와 관련된 결정에 대한 공론을 따르기로 했다. 주지사 케즈리왈에 따르면 델리에서는 50만 명 이상의 시민이 다양한 방면의 봉쇄에 대해 다양한 제언으로 응답했다고 한다(Goswami, 2020a). 응답자들은 주로 음식 배달, 대중교통, 공원에 접근할 수 있는 허가를 요구했다. 이 단계에서 델리 정부는 필수품목을 취급하는 상점을 제외한 상점의 개방은 시차를 두는 방식을 택했다. 델리의 지하철, 호텔, 교육기관, 쇼핑몰, 영화관, 강당 등은 계속 봉쇄 상태로 남아 있었으나, 버스는 좌석을 제한하여 운행을 재개했다. 이주노동자를 나르는 특별 열차도 델리에서 인접 주까지 운행하기 시작했다.

5월 19일부터 델리는 매일 확진자가 급증하면서 누적 1만 건이 넘는 상황을 맞았고 인근 하랴나주가 델리와의 경계선을 봉쇄했다. 4단계 봉쇄가 끝날 무렵 델리는 인도 전체 확진 사례의 70퍼센트를 차지하는 13개 도시 중 하나가 되었다. 2020년 6월 1일 봉쇄 해제의 첫 단계가 발효되었고 주정부는 새로운 지침을 내놓았다. 델리 정부는 시내의 확진 사례가 증가하고 있는 점을 고려해서 델리 시민에게 시 경계선 개방에 관한 공론화를 다시 한번 요청했다. 정부는 결국 경계선 폐쇄를 일주일 더 유지하기로 했다. 또한 델리 주지사는 몇 가지 예외를 제외하고 도시 안에 있는 모든 상점의 개장을 허가하고 상점의 시차 영업 제한 조치를 철회하였다. 동시에 대중 연설을 통해 델리 시내 병원과 격리시설이 시외 지역민의 코로나 감염을 치료하는 것에 대해서 문제를 제기했는데, 이것은 정치적으로 큰 논란거리가 되었다.[13] 델리 정부는 병원 침대 가용성에 대한 실시간 정보를 제공하는 '델리 코로나(Delhi Corona)' 어플리케이션을 출시했다. 그달 들어 델리에서는 감염이 급증했고 중앙정부는 델리에 파견된 대표, 즉 부지사를 통해 공개적으로 개입해 신속한 조치를 취했다. 게다가 사법부는 전염병 대응 관련 다른 사건들을 심리하면서, 감염의 급격한 증가에 대해 종종 주정부를 비난하기도 했다.

| 그림 1 | **델리의 코로나19 확진자와 사망자 수(단위: 명)**

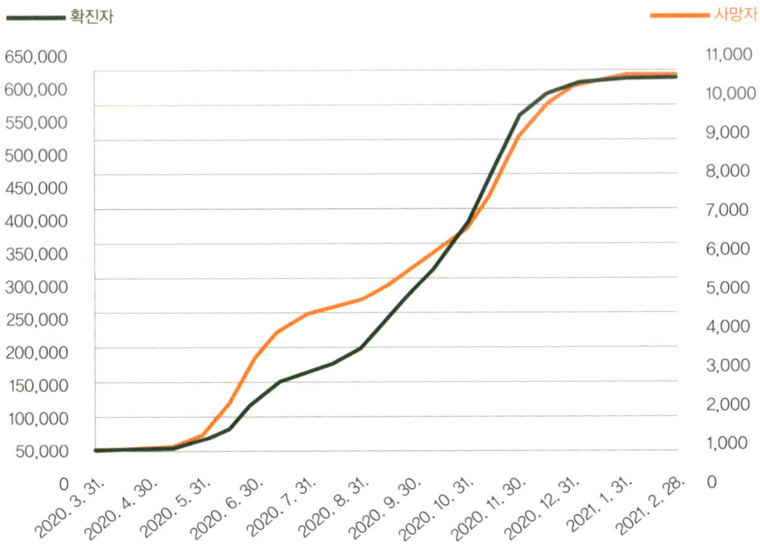


자료: NCT of Delhi의 기관 게시판.

13 평민당 소속 선출직 델리 주지사가 델리 시내의 병원들은 델리 시민만을 대상으로 코로나 환자들의 입원 치료를 해야 한다는 제한 조치를 발동한 후, 인도공무원단 소속 공직자인 부지사가 이 조치를 무효화시켰다.

## 제2의 물결

그 후 몇 달 동안 델리 정부는 상인의 마스크 상시 착용을 의무화하고, 노점 사이에 충분한 공간을 두고, 소독제를 구비하고, 경찰이 정기적으로 순찰하여 과밀도를 점검하는 등 특별 조건을 달아 델리의 요일장을 다시 열었다. 9월 7일부터 지하철 서비스도 단계적으로 재개되었다. 델리도시철도공사(Delhi Metro Rail Corporation, DMRC)는 차간을 넘나드는 특별 점검단을 배치하여 마스크 착용이나 좌석의 안전거리 유지 등 안전 조치 위반에 대한 무작위 점검을 실시하였다. 델리 정부가 도시 재개를 계속하는 동안에도 9월 중순 이후 시내에서 확진 사례가 다시 증가하기 시작했다. 10월 내내 일일 확진자 수가 증가하자 델리 정부는 확진자와 접촉한 사람에게 '공격적인 추적과 검사'를 진행하며 전략을 바꾸어야 했다. 또한 봉쇄 구역의 수도 동시에 계속 증가했다.

11월 첫째 주에 델리에서는 일일 확진자 수가 7천 명을 넘어섰고, 4개월 만에 가장 많은 사망자를 기록했다. 상황을 통제하기 위해, 도시 정부는 지방공무원에게 해당 지구에 있는 코로나19 검사 센터의 수를 2배로 늘리도록 지시했다. 또한 공공장소에서 마스크를 착용하지 않을 때 더 무거운 벌금을 부과했다. 11월 26일 마지막 주까지 델리는 한 달도 채 되지 않아 2,300명이 넘는 코로나 사망자를 기록했다. 나중에 자세히 논의하겠으나 전문가들은 이러한 급증이 대기질 악화와 밀접한 관련이 있다고 보았다(Dhillon, 2020). 이와 함께 확진자 대비 사망률은 100명당 1.6명 안팎으로 8월 초까지 보였던 사망률(100명당 3명 안팎)에 크게 못 미쳤다. 이는 의료 종사자와 일반인 모두가 시간이 지남에 따라 코로나19에 대해 많은 것을 배웠고 의료 인프라가 크게 개선되었음을 보여 준다.

놀랍게도 12월 내내 새로운 확진자가 감소하기 시작했고, 2021년 1월과 2월에는 양성률이 1퍼센트를 크게 밑돌면서 끝없는 급증에 대한 우려를 누그러뜨렸다. 그럼에도 불구하고 델리 정부는 2020년 12월 31일과 2021년 1월 1일, 전염력이 강한 영국발 신종 바이러스의 확산을 막기 위해 5명 이상의 인원이 공개적으로 모일 수 없도록 하는 야간 통행금지령을 시행했다. 다만 이 기간 동안 차량과 물품의 주 경계선 통과에는 어떠한 제한도 없었다. 1월 중순에 델리 정부는 모든 관공서, 자치단체, 공공부문, 기업, 그리고 지역 기관이 코로나 예방조치와 관련하여 적절한 조치를 내린다는 조건을 달아 직원 100퍼센트가 업무를 개시할 수 있다고 선언했다. 인원수를 제한하기는 했지만 고등학교 수업이 재개되었고 대학도 다시 문을 열었다. 2021년 2월 말에서 3월 초 델리의 일일 확진은 300건(2월 100건 미만에서 증가)을 맴돌았으나, 3월 25일 하루에만 인도 전역에서 5만 3천 명이 추가 확진되면서 2020년 10월 이후 최악의 재유행이 다시 시작되었다. 뭄바이를 포함하는 마하라슈트라주에서 새로운 감염의 물결이 보고되고 변이 바이러스까지 확인되면서, 대규모 백신 프로그램이 진행 중임에도 델리의 미래에 대한 불확실성이 만연한 상황이다.[14]

14 재유행의 가능성이 짙어지자 3월 말에 접어들어 중앙정부는 국내 사용(약 5,400만 회분)보다 많은 양을 해외로 보내던(6천만 회분) 백신의 해외 반출을 '조절'하기로 했고 주변국을 향한 백신 외교의 속도 조절에 들어갔다. 이는 코백스를 통한 국제 백신 공조에 심각한 문제를 야기하고 있다(강성용, 2021). 4월 1일부터 45세 이상 전 국민의 백신 접종을 추진하기로 한 상황이다.

| 표 3 | **델리의 코로나19 일일 총 검사 수, 양성률, 사망률**

| 일자 | | 양성률(퍼센트) | 일일 총 검사 수 (건) | 사망률(퍼센트) |
|---|---|---|---|---|
| 2020년 | 5월 15일 | 7.79 | 5,453 | 1.38 |
| | 5월 31일 | 21.42 | 6,045 | 2.38 |
| | 6월 15일 | 26.98 | 6,105 | 3.27 |
| | 6월 30일 | 12.80 | 17,179 | 3.14 |
| | 7월 15일 | 7.31 | 22,528 | 2.98 |
| | 7월 31일 | 6.26 | 19,091 | 2.92 |
| | 8월 15일 | 6.98 | 18,271 | 2.76 |
| | 8월 31일 | 9.44 | 14,389 | 2.54 |
| | 9월 15일 | 6.80 | 62,669 | 2.13 |
| | 9월 30일 | 5.67 | 59,807 | 1.92 |
| | 10월 15일 | 6.23 | 55,891 | 1.85 |
| | 10월 31일 | 11.42 | 44,330 | 1.68 |
| | 11월 15일 | 15.33 | 21,098 | 1.57 |
| | 11월 30일 | 7.35 | 50,670 | 1.61 |
| | 12월 15일 | 1.90 | 85,105 | 1.66 |
| | 12월 31일 | 0.70 | 81,750 | 1.68 |
| 2021년 | 1월 15일 | 0.44 | 66,921 | 1.70 |

출처: NCT 델리 정부 소식지(Daily bulletins of the Government of the NCT of Delhi). 2020년 11월 15일을 포함한 일요일의 일일 총 검사 수가 다른 날보다 적다는 것에 주의해야 한다.

# 코로나19와 델리, 그 영향과 대응

코로나19는 전 세계 사람들의 건강에 중대한 영향을 미쳤으며, 감염으로 인한 합병증으로 이미 수천 명이 사망했다. 또한 바이러스 자체는 물론이고 봉쇄 혹은 좀 더 약한 공공보건을 위한 조치 때문에 도시는 심각한 경제적 타격을 받았다. 관광과 숙박 부문은 이동성이 제한되면서 엄청난 피해를 입었는데, 많은 인구가 돈을 저축하고 필수재가 아닌 것에는 소비하지 않으면서 피해가 더했다. 이제부터는 보건, 경제, 복지와 환경이라는 세 가지 주요 이슈를 따라 팬데믹의 영향, 그리고 그에 대한 주정부와 여타 주체들의 대응에 대한 윤곽을 그려 보겠다.

### 공중보건과 의료 전략

코로나19가 건강에 끼치는 영향은 잘 알려져 있듯 모든 도시에서도 유사하게 나타난다. 그런데 각 도시의 대응 방식은 매우 다양하다. 지금까지 인구, 주거 상황과 서비스, 전반적인 의료 시스템과 행정조직을 살펴보았는데, 이는 코로나19와 관련한 델리의 경험이 가진 특수성을 설명해 준다. 의료 활동에 대해서는 크게 두 가지를 말할 수 있는데, 하나는 공공보건을 통한 행정이고 다른 하나는 개인 차원에서 발병에 대응하는 의료적 개입이다. 행정 조치는 인도 전역에 봉쇄 조치를 내리고 공공 활동을 규제하기 위해 두 가지 헌법상의 대비책이 동원되었다. 「전염병법(The Epidemics Act)」과 「재난대응법(The Disaster Management Act)」이 그것이다. 「전염병법」은 1897년 식민 통치기에 봄베이에서 최초로 제정된 법률이다. 기본적으로 주 단위 법률인데, 2020년 3월 인도 연방정부는 이 법 제2조를 발동하도록 주와 연방직할지에 명령하여 중앙정부가 '출항 혹은 입항하는 선박이나 함선, 그리고 이를 이용해 항해하거나 입국하려는 자에 대한 검사와 억류 등에 필요한 규정을 정하고 대응책을 수행할 수 있도록' 하였다. 이 법은 주정부에게 특별한 조치를 취할 수 있는 상당한 권한을 부여하고 규제를 정할 뿐만 아니라 국가에서 전염병 발생 시 위반행위에 대한 처벌을 부과할 수 있게 하였다. 「재난대응법」은 재난을 효과적으로 관리하기 위하여 2005년부터 시행되었는데, 이 법은 인도 총리가 수재하며 9명으로 이루어진 국가재난관리위원회(National Disaster Management Authority) 설립을 규정한다. 같은 법 6(d)조는 이 위원회가 재난에 대응하여 주정부가 대응책을 수립할 때 따라야 하는 지침을 정할 수 있도록 한다. 이 법은 주도권을 중앙 권력에 집중시키고, 코로나19를 국가적 재난으로 명명함으로써 중앙정부가 각 주에 더 많은 규제력을 행사할 수 있도록 하였다.

델리 정부가 취한 가장 빠른 조치 중 하나는 2020년 3월 6일 시행한 초등학교 휴교였다. 델리 정부는 위험도 측정을 기반으로 한 접촉자 추적과 표본검사를 시작했으며 필요시 거주지 자가 격리를 규정했다. 2020년 3월 12일 델리 정부는 「전염병법」에 의거해서 '2020년 델리전염병, 코로나19 규제(Delhi Epidemic Diseases, COVID-19 Regulations, 2020)'를 공표했다. 이에 따라 주정부는 코로나19 발생 국가 여행 이력이 있는 사람을 대상으로 자가 격리 지침을 정했다. 또한 특정 지역을 봉쇄할 수 있는 조건, 코로나19 발생 사례에 대한 능동적 · 수동적 감시, 오염 구역으로의 인구 및 차량 이동 금지 등을 개략적으로 규정하였다.

1단계 봉쇄 기간 동안 델리 정부는 구호와 격리 및 치료를 위해 인프라를 구축 · 변환 · 규정하여 대응하고, 전화 상담 서비스 개설, 현장 개입을 위한 종합팀 구성, '방패 작전'[15] 개시 등으로 대응했다. 델리 주지사 케즈리왈은 이 전략을 검사(testing), 추적(tracing), 치료(treatment), 팀워크(team-work), 추적과 모니터링(tracking and monitoring) 등으로 구성된 5T 계획에 중점을 두고 설명했다. 검사 수행은 6월 말, 9월 초, 12월 초의 세 차례 코로나19 확진자 폭발 시기에 증가했으며, 330개 이상의 검사 센터와 실험실이 델리에서 문을 열었다. 이 중 정부 시설은 무료로 검사를 수행했다. 평민당 정부는 과거 지역자치를 강조한 것의 연장선상에서 구호와 봉쇄의 어려움을 해결하기 위한 특임단과 보병단(foot warriors)에 시민 자원봉사자를 모집했다. 그리고 이를 위해 종교기관, NGO, 민간기업을 유인하기도 했다. 정부는 공공장소, 사무실, 집회, 모임, 개인 차량 등에서 마스크 착용을 의무화하고, 확진자가 발생한 주택에 주택 방역 포스터를 부착해 확산을 막도록 했다.

도시의 총 환자 수가 증가함에 따라 델리 정부는 2020년 6월 전략을 수정하고 다섯 방향 접근법을 채택했는데(Sharma, 2020), 앞에서 언급한 광역의 보건 정책에서 벗어나 치료에 더 중점을 둔 방식으로 구체적인 내용은 다음과 같다.

15 방패 작전(Operation SHIELD)은 2020년 4월 10일 델리 정부가 발표한 오염지역에 대한 대비책인데, 'Sealing(지역 봉쇄), Home quarantine(해당 지역 자택 격리), Isolation and tracing(확진자 격리와 추적), Essential supply(필수품 보급), Local sanitisation and Door-to-door checks(지역 소독 및 가구별 방문 점검)'의 머리글자를 따서 만든 이름이다.

① 병원의 입원 병상 수 확대

② 코로나19 환자의 검사와 격리

③ 환자에게 산소포화도측정기와 산소발생기 제공

④ 혈장치료법 사용

⑤ 도시 이웃의 조사와 선별을 통해 환자 위치 파악

## 전략과 사고의 전환: 델리 모델

위의 전략은 예방만 앞세우는 사고의 틀을 벗어나 델리의 정책 입안자들이 '코로나19와 함께 사는 법을 배우기'(Goswami and Singh, 2020)라고 이름 붙인 사고로 전환하는 중요한 기점이 되었다. 즉 철저하게 봉쇄하듯 양성반응자에게 신속한 의료 조치를 취하고 확산을 막기 위해 최선을 다하지만, 결코 지나치지 않아야 한다는 것이다. 전 세계 대부분의 국가가 혈장 치료의 효과에 대해 여전히 논쟁을 벌이고 있으나, 델리 정부는 중증 환자를 위한 응급조치로 혈장 치료를 시행했고, 심지어 완치된 환자들이 혈장을 시민의 의무로서 기부하도록 권장하는 전담 혈장은행을 개설하기도 했다.

'델리 모델'의 핵심 요소 중 하나는 만성적인 기저질환이 있거나 입원 치료가 급박하지 않다면, 환자가 가정에서 회복할 수 있도록 허락할 뿐 아니라 권장한다는 것이다(Khanna, 2020).[16] 인도에서 델리 모델은 모든 주요 신문에서 다루었고, 라디오로 방송되기도 했다. 중

16 2020년 8월, 코로나19 관리를 위한 이른바 '델리 모델'은 인도주재 한국대사로부터 찬사를 받기도 했다. 이에 앞서 2020년 4월에는 께즈리왈 델리 주지사가 한국의 대응 전략을 모델로 삼아 적극적인 검사를 실시하겠다고 발표한 내용을 한국의 많은 언론이 보도했다.

앙정부에서는 한동안 부지사를 통해 이러한 대응에 반대하며 양성반응자 전원의 입원 치료를 주장하였다(Goswami, 2020b). 그러나 델리 정부는 완고하게 버텼고, 며칠 후 중앙정부는 자택 격리 전략으로 돌아섰다. 이는 병상 확보에 도움이 되었을 뿐만 아니라, 의료기관 격리나 입원에 대해 불안감이나 공포심을 느끼는 환자들에게 큰 위안이 되었다. 정부는 또한 빠르고 조직화된 코로나19 관리 서비스를 제공하면서, 가정 모니터링을 위한 산소포화도측정기(총 6만 대 이상)를 제공하고 산소발생기(3천 대 이상)를 가정에서 환자가 사용할 수 있게 했다. 하루 5천 회에서 2만 회로 테스트를 확대하고, 혈장 요법을 성공적으로 도입하고, 새로운 코로나19 관련 시설을 열어 병원의 병상 수를 늘린 것은 결국 성과를 거두기 위한 노력이었다고 할 수 있겠다. 대중을 향한 투명성과 분산형 접근법도 델리 모델을 규정하는 특징이다.[17]

2020년 하반기 전 세계 여러 제약 회사가 코로나19 백신을 개발, 시험, 제공하기 위해 경쟁하는 상황이 벌어졌다. 인도는 이 흐름의 한

17 델리를 포함한 인도의 기존 의료 기반시설이 가진 한계를 고려할 때 현실 상황에 맞는 대응 전략을 선택하는 것은 개별 국가와 도시들이 고민할 문제이지만, 정치적 의도와 대중선동의 함의를 가진 단순화된 비교우위의 주장이 가진 위험성은 다시 말할 필요가 없다. 중국의 대응과 비교하면서 인도의 대응이 "민주국가"로서 "개방성과 투명성을 갖고 보편적 인류의 가치"를 구현하는 것이며 반면 중국의 대응은 "일당독재 국가"의 "억압적이고 정보 은폐를 통한 선전"에 몰입하는 측면(Musaddi and Sahgal, 2020)이 있다는 애국주의 편향의 논리는 사실을 떠나 맥락을 왜곡하는 위험이 있다. 이러한 예들은 인도의 정치지형에서 국내정치적으로 국가적 자존감 회복을 위한 서사 구축의 노력이 본격화되는 양상이 2020년 말 이후로 강화되는 모습을 보여 준다. 모디 정부의 백신 외교는 이를 바탕으로 이해해야 하는 측면이 있다. 결국 이 같은 정치적 행보들이 모여 2021년 팬데믹 대폭발의 위기이자 비극을 초래했다는 사실을 부정하기 어렵다.

중심에 있었다. 푸네(Pune)에 위치한 사기업으로 1960년대에 설립된 세계 최대 백신 제조업체인 인도혈청연구소(이하 SII)는 아스트라제네카-옥스포드 백신의 선두 제조업체이다. SII는 일찌감치 이 백신 후보 물질을 '코비실드(Covishield)'라고 부르며 효능에 무게를 실었고, 임상 결과가 발표되고 백신이 전 세계적으로 승인을 받을 무렵에는 게이츠재단의 지원을 받아 이미 수백만 회분을 비축해 둔 상태였다(Spinney, 2021). 그리고 하이데라바드(Hyderabad)에 본사를 둔 인도바이오테크(Bharat Biotech)는 자체 백신을 개발했다. 2021년 1월 초, 인도 당국은 이 두 백신 후보 약물에 비상 사용승인을 했다. SII의 신청 내용은 공개된 임상 자료로 뒷받침된 반면, 인도바이오테크의 '코백신(Covaxin)'이라는 백신은 여전히 임상3상이 진행 중이었고, 이 때문에 승인 결정은 많은 전문가의 비판을 받았다(Srinivasan, 2021). 어쨌든 2021년 1월 16일 전국적인 백신 접종이 시작되었다. 첫 번째 수혜자는 인도의 의료 분야 종사자와 그 외 일선 근로자였다. 3월 1일부터 진행된 백신 접종 2단계에서는 60세 이상 주민과 45세 이상 기저질환자가 접종 대상이 되었다. 이 단계에서는 민간 의료시설도 예방접종을 할 수 있도록 했다. 3월 10일까지 약 40만 명이 델리의 200여 개 접종 센터에서 백신을 접종했지만(Hindustan Times, 2021) 이는 도시 인구의 약 2퍼센트에 불과했다. 민간부문이 개입되면 예방접종 속도가 빨라질 것으로 예측되었다. 이러한 국내 상황과 별도로 중앙정부는 인도의 백신 생산 역량이 가진 경쟁력을 근거로 중국을 견제하면서 지역 패권국으로서 지위를 공고히 하기 위해 백신 외교 전장에 적극적으로 뛰어든 상황이었는데, 3월 이후 재유행 위기 속에서 백신의 외교적 활용을 다시 줄이기 시작했다(강성용, 2021).

## 경제와 공공복지 대응

델리는 비공식 부문의 이주노동자에게 중요한 고용 창출지이고, 그들 대부분이 계절 이주자 신분이다 보니 사회보장제도 밖에 있는 취약계층 인구가 상당하다. 그래서 델리는 정부의 몇 가지 계획과 조치에도 불구하고 모두를 위한 식량 확보에서조차 많은 어려움을 겪었다. 첫 봉쇄 조치의 절정기에 기아 위기가 심각해서 여러 시민단체, 개인, 종교기관이 구호 활동에 적극적으로 참여해야 했다. 다양한 문제에도 불구하고 델리의 구호 정책에서 몇 가지 특징이 두드러졌는데, 이 측면을 자세히 살펴보겠다.

국립도시문제연구소(National Institute of Urban Affairs)가 2020년 5월(Kundu, 2020) 빈민가 거주자에 관해 급하게 진행한 연구(12개 도시, 2개 근교 지역)에 따르면, 임금노동 가구의 97퍼센트가 고용 상실을 보고했고, 자영업 가구의 98.9퍼센트가 생계에 큰 영향을 받았다고 응답했다. 정규직 임금 가구의 88.2퍼센트도 고용 손실을 겪고 있는 것으로 나타났다. 아짐프렘지대학교(Azim Premji Uni.)가 대유행 중 비공식 분야에 대해 수행한 또 다른 연구(Lahoti et al., 2020)는 필수 배급이 필요한 사람들이 접근할 수 있는 공공배급제(Public Distribution System, PDS)에도 불구하고, 16퍼센트의 도시 취약 가구는 정부 배급을 받지 못한 것으로 나타났으며 응답자 중 60퍼센트는 일주일치 생필품을 확보할 만한 돈을 가지고 있지 않았다. 연구는 공적자금 직접 투여와 같은 구호 방식이 현장의 심각성에 비례하는 대응이 아니라는 결론을 내렸는데, 공적자금 투여가 국가의 직접 지출보다 유동성을 늘리는 데 초점을 맞추기 때문이라고 했다(Azim Premji University, 2020).

긴급대책에 따라 기아구호센터로 전환된 델리 전역의 야간 쉼터와 학교들은 수십만 명에게 하루에 두 번 식사를 제공했다. 이 센터들과 함께 도보로 직접 음식을 나눠 주는 자원봉사자를 정부가 모집했다. 기아구호센터는 경제 활동이 거의 중단된 취약계층에게 절실한 구호를 제공했다. 델리의 비공식, 무허가 정착지에 거주하는 대부분의 주민에게 이 센터는 첫 번째 봉쇄 기간 내내 하루 두 번 주민들이 이용할 수 있는 유일한 식량 공급원이었다. 이러한 급식소와 센터, 도보 활동가들은 배급과 구호 키트를 받기 위해 필요한 배급 카드와 여타 신분 확인이 불가능할 때에도 구호품을 제공하여 모두에게 접근 가능성을 높여 주었다. 주정부는 이처럼 기존의 사회 인프라와 학교 등 기관을 활용하여 접근하기 어려운 수혜자에게 다가갔고, 신분 증명과 구호 여부 판단까지 수혜 당사자에게 맡겼다(Bhan et al., 2020). 델리재난청(Delhi Disaster Management Authority)은 각 지구의 행정책임자(District Magistrate)에게 하루에 두 번 적절한 장소에서 요리된 식사가 제공되도록 보장하며, 모든 지자체 단위마다 2개의 기아구호센터를 두라고 명령했다. 델리 주지사는 생계에 타격을 입은 사람들을 위해 공공배급제 수혜자에게 3월 30일부터 한 달 동안 배급량을 늘린 무료 배급을 제공하겠다고 발표했다. 이때 720만 명의 공공배급제 수급자에게 1.5배 더 많은 배급을 제공하기로 했다. 배급 카드가 없는 사람은 상점에서 5킬로그램을 배급받을 수 있게 했고, 연금 수급자(미망인, 노인, 장애인)는 3월 한 달간 연금액을 2배로 늘려 주었다. 호텔 내 격리시설에 머무르기로 선택한 개인에게는 주정부 세금이 면제되었다.

델리 정부는 2020년 3월 6일부터 31일까지 전 지역에서 시골 지역의 아동 돌봄시설(Angandwadi)의 가동을 중단했지만, 수혜자가 대상인 영양보충제 보급을 3월 19일부터 재개하여 임산부와 아동에게 영양 공급 지원이 전면 중단되지 않게 했다. 주지사는 또한 무료급식이 224개의 야간 쉼터와 325개 학교에서 하루에 두 번 누구에게나 제공될 것이라고 발표했다. 이러한 노력과 함께 11개의 기아 구제 전화 라인이 설치되어, 어려움을 겪는 사람을 가장 가까운 기아 구호센터로 안내하고 도왔다. 3월 28일, 델리 주정부는 음식과 식수를 제공할 수 있는 야간 쉼터를 도시 경계 지역에 설치하고, 주지사는 800개 이상의 센터가 빈곤층과 곤란에 처한 사람에게 무료로 식량을 공급하고 시내의 공정 가격 상점 1천 곳에서 3월 30일부터 1인당 7.5킬로그램의 무료 배급에 착수한다고 발표했다. 그리고 주정부는 각 지구에 식량 꾸러미를 배포하기 위한 특임단을 파견했다. 주지사의 발표에 따르면 종교기관과 NGO, 민간기업의 도움을 받아 최대 40만 명에게 무료 음식 배급이 이루어질 계획이었다. 이 조치의 포괄적인 성격과 말단 현장까지 도달 여부는 이주노동자와 임금노동자뿐만 아니라 이 조치가 없었다면 어려움을 겪었을 많은 가구에게 도움을 제공하는 데에 핵심적인 사안이었다.

2020년 4월 첫째 주에, 델리 정부는 공공배급제 수혜자가 아닌 사람을 위한 전자 쿠폰 제도를 시작했다. 이에 따라 온라인 등록을 한 세대주에게 쌀 4킬로그램, 밀 1킬로그램, 추가 조리 재료 키트와, 비누 2개(65~70그램)를 제공하기로 했다. 그리고 2020년 7월, 델리 주지사는 수혜자 집집마다 배급 품목을 배달하도록 승인했다. 9월에는 델리 정부가 대유행 기간 동안 소득증명서, 운전면허증, 그리고 상수도 신규 설치와 같은 100개의 공공 서비스를 방문 제공하기 시작했다. 비공식 노동자들을 위해 델리 정부는 델리의 건설과기타설비노동위원회(Building and Other Construction Workers Welfare Board, BoCW)에 등록된 모든 건설 노동자에게 5천 루피(약 7만 8천 원)의 현금을 지원하고, 승용차와 전기 릭샤, 여타 비정형 운송수단을 활용한 운송 서비스 제공자에게도 같은 금액의 현금지원을 발표했다. 그리고 5월 델리 정부는 건설 노동자들에게 5천 루피의 현금을 송금하는 추가적인 지원책을 발표했다. 이렇게 델리는 코로나19 상황에서 건설노동자들에게 가장 많은 액수를 지원한 셈이다.

공공배급제는 특히나 긴급 지원이 필요했던 기아 위기의 최고점 시기에 수급권 확인의 오류와 함께 코로나 이전의 시스템이 가지고 있던 허점을 모두 보여 주면서 몇 가지 장애에 부딪혔다. 사회보호 프로그램의 기존 데이터베이스가 팬데믹과 같은 규모의 위기에 대응하는 일에는 적합하지 않다는 것이 분명해졌으며, 이는 구호와 복지 혜택의 수급 기준으로서 이 데이터베이스의 한계와 빠른 혁신의 필요성을 모두 드러냈다(Bhan et al., 2020). 마찬가지로 델리 정부가 지역 선출직 대표들이 직접 배포할 2천 장의 쿠폰을 발행하려던 계획도 수혜자 확정의 세부 사항에 대한 명확성이 부족하고 주민등록증이나 배급카드 없이 수혜자를 가려내야 하는 벅찬 과제 때문에 난관에 봉착했다. 이 사업의 수급 희망자로 등록한 사람들이 너무 많아서 공급 문제로 절차가 더욱더 지연되었다. 따라서 델리 정부의 주요 과제 중 하나는 기존의 공공배급제를 위기 정도에 맞게 조정하는 것이었다.

상수도 확보는 크게 공론화되지 않은 채 남아 있는데, 이 문제는 델리의 비공식 · 무허가 주거단지 주민에게 많은 고통을 안겨 주었다. 델리의 빈민가는 항상 심각한 물 부족에 직면했고, 주민은 대부분 상수도를 통한 공급이 부족하기 때문에 매일 지역 공용 펌프와 정부 물탱크에 의존하고 있었다. 봉쇄 기간 동안 정부는 무허가 주거단지에 물 공급을 중단한 데다가 코로나 예방 조치로서 손 씻기는 물론 엄격한 위생 조치를 요구했기 때문에 주민들에게 특히나 큰 고통을 초래했다. 결국 많은 비공식 주거단지의 주민은 물을 얻기 위해 비공식적인 통로를 찾아야 했고 물을 배달해 주는 사설업체에 돈을 지불해야 했다. 봉쇄 조치는 도시의 만연한 물 불평등을 노골적으로 드러냈으며, 이러한 불안정성에 대한 공식적인 해결 노력의 부족은 델리 정부의 구호 조치에서 핵심적인 미비점이라고 할 수 있다.

봉쇄가 사회의 모든 부문에 영향을 미쳤지만, 고용이 불안정하고 임의적 계약관계의 특성 때문에 조직화되지 않은 부문에 종사하는 사람들에게 미치는 영향은 엄청났다. 갑작스런 폐쇄 발표와 교통시설 운행 중단으로 이주노동자는 임금을 수령하거나 도시를 떠날 준비를 할 기회도 갖지 못했다. 21일간의 봉쇄는 식량 부족, 부채, 삶의 불안정성을 높이고 기존의 사회적 · 경제적 불평등을 심화시키는 동시에 복지제도, 데이터베이스, 행정력의 한계를 드러내 주어 전국적으로 이주노동자의 삶과 생계에 파괴적인 영향을 끼쳤다. 팬데믹은 또한 보편적인 공중보건과 주택에 대한 집중 투자의 필요성, 그리고 만연한 비공식 부문의 제도권 편입과 안정성 확보에 집중하는 정책의 필요성을 알게 해주었다.

## 환경문제

코로나19와 환경문제는 주로 세 가지 방식으로 교차한다. 첫째, 전 세계 여러 나라가 취한 봉쇄 조치의 흥미로운 부수 효과 중 하나는 대기질이 현저하게 향상되었다는 것이다. 이 점은 델리와 같이 오염이 심한 곳에서 아주 극명하게 볼 수 있었다. 둘째는 몇몇 글로벌 대도시 지역이 경험한 대기오염의 강도와 코로나19 확산과 사망률 사이의 상관관계이다. 셋째는 좀 더 간접적인 연관성인데, 코로나19와 봉쇄 조치로 인한 손실로부터 경제가 회복됨에 따라 정부에 환경규제를 약화하라는 압력이 제기되면서 생겨난 것이다(Negi and Srigyan, 2021). 지금부터 이 측면에 대해 살펴보겠다.

2014년 세계보건기구는 델리를 세계에서 가장 오염된 수도로 선언했다. NCT 델리의 대기오염 원인은 여러 가지이며 복잡한 방식으로 상호작용한다. 차량 배기가스, 산업 배기가스, 화력발전소, 먼지 폭풍과 도로변 먼지의 재부유, 장작이나 쓰레기 연소 등이 오염원의 대부분을 차지한다(Chatterji, 2020). 게다가 1년에 두 번 펀자브(Punjab) 지역을 중심으로 한 북부 인도의 농부는 수확한 후에 밭에 남은 잔여물에 불을 지른다. 10월에는 겨울이 시작되어 기온이 낮아지면서 대기역전이 일어나, 즉 지표면 근처의 차가운 공기층이 오염물질의 순환과 배출을 막아 계절적 잔여물 연소로부터 나오는 연기가 남아 있게 된다. 이것은 델리와 주변 지역에 몇 주간 위험한 스모그를 야기하는 미립자로 이루어진 두터운 혼합체를 만들어 낸다. 지난 몇 년 동안 언론을 통해 이에 대한 활발한 토론이 있었음에도 불구하고, 여러 관련된 주정부들은 상호 불신과 정치적 대립 구도 때문에 효과적으로 행동하지 못하고 있다.

도시의 상업 활동이 완전히 정지되고 거의 모든 사람이 집에 머물고 이따금 차량 몇 대만 거리의 평화를 깨고 지나다니던 시절, 2020년 4월과 5월에 목격된 푸른 하늘은 사람들에게 새로운 경험이었다.

'자연의 회복(nature bouncing back)'이라는 담론이 환경 관련 보도를 지배했고, 펀자브주 잘란다르(Jalandhar)에서 선명하게 볼 수 있는 히말라야 봉우리의 이미지는 봉쇄의 긍정적인 파생 효과를 환경 측면에서 보여 주는 강력한 상징이 되었다(Picheta, 2020). 이 시기에 행해진 여러 연구는 거의 모든 경제 활동의 중단으로 델리의 공기가 수십 년 만에 가장 깨끗한 상태임을 입증했다(Guttikunda and Nishadh, 2020). 만약 인류가 유발하는 오염원을 통제한다면 델리와 같은 오염된 도시도 대기질 개선이 가능하다는 것을 의심의 여지없이 보여 주었다. 달리 말해 국가와 사회의 우선순위 설정이 잘못되어 필요한 규제를 제대로 집행하지 못한 것이 원인이지, 지리적 요인 자체가 원인이 아니라는 것이다.

경제 활동이 재개되고 10월 들어 장마가 잠잠해지면서 델리의 공기는 다시 한번 유독한 상태로 돌아갔다. 이때까지 영국, 프랑스, 미국의 사례는 코로나19 감염으로 인한 사망률이 미세먼지(PM2.5)와 이산화질소($NO_2$)와 같은 오염물질의 노출과 유의미한 상관관계가 있다는 것을 분명히 보여 주었다. 코로나19 치명률과 오염물질 노출의 상관관계를 이해하는 것은 어렵지 않다. 코로나19 바이러스와 공기 중의 독소 모두 체내의 호흡계통을 공격한다. 두 가지가 동시에 인체를 공격한다면 특히나 치명적이다. 영국의 한 연구에 따르면 미세먼지 평균 농도가 장기적으로 1마이크로그램 퍼 세제곱미터($\mu g/m^3$)가 증가하는 것은 코로나19 사례가 12퍼센트 증가한 것과 관련이 있다(Travaglio et al., 2021). 또한 오염지역 간 차이가 있다는 것, 다시 말해서 일반적으로 도시의 가장 취약한 인구가 상대적으로 독성이 강한 지역에 살고 있으며, 오염과 코로나19 양자 모두에 대한 취약성이 열악한 영양 섭취와 건강, 그리고 낮은 의료접근성 때문에 강화된다는 점에 유의해야 한다. 델리에서도 겨울 스모그가 시작되면서 코로나 확진이 6주 동안 거의 2배로 증가한 결과, 2020년 중 코로나19의 최고 정점을 맞이했다(〈그림 1〉 참조). 겨울이 끝날 무렵, 도시 전역에서 무작위 표본추출로 실시된 항체 조사에서 델리 역내 지구의 인구 절반 이상이 몇 달에 걸쳐 코로나19에 감염되었을 가능성이 있는 것으로 나타났다(Babu, 2021). 상대적으로 가난한 지역일수록 유병률이 높았는데, 감염자들은 일용직 근로에 종사하고, 주거밀도가 높은 주택에 거주하며, 재택근무를 하거나 사회적 거리두기를 할 여유가 없는 것으로 조사되었다.

마지막으로, 대유행이 환경문제 측면에서 갖는 세 번째 함의는 장기적인 사회적 우선순위 변화이다. 의료에 대한 국가의 투자가 필수적인 것으로 여겨지는 한편, 인도와 같은 나라들은 코로나19 사태가 유발한 경제 충격을 극복하는 과제에 직면하면서 공해의 환경규제와 더 큰 규모의 기후변화에 관심을 덜 갖게 되었다. 노동 규제뿐 아니라 현재 작동하고 있는 환경 관련 법률과 규제까지 예외적으로 유보해야 한다는 민간기업들의 요구도 있다. 인도 정부는 지난 여름 환경영향평가 지침을 개편하면서, 코로나19 대유행의 경제적 영향을 지금까지 시행되어 온 환경 보호 조치를 실질적으로 희석시키기 위한 꼼수로 받아들였다(Ghosh, 2020). 따라서 도시는 물론 국가 전체의 활동이 재개됨에 따라 대기오염과 다른 환경 위험이 복합적으로 증가할 것이 우려된다.

## 델리의 경험과 반성 그리고 미래

2021년 팬데믹 폭발의 위기 전, 델리에서 이루어진 일련의 혈청 조사에 근거한 예측에 따르면, 실제 감염률은 아마도 공식적으로 진단된 숫자의 12~15배 정도일 것이다. 높은 유년층 인구의 비율, 유전적 요인, 낮은 비만율, 그리고 다른 원인들이 왜 인도의 사망률이 다른 나라보다 훨씬 낮은지를 설명해 준다는 추정들이 제기되었다. 이러한 것들이 낮은 사망률을 설명하기는 하겠지만, 전염병이 경제와 의료시스템 측면에서 도시 정부에게 주어진 가장 어려운 시련이었다는 것은 부인할 수 없는 사실이다.

2020년 3월, 전반적인 감염률이 여전히 낮을 당시 인도 정부는 감염 속도를 늦추기 위해 성급하게 극단적인 봉쇄를 단행했다. 그것은 엄청난 비극을 초래했다. 도시 빈곤층의 가계저축이 급속히 고갈되고, 공공배급 센터에는 긴 대기 행렬이 이어졌으며, 경제가 사실상 두 달 이상 정지되었기 때문에 희망은 거의 없어 보였다. 이주노동자는 짐을 싸서 떠났고, 다른 노동자들은 델리 정부가 제공하는 지원금과 구호식량에 의존하게 되었다. 5월에서 6월에 이르러 델리 정부는 인구 대다수가 생존을 위해 하루 벌이 수입에 의존하고 있는 남반구 대도시에서 극단적 봉쇄는 더 이상 선택지가 될 수 없다는 것을 깨달았다. 2020년 여름 동안, 그리고 겨울이 시작될 때 코로나19 사례가 증가하고 있음에도 불구하고, 도시 정부는 계속해서 일터와 기관들을 봉쇄에서 해제하면서, 도시는 혼란스러운 상황을 받아들이고 바이러스와 함께 사는 법을 배워야 한다고 분명히 말했다.

지금까지 델리 정부가 어떻게 유행병 대응의 다양한 측면과 관련된 창조적인 개입을 실험했는지 자세히 설명하였다. 필자들은 델리 정부의 이러한 노력의 포괄적인 그림을 명확하게 볼 수 있도록 그중 몇 가지를 상기하고자 한다. 첫째, 도시 정부는 투명성을 대응의 중요한 요소로 확립했다. '코로나앱(Corona App)'은 감염 사례뿐 아니라 도시 내 다른 병원의 입원실을 이용할 수 있는지를 추적했다. 시정부 장관들은 고려되거나 시행되고 있는 다양한 조치를 대중에게 정기적으로 업데이트하면서, 의료 정책 면에서 진화하고 있는 자신들의 생각을 알렸다. 둘째, 시정부는 결정을 이끌기 위해 경제 개방 정도를 공론화하여 의견을 구함으로써 집권 평민당의 포퓰리즘 정부 역할을 계속했다. 여기에는 확인된 수급자에 대한 구호품 배달이 포함되었다. 따라서 델리 정부의 조치는 분명히 더 넓은 단위에서 운영되는 중앙정부와 일치하지 않은 때가 많았다. 그러나 중앙정부의 지침을 추종하던 델리 시내의 다른 하부 단위(주로 지자체 단위 인도국민당 집권 지역)는 독자적인 해결책을 따로 제시하지 못했다. 셋째, 델리 정부는 가정 격리를 의료 대응의 중심축으로 삼았다. 덕분에 사람들은 개인적으로 코로나19로부터 회복할 수 있었다. 그 과정에서 환자는 전화를 통해 정기적인 업데이트를 받고, 의료진과 원격으로 접속하며, 제공받은 맥박산소포화도 측정기를 활용해 언제 입원이 필요할지 정확하게 알 수 있었다. 이 전략은 병원의 압박을 줄이고 귀중한 의료 자원을 아낄 수 있게 해 주었다. 넷째, 검사 역량을 확장하여 일일 약 10만 건의 검사를 진행했고, 양성자를 신속하게 격리했으며, 양성자 빈도의 큰 추세를 정책에 반영했다. 평민당 정부가 2015년부터 개원한 많은 동네 병원은 검사시설을 갖추고 무료 검사를 계속 실시하고 있다. 따라서 미국과 같은 나라처럼 검사를 받기 위해 사람들이 길게 줄 서

있는 풍경을 2021년 초 대폭발 전까지 델리에서는 볼 수 없었다.

델리가 집행한 다양한 대응책의 성공적인 기획, 조정, 실행을 가로막는 큰 장애는 결국 권력의 구조와 분열 자체에 있다. 인도의 수도이자 정치 중심지로서 델리는 2개의 권력 중심을 가지고 있으며, 특히 '중앙과 주'의 서로 다른 집권당이 갈등을 일으키는 독특한 관할권과 행정 구조를 취한다. 수년 동안 델리의 행정 결정에 부지사를 통한 중앙정부의 개입이 증가하고 있으며, 이와 함께 국회의 법안 수정으로 부지사의 재량권을 증가시키려는 시도가 함께 이루어지고 있다. 이에 현 델리 주정부는 소송은 물론 언론을 활용해 지속해서 이의를 제기하면서 저항하고 있다.[18] 전염병 관리의 측면에서 이 특이한 상황은 다수의 의사결정 당국, 전략과 조치에 대한 논란, 명령 충돌과 중앙정부의 간섭 증가로 발생하는 관료적 적폐로 드러났다. 동시에 2020년에서 2021년에 걸쳐 중앙정부와 지방정부가 상승작용을 일으킨 예도 있었는데, 특히 중앙정부의 도움으로 코로나 검사 역량이 확충되고 코로나19 전용 관리시설이 설치되는 것에서는 그러했다. 요컨대 델리의 사례는 전 세계 남반구 대도시 지역뿐만 아니라 모든 대도시 지역에도 중요한 함의를 갖는다. 팬데믹 대응에서 협력, 투명성, 혁신적인 사고의 중요성을 보여 주기 때문이다.

2021년 5월까지의 상황이 제공하는 시사점은 이렇다. 델리를 포함한 인도의 코로나19 사태는 2021년 초에 대폭발의 상황을 맞아 2021년 5월 초 최악의 상황을 겪었다. 이는 2020년 9월 최고조에 달했던 위기 상황 대비 4배가 넘는 확진자 수만 보더라도 그 심각성이 드러

18 앞선 주 2에서 언급한 정치의 사법화 문제가 두드러지는 대목이다.

난다. 이 문제는 인도의 정치 지형에 따라 방역의 실패를 정치의 성공으로 포장하려던 집권당의 위험한 조처들이 연속되면서 초래된 것이라 할 수 있고, 여기에는 국가적 의사결정의 구조적 문제까지 맞물려 있다고 판단된다.[19] 그리고 그 기저에는 인도가 식민 시기 이래로 구축하지 못한 기초적인 사회 인프라에 관한 효과적인 해결책을 찾지 못했다는 근본적인 사실이 자리 잡고 있다. 백신을 생산하는 기업이 있더라도 그 생산 기자재를 수입에 의존해야 하는 구조적인 한계는 물론이고, 백신 확보와는 별도로 접종이 실제 현장에서 실행되기 위한 의료 기반시설의 미비함을 급작스레 해결할 방법이 없었음에도 불구하고 인도 중앙정부는 현실의 한계를 무시한 정치적 셈법에 따른 선택을 반복했다. 이러한 상황에서 델리의 경험과 대응이 주는 시사점은 다시금 인도 스스로의 반성을 요구하고 있다.

19 그 구체적인 내용을 앞선 주 2, 4, 10, 17에서 언급하고 설명하였다.

# 10장

## 테헤란_이란:

## 걸림돌이 된<br>사회문화적 특성과 국제 경제 제재

PANDEMIC

**구기연** 서울대학교 아시아연구소 HK연구교수

• 이 장은 《중동연구》 40권 1호에 실린 「테헤란(Tehran)의 코로나19 방역에 대한 대응과 그림자」(구기연, 2021)를 수정 보완한 글임을 밝힌다.

## 이란의 경제적 · 종교적 특성과 코로나19

중국, 한국, 이탈리아 등 전 지구적인 코로나바이러스 전염 현상이 시작된 2020년 2월, 즉 코로나 팬데믹 초기부터 이란에도 코로나 확산이 시작되었다. 동아시아에 이어 이란에서 코로나19가 발발한 이후, 이란은 중동 전체로 확진자가 확산되는 고리 역할을 했다. 최근까지도 이란의 코로나19는 좀처럼 안정되지 않는 실정이다. 2020년 2월 19일 이란이슬람공화국 시아파 최대 성지인 '곰(Qom)'에서 첫 감염 소식이 알려졌는데, 초기 2명의 확진자는 중국으로 출장을 다녀온 사업가였다.

도시 곰은 시아파 이슬람의 최대 성지로 이슬람 신학대학에 다수의 중국 유학생이 있고, 코로나19가 처음으로 발발했다고 알려진 중국 우한과는 자매도시이다. 2017년 미국의 일방적인 핵 협정 파기로 거의 모든 해외무역에 손발이 묶인 상황에서, 이란의 인적 · 물적 교역은 일대일로를 지향하는 중국과 긴밀한 경제 협력을 이루며 거의 독점적으로 이루어져 왔다(구기연, 2020).

중국 우한에서 코로나 발생 소식이 들렸음에도 불구하고, 이와 같은 경제적 · 외교적 관계 때문에 이란은 중국과의 항로를 막을 수 없었다. 이것이 이란 내 코로나19의 초기 유입과 밀접하게 연결되어 있음을 부인할 수 없다. 최근 몇 년간 지속된 대(對)이란 제재에서 유일한 무역 동반자로서 이란이 중국과 맺어 온 긴밀한 관계가 안타깝게도 이란의 초기 발발 원인이 된 것이다.

이란은 미국의 경제 제재 때문에 중국과 관계를 강화했으며, 중국이 이란의 해외무역에서 차지하는 비중이 25퍼센트에 달하면서 실질적인 이란의 생명줄 역할을 해 왔다고 볼 수 있다(Al-Marashi, 2020; 엄익란, 2020에서 재인용). 이란과 중국과의 이런 특수한 관계는 이란 정부가 코로나19 초기 발생과 확산을 명확하게 밝히기에 큰 부담이 되었다. 이는 이란이 코로나19 확산을 초기에 진압하지 못한 하나의 중요한 배경으로 작동했다.

한편 이란의 시아파 성지인 곰을 방문한 시아 무슬림을 매개로 코로나19가 전 중동지역으로 확산되면서 이란 코로나바이러스 유입 과정과 확산은 수니 무슬림들에게 반(反)시아 감정을 일으키는 고리가 되기도 하였다(엄익란, 2021: 133). 초기 이란 정부의 소극적인 대처로 이란발 코로나19는 시아파의 주요 성지인 곰과 마샤드(Mashad)의 순례자를 통해 시리아, 레바논, 이라크, 사우디아라비아, 바레인, 쿠웨이트 등 '시아 초승달' 지역을 중심으로 한 주변 수니 국가로 전파된 것이다(엄익란, 2021: 144). 이에 이란은 중동의 최초 코로나19 발생지라는 오명과 함께, 초기 발생국 가운데에서도 아직도 코로나를 극복하지 못하고 있다.

# 이란과 테헤란의 코로나19 진행 상황과 확산[1]

## 이란의 코로나19 진행 상황

이란은 2021년 5월 30일 기준 총 290만 2,094명의 누적 확진자를 기록하고 총 7만 9,939명의 누적 사망자가 발생하였다.[2] 이란의 첫 코로나19 확진은 중국, 일본, 한국 등 동아시아에 이어 코로나19 발생 초기에 확인되었음에도 이탈리아와 함께 여전히 확산세를 잡지 못하고 있다는 점에서 이란의 코로나19 발생과 확산 상황을 이해하고 살펴보는 것은 중요하다.

2020년 2월 24일 곰의 국회의원인 아흐마드 파르하니(Ahmad Amirabadi Farhani)가 의회에서 코로나19로 인한 사망자가 12명이라는 정부 발표에 반발하고, 곰에서만 이미 50명 이상이 코로나19에 감염되어 죽었다고 주장해 파문을 일으켰다. 그는 코로나19의 첫 발생 시기도 정부가 발표한 2월 19일이 아니라 이미 3주 전부터(2020년 2월 초) 곰 지역에 발발했다고 주장하며 보건부 장관이 거짓말을 하고 있다고 비난했다.[3] 이란 당국은 이 주장이 부풀려진 것이라고 반박했지만, 2020년 2월 24일 보건부 차관을 시작으로 엡데커르 부통령과 고위 성직자 등 국가 운영 수뇌부들이 줄줄이 코로나19에 감염되

1 테헤란의 코로나 진행 상황에 관한 자료를 찾는 데 어려움이 있어, 코로나19 관련 페르시아어 기사 검색과 테헤란시 홈페이지 등 현지 자료를 분석하였다. 또한 4명의 인포먼트와 소셜미디어로 현지 상황을 수시로 전달받고 인터뷰를 진행하였으며, 주 이란 대한민국대사관의 교민 안전 공지 채널로 정보를 수집하였다.

2 https://www.worldometers.info/coronavirus/country/iran/.

3 Coronavirus: Iran denies cover-up as death toll rises to 12 - BBC News.

면서 이란의 코로나19가 얼마나 심각하게 사회 전반으로 확산하였는지 드러났다. 특히 코로나 대응 실무 단장을 맡았던 보건부 차관 이라즈 하리르치(Iraj Harirchi)가 기자회견 당시 연신 땀을 닦으며 기침하는 장면이 생중계되고, 이후 SNS를 통해 차관이 자신의 확진 사실을 알린 사건은 이란의 코로나19 확산이 국가 전방위로 이루어지고 있음을 알려 주었다.[4] 이는 코로나19 발발 초기에 이란 당국의 코로나19에 대한 정보가 얼마나 적었는지를 방증한다.

이란의 초기 방역의 실패 원인으로 거론된 요인 중 하나는 2020년 2월 21일에 있었던 이란 국회의원 선거이다. 코로나19가 정부의 발표보다 더 전방위로 퍼져 있을 것이라는 흉흉한 소문이 이란 전역에 퍼졌지만, 이란의 최고 종교 지도자 알리 호세인 하메네이(Ali Hosseini Khamenei)는 이와 같은 뜬소문이 이란 정치를 흔들려는 음모라고 비난하였다. 2019년 가을부터 전국적으로 일어난 유가 인상을 둘러싼 대규모 시위, 2020년 새해 전 세계를 놀라게 했던 미국의 이슬람혁명수비대 사령관 거셈 솔레이마니(Qasem Soleimani) 폭살 사건, 그리고 뒤이은 이슬람혁명수비대의 오발로 인한 우크라이나 여객기 피격 사건 등 미증유의 정치적 · 외교적 위기가 이란을 뒤덮었다. 이에 이란 내 보수파와 개혁파 진영 간의 갈등은 최고조에 달하였고 경제난에 더는 버틸 수 없는 국민의 민심은 들끓었다. 이와 같은 상황에서 2020년 2월에 예정되었던 국회의원 선거는 보수와 개혁파 사이의 긴장과 권력 다툼의 향방을 결정하는 중요한 기점이었다(구기연, 2020). 보수

4 Coronavirus: Iran's deputy health minister tests positive as outbreak worsens - BBC News.

| 그림 1 | **이란 코로나19 일일 신규 확진자와 사망자**(단위: 명)

자료: https://ourworldindata.org/country/iran.

진영에서 코로나19가 발생하기 이전부터 있었던 선거 보이콧운동은 더욱 확고해졌다. 이에 수도 테헤란 지역 투표율이 25퍼센트에 그치는 등 1979년 이슬람 공화국 건국 이후 최저 투표율을 기록하게 되었다.[5] 정부에 비판적인 국민은 국회의원 선거 개최 과정에서 초기 대규모 감염이 발생했을 것으로 예견하기도 하였다.

한편 이란은 코로나19 초기인 2020년 3월 21일부터 최대 명절인 노루즈(Nowruz)를 맞아 일주일에서 열흘 동안 연휴를 보냈다. 전국에서 명절 대이동이 벌어지면서 이란의 코로나19 상황은 '노루즈 피

5 "Opinion | What Does the Iranian Election Tell Us?", The New York Times(nytimes.com).

크(Nowruz Peak, 3월 20일~4월 3일)'에 직면하였다. 그 결과 2020년 3월 25일에는 하루 확진자가 2천 명을 기록할 정도였다. 2021년 새해가 밝았어도 이란 국민은 4차 노루즈 피크에 대한 우려를 계속할 만큼 이란의 코로나19 상황은 심각한 국면에 있었다. 2021년 우려한 바와 같이 제4차 파동으로 일일 신규 확인자가 2만 5,582명(2021년 4월 14일 기준)을 기록했다. 2021년 5월 28일 기준 여전히 일일 확진자가 1만 명을 넘는다는 점에서 상황의 심각성을 알 수 있다.

## 테헤란 코로나19 확산 상황과 도시 내 발병 특징

테헤란은 최초 발생지인 도시 곰(Qom)과 함께 이란의 코로나19 초기 발생 지역이었고, 수도이자 교통과 행정부의 중심이라는 점에서 다른 어떤 도시보다 가장 심각한 확산세를 보여 왔다. 이란에서 본격적인 감염이 시작한 지 한 달이 지난 2020년 3월 22일 기준, 전국에서 가장 많은 환자가 테헤란에서 발생하였고, 이같이 높은 감염률은 최근까지 지속되었다. 2020년 12월 코로나19 통계 관련 기사에 따르면, 테헤란의 확진자 수가 전국 확진자의 절반 이상을 차지할 정도로 테헤란은 이란에서 가장 심각한 코로나19 피해를 보고 있다.[6] 또한 2021년 3월 기준 테헤란의 누적 사망자는 총 2만 4,060명으로 이란 내 총 사망자 6만 명 중[7] 무려 40퍼센트를 차지하고 있다.

이란의 도시 중 왜 테헤란에서 코로나19가 가장 강력하고 심각하

6 https://www.radiofarda.com/a/coronavirus-limitations-tehran-iran-death-rate/30993767.html.

7 آخرین و جدیدترین آمار کرونایی استان خراسان جنوبی تا 7 خرداد (borna.news).

| 그림 2 | **일자별 이란-테헤란 코로나19 감염 추이와 방역 대책**

자료: '서울연구원 글로벌대도시 코로나 연구팀'의 비교연구 조사를 담당한 서울대학교 아시아지역 정보센터에서 정리.
이 자료의 데이터는 본 연구자가 제공.

게 확산되었는가 질문한다면 수도 테헤란의 높은 인구밀도, 교통량, 이동량 등을 통해 그 요인을 유추해 볼 수 있다. 실제로 이란 내 코로나19 확진자 수와 도시 인구밀도의 연관성을 조사한 연구 결과에서 극명하게 그 역학 관계가 드러난다. 〈그림 3〉에서 보이는 것처럼 인구밀도가 높은 지역에서 감염률이 특히 높다는 연구 결과를 도출할 수 있다(Ahmadi et al., 2020).[8]

테헤란 안에서도 인구가 밀집된 지역에서 감염자 수가 두드러지

8 테헤란 이외에 마잔다란(Mazandaran), 알보르즈(Alborz), 길란(Gilan) 그리고 곰 등도 높은 인구밀도 때문에 상대적으로 많은 감염이 발생하였다고 분석되었다.

| 그림 3 | **이란의 인구밀도와 감염도의 관계**

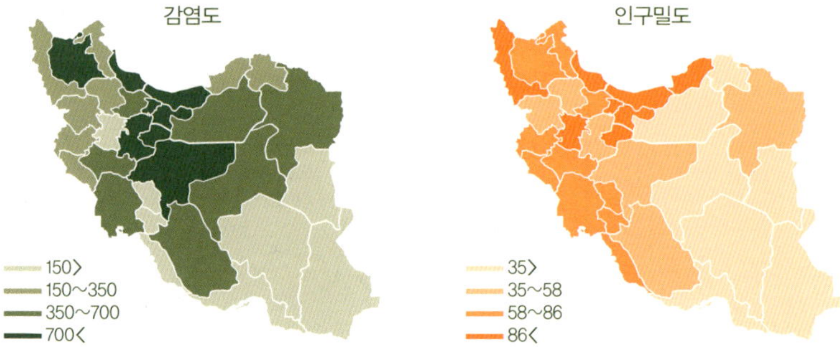


는데, 테헤란의 한 의과대학의 연구 보고(2020. 10. 11. 기준)[9]에 의하면 주로 주거밀집지역인 테헤란의 동부에서 코로나19가 집중적으로 발생하였으며, 동쪽에서 시작된 코로나가 상업지역이자 많은 회사가 밀집된 중앙으로 전파되는 양상을 보였다. 코로나19 감염률은 테헤란의 동부, 중앙(인구밀집지역), 남부(빈민지역)에서 특히 높았다. 한편 테헤란은 이란의 다른 도시에 비해 대중교통 이용자(총 450만 명)가 월등히 많고 병원과 은행 역시 상대적으로 많다. 이란 보건부의 보도에 따르면 코로나19 감염의 주요 원인은 '대중교통 이용'(29퍼센트), '병원 · 의료센터와 접촉'(30퍼센트)이었고, 그다음으로는 '경제 · 금융 · 은행 거래소'에서 주로 감염되었다(Haeri, 2020, pp. 268~269).

테헤란의 코로나19 관련 자료는 2020년 3월, 즉 코로나19 발발 이

9 https://saednews.com/fa/post/krona-dar-kdam-mnatq-tharan-bishtr-jolan-midhd.

후 한 달 남짓의 자료만 찾을 수 있었다. 테헤란을 포함한 모든 도시의 일일 사망자 수와 감염자 자료 역시 정부와 도시 차원에서 보고되지 않는다.[10] 이란이 테헤란을 비롯한 도시 내 일일 감염자 수와 사망자 수를 왜 공개하지 않았는지는 추측하기 어렵다. 하지만 이와 같이 투명하지도 명확하지도 않은 정보공개는 초기에 코로나19가 확산되는 데 영향을 끼쳤고, 테헤란 시민을 비롯한 이란 국민이 정부의 코로나 방역에 실망하고 신뢰를 잃은 이유가 되었다.

## 테헤란 코로나19 방역 시스템과 대응

### 코로나 경고 코드와 테헤란의 확산 상황

이란의 다른 도시들과 마찬가지로 테헤란의 코로나19 대응 조치는 코로나19 상황에 따라 발표하는 정부의 대처와 정책을 따른다. 이는 보건의료교육부가 발표한 테헤란의 코로나 사망자와 감염자 비율에 따라 결정되고 있다. 이란 정부는 지역별 코로나19 발생 정도를 파악하기 위해서 각 도시의 코로나 감염자와 사망자 그리고 병원 입원자 수를 기준으로 흰색, 주황색, 노랑색, 빨강색 등으로 구분한 경고 색상 코드를 만들었는데, 2021년 1월 10일부터 파랑색이 추가되었다. 보건부는 이 색상 코드별로 코로나19 경보 단계를 정해 운영하고 있다.

이란 정부는 코로나19 색상 코드에 따라 코로나19의 회복과 관리

10 여러 기사를 검색해서 테헤란의 일일 환자 수와 사망자 수를 분석했지만, 데이터의 정확성을 담보할 수 없어 이 글에서 소개하지 않음을 밝힌다.

| 표 1 | **코로나19 위험도에 따른 색상 코드**

| 색 | 위험도 | 조건 |
|---|---|---|
| **녹색** | | 28일 동안 새로운 코로나19 감염 사례가 보고되지 않은 지역, 10만 명당 1건 미만. |
| **흰색** | 낮음 | 조건1: 입원환자 수 일일 평균(인구 10만 명당): 최대 1명,<br>조건2: 일일 평균 입원 횟수: 최대 1회, 2주 동안 최대 14건의 입원 환자 |
| **파랑색** | 저위험 | 해당 지역에서 코로나19 바이러스가 완전히 사라졌다는 의미는 아님. 여전히 방역 수칙을 준수하라는 경고. 10만 명당 2명 |
| **노랑색** | 위험 | 입원환자 수 일일 평균(인구 10만 명당): 1~9명 |
| **주황색** | 중간 위험 | 입원환자 수 일일 평균(인구 10만 명당): 10~24명 |
| **빨강색** | 높은 위험 | 입원환자 수 일일 평균(인구 10만 명당): 25명 이상 |

자료: https://www.iribnews.ir/fa/news/2839546/رنگ-ها-در-همه-گیری-کرونا-به-چه-معناست.

를 위해 다양한 조치와 규정을 마련하였다. 테헤란도 도시에 부여된 코로나19 색상 코드의 변화에 따라 정부의 관련 규칙이 시행되었다. 〈표 2〉와 〈그림 4〉는 날짜별로 변경된 테헤란시의 색상 코드와 당시 주요 상황을 정리한 것이다.

이란은 코로나19 감염자, 입원자, 사망자 수에 따라 코로나19 상황을 '코로나 1차 대유행', '코로나 2차 대유행', '코로나 3차 대유행'으로 구분한다. 테헤란은 다른 도시보다 가장 먼저 코로나 2차 대유행(2020. 7. 19.)과 3차 대유행(2020. 9. 21.) 상황에 들어갔다. 춘분이자 이란의 새해인 노루즈(2021. 3. 21.)를 맞아 4차 대유행에 대한 우려가 높

| 표 2 | **테헤란 코로나19 경보색 변화**

| 차례 | 경보색 | 날짜 | 비고 |
|---|---|---|---|
| 1 | 노랑색 | 2020. 2. 22. | · 거셈 솔레이마니 사령관의 40일제로 전국 애도 행사 증가(2020. 2. 13.)<br>· 우크라이나 국제항공 752편 사망자의 40일제 애도 행사 증가(2020. 2. 16.) |
| 2 | 빨강색 | 2020. 4. 5. | · 노루즈 기간, 자연의 날(2020. 3. 19.~ 4. 1.) 때문에 확진자 증가<br>· 학교 대면 수업 시행으로 확진자 증가 |
| 3 | 빨강색 | 2020. 4. 24. | |
| 4 | 노랑색 | 2020. 5. 4. | · 테헤란 일부 지역은 빨강색: 샤흐리여르, 피루즈쿠, 다머반드 지역 |
| 5 | 흰색<br>노랑색 | 2020. 5. 24 ~2020. 6. 29. | · 이슬람 축제 '이드알 피트르'(2020. 5. 24.~ 5. 25), 회교 혁명 시작 기념일(15 Khordad). 호메이니 서거일, 국가 애도의 날 행사(2020. 6. 3.~ 6. 4.) 때문에 테헤란의 흰색 경고가 노랑색으로 교차 |
| 6 | 노랑색 | 2020. 6. 5. | |
| 7 | 노랑색 | 2020. 7. 8. | · 빨강색에 가까운 노랑색 |
| 8 | 빨강색 | 2020. 7. 13. | · 지난 24시간 동안 테헤란에서 97명 코로나로 사망 |
| 9 | 빨강색 | 2020. 7. 29. | · 비상 상황 선포 |
| 10 | 빨강색 | 2020. 8. 10. | · 재택근무와 사회적 격리 |
| 11 | 주황색 | 2020. 9. 1. | · 이슬람 애도일 '타수아(Tasu'a), 아슈라(Ashura)' 관련해 종교적 모임 증가 |
| 12 | 빨강색 | 2020. 9. 26. | |
| 13 | 빨강색 | 2020. 11. 15. | · 11월 2일 이슬람혁명기념일 |

았는데 그 우려는 곧 마주하고 싶지 않은 현실이 되었다. 코로나19가

| 15 | 주황색 | 2020. 12. 1. | |
|---|---|---|---|
| 16 | 노랑색 | 2020. 12. 19. | · 얄다 밤(동지)에 증가할 수 있는 코로나 확진자 예방을 위해 이틀 동안 도시 간 통행금지<br>· 밤 9시부터 새벽 4시까지 차량 이동 금지 |
| 17 | 주황색 | 2020. 12. 24. | |
| 18 | 노랑색 | 2021. 1. 9. | · 직원 재택근무 3분의 1 감소 |
| 21 | 노랑색 | 2021. 1. 12. | · 곧 빨강색 상황이 될 수 있는 우려 |
| 22 | 노랑색<br>파랑색 | 2021. 2. 15. | · 테헤란 11개의 구 노랑색, 4개의 구 파랑색 |
| 23 | 주황색 | 2021. 2. 23. | |
| 24 | 노랑색 | 2021. 3. 4. | |
| 25 | 주황색 | 2021. 3. 27. | · 노루즈 시작(2021. 3. 20.)<br>· 2021년 3월 15일부터 4월 4일까지 빨강색과 주황색 도시를 오가는 것 금지<br>· 2021년 3월 15일부터 4월 4일까지 1,400개 시로 이동하는 것 금지 |
| 26 | 빨강색 | 2021. 4. 7. | · 노루즈 이후 4차 파동. 이란 전역 대부분 빨강색, 42개 도시 빨강색 |
| 27 | 검은색 | 2021. 4. 15. | · 코로나19 발생 이후 가장 심각 |
| 28 | 빨강색 | 2021. 5. 7. | · 이드알 피트르 의례 금지 |
| 29 | 주황색 | 2021. 5. 15. | |

주: 테헤란시의 색상 코드 변화가 일괄적으로 제공되지 않아, 이란 안팎의 페르시아어 신문 기사들을 검색하여 나온 결과를 본 연구자가 날짜별로 정리한 것임.

처음 발생한 지 1년 조금 넘은 시점에 코로나19 경보는 빨강색에서 검정색으로 바뀌며 최악의 상황을 맞이하였다. 검정색은 당초 코로나

| 그림 4 | **시기별 테헤란시의 코로나19 상황 변화**

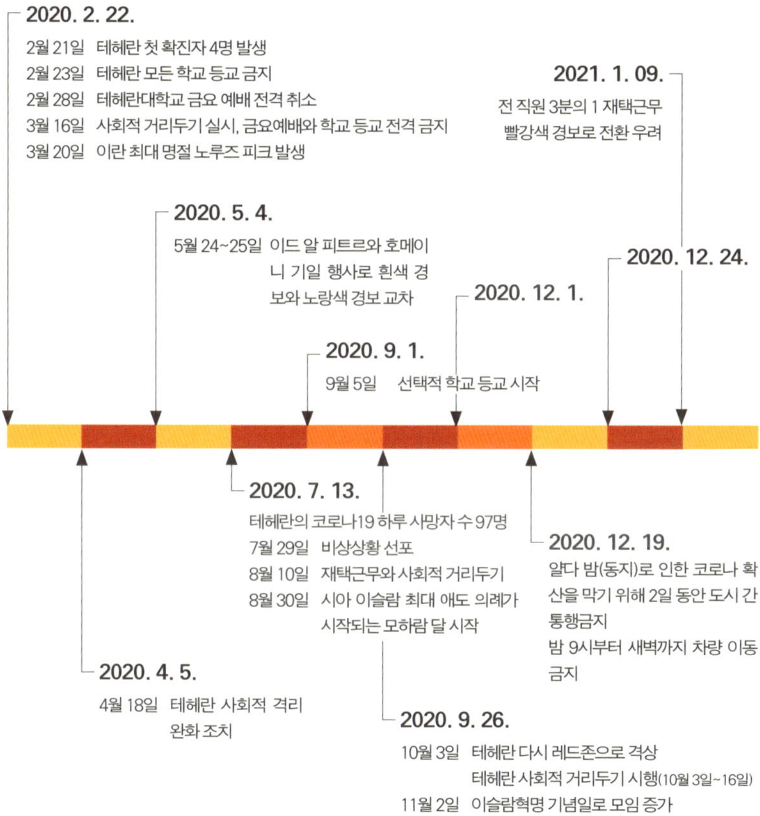


경보 색상 코드로 사용하지 않았으나, 2021년 노루즈 이후 코로나 상황이 최악으로 치닫자 코로나 본부는 인구 10만 명당 12명 이상 확진자 발생을 기준으로 검정색까지 사용하게 되었다.[11] 테헤란 역시 가

11 سخنگوی ستاد کرونا: وضعیت شهرها سیاه نیست، «فراتر از قرمز» است (radiofarda.com).

혹한 4차 코로나 대유행을 경험하게 되었는데, 2021년 4월 11일에 테헤란에서만 6천 명의 확진자가 발생하였고 일일 사망자 70명을 기록하기도 했다. 하지만 안타깝게도 테헤란도 더는 환자를 감당할 수가 없어 6천 명 중 1천 명만이 입원 치료를 받을 수 있었다. 이에 따라 테헤란 역시 〈표 2〉에서 볼 수 있듯 2021년 4월 15일경 검정색 코드가 내려졌다. 테헤란의 직장, 전통 시장 등은 2021년 5월 7일까지 4주 동안 운영하지 않고 폐쇄된 상태였다.[12]

### 테헤란 도시 코로나 방역과 예방 조치

코로나19 대응과 관련해 정부의 공식적인 지침이 내려지기 전부터 테헤란은 도시 차원에서 다양한 조치를 시작하였다. 테헤란시의 방역 대책은 기본적으로 국가의 방역 시스템을 따르지만, 테헤란시 자체적으로 다양한 위원회와 관리자를 통해 시 차원의 방역 체계를 갖추어 갔다. 사이드 나마키(Saeed Namaki) 보건부 장관은 2020년 2월 25일 테헤란에 있는 샤히드베헤쉬티(Shahid Beheshiti)의과대학의 알리 레저 잘리(Alireza Zali) 총장을 테헤란의 코로나19 관리자로 임명하였다.[13] 이밖에도 테헤란의 코로나19 대응을 담당하는 주요 기관과 단체가 구성되었다.

테헤란 각 구역에 있는 이슬람 사원들은 코로나19 극복을 위한 사회적인 임무를 수행하였다. 이 부분이 다른 도시와는 다른 테헤란시

12 کرونا برای چهارمین هفته متوالی بازار بزرگ تهران را تعطیل کرد - ایرنا (irna.ir).

13 کرونا در ایران: فرمانده مدیریت مقابله با ویروس کرونا در تهران تعیین شد | ایران | DW | 25.02.2020.

의 특징적인 대처 방안 중 하나라고 할 수 있다. 테헤란시 방역 체계의 두드러진 특징은 이슬람혁명수비대가 초기부터 적극적으로 참여했다는 점이다. 테헤란을 비롯한 이란 전역의 코로나19 대응에 중요한 역할을 담당한 것이 바로 이란의 민병대인 이슬람혁명수비대이다. 이슬람혁명수비대는 코로나19 예방을 위해 '선을 권하고, 악을 금한다'라는 이슬람 규범을 실천하였는데, 예를 들면 마스크를 착용하지 않는 이들을 '악을 금한다'라는 원칙에 따라 단속하였다. 이슬람혁명수비대는 자선의 개념으로 마스크를 제공하거나 공공장소의 소독, 코로나 환자를 위한 요양원 건설 등에 적극적으로 나섰다. 하지만 이 과정에서 코로나19를 핑계로 이슬람혁명수비대가 시민의 사생활에 개입하는 것에 대한 경계의 목소리도 동시에 높아졌다.

이란에서 코로나19가 발생한 이후 테헤란시 도시관리계획팀 담당자들은 효율적인 대응 과 테헤란 시민의 생명 보호를 위해 여러 차례 긴급회의를 개최하였다. 그 결과 코로나19 관련 모든 책임을 담당하는 부서인 테헤란시 위기예방관리위원회는 다음과 같은 여섯 가지 실행 단계를 마련하였다(테헤란 도시 연구 및 계획센터, 2020, p.24).

테헤란에서 코로나19 발생이 공식적으로 발표된 직후, 테헤란 시청의 위기예방관리위원회가 다양한 방역 수칙 활동과 지원 대책을 시작했다. 테헤란시의 주요 방역과 지원 활동으로 재택근무와 직원의 최대 3분의 1 출근과 교대근무 시행, 유연근무제 시행, 비대면 회의 개최, 직장인의 대출금 할부 납부 연기, 쇼핑센터나 유명한 이슬람 사원 또는 성지 등에 대한 출입 금지, 코로나19에 걸린 직원에게 질병 보상금 지급, 가정의 전기와 가스 요금 납부 기한 3개월 연기, 정부와 기관 임차인을 위한 임대료 면제, 네트워크와 통신 인프라 확충 등이

| 표 3 | **테헤란 위기예방관리위원회 실행 활동**

| 실행 단계 | 테헤란 위기예방관리위원회 활동 사항 |
|---|---|
| 1단계 | 코로나19 관리국가본부와 테헤란시청 간의 교류와 협력 조직화 방안 제시하기 |
| 2단계 | 코로나19 관리국가본부장과 여러 차례 대면 회의 개최와 테헤란 도시의 코로나 대응과 중요한 조치 결정하기 |
| 3단계 | 결정된 조치와 대응 실행을 가속하기 위하여 테헤란 코로나19 위기관리팀 간에 소셜네트워크 그룹 구성하기 |
| 4단계 | 의무적으로 일주일에 1회씩 비대면으로 테헤란 코로나19 위기관리팀과 테헤란 위기예방관리본부 간의 내부 회의 개최하기 |
| 5단계 | 일주일에 2회씩 비대면으로 테헤란 코로나19 위기관리팀장들과 테헤란시청 검사소 소장과 회의 개최 |
| 6단계 | 1만 2천 명 자원봉사자로 테헤란의 각 구역에서 시민의 코로나 상황과 규정 준수 관찰 그룹 구성하기 |

전방위적으로 시행되었다. 이러한 조치는 내부 조직(직원 등)과 외부 조직(일반 시민)에게 효과적인 영향을 미쳤다.

이와 같은 조치에도 불구하고 테헤란을 비롯한 이란 전역에서 마스크 착용과 이동 제한 등 적극적 방역 의무는 뒤늦게 마련되었다. 코로나19가 발생한 지 8개월이 지난 2020년 10월이 되어서야 마스크 착용 의무가 공식화되고 위반 시에는 과태료가 부과되었다. 로하니 대통령이 직접 나서서 마스크 착용 의무화와 과태료 부과를 언급하기도 했다.[14] 그러나 마스크 의무 착용이나 코로나 관련 방역 수칙이 너무 늦게 마련되는 등 초기에 조직적인 대응을 하지 못한 것이 이후의 테헤란 상황을 만든 이유로 분석된다.

테헤란시는 코로나19에 대한 사회적 인식을 높이기 위해 여러 가지 사회 · 문화 프로그램을 시 차원에서 마련하였다. 이를 위해 '교육, 교양 함양, 시민을 사회적인 역할에 참여시키기'라는 목적을 가진 위원회를 만들었고, 테헤란시 공공보건의료본부는 중앙정부 보건의료교육부와 협력하여 시민 대상 교육 콘텐츠를 제작 출판하였다. 테헤란에서 코로나19 확진자가 발생한 초기에는 테헤란시민교육본부가 테헤란 시민의 성별, 연령, 주거 구역에 따라 다양한 교육 콘텐츠를 제작하여 SNS와 오프라인으로 전파하기도 했다.

코로나19 기간 내내 테헤란시 차원에서 강조한 것은 사회적 연대와 거리두기를 동시에 시행하는 것이었다. 테헤란시는 특히 소셜미디어를 통한 테헤란 시민 간의 상호작용을 장려했다. 실제로 사회적 연대 움직임은 전방위적으로 이루어졌다. 중앙정부, 테헤란 시정부, 민간기관 등의 지원으로 코로나19로 피해를 입은 테헤란 시민에게 지원금이 지급되었고, 노인과 장애인들을 위한 자원봉사팀이 구역마다 만들어졌다. 또한 건강, 경제, 사회, 심리와 같은 분야에서 정보전달(예를 들어 격리 기간 가족과의 관계 교육, 테헤란 시민과 담당자들과의 인터뷰, 코로나19 관련 교육 비디오 재생 등)과 교류를 위해 인스타그램 라이브와 같은 소셜네트워크를 통해 시민이 정부 담당자나 병원 의료진과 직접 소통하는 다양한 콘텐츠를 개발하기도 하였다(Nazari, 2020).

14 Irnanews, 2020. 10. 8., https://b2n.ir/u35172.

### 운송과 교통 분야 방역 대책

이란 전역의 하루 확진자가 1만 명에서 1만 4천 명에 다다르자 테헤란시는 2020년 11월 21일 0시를 기해 더욱 강력한 사회적 거리두기와 이동 제한 조처를 내렸다.[15] 오후 9시부터 오전 4시 사이 테헤란 내 교통 운행이 금지되었고(이 시기에 테헤란은 주황색 색상 코드 상황), 테헤란시 소속의 개인 차량이 다른 도시에 진입하면 24시간마다 1천만 리얄의 벌금이 부과되어 테헤란 거주 시민의 도시 이동이 제한되었다.

테헤란은 이란의 수도이자 이란의 주요 기관과 업체가 있기 때문에 사회적 봉쇄를 하기는 현실적으로 매우 어렵다. 그러므로 테헤란 시민을 대상으로 '집에 최대한 머물기' 캠페인이 지속되었고 미리 마이테헤란(My Tehran) 애플리케이션에서 다른 도시로의 통행과 진입을 요청해 승인을 받으면 운행이 가능하다.

코로나19 확산 예방과 관리, 대처를 위해 교통, 대중교통, 운송 시스템 활동과 관련된 조치가 정부와 시 차원에서 시작되었다. 그중 하나가 '대중교통 시스템의 최대 서비스 제공하기'이다. 이는 대중교통에서 사회적 거리 유지를 힘쓰고 하루에 세 번 객차 소독을 하는 것이다. 대중교통에서 마스크를 착용하지 않은 승객에게 마스크 사용을 경고할 의무가 있으며, 택시나 버스에 탑승한 승객이 마스크를 사용하지 않으면 버스와 택시 기사에게 벌금을 부과하였다. 하지만 2020년 10월이 되어서야 공공 교통수단 내 마스크 미착용자에 대한 벌금

15 Mashreghnews, 2020.11.21. آغاز طرح جامع مدیریت هوشمند محدودیتها از دقایقی پیش - مشرق نیوز (mashreghnews.ir)

부과 세부 사항이 발표되었다는 점에서 조치가 신속하게 실행되지는 않았음을 알 수 있다. 그 외에도 사회적 거리두기를 위해 지하철 운송량을 줄이는 등 다양한 방법이 시행되었다. 〈표 4〉는 테헤란의 대중교통 수단에 실행된 조치 사항이다.

이와 같은 교통시설에 대한 다양한 조치로 테헤란의 지하철 이용자 비율은 전년도보다 30퍼센트 넘게 줄었다. 그러나 출퇴근 시간대에는 여전히 이용객이 많아 지하철 내 사회적 거리두기가 현실적으로 불가능한 면이 있다. 또한 테헤란 지하철의 환기 시스템이 부족하고 대중교통에서 마스크 착용이 완벽하게 이루어지지 않아 대중교통 정류장과 역에서 저렴한 마스크를 제공 중이다(테헤란 도시 연구 및 계획 센터, 2020, pp. 31~34).

### 테헤란 방역 홍보물 제작과 사회문화적 의미

테헤란에서 코로나19 확산이 공식적으로 인정된 직후 테헤란시 환경미화 부서는 다양한 문화 및 건강 · 공중위생과 관련된 프로그램을 마련해 세계보건기구(WHO)에서 발표한 최신 정보를 공유하였다. 그 프로그램은 다음처럼 여섯 가지로 정리할 수 있다.

① 테헤란 시민 대상으로 코로나 바이러스 예방과 관련된 지역 프로그램 동영상 상영(프로그램 동영상은 SNS에서도 공유)

② 코로나19 확진자가 입원하는 지정 병원 앞에 모니터를 설치하고 "이란은 당신들에게 감사한다"라는 감사 인사를 그래픽모션으로 상영(그래픽모션은 SNS에서도 공유)

③ 코로나19 확진자가 입원하는 병원 인근에서 코로나19 퇴치에 관한 정보 소책자 배포

④ 코로나와 싸우고 있는 테헤란 간호사, 의사의 노력에 감사하는 마음을 전하는 다양한 문화 프로그램 개최

⑤ 보건부 승인으로 코로나19를 주제로 하는 입간판 설치

⑥ 설치된 모니터로 코로나19 관리자의 개인위생 준수 관련 공지와 동영상 상영

테헤란에서 볼 수 있는 코로나19 관련 홍보물은 이슬람적 성격이 강한 것이 특징이다. 권고문, 경고문, 배너 등의 문구 속에서 이란인들의 종교적 사상(예를 들어 '신을 위하여; Be khatere Khoda, to ro khoda'와 같은 내용의 문구), 가족 중심적 사회 분위기('부모님을 위해, 제발… Baraye mamano baba'과 같은 내용의 문구), 그리고 이란-이라크 전쟁 시기 순교자들의 저항 정신과 같은 문구의 흔적을 쉽게 찾을 수 있다.

| 표 4 | **테헤란의 대중교통 수단에 대한 코로나19 방역 조치**

| 운송수단 | 코로나 이후 방역 조치 |
|---|---|
| 지하철 | · 지하철 6, 7호선, 테헤란 이맘 호메이니 국제공항철도, 테헤란 메흐라바드 국제공항철도 운영 중지<br>· 지하철 1~5번 호선은 피크 시간(오전 출근 시간 2시간, 오후 퇴근 시간 2시간)에 70퍼센트만 운행. 출퇴근 시간대 이외에는 운송량 50퍼센트 낮춤<br>· 각 지하철역에 위치한 음식점이나 매점 같은 부스 운영 중단<br>· 이용객 수가 적은 역의 운영 중단 |
| 버스 | · 고속버스 서비스를 제공하지만 피크 시간에는 4시간, 70퍼센트만 운행. 이외의 시간에는 최대한 기존의 50퍼센트만 운행<br>· 지하철역이나 주요 기관에 연결되는 버스노선 서비스는 정상적으로 제공하지만, 피크 시간에는 4시간, 50퍼센트만 운행, 이외의 시간대에는 30퍼센트만 운행 |

한편 테헤란시 홍보물의 특징은 "어떠한 소문도 함부로 게시하지 않는다"라는 문구로 압축된다. 정부 입장에서 코로나19 확산과 방역을 둘러싼 '거짓 뉴스 단속'이라는 명분이 있겠지만, 시민과 언론 기관에는 검열과 입단속의 압력이 보고되었다. 국제적인 언론 감시 단체인 프리덤하우스(Freedom House)의 2020년도 보고서에 따르면, 당국은 코로나19 감염과 관련한 실제 내용을 은폐하기 위해 언론에 대한 전적인 검열을 실시하였다. 이란의 언론인은 공식 통계만 사용하라는 지시를 받았고, 병원 관계자에게는 언론과 감염이나 사망자 수 등에 대해 논의하지 말 것을 경고하였다. 예를 들어 2020년 8월 외국 언론에 유출된 공식 데이터의 실제 사망자 수는 정부가 공개적으로 밝힌 통계의 수치보다 거의 3배 많았다. 또한 코로나19와 관련해서 정부 의견과 다른 기사를 쓴 기자들은 당국에 소환되고, 비판적인 기사를 쓴 기자나 만화가는 구금되기도 하였다.[16] 이런 점에서 테헤란

| 그림 5 | **테헤란시의 코로나 확산 방지를 위한 홍보물 · 광고문 사례**

| **집에 머무르자** | **집에 머무르자** | **집에 머무르자** | **집에 머무르자** |
|---|---|---|---|
| 전화로 사회적인 관계를 유지하자 | 어떠한 소문도 함부로 게시하지 않는다 | 코로나19에 안전할 것이다 | 온라인 프로그램과 수업, 사이버 과정을 이용하자 |

16 https://freedomhouse.org/country/iran/freedom-world/2021.

시가 환경미화 부서를 중심으로 다양한 홍보물을 제작하여 도시 전역에 배너와 포스터를 제공하고 있지만, 이는 정부의 입장만을 대변한다는 비판을 피할 수 없다.

## 백신 관련 논쟁과 접종 현황

이란 역시 백신 확보를 위해 정부 차원에서 노력하고 있다. 하지만 4차 대유행의 위험이 예상되는 2021년 3월 이란의 새해 전까지 백신 접종을 하겠다는 애초의 계획은 실현되지 못했다. 한편으로 화이자나 모더나와 같은 미국과 영국의 백신에 대한 이슬람 정권의 보수적인 목소리는 적정 시간 내에 백신을 확보하는 데 어려움을 겪게 했다. '화이자 백신은 코로나보다 더욱 위험하다'는 등의 백신에 대한 정치적 해석과 음모론이 이란의 코로나19 백신 확보에 걸림돌로 작용했다.

이란은 크게 세 가지 방향으로 코로나19 백신 대책을 마련하였다. 첫째, 세계보건기구의 코백스(COVAX) 백신 컬렉션에서 백신을 구입하는 것이다. 둘째, 잘 알려진 회사 중 하나와 공동생산 계약 형태로 약 550만 회분의 백신을 생산하는 것이다. 셋째, 국내 백신 개발에 힘쓰는 것이다.

2021년 2월 26일 이란은 러시아제 스푸트니크V 백신으로 백신 접종을 시작했고, 의료진과 노인, 기저질환자에게 우선권을 주었다. 이 백신은 러시아와 이란 두 나라가 공동생산할 예정이다. 한편 이란학생통신 ISNA(Iranian Students New Agency)는 코로나바이러스통제국(Coronavirus Control)의 대변인의 말을 인용해 코백스를 통해 1차 백신이 2021년 3월 18일부터 3월 28일 사이에 전달될 것이라고 전했다. 사이드 나마키 보건부 장관은 27일 앞에서 소개한 세 가지 코로나19 백신 공급 방법 이외에 직접 수입하는 방식을 논하기도 하였다[17].

이란은 국내 백신을 자체적으로 개발 · 생산하기 위해 노력하고 있으며 그에 대한 홍보에도 몰두하고 있다. 이란의 자체 개발 백신은 2020년 11월 28일에 암살된 핵과학자 모흐센 파크리자데(Mohsen Fakhrizadeh)의 이름을 따서 '파크라(Fakhra)' 백신이라 명명되었다. 2021년 3월 16일 파크리자데의 아들이 처음으로 이 백신을 맞았다.[18] 파크라 백신은 2020년 3월 이란인 환자 표본 3만 5천여 명을 대상으로 바이러스 식별을 위한 각종 테스트를 했고, 2020년 6월 실험 생산 단계에 도달하였다.

이란 정부는 국민의 코로나19 백신 접종을 이란력 1400년 말(서기력 2022년 3월 말)까지 완료할 것이라고 약속한 바 있다. 하지만 2021년 3월 기준으로 인도, 중국, 러시아에서 배포한 백신 70만 개를 확보 중인데, 중국(시노팜), 러시아(스푸트니크V), 인도(코백신)에서 공급한 이 백신들은 의료진, 노인, 재향군인과 감염성 질환 환자들에게 주로 사용되었다. 이란도 다른 국가들처럼 65세 이상 노년층과 18세에서 64세 사이의 환자들에게 코로나19 백신 접종 우선권을 부여하는 원칙을 세웠다. 아직까지는 18세 이하 유아 · 청소년층에 대한 백신 접종 계획이 없다. 2021년 5월 14일 기준으로 총인구의 1퍼센트 정도가

17 https://www.tehrantimes.com/news/458788/Iran-to-begin-COVAX-COVID-19-vaccination-in-weeks

18 Iran unveils, tests new COVID-19 vaccine(https://www.tehrantimes.com/news/459185/Iran-unveils-tests-new-COVID-19-vaccine)

백신 접종을 받았으며, 2021년 6월 말까지 1,400만 명이 백신을 접종할 예정이다.[19]

이란 보건부는 코로나19 백신 접종 원칙을 발표하였다. 코로나19 백신 접종 일정은 직업과 연령에 따라 결정되는데 이에 따른 4단계 접종 계획은 〈표 5〉와 같다.[20] 2021년 5월 8일부터 이란인은 보건부 홈페이지(salamat.gov.ir)에 주민등록번호와 개인 전화번호를 입력하면 백신 접종 일정을 확인할 수 있다.

한편 세계보건기구의 코백스 일환으로 이란에 아스트라제네카 백신을 보급하는 계획이 진행 중이다. 2021년 2월 3일 코백스 자료에 따르면,[21] 이란에 총 421만 6,800회분의 아스트라제네카가 공급될 예정이다. 여기서 주목할 점은 아스트라제네카를 한국에서 수입할 예정이라는 것이다. 2021년 2월 이란 보건부는 코백스를 통해 2021년 안으로 한국산 아스트라제네카 백신 310만 회분을 수입할 예정이라고 밝혔다.[22]

미국 등의 금융제재로 야기된 한 · 이란 양국의 동결 자금 문제와 2021년 연초에 있었던 이란의 한국 선박 나포 문제 등으로 얼어붙은 양국의 외교관계에 백신 공급이 큰 역할을 할 것으로 보인다. 전 지구적인 금융제재가 이란의 원활한 백신 구매를 어렵게 하는 상황이기

19 https://www.radiofarda.com/a/vaccination-in-iran-would-be-improved-during-the-next-month-officials-says/31257761.html.

20 نوبت واکسیناسیون هر ایرانی چه زمانی است؟ + جدول | بورسان Bourseon.

21 https://www.gavi.org/sites/default/files/covid/covax/COVAX-Interim-Distribution-Forecast.pdf.

22 کرونا در ایران؛ ۷۰۰هزار واکسن و وعده واکسیناسیون همگانی | ایران | DW | 22.03.2021

때문에 한국과의 '백신 외교'가 중요한 전환점이 될 수 있으리라 기대된다.

## 이란과 테헤란의 현실과 코로나19 대응의 한계

이란 사회는 2017년 이후 심각한 경제 상황에 놓여 있으며, 1979년 이슬람 공화국 건립 이후 처음으로 국민 성금을 요청할 정도로 국가 위기 상황에 봉착해 있다. 또한 2020년 3월에는 이슬람 공화국 건립 이후 41년 만에 처음으로 IMF에 자국 코로나19 방역과 치료를 위한 긴급자금(RFI) 50억 달러를 요청하기도 했다.[23] 이란 국민은 연이은 악재로 집단 우울증을 호소하고 있으며, 이와 같은 사회적 분위기 탓에 가정폭력과 아동학대 신고가 증가하는 등 사회 전반의 의료적·심리적 위기까지 겪고 있다. 가정폭력 신고 전화를 홍보하는 대량 문자를 보내는 등 정부의 노력에도 불구하고, 국가적 위기가 가정의 붕괴로 이어지는 안타까운 상황이 벌어지고 있다.[24] 코로나19 상황 이전부터 최근 몇 년간 미증유의 어려움을 겪고 있는 이란은 좀처럼 잡히지 않는 코로나19의 혹독한 여파를 맞고 있다. 무엇보다도 자명한 것은 이러한 악재가 겹지면서 이란 정부와 고통받는 국민 사이의 신

23 Iran asks IMF for $5bn emergency funding to fight coronavirus | Business and Economy | Al Jazeera.

24 2020년 4월, 현지 정보제공자와의 인터뷰.

뢰가 깨지고 있다는 점이다.

지난 몇 년간 미국을 중심으로 한 강한 경제 제재로 노후화된 의료 시설, 마스크 부족, 의료 기기·장비·용품의 부족, 의약품 수입 문제에서 백신 수입에 이르기까지 이란의 의료 시스템은 이미 위기 상황에 놓여 있다. 한국, 중국, 인도, 이라크 등이 이란에 지불할 자금은 동결 중이고 코로나19 대응에 필요한 의료 기기·장비·용품과 관련 장비를 구매할 자금이 부족하기 때문에, 이란 정부의 코로나19 회복

| 표 5 | **4단계 백신 접종 계획과 대상 일정(2021년 2월~12월)**

| **접종 대상** | 2월 | 3월 | 4월 | 5월 | 6월 | 7월 | 8월 | 9월 | 10월 | 11월 | 12월 |
|---|---|---|---|---|---|---|---|---|---|---|---|
| **1단계**(1,500,000명) | | | | | | | | | | | |
| 코로나19 환자실, 병원 응급실 의료 종사자 | | | | | | | | | | | |
| 코로나19 전담 병원 종사자 | | | | | | | | | | | |
| 전국 비상 응급센터 종사자 | | | | | | | | | | | |
| 노인, 장애인, 전쟁 장애인 케어 센터 | | | | | | | | | | | |
| 장례업 종사자(5,000명) | | | | | | | | | | | |
| 코로나19 검사실 종사자, 백신 접종 종사자 | | | | | | | | | | | |
| 보건소 직원, 민간 병원 의료진, 약국 직원, 보건부 지정 병원 직원, 재향군인 | | | | | | | | | | | |

| | | | | | | | | | | | |
|---|---|---|---|---|---|---|---|---|---|---|---|
| **2단계**(12,000,000명) | | | | | | | | | | | |
| 80세 이상(1,149,780명) | | | | | | | | | | | |
| 75~79세(929,373명) | | | | | | | | | | | |
| 70~74세(1,235,329명) | | | | | | | | | | | |
| 65~69세(1,295,159명) | | | | | | | | | | | |
| 60~64세(2,667,688명) | | | | | | | | | | | |
| 유전병 환자(4,222,678명) | | | | | | | | | | | |
| **3단계**(4,000명) | | | | | | | | | | | |
| 수감자 | | | | | | ■ | ■ | | | | |
| 경찰, 군인 | | | | | | ■ | ■ | | | | |
| 교직원, 교육자 | | | | | | ■ | | | | | |
| 수용소 난민, 중독자 | | | | | | ■ | ■ | | | | |
| 은행원, 대중교통 종사자, 교육자 | | | | | | ■ | ■ | | | | |
| 도시 서비스 직원 | | | | | | ■ | ■ | | | | |
| **4단계**(40,000,000명) | | | | | | | | | | | |
| 55~59세(3,516,355명) | | | | | | | ■ | | | | |
| 50~54세(4,120,320명) | | | | | | | | ■ | | | |
| 45~49세(5,023,587명) | | | | | | | | ■ | | | |
| 40~44세(5,296,182명) | | | | | | | | | ■ | | |

력은 충분하지 않다고 해석할 수 있다.

테헤란은 전 지구적으로 코로나19에 대응하는 방식과 마스크의 중요성을 깨닫지 못한 초기에 확진자가 발생했고, 지금까지도 코로나19 확산을 잠재우기에 역부족인 상황이다. 안타깝게도 테헤란시와 함께 국가 단위의 전략적 조치도 코로나19 대응에 성공적이지 못했다고 평가할 수 있다. 이와 같은 테헤란시의 현재 상황을 다면적으로 이해할 필요가 있다. '코로나는 바이러스가 아니라, 정치적 질병'이라는 이야기가 있을 정도로 테헤란을 비롯한 정부 당국은 신뢰성 없는 정보를 제공하고 있다. 정확한 코로나19 감염 관련 정보를 투명하게 공개하는 한국과 서울과 비교해 볼 때, 투명하고 신속한 정보 공유가 코로나19 확산과 방지에 얼마나 큰 영향을 미치는지 알 수 있다.

최근 몇 년간 이란은 미국 트럼프 행정부 주도의 경제적인 고립, 고질적인 이란의 경제 상황, 여기에 코로나19 확산이 더해져 삼중고를 겪고 있다. 경제 제재로 의약품과 의료 장비가 부족한 상황에서 의료진은 '순교자라는 칭호 대신 보호 장비를!'이라는 슬로건을 내세우며 의료 물품 지원을 요구하고 있다. 이란 내 의료 시스템과 의료진

수준은 상당히 높은 편이고 의료 기술 역시 발달해 있지만, 수년간의 심각한 정치적 · 경제적 · 외교적 위기는 수준 높은 의료진의 국외 망명과 이주라는 결과를 가져왔고, 이는 이란 내 의료 시스템의 불안정성을 보여 주는 계기가 되었다.

한편으로 이란에서 비판적으로 제기되는 문제 중 하나는 코로나19 예방에 대한 시민의식이 높지 않다는 점이다. 일례로 코로나19 비상 상황을 이유로 테헤란 학교의 휴교 혹은 비대면 온라인교육이 늘어났지만, 그 기간 많은 테헤란 시민이 북부 지방에 있는 휴양지로 여행을 갔다. 또한 여전히 종교 모임을 지속하는 것에 대한 내부의 비판적인 목소리도 높다. 안타깝게도 좀처럼 줄어들지 않는 테헤란의 코로나19 확진자, 사망자 규모 때문에 오히려 코로나 상황에 둔감해지는 사회적 분위기 역시 문제로 지적되고 있다.[25]

몇 년 전까지만 해도 이란인의 이주 · 이민의 이유가 개인의 발전, 자유로운 삶, 더욱 나은 교육 환경과 사회복지 등이었다면, 오늘날 이란인이 이주하는 이유는 '호흡할 수 있는 산소, 기본적인 생활, 생존을 위한 백신 때문'이라는 말이 소셜미디어에 돌 정도로 심각한 상황이다. 무엇보다도 최근 이어지는 경제적 위기로 테헤란 물가가 계속 상승하여 경제적인 빈곤층이 증가하고 있다는 점도 테헤란의 코로나 방역에 부정적인 영향을 끼친다. 하루하루 먹고살기에 급급한 노동자가 코로나 확산 예방을 위해 '집에만' 머무를 수는 없기 때문이다. 테헤란은 다른 도시에 비해 물가가 비싸고 빈곤층 비율이 비교적 높기에 테헤란의 코로나19 방역 정책이 효과적으로 작동하기 어렵다. 테헤란시

25 2020년 9월 현지 정보제공자와의 인터뷰

차원의 방역 대책에도 불구하고, 코로나19 상황에 대처하기에 어두운 그림자, 즉 구조적인 사회적 · 경제적 문제가 산재해 있다. 이에 테헤란을 비롯한 이란 전역에 코로나19의 여파가 꽤 오랫동안 지속할 것으로 전망된다.

# 11장

## 서울_한국:

## 적극적인 초기 대응, 아쉬운 백신 정책

PANDEMIC

**손창우** 인제대학교 보건대학원 조교수, (전)서울연구원 도시사회연구실 연구위원

**김성아** 서울연구원 도시사회연구실 부연구위원

**서다람** 고려대학교 보건학협동과정 박사과정, (전)서울연구원 도시사회연구실 연구원

## 서울시 코로나19 발생 현황과 특성

### 서울시 코로나19 발생 추이

대한민국 경제·사회·문화의 중심인 서울은 인구밀도가 매우 높고 (2019년 기준, 서울 15,964명/㎢, 전국 515명/㎢) 인구이동량도 많아 전염

| 그림 1 | **서울시 코로나19 신규 확진자 일별 발생 추이와 및 누적 현황 (2021. 5. 31. 기준)**

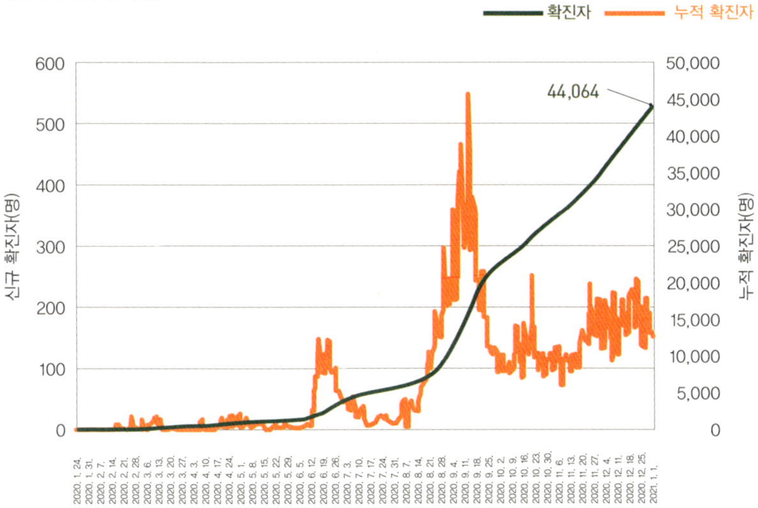


자료:서울시, 서울시 코로나19 대응 주요 소식(2021. 6. 2.).

병에 취약한 도시이다. 2020년 1월 24일 우한에서 입국한 55세 남성이 서울의 첫 코로나19 환자로 확인된 이후 2021년 5월 31일까지 서울시 누적 확진자는 총 4만 4,064명이다. 같은 기간 전국의 누적 확진자는 14만 799명으로 전체 확진자의 31.3퍼센트가 서울에서 발생한 것이다.

사망자 수는 서울시 491명(치명률 1.11퍼센트), 전국 1,963명(치명률 1.39퍼센트)으로 서울시의 치명률이 전국 평균에 비해 낮다. 서울시 사망자 중 65세 이상 노인 비율이 91.4퍼센트로 높았고, 사망자의 감염경로는 '요양병원과 시설 관련'이 21.4퍼센트로 가장 많았다. 인구 10만 명당 확진자 수는 60대 627.10명, 70대 547.99명, 50대 528.41명 순이며, 치명률은 80세 이상에서 15.2퍼센트로 가장 높고 70대가 4.3퍼센트로 그 뒤를 이었다(2021. 5. 31. 기준). 대표적인 취약 집단 시설인 노인요양시설과 병원 관련 집단감염이 주로 보고되었으며 직장, 종교시설, 식음료점, 스포츠시설 등도 주요 감염경로로 알려졌다.

| 표 1 | **서울시 인구학적 특성별 코로나19 발생 현황**

| 구분 | | 확진자(명, 퍼센트) | 발생률(10만 명당, 퍼센트) | 사망자(명) | 치명률(퍼센트) |
|---|---|---|---|---|---|
| 계 | | 44,064 (100.0) | 453.29 | 491 | 1.1 |
| 성별 | 남성 | 22,027 (50.0) | 465.46 | 281 | 1.3 |
| | 여성 | 22,037 (50.0) | 441.75 | 210 | 1.0 |
| | 0-9세 | 1,566 (3.6) | 242.33 | 0 | 0.0 |

| | | | | | |
|---|---|---|---|---|---|
| 연령 | **10-19세** | 2,668 (6.0) | 333.34 | 0 | 0.0 |
| | **20-29세** | 6,092 (13.8) | 415.69 | 1 | 0.0 |
| | **30-39세** | 6,294 (14.3) | 420.48 | 1 | 0.0 |
| | **40-49세** | 6,286 (14.3) | 406.17 | 5 | 0.1 |
| | **50-59세** | 8,097 (18.4) | 528.41 | 18 | 0.2 |
| | **60-69세** | 7,635 (17.3) | 627.10 | 57 | 0.7 |
| | **70-79세** | 3,820 (8.7) | 547.99 | 165 | 4.3 |
| | **80세 이상** | 1,606 (3.6) | 506.17 | 244 | 15.2 |

자료: 서울시, 서울시 코로나19 대응 주요 소식(2021. 6. 2.).

주: 치명률은 (사망자수/확진자수)×100이고, 인구 10만 명당 발생률은 통계청에서 제공하는 2020년 7월 1일 행정구역별 인구 기준이다.

## 서울시 코로나19 전개 과정

서울은 2020년 1월 첫 확진자가 발생한 이후 총 세 번의 대유행을 겪었다. 1차 유행은 2020년 3월 구로구 콜센터에서 발생한 집단감염으로부터 시작했다. 콜센터는 감염에 취약한 대표적인 사업장으로, 직원들은 업무 중에 마스크를 착용하지 않고 좁은 공간에 모여 전화를 받기 때문에 '거리두기'가 쉽지 않았던 것으로 확인되었다. 3월 초 이후 콜센터 집단감염 관련 확진자가 99명(전국은 170명)까지 늘어났다. 5월에는 서울의 대표적인 문화 중심지 중 하나인 이태원에서 클럽발 집단감염(서울 139명, 전국 277명)이 확산되었고, 6월에는 방문판매업체를 중심으로 집단감염(서울 122명, 전국 210명)이 발생하였다.

2차 유행은 2020년 8월에 시작되었는데, 성북구 소재 한 종교시설과 도심 집회 등을 통해 확산되는 양상을 보였다. 특히 성북구 소재 교회 관련 집단감염은 서울에서만 646명, 전국적으로는 1,173명의 확진자 발생으로 이어져 2월 대구·경북 지역에서 발생한 신천지발 대유행을 재현하는 듯했다. 해당 교회는 외지에서 참석하는 교인과 전국에서 온 방문자가 많아 전국의 다른 종교시설과 직장, 학교, 의료기관, 요양시설 등으로 2차 전파를 일으켰다.

| 그림 2 | **서울시 코로나19 주요 감염경로별 발생 현황 (2021. 5. 31. 기준)**

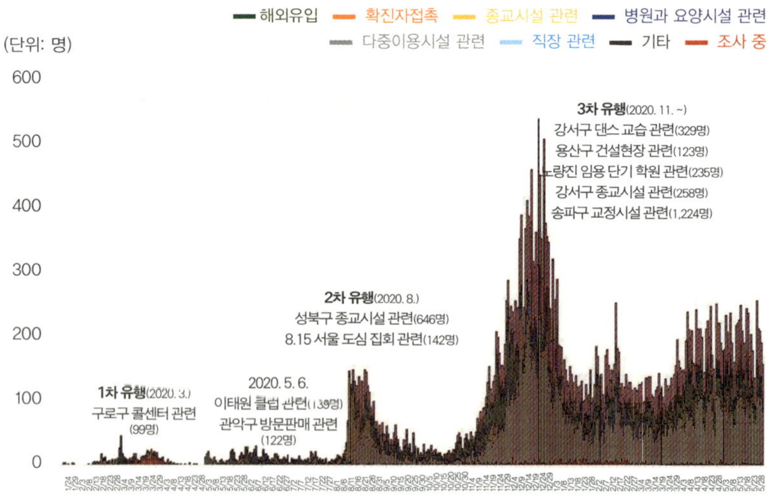


자료: 서울시, 서울시 코로나19 대응 주요 소식(2021. 6. 2.).

코로나19 2차 대유행이 시작되던 8월 12일부터 11월 20일까지 '서울시 집단감염 발생 클러스터 현황'을 분석한 결과, 다중이용시설 내 집단감염이 44퍼센트로 큰 비중을 차지했고 이 가운데 종교시설 내 감염이 911명(36퍼센트)으로 가장 많은 것으로 나타났다. 종교시설 다음으로 집단감염이 많이 발생한 곳은 직장으로 556명(22퍼센트)이 직장 내 감염인 것으로 조사되었다. 이어 요양시설과 병원 14퍼센트(354명), 실내 체육시설 7퍼센트(183명), 식당 · 카페 6퍼센트(143명), 방문판매업 5퍼센트(116명), 목욕장업 4퍼센트(98명) 등이 집단감염이 발생한 주요 다중이용이설이다(〈그림 3〉 참고).

| 그림 3 | **서울시 다중이용시설 집단감염 발생 현황 (2020. 8. 12.~11. 20.)**

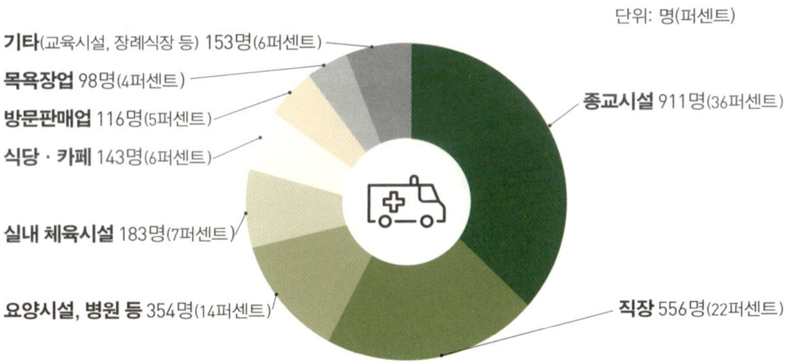


| 시설 | 총계 | 종교시설 | 직장 | 요양시설, 병원 등 | 실내 체육시설 | 식당 · 카페 | 방문판매업 | 목욕장업 | 기타(교육시설, 장례식장 등) |
|---|---|---|---|---|---|---|---|---|---|
| 확진자 수(비중) | 2,514 (100) | 911 (36) | 556 (22) | 354 (14) | 183 (7) | 143 (6) | 116 (5) | 98 (4) | 153 (6) |

자료: 서울시, 서울시 코로나19 대응 주요 소식(2021. 11. 24.).

2020년 11월 시작된 3차 대유행은 1, 2차 유행과 달리 특별한 대규모 집단감염 사례가 없는 대신 불특정 집단에서 다발적으로 집단감염이 발생하는 특징을 보였다. 용산구의 건설 현장(123명)과 노량진 임용 단기 학원(112명) 등 직장이나 학원에서 집단감염이 발생하였고, 강서구 댄스 교습소(329명) 같은 스포츠시설과 종교시설을 통한 크고 작은 집단감염도 있었다. 감염병 취약 집단 시설인 구로구 요양병원 · 요양원에서 대규모 집단감염(235명)이 발생해 코호트 격리되기도 하였다. 3차 대유행 중 송파구에 위치한 교정시설과 관련하여 1,200여 명의 확진자가 발생하였는데, 폐쇄된 공간 내 공동생활과 과밀한 수용 인원 등 복합적인 요인으로 인해 집단감염이 걷잡을 수 없이 확산되었다.

## 서울시의 코로나19 대응

대한민국의 코로나19 대응은 「감염병 예방 및 관리법」에 근거하여 이루어진다. 소위 'K-방역'이라고 불리는 중앙정부의 코로나19 방역은 Test(검사와 확진), Trace(역학과 추적), Treat(격리와 치료)의 3T를 기본으로 하여 그 아래 총 18개의 세부 내용으로 구성된다. 3T의 구체적인 내용은 〈그림 4〉와 같다.

「감염병 예방 및 관리법」 제7조에 따르면, 중앙정부의 질병관리청장이 감염병 예방과 관리에 관한 기본계획을 수립하며 이를 바탕으로 서울시장과 자치구 구청장이 구체적인 시행계획을 수립 시행한다. 따라서 서울시 코로나19 대응은 정부 지침을 준수하는 가운데 서울시와 자치구의 환경과 역량을 고려하여 진행되었다. 서울시는 기본적으

| 그림 4 | **정부의 코로나19 방역을 위한 3T(Test-Trace-Treat) 모형**

| ① **검사·확진**(Test): 6종 | |
|---|---|
| 감염병 진단 기법: 2종 | 선별진료소 운영 시스템: 4종 |
| - 유전자 증폭 기반 진단 기법(RT-PCR)<br>- 진단 기법 관련 시약·장비와 테스트 방법 등 | - 자동차 이동형(Drive Thru) 선별진료소 운영 절차<br>- 도보 이동형(Walk Thru) 선별 진료소 운영 절차 등 |

| ② **역학·추적**(Trace): 4종 |
|---|
| - 모바일 자가 진단·격리 관리 앱(App) 요구사항<br>- 역학조사 지원 시스템 기능과 개인정보 보호<br>- 자가 진단·문진 결과와 전자의무기록(EMR) 연동 등 |

| ③ **격리·치료**(Treat): 8종 |
|---|
| - 감염병 생활치료센터 운영 표준모형<br>- 개인위생 관리와 사회적 거리두기 운영 지침<br>- 취약계층 필수 사회복지 서비스와 의료지원<br>- 감염병 교차감염 차단을 위한 지침 등 |

로 정부 주도로 시행되는 방역 사업을 따르면서, 서울시 특성을 살린 추가적 또는 보완적 사업을 자체적으로 하고 있다.

## 방역과 보건의료 대책

### 광범위한 진단검사

서울시 방역 대책은 중앙정부의 3T 모형을 따르고 있다. 먼저 K-방역의 기본 틀인 3T 중 첫 번째 단계인 Test(검사와 확진)는 서울시에서도 광범위하게 진행되었다. 서울시는 시민이 어디서나 빠르고 신속하게 진단검사를 받을 수 있도록 83개 선별 진료소를 운영하고 있다(2020년 12월 17일 기준). 코로나19 상황이 악화되면서 공원, 구민회관, 지하철역, 대학가 등 다중밀집 지역에 임시 선별검사소 55개를 추가로 운영하였고, 드라이브스루(drive-through) 선별진료소도 운영해 주목을 받았다. 드라이브스루 방식은 일반 선별 진료소에 비해 검사 시간이 절반 이하로 줄어드는 장점과 함께, 아이를 동반한 가족 단위 검사나 외부 노출을 꺼리는 사람들의 검사가 용이하다는 점에서 효과가 있었다.

집단감염이 의심될 때는 더 적극적인 확진자 발굴에 노력을 기울였는데, 이를 '능동적 환자 발견 방식'이라고 한다. 서울시는 집단감염 발생 우려가 있는 곳에서 1명의 확진자가 발견되면 집단 전체의 감염이 있을 것으로 가정하고 접촉자와 비접촉자 모두 검사를 진행하였다. 콜센터, 병원 등 집단감염이 우려되는 장소를 중심으로 서울시의 정책적 판단에 따라 이 방식을 적용할 수 있다.

감염병 유행을 신속하게 억제하는 데 중요한 역량 중 하나가 바로 바이러스 검사 능력인데, 서울시에서는 보건환경연구원이 그 역할을 충실히 해 주었다. 확진 추세가 가파르게 증가하던 악조건에서도 서울시 보건환경연구원은 그동안 축적된 검사 역량을 바탕으로 검사 결과를 빠르게 도출하였고, RT-PCR[1] 방법을 사용하여 6시간 이내에 결

1 우리말로 실시간 역전사 중합 효소 연쇄반응법(Real Time Reverse Transcription Polymerase Chain Reaction, Real Time RT-PCR)이라고 한다. 이는 원인 바이러스의 특정 유전자를 역전사(Reverse Transcription)해 RNA에서 DNA로 바꾼 뒤 DNA를 수백만 배 이상 증폭하여 실시간으로 DNA유전자 유무를 진단하는 방식이다. 이를 통해 빠르게 코로나19 확진 여부를 판정할 수 있다(분비물 채취 → RNA 추출 → 유전자 검사법으로 시료 증폭 → 결과 분석 → 확진 판정, 약 4~6시간 소요).

과를 도출하여 지역사회로 결과를 환원하는 등 지역사회 감염 확산 차단에 기여하였다.

접촉자 추적 관리

확진자가 발생하면 신속하고 광범위한 접촉자 추적조사를 실시하였다. 이는 K-방역의 두 번째 단계인 Trace(역학과 추적) 전략을 따른 것이다. 서울시와 25개 자치구는 웹사이트와 모바일 애플리케이션을 통해 아침저녁으로 하루 2회 지역별 코로나19 현황을 업데이트하고, 확진자의 전파 경로, 확진 일자, 거주지, 마스크 착용 여부 등을 상세하게 공개한다. 역학조사 과정에는 빅데이터를 활용해 확진자와 접촉자를 추적하고 감염경로를 파악하고 있다. CCTV, 신용카드 사용 내역, 대중교통 카드 사용 내역, 스마트폰 GPS 정보, 다중이용시설 입장 시 QR코드 정보 등이 접촉자 추적에 활용된 빅데이터이다. 이런 데이터의 활용은 개인의 사생활 침해라는 지적도 있었으나, 접촉자 추적에 효과적인 것으로 알려져 있다.

서울시는 부족한 역학조사관을 보충하기 위해 시립병원에 근무하고 있는 임상의사를 한시적 종사명령을 통해 역학조사관으로 활용하였고, 서울시 특별사법경찰을 역학조사 과정에 투입하는 등 전문적이고 신속한 현장 조사를 진행하고 있다. 또한 초기 확진자의 가족이 감염되는 사례가 다수 발견되면서, 서울시는 자가 격리자의 격리 해제 전 바이러스 검사를 실시하여 코로나19 증상이 없거나 경미한 무증상 확진자를 구분함으로써 가족과 지역사회의 추가 전파를 막고자 노력하고 있다.

확진자 치료와 격리

코로나19의 특징은 바로 높은 감염력이다. 단기간에 감염자 수가 급증한 미국, 유럽, 남미 등 전 세계 많은 국가에서 코로나19 환자가 병원에 입원하지 못하고 집에 방치되는 사례가 보고되었다. 서울시는 서울의료원, 서남병원, 보라매병원 등 시립병원들을 코로나19 환자 치료를 전담하는 코로나전담병원으로 전환하고, 경증 환자를 위한 생활치료센터도 운영하였다. 코로나19는 무증상 또는 경증 환자가 많아 모든 환자가 병원에서 집중 치료를 받을 필요는 없다. 모든 환자를 입원시키면 병상 운용에 비효율이 생겨 오히려 중증 환자가 치료를 받지 못하게 되는 문제가 생길 수 있다.

이에 서울시는 무증상 또는 경증 환자를 위한 생활치료센터를 운영하였다. 2020년 12월 17일 기준 총 9개 센터에서 1,937개 병상을 운영하고 있고, 23개 센터 3,225개 병상으로 확대할 예정이다. 생활치료센터도 확진자를 대상으로 하는 시설이니만큼 서울시립병원에서 행정, 간호, 의료 인력을 파견하여 화상진료, 상담, 검사, 투약, 모니터링 등 진료를 하고 있다.

## 사회적 거리두기

서울시의 사회적 거리두기 캠페인 '잠시 멈춤'은 2020년 3월 2일 전국적으로 4,212명의 확진자가 발생하고 서울시의 확진자는 91명에 불과하던 시점에 시작되었다. 이는 중앙정부의 사회적 거리두기 캠페인보다 약 2주 빠른 조치였다. 물론 코로나19의 장기화로 시민의 우울감, 돌봄 부담, 경기 하락 등 다양한 문제가 나타나면서 강도 높은 사회적 거리두기가 지속 가능한지에 대한 의구심이 확대되고 있기는 하나, 백신 접종 계획이 아직 구체화되지 못한 상황에서 사회적 거리두기가 감염 확산을 억제하는 유일한 대안인 것도 사실이다.

사회적 거리두기 정책은 중앙정부 주도로 진행되었다. 대한민국은 다른 해외 도시에서 볼 수 있는 도시 봉쇄, 국경 봉쇄 등 봉쇄령은 내리지 않은 대신 강력한 거리두기 정책을 추진했다. 사업 초기 사회적 거리두기는 3단계로 운영되었다. 단계에 따라 일상생활에 대한 규제 강도에 차이가 있으며 다중이용시설의 운영과 이용에 대한 지침도 정해진다. 그러나 2020년 11월 1일 '정밀 방역' 형태로 세분화하여 5단계 체제로 개편하고 11월 7일부터 이를 적용하였다. 정부는 기존 3단계 체계에서는 단계 간 방역 강도 차이가 너무 크다는 단점을 보완하기 위하여 1.5단계와 2.5단계를 신설하였고, 단계 격상은 권역별 중증환자 병상 현황과 주간 유행 양상을 기준으로 결정하였다. 개편안은 서민경제에 피해를 주는 집합 금지나 운영 중단 등의 조치를 최소화하고, 감염 위험이 높은 시설은 운영 시간과 이용 인원을 단계적으로 제한하는 내용을 포함하고 있다.

2021년 3월 정부는 자율과 책임을 바탕으로 단계별 운영 규제는 최소화하면서 감염 유행 차단을 위한 필수 조치만 유지한다는 방침하에 사회적 거리두기 체계를 5단계에서 4단계로 줄이는 개편안을 논의하였다. 사회적 거리두기 단계별 세부 방역 지침은 〈표 2〉와 같다. 서울시는 홈페이지와 애플리케이션을 통해 사회적 거리두기 단계별 방역 수칙을 안내하고 있다.

사회적 거리두기 행동 지침의 일환으로 정부는 마스크 착용을 의무화하였다. 서울 시민은 코로나19 유행 초기부터 마스크 착용을 생활화하여 외출 시 마스크 착용률은 초기부터 지속해서 95퍼센트를

| 표 2 | **사회적 거리두기 단계별 지침**

| 구분 | | 1단계 | 1.5단계 |
|---|---|---|---|
| 개념 | | 생활 속 거리두기 | 지역적 유행 개시 |
| 기준 | | 주 평균 일일 국내 발생 확진자 수<br>- 수도권 100명, 충청·호남·경북 · 경남권 30명, 강원 · 제주 10명 미만 | 주 평균 일일 국내 발생 확진자 수<br>- 수도권 100명, 충청·호남·경북 · 경남권 30명, 강원 · 제주 10명 미만<br><br>60대 이상 주 평균 일일 확진자 수<br>- 수도권 40명, 충청·호남·경북 · 경남권 10명, 강원 · 제주 4명 이상 |
| 다중 이용 시설 | 중점관리시설* | 이용 인원 제한 등 핵심 방역 수칙 의무화(마스크 착용, 출입자 명단, 환기와 소독) | 이용 인원 제한 강화, 위험도 높은 활동 금지 |
| | 일반관리시설** | 정상 운영 기본 방역 수칙 세 가지 의무화(마스크 착용, 출입자 명단, 환기 및와 소독) | 시설별 특성에 따라 이용 인원 제한 |
| | 국공립시설 | 경륜·경마 등 50퍼센트로 인원 제한 | 경륜·경마 등 20퍼센트, 이외 시설 50퍼센트로 인원 제한 |
| | 사회복지시설 | 철저한 방역하에 운영<br>유행 지역의 감염 확산 양산, 시설별 위험도 · 방역관리 상황 등을 고려하여 필요시 일부 시설은 휴관하고 긴급 돌봄 등 필수 서비스만 제공 | |
| 일상과 사회 경제적 활동 | 모임 행사 | 500명 이상 행사는 지자체 신고· 협의 필요, 방역수칙 의무화 | 1단계 조치 유지, 축제 등 일부 행사는 100인 이상 금지 |
| | 스포츠 관람 | 관중 입장(50퍼센트) | 관중 입장(30퍼센트) |
| | 교통시설 이용 | 마스크 착용 의무화 | |
| | 등교 | 밀집도 2/3 원칙, 조정 가능 | 밀집도 2/3 준수 |
| | 종교 활동 | 좌석 한 칸 띄우기, 모임·식사 자제 권고(숙박 행사 금지) | 정규 예배 등 좌석 수의 30퍼센트 이내로 제한, 모임 · 식사 금지 |
| | 직장 근무 | 기관 · 부서별 적정 비율 재택근무 등 실시 권고(예 :1/5 수준) | 기관 · 부서별 재택근무 확대 권고 (예: 1/3 수준) |
| | | 고위험사업장(콜센터, 유통물류센터) 마스크 착용 의무화 | 고위험사업장 마스크 착용, 환기 · 소독, 근로자 간 거리두기 등 의무화 |

주: 1) 중점관리시설: 유흥시설 5종(클럽 · 룸살롱 등 유흥주점, 단란주점, 감성주점, 콜라텍, 헌팅포차), 노래연습장, 실내 스탠딩공연장, 방문판매 등 직접판매 홍보관, 식당 · 카페.

| 2단계 | 2.5단계 | 3단계 |
|---|---|---|
| 지역 유행 급속 전파, 전국적 확산 개시 | 전국적 유행 본격화 | 전국적 대유행 |
| 다음과 같은 세 가지 중 하나 충족<br>① 유행권역에서 1.5단계 조치 1주 경과 후 확진자 수가 1.5단계 기준의 2배 이상 지속<br>② 2단계 이상 권역에서 1.5단계 유행이 1주 이상 지속<br>③ 전국 확진자 수 300명 초과 상황 1주 이상 지속 | 전국 주 평균 확진자 400~500명 이상이거나, 2단계 상황에서 더블링 등 급격한 환자 증가 | 전국 주 평균 확진자 800~1,000명 이상이거나, 2.5단계 상황에서 더블링 등 급격한 환자 증가 |
| ① 유흥시설 5종 집합 금지<br>② 이외 시설은 21시 이후 운영 중단 등 제한 강화, 위반 시 원스트라이크아웃제 | 방문판매 등 직접판매 홍보관, 노래연습장, 실내 스탠딩 공연장 집합 금지 | 필수시설 외 집합 금지, 이외 시설도 운영 제한 |
| 이용 인원 제한 강화, 위험도 높은 활동 금지 | 21시 이후 운영 중단 등 제한 강화, 위반 시 원스트라이크아웃제 | |
| 경륜·경마 등 중단, 이외 시설 30퍼센트로 인원 제한 | 체육시설, 경륜·경마 등 운영 중단, 이외 시설 30퍼센트로 인원 제한 | 실내 · 외 구분 없이 운영 중단 |
| 철저한 방역하에 운영<br>유행 지역의 감염 확산 양산, 시설별 위험도 · 방역관리 상황 등을 고려하여 필요시 일부 시설은 휴관하고 긴급 돌봄 등 필수 서비스만 제공 | | 휴관 · 휴원 권고 긴급 돌봄 유지 |
| 100인 이상 금지 | 50인 이상 금지 | 10인 이상 금지 |
| 관중 입장(10퍼센트) | 무관중 경기 | 경기 중단 |
| 교통수단(차량) 내 음식 섭취 금지 추가(국제항공편 제외) | KTX, 고속버스 등 50퍼센트 이내로 예매 제한 권고(항공기 제외) | KTX, 고속버스 등 50퍼센트 이내로 예매 제한(항공기 제외) |
| 밀집도 1/3 원칙 (고등학교 2/3), 최대 2/3 내에서 운영 가능 | 밀집도 1/3 준수 | 원격 수업 전환 |
| 정규 예배 등 좌석 수의 20퍼센트 이내로 제한, 모임 · 식사 금지 | 비대면, 20명 이내로 인원 제한, 모임 · 식사 금지 | 1인 영상만 허용, 모임 · 식사 금지 |
| 기관 · 부서별 재택근무 확대 권고<br>(예:1/3 수준) | 인원의 1/3 이상 재택근무 등 권고 | 필수인력 이외 재택근무 의무화 |
| 고위험사업장 마스크 착용, 환기 · 소독, 근로자 간 거리두기 등 의무화 | | |

2) 일반관리시설: PC방, 결혼식장, 장례식장, 학원, 직업훈련기관, 공연장, 영화관, 놀이 공원·워터파크, 오락실·멀티방, 목욕장업, 실내 체육시설, 이·미용업, 상점·마트·백화점, 독서실·스터디카페.

넘었고(손창우 등, 2021), 대중교통이나 다중이용시설을 이용할 때도 마스크를 착용하였다. 이는 코로나19에 대한 시민의 우려가 반영된 결과이기도 하지만, 2009년 신종플루(H1N1)와 2015년 메르스(MERS) 사태를 겪으면서 감염병에 대한 인식이 높아졌으며 미세먼지와 황사 때문에 마스크를 착용하는 것이 비교적 일상화된 것과도 관련 있을 것이다(손창우, 2020). 그러나 마스크 착용과 달리 '아프면 3~4일 쉬기', '대중교통 이용 제한', '사람 간 물리적 거리두기' 등의 방역 지침 실천율은 50퍼센트를 넘지 못하였다. 정부의 거리두기 지침과 이행은 개인의 노력뿐 아니라 사회 시스템을 함께 갖출 때 성공할 수 있음을 시사한다.

### 대중교통 방역 대책

서울시는 코로나19가 경계 단계[2]에 진입했을 당시에도 감염 우려가 높은 대중교통에 대해서는 심각 단계[3]에 준하는 방역 대책을 단행했다. 지하철 차량과 역사, 위생에 취약한 손잡이 등에 집중 방역을 실시하였고 방역 횟수도 평상시 대비 최대 4배 이상 늘렸다. 버스와 택시도 차량과 정류소의 방역 소독을 강화했다. 시내버스는 회차 시마다, 마을버스는 1일 5회 이상, 법인택시는 1일 2회 이상, 개인택시는 수시로 방역 소독을 하도록 했다(서울특별시, 2020).

코로나19가 심각 단계에 들어서면서 서울시는 선도적으로 지하철 혼잡 시 마스크 착용을 의무화하였고(5월 13일), 뒤이어 중앙정부도

2 유입된 신종 감염병이 제한적으로 전파되는 단계.

3 유입된 신종 감염병이 지역사회로 전파되어 확산하는 단계.

대중교통 이용 시 항상 마스크를 착용해야 한다는 기준을 전국적으로 확대했다(5월 26일). 2020년 11월 24일부터는 강화된 사회적 거리두기 대책의 일환으로 대중교통의 야간 운행을 20퍼센트 감축하였다(서울특별시, 2020).

## 코로나19 관련 경제적 · 사회적 지원 대책

### 경제적 지원

코로나19 발생 이후 경제가 위축됨에 따라 정부는 경제적 지원 대책을 마련하였다. 현재 중앙정부가 운영하는 제도로는 근로계약 노동자, 고용보험 가입자, 국민기초생활수급자와 일부 아동수당 대상자만이 코로나19 피해 지원을 받을 수 있다. 코로나19로 인한 소비위축과 일자리 감소로 생계 위기에 직면한 저소득층 근로자, 영세 자영업자, 파견 · 용역 · 가정 내 · 일일(단기) 근로자, 특수형태근로종사자 등은 중앙정부 지원의 사각지대에 놓인 것이다.

이에 서울시는 2020년 3월 18일 '서울시 재난긴급생활비' 지원계획을 발표하였다. 서울시 재난긴급생활비 예산 편성안이 포함된 '제1차 추경예산안'이 3월 24일 의결되었고, 3월 30일부터 지원 신청 접수를 시작했다. 보건복지부 사회보장통합정보 시스템을 이용해 소득을 조회하고 빠르면 3~4일 내에 지원금을 받을 수 있도록 하였다. 지원금은 서울시 관내에서 사용할 수 있으나 지역사회 소상공인에게 도움을 주기 위해 백화점, 대형마트, 유흥업소, 주류 판매점에서는 사용을 제한하였다(서울특별시, 2020).

| 표 3 | **재난긴급생활비 지원 대상 소득 기준**

| 구분 | 1인 가구 | 2인 가구 | 3인 가구 | 4인 가구 | 5인 가구 | 6인 가구 |
|---|---|---|---|---|---|---|
| 중위소득 100퍼센트 | 1,757,194원 | 2,991,980원 | 3,870,557원 | 4,749,174원 | 5,627,771원 | 6,506,368원 |
| 지원금액 | 30만 원 | | 40만 원 | | 50만 원 | |

자료: 서울특별시, 2020.

서울시는 코로나19로 인한 지역 경제 피해를 최소화하기 위해 신속 대응 체제도 가동하였다. 서울시와 자치구 재정의 62.5퍼센트인 21조 9,043억 원을 상반기에 신속 집행하기로 했고, 코로나19로 인한 피해를 최소화하기 위한 여러 가지 지원사업도 시행하였다. 코로나19 피해 지원을 위한 공공상가 임대료 50퍼센트 인하, 코로나19 피해 50인 미만 사업체의 무급휴직 고용유지지원금 지원, 코로나19로 '매출 급감'과 '임대료'의 이중고를 겪는 임차인 지원 정책인 '서울형 착한 임대인' 정책, 가락 · 강서 농수산물도매시장 2,834개 업체 대상 임대 · 시설료 50퍼센트 감면, 연 매출 2억 원 미만 자영업자에 대한 '생존 자금' 현금 지급, 코로나19 피해 여행사에 전국 최초 현금지원 정책 등이 서울시에서 펼친 지원사업이다(서울특별시, 2020).

## 교육과 돌봄 지원

2020년 1월 코로나19 확진자가 발생함에 따라 교육부는 유치원과 초중고등학교의 개학을 다섯 차례 연기하였다. 2020년 4월 9일부터 고등학교 3학년과 중학교 3학년을 시작으로 온라인 개학을 순차적으로 확대하여 4월 20일에는 전국 초중고생 540만여 명 모두가 원격 수업에 참여하도록 하였다. 이후 5월 20일 신학기 시작 80여 일 만에 고등학교 3학년의 1차 등교 개학과 수업 재개가 이루어졌고, 5월 27일에 고2 · 중3 · 초1~2 · 유치원생 '2차 등교 개학', 6월 3일에 고1 · 중2 · 초3~4 '3차 등교 개학', 6월 8일에 중1 · 초5~6 '4차 등교 개학'을 실시하여, 신학기 시작 99일 만에 등교 개학을 완료하였다(김상미, 2020; 한국교육개발원, 2020).

그러나 사회적 거리두기 정책으로 등교 일수가 제한되고 코로나19의 지역사회 감염 확산 추세에 따라 대면 수업과 원격 수업의 전환이 반복되었다. 이는 학생들의 기초학력 부진, 교육격차 발생, 학습환경 적응의 어려움, 아이들의 공동체 소속감 결여 등의 문제를 낳았다. 이에 서울시는 25개 자치구에서 실시 중인 '서울형 혁신교육지구'를 통해 지역별 교육격차 해소 방안을 추진하였다. 혁신교육지구 사업은 민 · 관 · 학 거버넌스 운영, 마을과 함께하는 학교교육 과정, 마을(방과후) 활동 지원 강화, 청소년 자치 활동 지원, 자치구 특화사업 등을 실시한다.

학령기 아동 · 청소년의 교육 공백에 이어 취학 전 아동의 돌봄 공백 문제도 발생했다. 사회적 거리두기 조치에 따라 어린이집과 초등 돌봄 시설이 휴원하자 맞벌이, 한부모가정 등 당장 집에서 아이를 돌볼 수 없는 시민이 어려움을 겪었다. 서울시는 이러한 돌봄 공백을 최소화하기 위하여 기존에 운영 중이던 '우리동네키움센터'를 활용하였다. 돌봐 줄 사람이 없는 아이들을 위해 모든 센터가 오전부터 문을 열어 긴급 돌봄을 제공하도록 하였으며, 일부 센터에서는 아이들이 온라인수업을 듣거나 점심 도시락을 먹을 수 있게 지원하였다. 코

| 표 4 | 서울시 지역 경제 피해 최소화 정책

| 정책명 | 지원 대상 | 지원 내용 |
|---|---|---|
| 공공상가 임대료 6개월간 50퍼센트 인하 정책 | 중소기업기본법에 따른 소기업·소상공인에 해당하는 9,106개 점포의 임차인으로, 평균 매출액이 소매업 기준 50억 원 이하/음식점업 기준 10억 원 이하인 사업장 | 시가 보유한 공공상가의 임대료를 2월부터 6개월간(1차 기준) 50퍼센트 인하 |
| 50인 미만 사업체 무급 휴직 고용유지지원금 지원 정책 | 서울 지역 50인 미만 사업체 근로자(고용보험 가입사) 중 2월 23일 이후 월 5일 이하 무급휴직 시행 근로자 | 월 5일 이상 무급휴직 시 휴직 일수에 상관없이 월 50만 원, 2개월간 100만 원 지원 |
| 서울형 착한임대인 정책 | 상가건물 환산보증금(월세×100+보증금)이 9억 원 이하인 점포 중 임차인과 임대료를 인하하겠다는 상생협약을 체결한 임대인 | 임대인과 임차인이 임대료 인하 상생협약을 체결하면 총 인하액의 30퍼센트 범위 내, 최대 500만 원을 건물 보수와 전기 안전 점검 비용으로 지원 |
| 가락·강서 농수산물 도매시장 임대·시설료 50퍼센트 감면 정책 | 가락·강서 농수산물도매시장 2,834개 업체 | 임대료와 시설사용료를 2월부터 7월까지 6개월간 50퍼센트 감면(총 감면 금액은 40억 7,200만 원 규모) |
| 자영업자 생존자금 지원 정책 | 사업자등록증상 주된 사업장 소재지가 서울이며, 2019년도 연매출 2억 원 미만인 업체 | 70만 원씩 2개월 지급(업체당 총 140만 원) |
| 여행사 현금지원 정책 | 1차 기준 2·3월 월평균 매출액이 직전년도 월평균 매출액 대비 감소한 업체 대상(75퍼센트 이상 감소 업체 대상) | 여행업체 1천 곳에 사업비 500만 원씩 지원 |

자료: 서울특별시, 2020.

로나19의 장기화로 이들 센터의 정원 대비 등록률은 2019년 말 68퍼센트에서 2020년 10월 90퍼센트로 상승하였다. 우리동네키움센터는 현재 25개 자치구에 총 197개소가 설치 확정되었고 이 중 100개소가 운영 중이다.

### 건강 지원 프로그램

감염병을 바라보는 관점이 '전염병의 확산'에 집중되어 있던 과거와 달리 현재는 '전염병의 확산, 사회불안심리 확산, 후유증의 사회문제화'로 확장되었다. 이에 따라 한국 정부는 2020년 1월 29일부터 '통합심리지원단'을 운영하여 확진자와 격리자는 물론 일반 국민을 대상으로 심리 지원을 추진하였다. 그와 같은 맥락에서 서울시도 '서울시 정신건강복지센터' 등과 함께 재난 경험자의 정신건강 문제 발생을 예방하고 심리적 안정과 사회적응을 지원하기 위한 심리 지원사업을 하고 있다. 또한 '서울시 COVID19 심리지원단'을 출범시켜 시민 전체를 대상으로 연령별·계층별 맞춤형 심리 안정 콘텐츠도 제공하고 있다.

또한 서울시와 자치구는 '감염병 예방 및 관리 기본계획'을 바탕으로 지역별 여건에 맞추어 다양한 프로그램을 운영하고 있다. 우선 코로나19의 장기화로 인한 불편감과 고립감, 불안, 우울 등 시민의 감염병 스트레스를 해소하기 위한 심리 지원 프로그램을 운영 중이다. 높은 노동 강도 때문에 정신적 피로감이 위험수위에 다다른 의료진을 대상으로 마음 회복을 위한 치유 프로그램을 운영하기도 했다. '서울시 감정노동 종사자 권리보호센터'와 함께 간호사, 의사, 병동 근무자 등 코로나19 의료진을 대상으로 일대일 비대면 상담을 진행했으며 필요시 법률 구제까지 지원하였다.

'고강도 사회적 거리두기'로 인해 실내 체육시설 운영이 중단되고 시설 이용에 제한이 생기면서 신체 활동량이 줄어든 시민의 건강

| 표 5 | **서울시 심리 지원 프로그램 사례**

| 구분 | **코로나19 극복을 위한 희망콘서트 '특별한 선물'** | **문화로 토닥토닥 프로젝트**(찾아가는 공연, 마음방역차, 발코니콘서트) | **서울시50+'원 북 콘서트' 온라인** |
|---|---|---|---|
| 사진 | 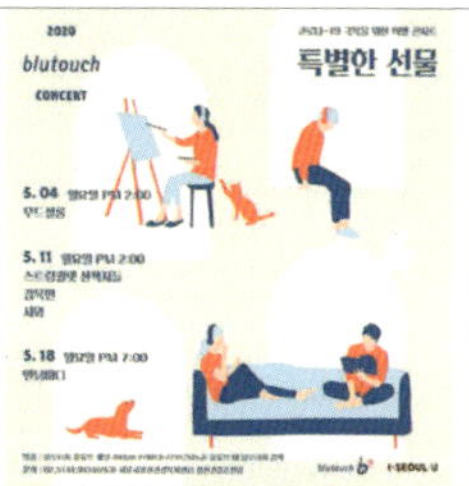  |  |   |
| 주최 | 서울시정신건강복지센터 재난심리지원단 | 서울특별시 | 서울시50플러스재단, 구로구청 |
| 대상 | 생활치료센터 입소자 및 자가 격리자, 치료진 및 서울 시민 | 서울 시민 | 50+(50플러스): 만 50~64세의 장년층 |
| 목적 | 생활치료센터 내 입소자 및 치료진에게 격려와 희망의 메시지를 전달하고, 스스로 정신건강을 돌보고 관리할 수 있는 '심리적 방역' 지원을 강화 | 사업에 코로나19로 사업에 직격탄을 맞은 공연예술가나 신진 미술인을 참여시켜 시민에게는 문화예술 향유 기회를, 예술가에게는 예술 활동의 기회를 제공 | 코로나19로 지친 '혼자'들을 위한 위로의 메시지를 전하고 나아가 인생 후반기 삶의 의미를 찾을 수 있는 방법을 공유 |
| 매체 | 블루터치 유튜브 채널 | 대면 | 구로책축제 유튜브 채널 |

자료: 서울시 정신건강브랜드 블루터치 홈페이지, 내손안의서울 홈페이지, 서울시 50플러스재단 홈페이지.

증진을 위해 가정 등에서 쉽게 따라 할 수 있는 '홈트레이닝(Home-Fitness)' 영상을 제작하고 배포하는 등 신체 활동 지원 프로그램도 제공하고 있다. 이외에 사회적 거리두기로 외출과 외식이 어려운 취약 계층에게 먹거리를 지원하는 프로그램이 '찾아가는 동주민센터 방문 건강관리 사업'을 통해 진행되었다.

**| 표 6 | 서울시 신체 활동 지원 프로그램 사례**

| 구분 | 서울아 운동하자 집에서! | 홈택트 건강생활실천프로그램 (양천구) | 코로나를 이기는 차이나는 온라인 클라스 |
|---|---|---|---|
| 사진 | 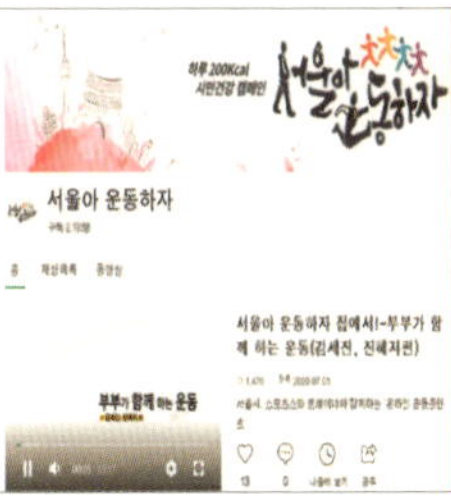  |   |   |
| 주최 | 서울특별시체육회 | 양천구청 | 서울시건강가정지원센터 |
| 대상 | 서울 시민 | 자가 격리자 | 서울 시민 |
| 목적 | 사회적 거리두기로 인한 운동 부족이나 스트레스 증가, 면역력 저하와 같은 위험 예방 | 자가 격리 기간 동안 실내에서 신체 활동을 촉진하고, 건강생활실천을 유도하기 위함 | 코로나19 대응 차원에서 서울 시민의 사회적 · 정서적 고립감 해소와 여가 선용을 도모 |
| 매체 | '서울아 운동하자' 네이버TV<br>'서울아 운동하자' 소셜 매체 (유튜브, 페이스북) 등 | 건강실천꾸러미 | 온라인 화상회의 도구 줌(ZOOM) |

자료: '서울아 운동하자' 네이버TV, 양천구청 홈페이지, 서울시가족센터 공식블로그.

## 사회복지시설 관리와 지원

2020년 1월 28일부터 서울시는 서울 소재 5,315개 사회복지시설을 대상으로 코로나19 관련 일일 보고 체계를 구축하였다. 사회복지시설들은 방역물품 비치 현황, 시설 소독, 이용자와 종사자 교육, 감염병 예방 행동 요령 홍보 현황, 의심 환자 발생, 시설 이용 특이사항 등을 매일 보고해야 한다. 서울시는 감염병 확산에 대비한 실효성 있는 사회복지시설 운영 기준을 마련하기 위해 복지시설 현장과 관련 협회의 의견을 수렴했으며(1월 31일~2월 1일), 민관합동 TF를 구성해 현장과의 지속적인 소통 체계를 구축했다(2월 28일). 또한 복지시설 이용자를 대상으로 마스크 422만 9,048매, 손소독제 1만 5,727개, 체온계 8,375개를 비치하였다(6월 5일 기준, 서울특별시, 2020).

코로나19는 노인에게 특히 위협이 되는 감염병이기 때문에 서울시에 있는 노인요양시설을 대상으로 비대면 체온계를 제공하고 노래치료 등을 제한하였으며 시설 내 환경 소독 가이드라인을 만들어 배포하는 등 신속한 행정력을 발휘하였다. 코로나19가 확산되면서 노인요양시설과 양로원 등 생활시설 입소자의 외출, 외박, 방문객 면회 등 외부 출입을 전면 통제했다. 이러한 노력에도 불구하고 요양시설 중심의 집단감염이 지속해서 발생하면서 서울시는 2021년 1월 20일부터 서울시 소재 노인요양시설 221개소를 대상으로 맞춤형 감염관리를 지원해 주는 '감염관리 온라인 컨설팅'을 시작하였다. 감염관리에 대한 인식과 전문 인력이 부족한 노인요양시설을 위한 맞춤형 교육과 자문, 체계적인 지원을 통한 감염관리 역량 강화 필요성이 꾸준히 제기되어 왔다.

# 코로나19 백신 현황

## 서울시의 백신 접종 현황

한국의 백신 접종은 미국과 유럽 등 서구권 국가에 비해 다소 늦게 시작되었다. 2020년 12월 서구 국가들이 백신 접종을 시작하자 우리나라의 백신 접종이 늦어진 데 대한 비판 여론이 커졌다. 2020년 12월 20일 정세균 총리는 서구 국가들이 백신 제약사들과 구매 계약을 체결하던 6~7월에 우리나라는 확진자가 많지 않았고, 2021년에는 국내에서 자체 백신 개발이 가능할 것으로 예상되어 백신 확보가 늦어졌다고 설명했다(KBS 1TV, 2020. 12. 20.). 적극적인 방역 정책과 시민들의 동참으로 확진자가 크게 늘어나지 않은 것이 오히려 백신 접종에 대한 관심과 대응이 늦어지는 결과를 가져온 것이다.

백신 접종은 중앙정부의 수급 계획에 따라 진행된다. 2021년 2월부터 시작한 백신 접종은 접종 대상 우선순위에 따라 3단계로 나누어 진행되는데, 1단계 접종대상자는 요양병원 · 요양시설의 만 65세 미만 입원 · 입소자와 종사자, 고위험 의료기관 종사자, 코로나 대응 요원 등이다. 2단계는 65세 이상 어르신, 노인재가복지시설 이용자와 종사자, 1단계 접종 대상에서 제외된 의료기관과 약국 종사자, 장애인 · 노숙인 시설 입소자와 종사자가 대상이 된다. 마지막 3단계 대상자는 50~64세 성인, 만성질환자, 군인 · 경찰 · 소방 · 사회 기반 종사자, 교육 · 보육시설 종사자, 그리고 18세 이상 성인이다.

서울시는 중앙정부의 수급 계획에 맞추어 자체적인 백신 접종 계획을 수립하였다. 상세 내용은 〈표 3〉과 같다. 서울시의 백신 접종은 2021년 2월 26일 노원구보건소에서 요양원 요양보호사를 대상으로

| 표 7 | **서울시 백신 접종 계획과 대상**

| 구분 | 1단계(2~3월) | 2단계(4~6월) | 3단계(7월~10월) |
|---|---|---|---|
| **접종대상** (서울 시민) | 9만 6천 명(전체 대상자의 1.6퍼센트) | 185만 명(전체 대상자의 30.5퍼센트) | 411만 명(전체 대상자의 67.8퍼센트) |
| | · 요양병원, 요양시설의 만 65세 미만 입원, 입소자, 종사자 등 2만 2,615명<br>· 고위험 의료기관 종사자, 코로나 대응 요원 | · 65세 이상 어르신 154만 5천 명<br>· 노인재가복지시설 이용자 1만 명과 종사자 5,700명<br>· 1단계 접종 대상에서 제외된 의료기관과 약국 종사자 26만 명<br>· 장애인, 노숙인 시설 입소자와 종사자 2만 8천 명 | · 50~64세 성인<br>· 만성질환자<br>· 군인, 경찰, 소방, 사회 기반 종사자<br>· 교육, 보육시실 종사자<br>· 18세 이상 성인<br>· 그 외 시민 |

첫 접종이 이루어졌다. 이를 시작으로 서울 시내 요양병원 133곳과 요양시설 277곳의 만 65세 미만 입원·입소자와 종사자 등 2만 2,615명에 대한 접종이 진행되었다. 1차 접종은 3월까지, 2차 접종은 4~5월까지 완료하였다. 의사가 근무하는 요양병원은 백신을 배송받아 자체적으로 접종하게 하였고, 요양시설은 의사와 간호사 등으로 구성된 보건소 방문 접종팀이 시설을 찾아가거나 시설에 있는 의사를 활용하여 접종하였다.

중앙정부는 중앙접종센터 1곳을 국립중앙의료원 내에 두고, 서울시는 지역접종센터 29곳을 구민회관, 체육관 등 대규모 공공시설에 설치할 예정이다. 지역접종센터에서는 초저온 관리가 필요한 화이자, 모더나 백신 접종이 이루어진다. 지역접종센터는 자치구별 1개소를 설치하되 인구가 50만 명 이상인 강남, 강서, 노원, 송파 4개 구는 1개소씩 추가 설치해 백신 접종의 접근성을 보장할 예정이다. 서울시는 2021년 10월까지 서울시 전체 대상자의 약 70퍼센트 접종을 완료할 계획이나, 원활한 백신 수급과 접근성, 시민의 백신과 정부에 대한 신뢰, 이를 기반으로 한 백신 접종 동의 등이 변수가 되고 있다.

### 서울 시민의 코로나19 백신에 대한 인식

전 국민 집단면역(herd immunity)을 이루기 위해서는 백신 동의율을 높이는 것이 중요하다. 서울연구원이 발표한 서울 시민의 백신 인식조사[4](손창우 외, 2021)에 따르면 코로나19 백신에 대한 서울 시민의 신뢰도는 높지 않다. 서울 시민의 35.3퍼센트는 백신을 신뢰하고 있으나 20퍼센트는 신뢰하지 않는다고 응답하였다. 이는 유사한 시기에 조사된 경기 도민의 백신 신뢰도(59퍼센트)보다 현저히 낮다. 서울 시민은 아직은 코로나19 백신을 신뢰할 수 없고 좀 더 지켜봐야 한다고 인식하는 것으로 확인되었는데, 코로나19 백신의 안전성이 확보되었다고 가정했을 때 약 74퍼센트가 백신을 접종하겠다고 응답했다. 다만 이때에도 절반 이상이 백신 접종 시작 이후 어느 정도 지켜보다가 접종을 받겠다고 응답하는 등 서울 시민의 백신 신뢰 수준은 그다지 높지 않은 것으로 보인다.

백신에 대한 낮은 신뢰는 결국 백신에 대한 과학적 근거를 투명하게 제공하고 지속해서 소통하려고 노력해야만 극복할 수 있다. 실제

4 본 조사는 백신 접종이 이루어지기 직전인 2021년 2월 2일부터 2월 8일까지 진행되었다.

| 그림 5 | **코로나19 백신 접종 의향과 접종 시기**

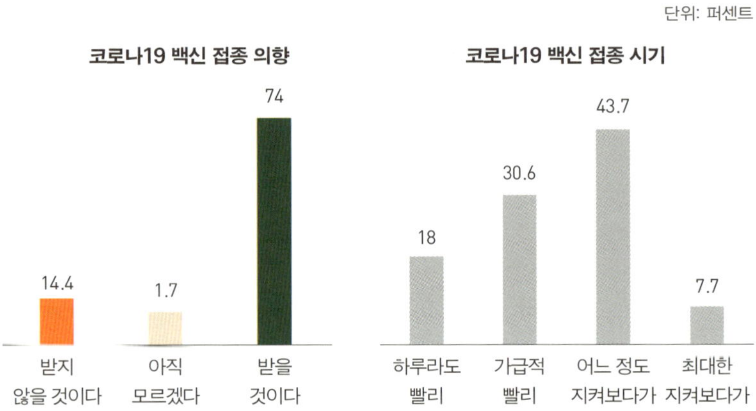


자료: 손창우 외, 2021.

| 그림 6 | **코로나19 백신 관련 정부 위기 소통 평가**

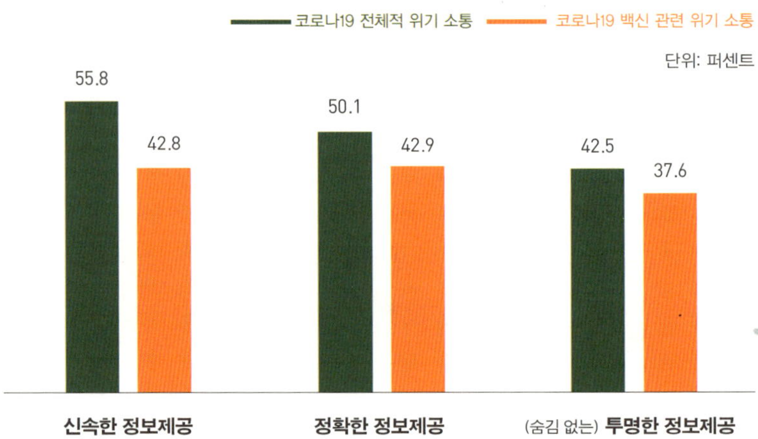


자료: 손창우 외, 2021.

로 서울 시민은 백신과 관련된 위기 소통에 부정적 인식이 강하다. 코로나19 백신과 관련한 정부의 위기 소통이 코로나19 전반에 대한 위기 소통과 비교하여 정보제공의 신속성, 정확성, 투명성 모든 측면에서 '잘하고 있다'는 응답이 적은 것으로 조사되었다.

## 새로운 감염병 대응을 준비할 때

서울시는 대한민국 제1의 대도시로서 국가 간 인적 · 물적 교류가 많을 뿐만 아니라 사회·경제·문화의 중심지이다. 인구밀도가 높고 인구의 이동 또한 많아 코로나19가 급속도로 확산될 위험성을 내포하고 있다. 실제로 서울시에서 코로나19 최초 확진 이후 2021년 2월 28일까지 2만 8,332명의 확진자가 발생하여 우리나라 전체 발생(9만 29명)의 31.5퍼센트를 차지하였다. 서울시는 중앙정부의 지침에 따라 사회적 거리두기와 접촉자 추적, 광범위한 검사로 특징 짓는 방역 체계를 확립하여 3차에 걸쳐 발생한 대유행에 비교적 잘 대처해 왔다.

그러나 사회적 거리두기와 같은 방역 체계만으로는 전염병 확산을 억제하는 데 한계가 있다. 코로나19 팬데믹의 궁극적인 종식을 위해서는 대대적인 백신 접종을 통한 집단면역을 달성하는 것이 중요하다. 서울 시민을 대상으로 한 설문조사 결과, 서울 시민의 백신 신뢰도가 상대적으로 낮은 것으로 나타났다. 백신과 관련된 과학적 근거의 투명한 제공과 소통을 통해 부족한 신뢰를 보완함으로써 빠른 시일 내에 백신 접종률을 높이는 것이 중요하다.

포스트 코로나, 뉴노멀시대로 명명되는 코로나19 이후의 세상을 맞이하기 위해서는 사스, 메르스, 코로나19에 이은 새로운 신종 감염병의 출현에 대비한 도시의 전환이 필요하다. 오늘의 위기와 경험을 바탕으로 감염병 대응력을 제고하려는 노력을 통해 새로운 위기에 신속하고 효율적으로 대처할 서울시의 미래를 기대해 본다.

# 12장

## 종합 비교:

## 회복성에서 반취약성 사고로 전환할 때

PANDEMIC

**김준** 서울대학교 조경·지역시스템공학부 교수,
아시아연구소 미래지구 프로그램 디렉터

**양현영** 서울대학교 협동과정 농림기상학전공 박사과정,
아시아연구소 미래지구 프로그램 연구원

## 복잡계인 코로나19 대응 시스템

### 생태-사회 시스템의 회복성과 복잡성

코로나19 팬데믹은 자본주의의 글로벌화와 지구 생물권 간의 꾸준한 충돌이 빚어낸 예견된 재난이다(Rifkin, 2009). 인류가 지구의 생태학적 한계를 넘어서는 삶의 방식을 추구해 왔고, 그 대가로 생태계의 붕괴와 더불어 사회적 기반이 무너지면서 복합적으로 발생한 것이 코로나19 팬데믹이다. 따라서 이에 대한 이해와 대응은 복잡계(complex systems)인 생태-사회 시스템(ecological-societal system)의 관점에서 접근할 필요가 있다(Raworth, 2017; 김준, 2020). 복잡계란 구성 요소들의 상호작용으로 ① 외부 변화에 반응함으로써 발생하는 시스템 내의 '질서 해체(불확실성 증가)'와 ② 스스로 짜임(self-organization) 과정을 통해 시스템의 안정을 꾀하는 '질서유지(불확실성 감소)'가 상호보완적으로 작용하며 열역학적으로 열려 있고 조직적으로 닫혀 있는 시스템을 말한다. 여기서 열려 있다는 것은 시스템이 외부환경과 에너지, 물질, 그리고 정보를 자유롭게 교환함을 의미한다(〈그림 1〉).

대도시와 국가의 코로나19 대응은 방역과 보건의료 시스템, 사회경제적 자원, 지역 국경 봉쇄와 사회적 거리두기 등의 정책 결정, 거

| 그림 1 | **복잡계인 생태-사회 시스템**

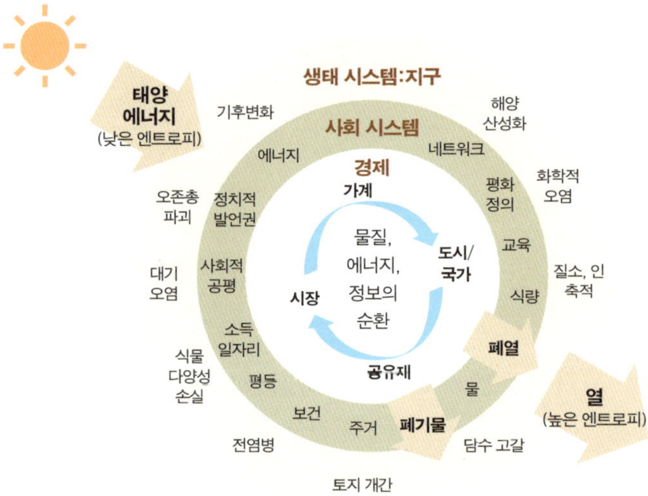


자료: Raworth, 2017; Kim et al., 2018.

주: 태양에서 양질의 에너지를 공급받는 지구생태 시스템 안에 사회 시스템이 있고, 그 안에 경제가 내재되어 있다. 물질, 에너지, 정보의 흐름이 이들을 유기적으로 연결하면서 동시에 발생하는 엔트로피를 우주로 퍼낸다

버넌스, 관리, 교통 인프라와 디지털화, 사회적 연대, 시민의식, 문화, 에너지 · 물질 · 정보 흐름의 변동 등 다양한 요소가 서로 얽혀서 복합적으로 연동된다(고길곤 외, 2021). 따라서 대응 시스템의 상태와 그 변화를 총체적으로 평가하기에는 어려움이 따른다. 그 평가지표의 하나로 사용되는 '회복성(resilience)'은 그 해석과 사용 방법이 모호할 뿐 아니라 이를 정량적으로 평가할 수 있는 방법이 정립되어 있지 않다.

일반적으로 회복성은 공학적 회복성(engineering resilience)과 생태학적 회복성(ecological resilience)으로 나누어진다(Folke et al.,

| 그림 2 | **주체와 주관성의 진화와 시스템 유형에 따른 회복성 개념의 확장**

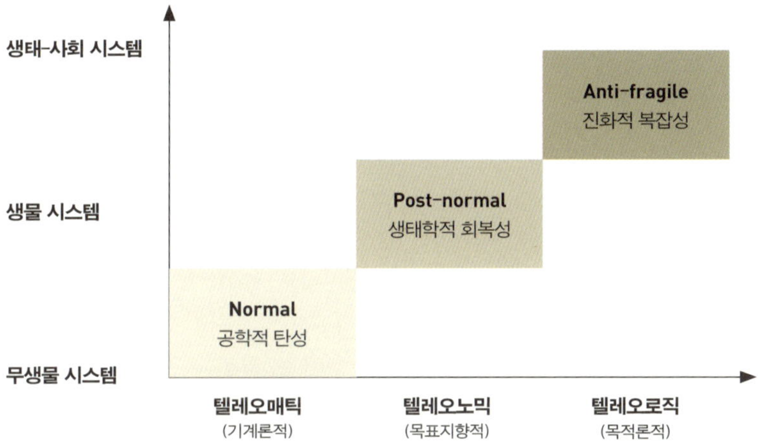


2010). 생태학적 회복성에서 회복성은 '변화를 거치면서도 기존의 기능, 구조, 정체성, 되먹임 등을 유지하며 한 체제 안에 머물도록 교란을 흡수하고 재조직하는 시스템의 스스로 짜임 역량'을 의미한다(Norberg and Cumming, 2008). 시스템 사고의 맥락에서는 회복성이 '교란과 충격으로 인한 기존의 기능, 구조 등의 희생에도 불구하고 시스템 본래의 목적으로 돌아오는 역량'으로도 정의된다(Kim and Oki, 2011). 〈그림 2〉의 무생물 시스템의 공학적 회복성인 탄성은 물리법칙의 결과에 따른 평형으로의 회복 시간을 나타낸다. 생물 시스템의 생태학적 회복성은 생명 유지를 위해(즉 평형으로부터 멀어지기 위해) 질서를 회복하여 안정을 추구하는 스스로 짜임 역량이다. 이번 장에서는 생태-사회 시스템의 생태학적 회복성과 더불어 '복잡성(complexity)'을 함께 살펴본다. 복잡성은 끊임없는 질서의 파괴와 유지의 상호작용을 통해 반응, 되먹임, 학습, 적응과 전환을 이끌어 내

는 동적 평형(dynamic equilibrium) 상태를 나타낸다(신이치, 2007; Equihua et al., 2018; 김준, 2020).

이번 장은 대도시와 국가의 코로나19 대응을 각각 복잡계인 생태-사회 시스템으로 간주하고, 시스템의 '질서유지' 역량을 회복성 지표로, '질서 해체와 유지의 조화'를 복잡성 지표로 사용하여 코로나19 대응시스템을 분석하였다. 팬데믹이 장기화되는 상황에서 10개 대도시와 해당 국가의 코로나19 대응 시스템의 회복성과 복잡성을 살펴봄으로써 지금까지의 대응에 대한 교훈과 '건강한 생태-사회 시스템(Healthy Ecological-Societal Systems, HESS)' 구현을 위한 지혜를 얻고자 함이다. 뉴노멀을 지향하는 회복성 중심의 사고를 뛰어넘는 '반취약성(antifragility, 복잡성의 향상)'으로 패러다임을 전환해야 할 필요성을 확인할 수 있을 것이라 기대한다.

## 정보이론 기반의 회복성과 복잡성

〈그림 1〉에 표현한 복잡계인 생태-사회 시스템의 특징은 '스스로 짜임 역량(self-organizing capacity)'이다(Kim et al., 2018). 스스로 짜임이란 시스템을 구성하는 성분들이 국지적인 상호작용을 통해 변화를 수용하는 과정에서 시스템 차원의 총체적인 자연 발생적 질서를 만들어 내는 것을 말하며, 섀넌의 정보이론(Shannon, 1948)을 사용하여 정량화할 수 있다(Gershenson and Fernandez, 2012). 예를 들어 질서 정연한 조직적인 시계열은 혼란스럽고 비조직적인 시계열보다 불확실성, 즉 정보 엔트로피가 낮다. 달리 말하자면 정보 엔트로피가 감소하면 스스로 짜임이 일어나고, 반면에 정보 엔트로피의 증가는 질서의 와해를 수반한다.

복잡계는 유연성과 안정성을 동시에 갖춘 것으로 알려져 있다. 정보이론적 관점에서 보면 규칙성은 유용한 정보가 유지되도록 하는 반면, 변화는 적응과 진화에 필수적인 새로운 가능성을 탐구할 수 있도록 시스템을 융통성 있게 해 준다. 따라서 복잡성(C)은 '변화(무질서)'와 '안정(질서)' 간의 균형으로 정의하고, 질서 해체를 나타내는 '정보(Information, I)'와 질서 유지를 나타내는 '스스로 짜임(Self-organization, S)'이 각각의 척도가 될 수 있다(Lopez-Ruiz et al., 1995).

변수 x의 일련의 값들로 주어지는 시계열 X의 경우, 정보 I는 다음과 같이 정의된다(Shannon, 1948).

$$I = -k \sum_{i=1}^{N} p_i \log_2 p_i \quad , \tag{1}$$

여기서 k는 I가 0에서 1 사이의 값을 갖도록 하는 정규화 상수이며, pi = P (X = xi)는 요소 i의 확률이다. pi≈1인 경우에 xi의 미래가 거의 결정적으로 확실함을 의미하며, I의 값은 0에 가까워진다. pi≈0인 경우도 xi가 일어날 가능성이 거의 없으므로 I의 값은 마찬가지로 0에 가까워진다. pi 값이 두 극단 값의 사이에 있을 때에만 xi의 미래가 덜 결정적이 되어 I가 0이 아닌 값을 갖게 된다(〈그림 3〉).

스스로 짜임, S는 정보 엔트로피의 감소로 볼 수 있고, 따라서 I와는 보완관계에 있으므로 다음과 같이 나타낼 수 있다(Santamaria-Bonfil et al., 2017).

$$S = 1 - I \quad . \tag{2}$$

여기서 S도 0에서 1 사이의 값을 갖는다. S는 변화의 대가로 인한 질서와 규칙성과 관련되어 있으므로 시계열이 완전히 무작위일 때(예를 들면 모든 x의 확률이 똑같은 균일한 분포일 때)에 S는 가장 낮은 값인 0이 되는 반면, 완전히 결정적인 시계열은 가장 높은 1의 값을 갖는다. 본 연구에서는 S를 회복성의 지표로 사용하였다.

| 그림 3 | **정보(I), 스스로 짜임(S), 복잡성(C)의 관계**

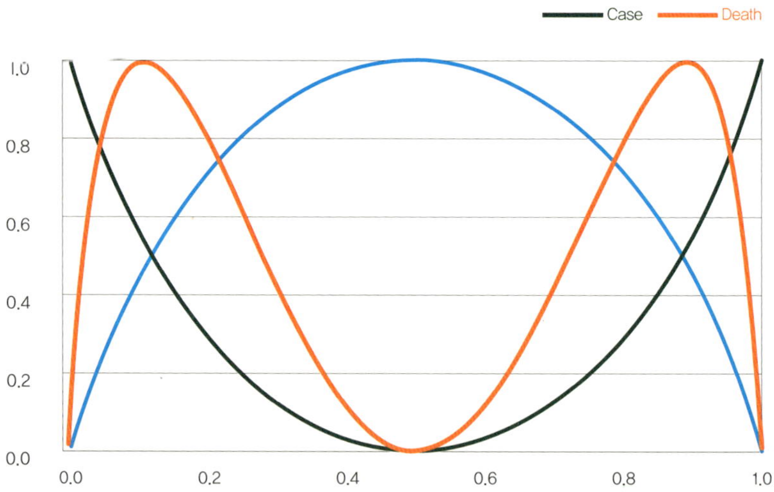


자료: Gershenson and Fernandez, 2012.

앞서 제안한 바와 같이 생태-사회 시스템의 상태 지표인 복잡성 C는 시스템의 행동을 확률 분포로 나타낸 정보(I)와 스스로 짜임(S)에 따른 평균 불확실성으로서 다음과 같이 쓸 수 있다(Gershenson and Fernandez, 2012).

$$C = 4 \cdot I \cdot S \quad , \tag{3}$$

여기서 (1) C는 0과 1 사이의 값을 갖도록 4를 곱해서 정규화하였고, (2) I=S=0.5일 때에만 C=1이 되고, (3) I=0 또는 S=0일 때에만 C=0이 되는 조건을 만족한다(〈그림 3〉).

분석을 위해 대도시와 국가의 코로나19 대응 시스템을 총체적으로 나타내는 상태 변수로서 발병률(morbidity)과 사망률(mortality)을 사용하였다. 10개 도시(뉴욕, 델리, 도쿄, 런던, 마닐라, 베이징, 서울, 자카르타, 테헤란, 파리)의 15개월(2020년 1월 1일~2021년 3월 31일)간의 일일 발병률과 사망률의 시계열 자료의 정보 엔트로피를 각각 계산하여 회복성과 복잡성 지표를 정량화하였다. 코로나19 대응 시스템의 종합적인 회복성과 복잡성 분석은 발병률과 사망률의 결과를 평균한 자료를 사용하였다.

## 10개 대도시의 발병률과 사망률 추이와 함의

코로나19 대응 결과의 추이를 분석하고 비교를 하기 위해 10만 명당 발병률과 사망률을 분석하였다. 1일 단위 자료의 변동성과 불확실성을 고려하여 일주일 단위로 합산하여 계산하였다.

### 10개 대도시와 국가

〈그림 4〉는 10개 대도시와 국가에 대해서 누적 주 단위 발병률과 주 단위 신규 발병률(즉 증가율) 간 관계, 누적 주 단위 사망률과 주 단

| 그림 4 | **10개 대도시 · 국가의 발병률과 사망률**

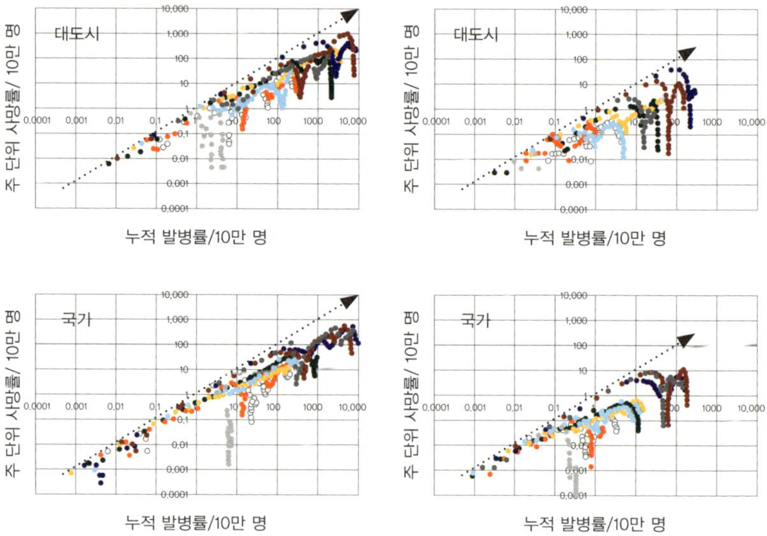


자료: 국가 데이터(한국, 미국, 영국, 프랑스, 중국, 일본, 인도네시아, 인도, 이란, 필리핀), https://github.com/owid/covid-19-data/tree/master/public/data.

도시데이터:

1. 서울: 서울특별시.
2. 뉴욕: NYC Department of Health and Mental Hygiene.
3. 런던: (확진자) London Datastore.
(사망자) NHS England.
4. 파리: Santé Publique France.
5. 베이징: Humanitarian Data Exchange.
6. 도쿄: (확진자) Tokyo Metropolitan Government.
(사망자) Bureau of Social Welfare and Public Health.
7. 자카르타: (확진자) COVID-19 Emergency Service.
(사망자) https://covid19.go.id/peta-sebaran.
8. 마닐라: Department of Health.
9. 델리: (확진자) The times of India.
(사망자) Goverment of NCT of Delhi.
10. 테헤란: 자료 없음.

위 신규 사망률 간 관계를 각각 한 그림에 보여 준다. 두 변수를 로그-로그 규모로 위상공간에 나타내어, ① 범위가 다른 모든 도시와 국가 자료를 한 그래프에서 볼 수 있고, ② 값 자체보다 변화에 초점을 두어 증가 추이, 안정화와 재확산을 쉽게 파악할 수 있게 하였고, ③ 점선으로 표시한 대각선은 제어되지 않은 자연적인 기하급수적 증가율을 나타내며. ④ 코로나19와 무관한 시간을 가로축이 아니라 그림에 내재하게 하였다.

〈그림 4〉가 우리에게 주는 중요한 메시지는 ① 10개 대도시와 국가의 다양한 코로나19 대응으로 발병률과 사망률의 증가율, 즉 대각선의 기울기가 전반적으로 점차 낮아지고 있으나, ② 발병률과 사망률이 안정화(대각선에서 수직으로 하강)와 재확산(수직 상승)을 되풀이하며 여전히 빠르게 증가 일로에 있다는 것이다. 참고로 로그-로그 그래프에서 증가율을 나타내는 기울기가 수평이 되는 것은 발병률과 사망률이 줄지 않고 같은 크기로 지속되고 있음을 의미한다. 중국과 같이 지속해서 국경과 지역 봉쇄를 통해 철저히 중앙집권적 제어를 하거나 현재 진행되고 있는 백신 접종을 통한 집단면역이 현실화하지 않는 한, 코로나19의 발병률과 사망률은 앞으로도 계속 증가할 것임을 시사한다.

## 10개 대도시와 해당 국가별 추이

베이징/중국

〈그림 5〉는 2020년 1월 1일부터 2021년 3월 31일까지 약 65주간 베이징과 중국 전체의 10만 명당 일주일 단위 발병률과 누적 발병률,

일주일 단위 사망률과 누적 사망률의 시간에 따른 변화를 보여 준다. 맨 오른쪽의 로그-로그 그래프는 주 단위 신규 발병률과 누적 발병률 간의 관계(오른쪽 위) 그리고 주 단위 새 사망률과 누적 사망률 간의

| 그림 5 | **베이징/중국의 발병률과 사망률 추이**

10만 명당 일주일 단위

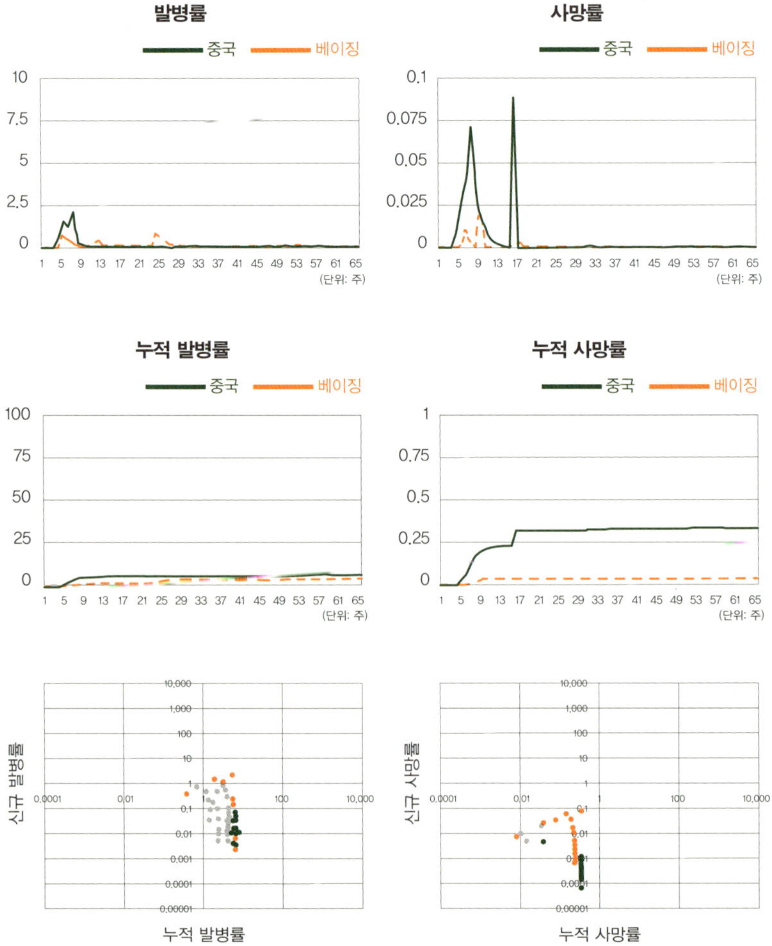

관계(오른쪽 아래)를 나타낸다. 베이징/중국은 신속한 초기 대응과 철저한 통제에 따른 조기 안정화로 발병률과 사망률이 가장 낮을 뿐 아니라 더 이상 증가하지 않고 있음을 볼 수 있다. 이것은 로그-로그 그래프에서 충분히 수직 하강한 이후 다시 반등하지 않는 모습에서도 확인할 수 있다. 베이징과 중국 전체의 주 단위 발병률 및 사망률은 그 크기와 전반적인 변화의 추이가 같지 않으며, 베이징의 발병률과 특히 사망률이 중국 전체보다 낮음을 알 수 있다.

서울/한국

〈그림 6〉의 세로축의 규모는 앞서 〈그림 5〉로 살펴본 베이징/중국의 10배이다. 서울과 전국의 10만 명당 주 단위 발병률과 사망률은 대략 비슷한 양상이나, 시간이 지나면서 서울이 전국보다 높아졌다. 발병률과 사망률은 베이징/중국을 제외한 다른 대도시/국가보다 현저하게 낮다. 로그-로그 그래프에 나타난 수직 하강과 상승의 반복은 기하급수적 증가에 제동을 거는 대응 시스템의 노력의 효과를 잘 보여 준다.

| 그림 6 | **서울/한국의 발병률과 사망률 추이**

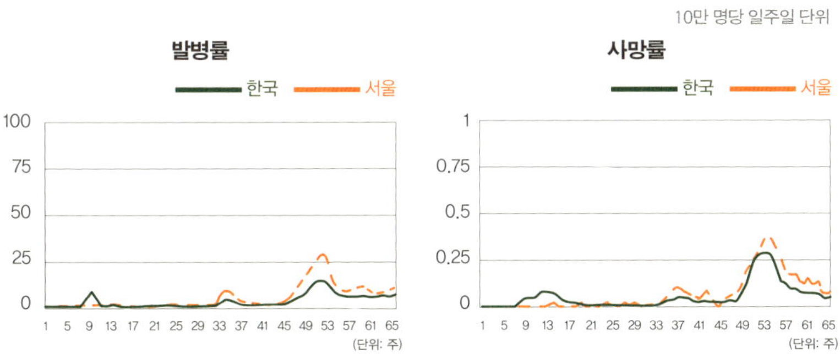

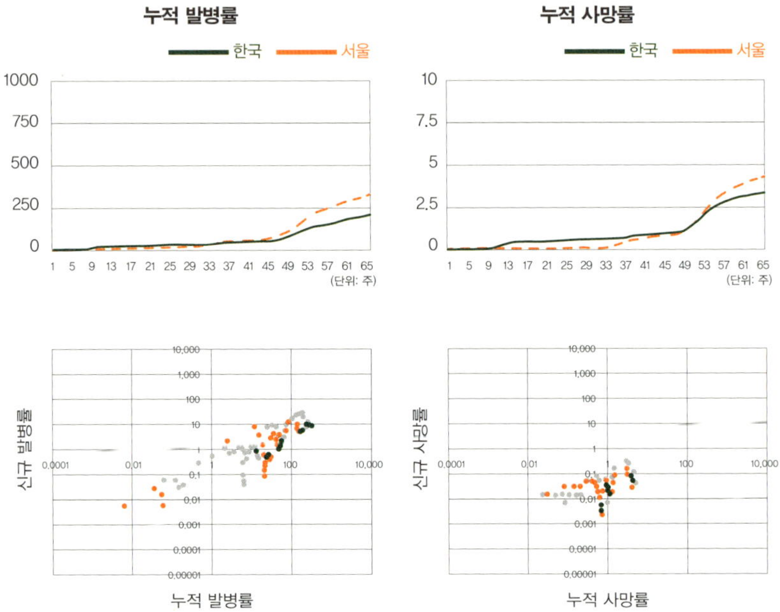


도쿄/일본

〈그림 7〉에 보이는 도쿄/일본의 발병률과 사망률은 그 전반적인 변화의 추이가 서울/한국과 비교해서 크게 다르지 않았으나, 발병률과 사망률이 모두 서울/한국보다 인구 대비 1.5배 정도 더 높다. 주목되는 것은 도쿄와 일본 전체의 발병률이 그 크기와 변화 패턴까지 놀라울 정도로 흡사하다는 점이다. 발병률과 특히 사망률은 시간이 지나면서 도쿄가 전국보다 낮아짐을 볼 수 있다.

마닐라/필리핀

〈그림 8〉과 같이 2021년 3월 말 누적 발병률과 누적 사망률은 전반

| 그림 7 | **도쿄/일본의 발병률과 사망률 추이**

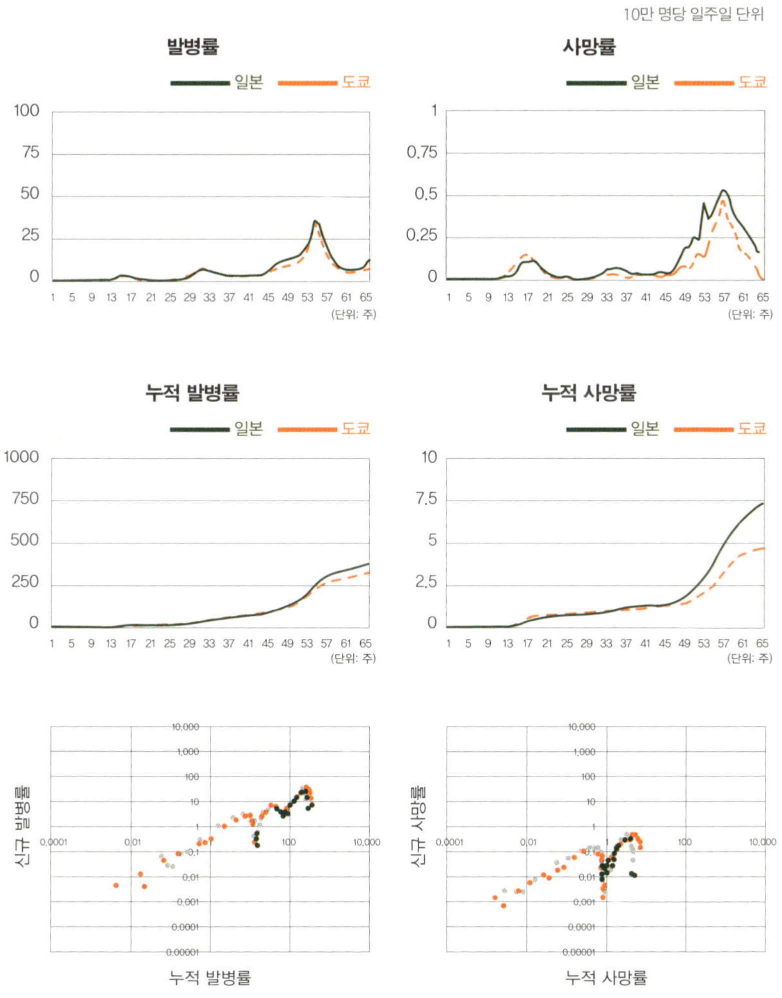


적으로 낮은 편이나, 앞서 서울/한국, 도쿄/일본과 비교하면 인구 대비 약 1.5~3배 정도 더 높다. 2020년 여름의 1차 확산 이후 2차 확산이 시작된 3월 전까지는 마닐라의 발병률과 사망률은 안정세를 보이

다가 3월 말 현재 빠르게 증가하고 있다. 1차 확산 이후로 필리핀 전국의 발병률과 사망률은 마닐라보다 지속적으로 높았고 현재도 계속 증가하고 있다.

| 그림 8 | **마닐라/필리핀의 발병률과 사망률 추이**

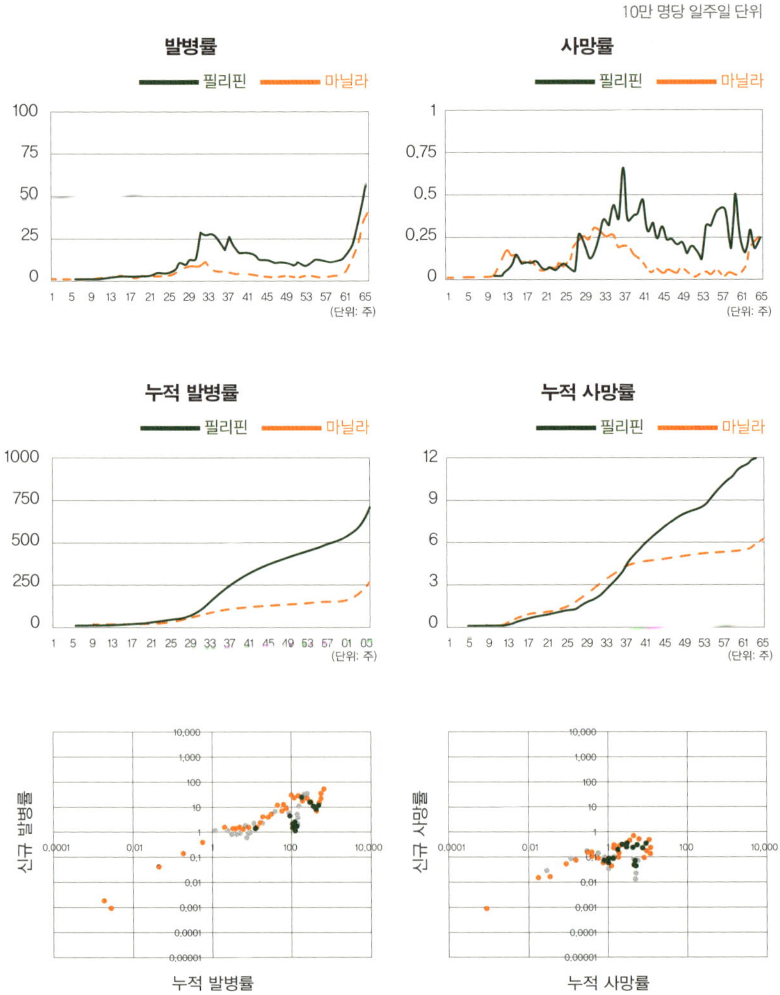

자카르타/인도네시아

〈그림 9〉에 나타난 10만 명당 일주일 단위 발병률과 사망률은 낮아 보이지만, 세로축의 규모가 앞서 살펴본 베이징/중국, 서울/한국,

| 그림 9 | **자카르타/인도네시아의 발병률과 사망률 추이**

10만 명당 일주일 단위

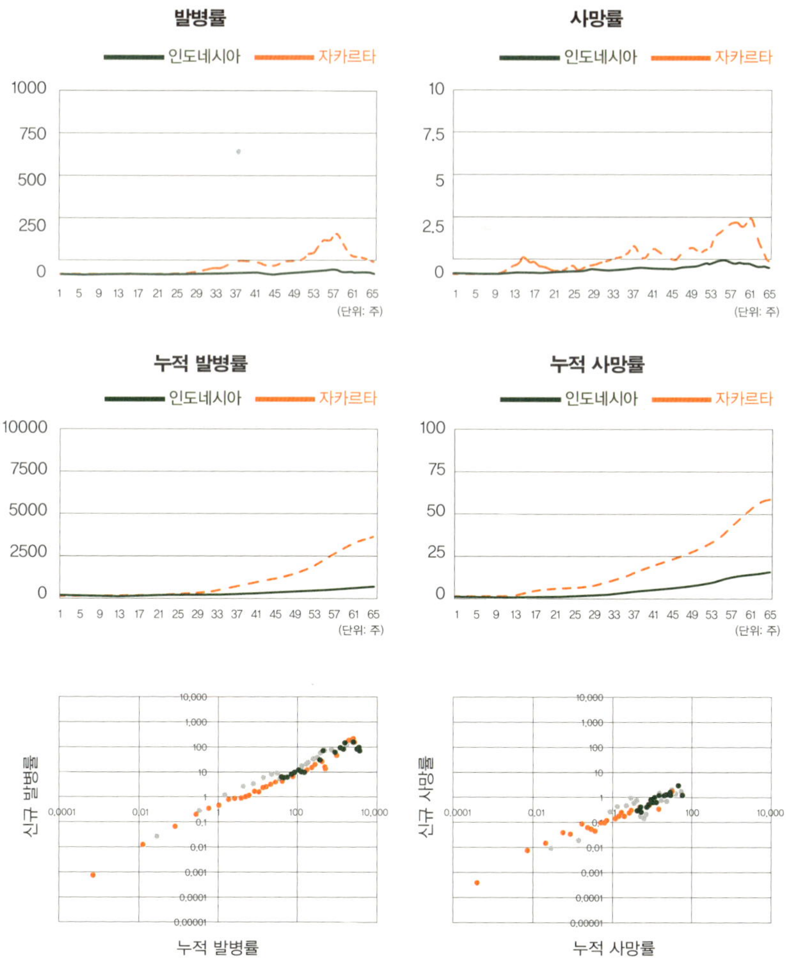

도쿄/일본의 10배가 되는 것에 주목해야 한다. 실제로 서울/한국보다 인구 대비 발생률과 사망률이 10배 이상 더 높다. 초기 발생부터 현재까지 자카르타가 인도네시아 전체보다 지속적으로 높은 발생률과 사망률을 보이고 있다. 더욱 심각한 것은 로그-로그 그래프에 보이는 바와 같이 발병률과 사망률의 증가율이 별다른 제동 없이 계속 기하급수적으로 증가하고 있다는 점이다.

10만 명당 일주일 단위

델리/인도

자카르타/인도네시아와 비교할 때, 델리/인도는 인구 대비 발병률과 사망률이 3분의 2 정도이며, 2020년 12월부터 다소 안정세를 보이기 시작하였다. 이러한 추세는 로그-로그 그래프의 수직 하강 패턴에도 잘 나타나 있다. 그러나 4월 초부터 다시 시작된 폭발적인 확산으로 발병률과 사망률이 현재 기하급수적으로 증가하고 있다. 델리와 인도 전체의 변화 추이는 유사점이 보이지 않는다.

| 그림10 | **델리/인도의 발병률과 사망률 추이**

10만 명당 일주일 단위

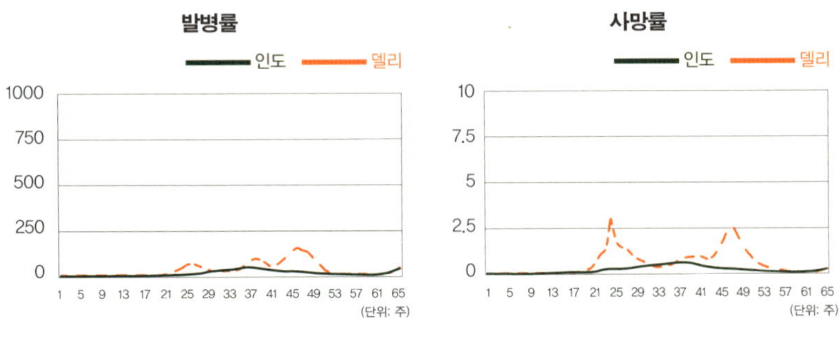

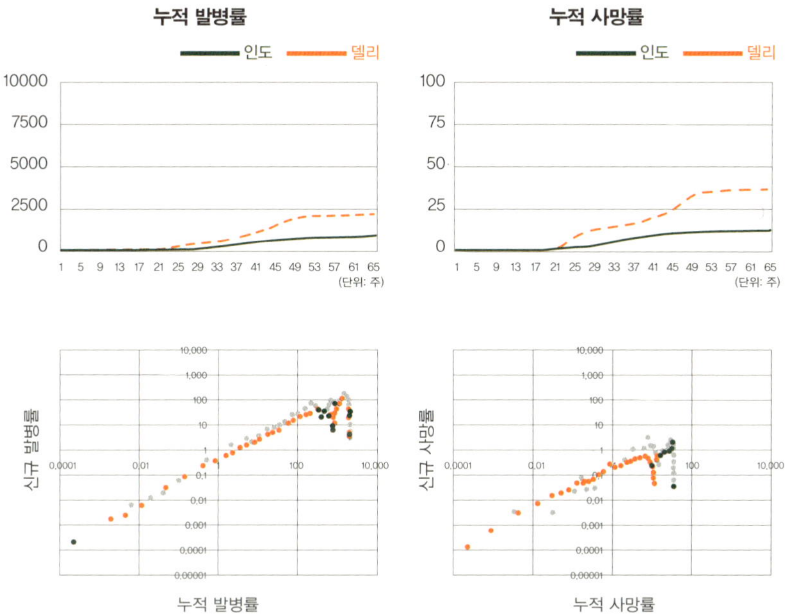


테헤란/이란

이란은 자료의 부재로 수도 테헤란의 상황을 〈그림 11〉에 함께 나타내지 못하였다. 이란 전체의 발병률은 자카르타/인도네시아, 델리/인도의 발병률과 비교할 때, 중간 정도이나 사망률은 가장 높다. 2020년 12월부터 다소 안정세를 보이기 시작하였고, 이러한 추세는 로그-로그 그래프의 기울기 변화와 약간의 수직 하강 패턴에서도 확인할 수 있다. 그러나 대부분 사례와 마찬가지로 4월 초부터 다시 시작된 폭발적인 확산으로 발병률과 사망률이 기하급수적으로 증가하고 있음을 볼 수 있다.

| 그림11 | **이란의 발병률과 사망률 추이**

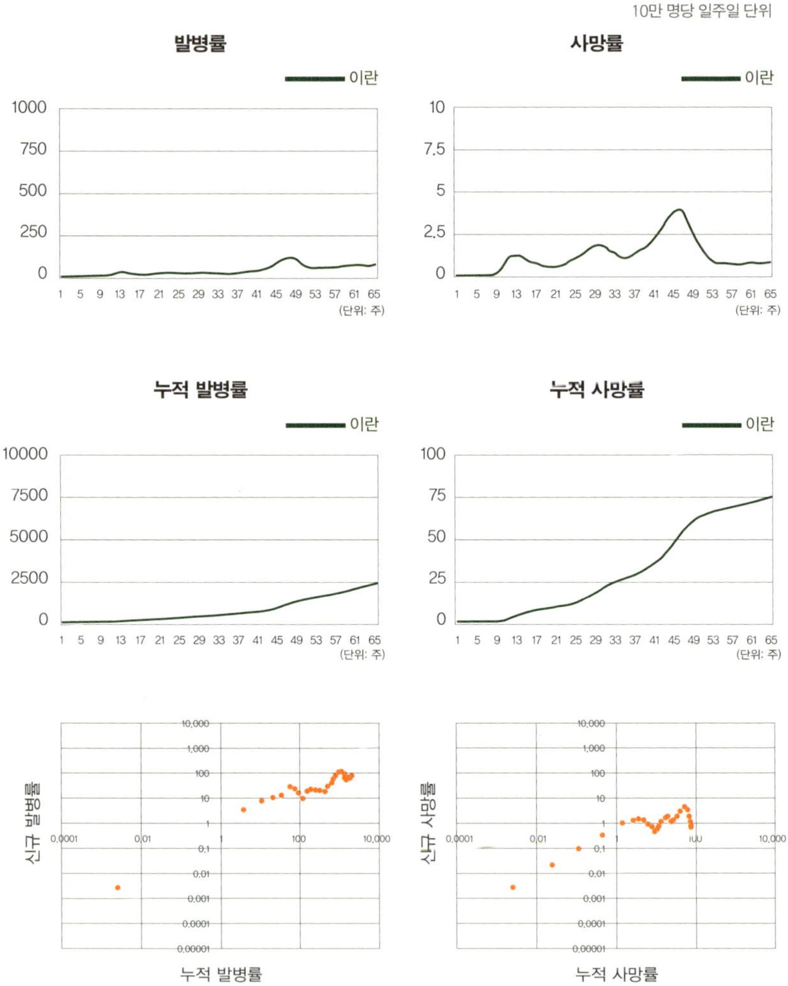


파리/프랑스

프랑스, 영국, 미국은 발병률이 상대적으로 높았지만, 비교를 위해 앞서 인도네시아, 인도, 이란과 같은 세로축 범위 내에 나타냈다. 그러나 사망률은 너무 높아서 세로축의 규모를 10배로 늘렸다(〈그림 12〉). 발병률과 사망률의 변화 추이는 파리와 프랑스 전체가 전반적으로 유

| 그림12 | **파리/프랑스의 발병률과 사망률 추이**

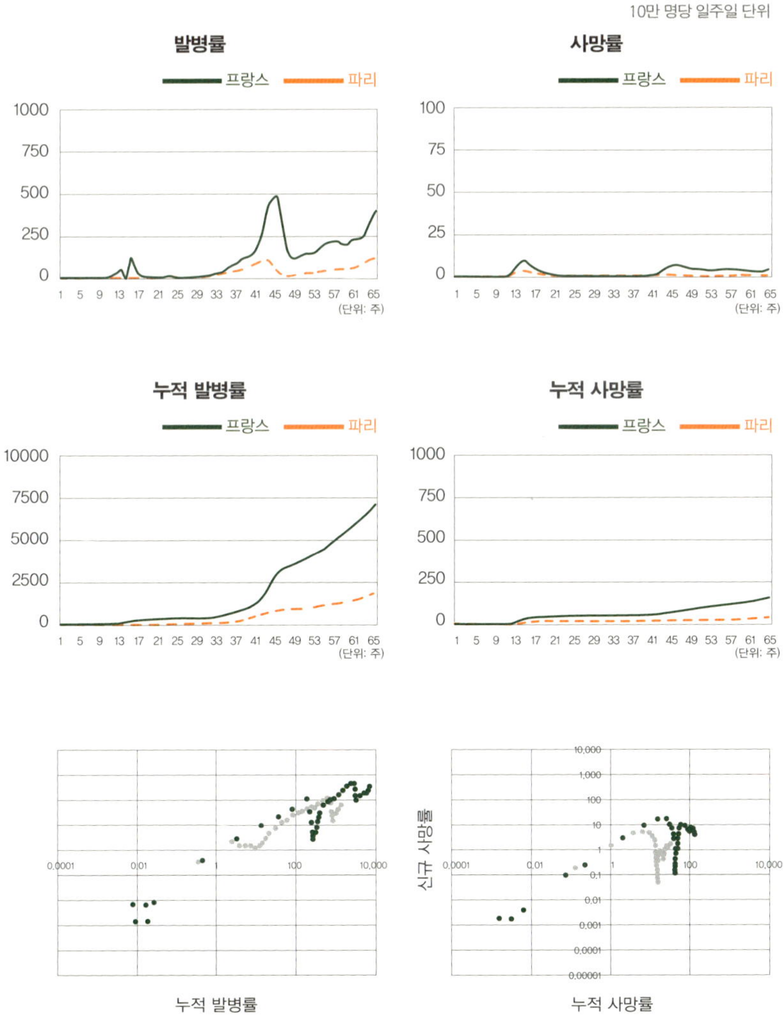

사한 패턴을 보였지만, 파리의 발병률과 사망률이 모두 프랑스 전체보다 지속적으로 낮음을 알 수 있다. 로그-로그 그래프에서 볼 수 있듯이, 대응 시스템의 노력과 효과가 두세 번의 수직 하강과 상승 과정을 반복하면서 발병률과 사망률의 증가율인 기울기를 다소 감소시켰음을 확인할 수 있다. 그러나 다시 반등하여 빠르게 증가하고 있어서, 사회적 거리두기 등의 제재를 완화하기에는 아직 주의가 필요한 상황으로 보인다.

런던/영국

인구 대비 발병률과 사망률은 파리/프랑스와 비교해서 런던/영국이 조금 높았으나, 〈그림 13〉에 나타난 바와 같이, 12월~1월의 3차 대확산 이후 2월부터 빠르게 안정을 찾아 회복하고 있음을 볼 수 있다. 로그-로그 그래프에서도 1월 중순부터 시작된 수직 하강이 현재까지 반등 없이 유지되고 있음을 확인할 수 있다. 발병률과 사망률의 변화 추이는 런던과 영국 전체가 대체로 유사하고, 3차 확산부터 런던이 영국 전체보다 발병률이 높아진 반면, 사망률은 낮아졌다. 백신 접종이 시작된 이후 발병률과 사망률의 증가가 빠르게 감소하고는 있으나 아직 집난면역에 도달했다고 선언하기에는 이르다고 판단된다.

뉴욕/미국

인구 대비 발병률과 사망률은 파리/프랑스, 런던/영국과 비교해서 뉴욕/미국이 가장 높다. 〈그림 14〉에 나타난 바와 같이, 12월~1월의 대확산 이후에도 발병률과 사망률은 여전히 증가하고 있다. 2월에 빠른 회복을 보였으나 3월 현재 12월~1월 대확산 이전보다 낮지 않

| 그림13 | **런던/영국의 발병률과 사망률 추이**

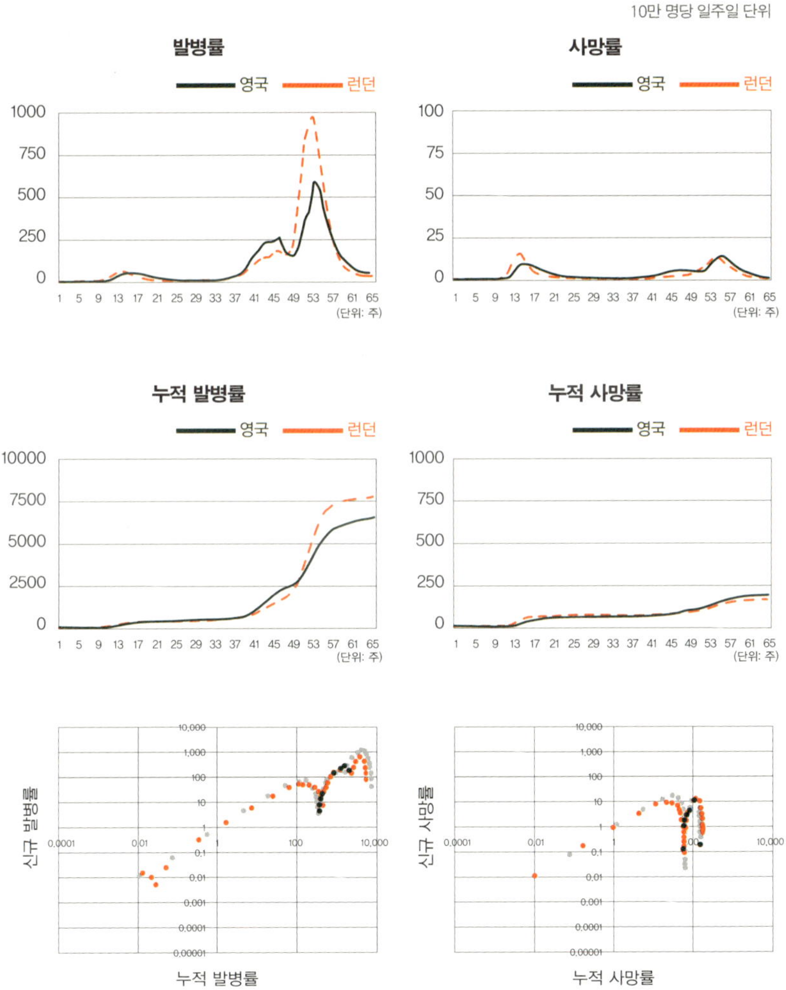


은 발병률과 사망률을 보이며 여전히 증가하고 있다. 로그-로그 그래프에서도 2월에 시작된 수직 하강이 충분하지 않을 뿐 아니라 반등을 반복하며 증가율이 감소하지 않고 있어서 안심할 수 있는 상황이 아

| 그림14 | **뉴욕/미국의 발병률과 사망률 추이**

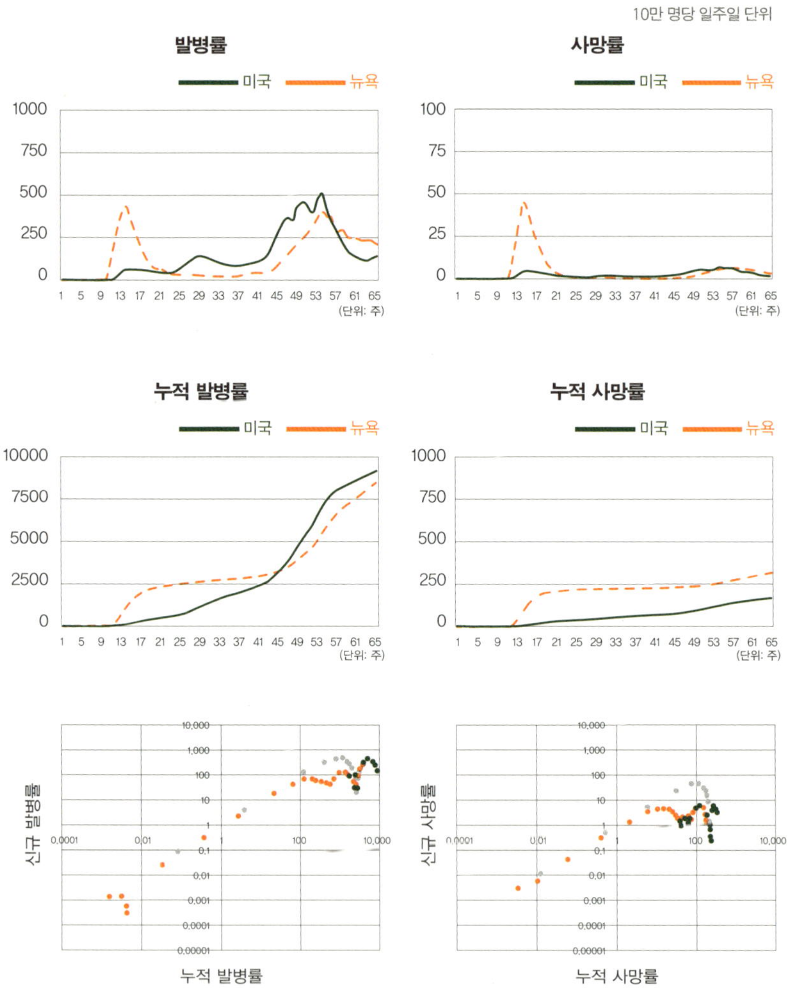


님을 알 수 있다. 발병률과 사망률의 변화 추이는 뉴욕과 미국 전체가 대체로 같지 않고, 인구 대비 누적 발병률은 뉴욕이 미국 전체보다 다소 낮으나, 누적 사망률은 2배 가까이 높았다. 백신 접종이 빠르게 진

행되고 있음에도 불구하고 규제를 풀거나 집단면역에 도달하려면 증가율이 더 큰 폭으로 감소해야 할 것이다.

## 코로나19 대응 시스템의 회복성과 복잡성

### 회복성

앞에서 설명한 바와 같이, 일 단위의 발병률과 사망률이 대도시와 국가의 코로나19 대응 시스템을 총체적으로 나타내는 주요 상태변수라고 가정하고, 이들의 시계열이 보여 주는 질서와 규칙성을 회복성 지표(S)로 사용하였다. 회복성은 0과 1 사이의 값을 갖도록 정규화된 지표인데, 값이 0이면 회복성이 없는 상태로 발병률과 사망률의 시간에 따른 변화가 완전히 무작위(random)함을 의미한다. 반면 이들의 시계열의 변화가 결정적인, 즉 불확실성이 없고 완전히 예측 가능할 때에는 회복성이 1이 된다. 발병률과 사망률로 분석한 대도시와 국가의 코로나19 대응 시스템의 회복성을 다음의 〈표 1〉에 요약하였다.

먼저 대도시 단위의 대응 시스템을 분석한 결과, 발병률로 본 회복성과 사망률로 본 회복성 간의 관계는 델리와 뉴욕, 런던을 제외하면 높은 상관관계(R2=0.92)를 보였다. 델리와 뉴욕은 사망률의 회복성이 발병률의 회복성보다 2배 이상 높았던 반면, 런던은 사망률의 회복성이 상대적으로 낮았다. 국가 단위의 대응 시스템을 분석해 보면, 발병률로 본 회복력과 사망률로 본 회복력 간의 관계가 대도시보다 낮았지만 특별한 예외 없이 전반적으로 높은 상관관계(R2=0.70)를 보였다. 이 결과를 바탕으로 코로나19 대응 시스템의 종합적인 회복성은 발병률로 본 회복성과 사망률로 본 회복성의 두 값을 평균한 값을 사용하였다(〈표 1〉 참고).

대도시 코로나19 대응 시스템의 평균 회복성은 자카르타/마닐라가 0.28~0.32로 가장 낮았고, 뉴욕/파리가 0.43~0.48, 런던/델리/도쿄/서울이 0.52~0.55로 양호했고, 베이징이 0.84로 가장 높았다. 국가 단위의 평균 회복성도 전반적으로 비슷한 양상을 보였다. 중국이

| 표1 | **10개 대도시와 국가 코로나19 대응 시스템의 회복성**

| 도시명 | 10만 명당 최종 발병률 | 발병률로 본 회복성 | 10만 명당 최종 사망률 | 사망률로 본 회복성 | 평균 회복성 |
|---|---|---|---|---|---|
| 베이징 | 4.6 | 0.73 | 0.04 | 0.96 | 0.84 |
| 서울 | 323.9 | 0.47 | 4.27 | 0.64 | 0.55 |
| 도쿄 | 323.5 | 0.52 | 4.64 | 0.51 | 0.52 |
| 마닐라 | 255.7 | 0.33 | 6.03 | 0.31 | 0.32 |
| 자카르타 | 3547.2 | 0.28 | 58.37 | 0.28 | 0.28 |
| 델리 | 2186.9 | 0.33 | 36.40 | 0.73 | 0.53 |
| 테헤란 | – | – | – | – | – |
| 파리 | 1837.4 | 0.45 | 33.04 | 0.51 | 0.48 |
| 런던 | 7648.7 | 0.63 | 158.81 | 0.46 | 0.54 |
| 뉴욕 | 8542.8 | 0.27 | 315.28 | 0.59 | 0.43 |

| 국가명 | 10만 명당 최종 발병률 | 발병률로 본 회복성 | 10만 명당 최종 사망률 | 사망률로 본 회복성 | 평균 회복성 |
|---|---|---|---|---|---|
| 중국 | 7.0 | 0.90 | 0.34 | 0.96 | 0.93 |
| 한국 | 202.1 | 0.34 | 3.38 | 0.59 | 0.46 |
| 일본 | 375.3 | 0.44 | 7.24 | 0.61 | 0.52 |
| 필리핀 | 681.9 | 0.33 | 12.13 | 0.49 | 0.41 |
| 인도네시아 | 552.7 | 0.21 | 14.94 | 0.28 | 0.25 |
| 인도 | 885.6 | 0.15 | 11.81 | 0.34 | 0.25 |
| 이란 | 2244.9 | 0.18 | 74.61 | 0.16 | 0.17 |
| 프랑스 | 7208.2 | 0.51 | 146.76 | 0.36 | 0.43 |
| 영국 | 6422.5 | 0.45 | 187.01 | 0.37 | 0.41 |
| 미국 | 9190.1 | 0.24 | 166.47 | 0.14 | 0.19 |

0.93으로 가장 높았고, 그다음으로는 일본/한국/프랑스/영국/필리핀이 0.41~0.52로 양호했고, 인도네시아와 인도가 0.25로 낮고, 미국/이란이 0.17~0.19로 가장 낮았다. 여기서 대도시와 국가가 비록 회복성이 같은 범주에 속하더라도 발병률과 사망률은 큰 차이를 보이고 있기 때문에 이를 고려해야 한다. 이러한 차이를 같은 범주의 회복성 평가에 반영하여 종합해 보면, 전반적으로 중국, 한국, 일본의 순으로 회복성이 높고, 이란과 미국이 회복성이 가장 낮은 것으로 평가된다.

## 복잡성

변화와 안정의 역동적인 조화를 나타내는 복잡성의 결과는 예상대로 다르게 나타났다(〈표 2〉). 대도시 대응 시스템의 평균 복잡성은 서울/런던/파리/도쿄가 0.96~1.0으로 가장 높았고, 자카르타/델리/마닐라/뉴욕이 0.81~0.88, 그리고 베이징이 0.48로 가장 낮았다. 국가 대응 시스템의 평균 복잡성도 일본/영국/프랑스/필리핀/한국이 0.94~0.97로 가장 높았고, 인도네시아와 인도가 0.71~0.74, 미국과 이란이 0.57~0.61, 그리고 중국이 0.25로 가장 낮았다. 서울/한국, 도쿄/일본과 함께 파리/프랑스, 런던/영국도 복잡성이 높게 나타났으나 훨씬 높은 발병률과 사망률의 혹독한 대가를 치른 결과임을 기억할 필요가 있다.

발병률과 사망률이 가장 낮은 베이징/중국은 회복성은 가장 높았으나 그로 인해 복잡성이 가장 낮았다. 즉 하향식 명령 체계를 통한 철저한 봉쇄와 격리 제재로 초기 대응과 조기 방역에 성공했으나, 도시 혹은 국가 차원의 대응 시스템이 시행착오를 통해 다양한 학습과 적응 과정을 경험할 기회를 갖지 못한 유연성이 결여된 대응 시스템으로 해석될 수 있다. 반면 서울/한국과 도쿄/일본은 발병률과 사망률이 낮을 뿐만 아니라 회복성이 양호하고 복잡성 또한 높았다. 따라서 변화와 안정의 역동적인 조화를 이끌어 내는 학습과 적응의 바람직한 대응 과정을 거치면서 더 지혜롭고 융통성 있는 시스템으로 성장할 여지가 있는 대응 시스템으로 해석된다. 발병률과 사망률을 고려하여 종합해 보면, 한국, 일본, 필리핀의 순으로 복잡성이 높고, 중국, 이란, 미국이 복잡성이 낮은 것으로 평가된다.

## 블룸버그 코로나 회복성과의 비교

블룸버그(Bloomberg) 코로나 회복성은 코로나19 상황과 삶의 질에 관한 10개 지표(10만 명당 월 발병률, 월 사망률, 100만 명당 사망자, 양성반응률, 신규 접종자 수, 봉쇄 정도, 지역 이동성, 2021 GDP 성장 전망, 보건 의료 지원, 인력개발 지수)를 종합해서 점수화한 것이다.[1] 2021년 4

| 표 2 | **10개 대도시와 국가 코로나19 대응 시스템의 복잡성**

| 대도시 | 10만 명당 최종 발병률 | 발병률로 본 복잡성 | 10만 명당 최종 사망률 | 사망률로 본 복잡성 | 평균 복잡성 |
|---|---|---|---|---|---|
| 베이징 | 4.6 | 0.79 | 0.04 | 0.16 | 0.48 |
| 서울 | 323.9 | 1.00 | 4.27 | 0.92 | 0.96 |
| 도쿄 | 323.5 | 1.00 | 4.64 | 1.00 | 1.00 |
| 마닐라 | 255.7 | 0.88 | 6.03 | 0.86 | 0.87 |
| 자카르타 | 3547.2 | 0.81 | 58.37 | 0.81 | 0.81 |
| 델리 | 2186.9 | 0.89 | 36.40 | 0.78 | 0.84 |
| 테헤란 | – | – | – | – | – |
| 파리 | 1837.4 | 0.99 | 33.04 | 1.00 | 1.00 |
| 런던 | 7648.7 | 0.93 | 158.81 | 0.99 | 0.96 |
| 뉴욕 | 8542.8 | 0.78 | 315.28 | 0.97 | 0.88 |

1 https://www.bloomberg.com/graphics/covid-resilience-ranking/.

| 국가 | 10만 명당 최종 발병률 | 발병률로 본 복잡성 | 10만 명당 최종 사망률 | 사망률로 본 복잡성 | 평균 복잡성 |
|---|---|---|---|---|---|
| 중국 | 7.0 | 0.36 | 0.34 | 0.14 | 0.25 |
| 한국 | 202.1 | 0.90 | 3.38 | 0.97 | 0.94 |
| 일본 | 375.3 | 0.99 | 7.24 | 0.96 | 0.97 |
| 필리핀 | 681.9 | 0.89 | 12.13 | 1.00 | 0.94 |
| 인도네시아 | 552.7 | 0.67 | 14.94 | 0.81 | 0.74 |
| 인도 | 885.6 | 0.51 | 11.81 | 0.90 | 0.71 |
| 이란 | 2244.9 | 0.60 | 74.61 | 0.55 | 0.57 |
| 프랑스 | 7208.2 | 1.00 | 146.76 | 0.93 | 0.96 |
| 영국 | 6422.5 | 0.99 | 187.01 | 0.94 | 0.96 |
| 미국 | 9190.1 | 0.73 | 166.47 | 0.48 | 0.61 |

월 26일 기준 53개 국가에 대한 블룸버그 COVID 회복성 자료에 따르면, 본 연구에서 다룬 10개국의 회복성 순위는 한국 6위, 일본 7위, 중국 12위, 미국 17위, 영국 18위, 인도 30위, 인도네시아 34위, 프랑스 42위, 필리핀 45위, 그리고 이란이 49위다.

본 연구는 복잡계 사고와 정보이론을 기반으로 2021년 3월 31일까지의 자료를 도출한 결과이다. 본 연구의 〈표 1〉의 회복성과 〈표 2〉의 복잡성 결과를 종합해서 비교하면, 블룸버그의 평가 결과에서 ① 한국, 일본, 중국의 회복성을 높게 평가하고, 이란의 회복성을 낮게 평가한 점이 일치하고, ② 상대적으로 프랑스와 필리핀의 회복성이 낮게 평가되고, 미국, 인도, 인도네시아의 회복성은 높게 평가된 부분이 일치하지 않는다.

두 평가 방법은 모두 발병률과 사망률 자료를 사용한다는 공통점이 있지만, 두 자료의 사용과 해석에 관한 개념적 틀과 이론은 본질적으로 다르다. 블룸버그 회복성은 종합적인 지표임에도 불구하고 근본적인 오류가 있다. 한 가지만 지적하자면, 잘못된 경제지표이자 목표인 GDP와 사회 기반 요소 일부는 고려하면서 그 대가로 보이지 않게 치른 '생태계 붕괴'에 대한 회복성은 고려하지 못한 점을 들 수 있다 (Raworth, 2017; 김준, 2020). 〈그림 1〉의 '생태 시스템'과 '사회 시스템' 사이에 '행성 경계(planetary boundaries)'라고 하는 인류가 넘어서는 안 되는 생태학적 영역의 한계가 있다. 이 경계를 넘어 생태계의 붕괴를 초래하면서 이룬 것이 바로 GDP의 성장과 〈그림 1〉의 '사회 기반 요소'임을 주목해야 한다.

영국 리즈대학의 조사 결과에 따라, 이 연구에서 다룬 10개국의 행성 경계 침범과 사회 기반 구축 상황(2015년 기준)을 회복성과 복잡성의 결과와 함께 〈표 3〉에 요약하였다.[2] 낮은 발병률과 사망률을 고려할 때 전반적으로 한국과 일본이 선전하고 있다고 해석할 수 있다. 그러나 사회 기반을 유지하며 상대적으로 대응을 잘하고 있는 나라들이 모두 예외 없이 행성 경계를 침범하고 있음에 주목해야 한다. 대응을 잘못한 것으로 분석된 미국은 이미 모든 경계를 넘어서서 상황이

2 https://goodlife.leeds.ac.uk/.

| 표 3 | **10개 국가의 코로나19 관련 지표 비교**

| 국가 | 회복성 (본 연구) | 복잡성 (본 연구) | 회복성 (블룸버그 53개국 순위) | 행성경계 침범 (7개 영역 중에서) | 사회 기반 구축 (11개 영역 중에서) |
|---|---|---|---|---|---|
| **중국** | 높음 | 낮음 | 12 | 5 / 7 | 4 / 11 |
| **한국** | 양호 | 높음 | 6 | 5 / 7 | 8 / 11 |
| **일본** | 양호 | 높음 | 7 | 5 / 7 | 10 / 11 |
| **필리핀** | 양호 | 높음 | 45 | 0 / 7 | 0 / 11 |
| **인도네시아** | 낮음 | 양호 | 34 | 1 / 7 | 2 / 11 |
| **인도** | 낮음 | 양호 | 30 | 1 / 7 | 1 / 11 |
| **이란** | 낮음 | 낮음 | 49 | 6 / 7 | 3 / 11 |
| **프랑스** | 양호 | 높음 | 42 | 6 / 7 | 10 / 11 |
| **영국** | 양호 | 높음 | 18 | 5 / 7 | 8 / 11 |
| **미국** | 낮음 | 낮음 | 17 | 7 / 7 | 9 / 11 |

더욱 심각한 상황이다. 이란은 행성 경계 7개 영역 중 6개를 침범하는 큰 대가를 치르고도 최소한의 사회 기반이 보장되지 못한 가운데, 코로나19 대응이 가장 취약한 것으로 나타났다.

## 전환: 회복성에서 반취약성으로

각국의 코로나19 발병률과 사망률의 시계열 자료는 다음과 같은 이유 등으로 불확실성을 내포한 불완전한 자료이다. ① 보고된 일일 자료는 시간지연 효과가 포함될 수 있고 ② 발병률은 진단 테스트의 숫자에 따라 달라지므로 실제 발병률과 다를 확률이 높으며 ③ 발병률과 사망률은 실제보다 과소평가되었을 것이다. 그럼에도 복잡계 사고와 정보이론을 바탕으로 단순하지만 과학적 원리에 기반을 둔 본 연구의 분석 방법으로 의미 있는 통찰과 일관성 있는 결과를 도출해 낼 수 있었다는 점에서 매우 고무적이다.

철저한 봉쇄를 계속 유지하거나 집단면역이 형성되지 않는 한, 10개 대도시와 해당 국가의 발병률과 사망률은 계속 기하급수적으로 증가할 것으로 전망된다. 최근 집단면역에 도달했다고 선포한 나라들조차 변이 바이러스에 의한 재확산 우려가 현실로 나타나고 있다. 따라서 뉴노멀(정상성)을 지향하는 회복성 중심의 사고에서 끊임없는 변화와 충격에 역동적으로 반응, 적응, 진화하는 '반취약성(antifragility, 복잡성의 향상)' 사고로 패러다임의 전환이 필요하다(Taleb, 2012; 김준, 2020). 반취약 시스템의 특징은 조직적으로 닫혀 있으면서도 열역학적으로 열려 있는 것이다. 그러므로 시스템 봉쇄를 최소화하고 상황에 따른 다양한 대응 전략으로 시행착오를 거치는 배움의 과정을 통해 변화에 적극적으로 대응하면서도 안정을 잃지 않는 융통성 있는 역량 구축이 요구된다.

"코로나19 팬데믹은 앞으로 펼쳐질 대재앙의 드라마의 시작에 불과하다. 코로나19의 2차, 3차 유행을 태풍에 비유하며 다가올 충격을 걱정하는 경고의 목소리가 더 높아지고 있다. 아이러니하게도 다가올 그 태풍의 근원지가 바로 우리 자신임을 알고 있는지?". 바로 1년 전, "복잡계로 바라본 코로나19 대응의 삼중고(三重苦)와 세계 전망"이라는 글을 마무리하면서 나와 우리 사회에 던졌던 질문이다(김준, 2020). 1년 반 전, 예기치 못한 코로나19의 출현을 우리가 피할 수는 없었지만, 준비되어 있지 않았음에도 불구하고 팬데믹으로 확장되는 것은 막을 수 있는 여지가 우리에게 있었다고 본다. 불행하게도 많은 사람들과 국가들이 이기심과 민족주의로 돌아서 버리는 선택을 했고, 팬데믹은 1년 반이 넘게 장기화되었다. 변이 바이러스에 의한 4차 대유행을 우려하고 있는 이 전환의 골짜기에서, 일상으로의 회복을 기대하며 팬데믹이 속히 떠나가 주기만을 바라는 우리 스스로에게 이제 다시 질문해 보아야 한다.

이러한 회복이 과연 다가올 또 다른 위기를 막고 견디어 낼 수 있도록 우리를 더 강하게 만드는 회복인가? 팬데믹의 대가를 치르며 배운 소중한 교훈으로부터 과연 우리 사회가 구성원 모두 건강하고 만족스런 삶을 살 최소한의 기회를 만들어 낼 수 있을까? 주변의 어려운 이웃, 취약한 국가들, 그리고 다음 세대가 기본적인 삶의 필요를 충족시킬 최소한의 역량을 위태롭게 만들지 않으려면 우리는 과연 어떻게 준비해야 할까?

# 세계 주요 대도시의 경험과 아직 다가오지 않은 미래

**윤종석** 서울시립대 중국어문화학과 조교수

2022년 4월 14일 현재, '코로나바이러스감염증-19(COVID-19)'의 전 세계적 대유행은 여전히 끝을 모르고 이어지고 있다. 지금까지 누적 확진자 수는 5억 명을 넘어섰고, 600만 명 이상의 생명을 앗아 갔으며, 4천만 명 이상이 치료 중이다. 통계가 실제 수치를 모두 반영하지 못한다는 비판을 고려한다면 그 수치는 더욱 높을 것이다. 더욱이 코로나19 감염병 위기가 감염에서 비롯한 피해뿐 아니라 사회경제적 · 보건의료적 충격을 누적하며 많은 손해를 양산해 왔다는 점에서 그 어마어마한 피해 규모는 쉽게 가늠하기 어려울 정도다. 최근 한국에서는 일명 '위드 코로나19'(Living with COVID-19, 단계적 일상회복)로의 전환이 시도되고 있지만, 중국에서 코로나19 감염 확산은 또 다른 불안을 예고하고 있다. 이번 코로나19 위기가 높은 불확실성을 특징으로 하며 확산과 재확산을 반복하는 가운데, 세계 인류는 '끝날 때까지 끝난 것이 아닌', 전대미문의 '장기 코로나 시대'를 겪고 있다.

'장기 코로나 시대'는 전 세계에 장기적이고 누적적인 충격과 복합적인 위기를 양산했을 뿐만 아니라, '낡은 정상(old normal)'에 대한 성찰과 더불어 '새로운 정상(new normal)'에 대한 새로운 아이디어를 요구했다. 높은 전염력과 빈번한 변이의 출현은 감염에 대한 공포와 불안을 넘어 우리가 당연하게 누려 왔던 문명과 일상생활을 되묻는 계기를 마련하고 있다. 코로나19 위기 초반 '포스트 코로나19(Post Covid19, 코로나19 이후)'라는 용어는 백신 대량 접종과 집단면역을 통해 코로나19 유행의 종식을 진제하면서, 과도기 동안 방역과 경제 회복(또는 일상 회복) 사이의 균형을 강조했다. 최근 널리 논의되는 '위드 코로나19(단계적 일상 회복)'는 완전한 종식을 기대하는 것보다는 그에 대한 인식과 방역 체계를 바꿔 독감 같은 감염병과 마찬가지로 코로나19와의 공존을 준비해야 한다는 의미로 통용된다.

하지만 '위드 코로나19'로의 전환은 '장기 코로나 시대'에 걸맞는 새로운 인식과 대응이라는 거대한 과제를 제기한다. '장기 코로나 시대'는 안전하고 지속 가능한 방역과 일상의 공존이라는 도전적 과제와 더불어, 체계 자체의 회복력(resilience)을 넘어 반취약성(antifragility)으로의 패러다임 전환의 필요성을 제기하고 있다. 또한 성공과 실패의 이분법 속에서 경쟁하기보다는 상호 참조와 연대의 관점에서 인류가 쌓아올려 왔던 '고도의' 문명과 도시(성)에 대해 성찰하고 이번 감염병 위기가 인류에게 어떤 과제와 교훈을 남겼는지에 더욱 집중할 필요가 있다. 감염병 위기의 충격과 이에 대한 대응이 지역마다 다른 만큼, 현장 기반의 실천과 새로운 지식이 만들어지고 확산되는 과정은 '새로운 정상'을 위한 인류 모두의 자산이자 새로운 출발점이 되어야 할 것이다.

본 연구진은 코로나19 위기가 장기화되는 추세에 따라 각 도시의 구체적 경험에 기반한 '과정적 학습'을 강조하고, '낡은 정상'으로의 복귀가 아니라 '새로운 정상'으로의 진전을 위한 새로운 아이디어를 탐구해 왔다. 코로나19의 전 세계적 대유행이 밀집성과 이동성에 기반하여 현대적인 문명을 구축한 도시(성)에 가하는 복합적인 충격에 주목하여, 코로나19 확산과 대응의 구체적인 현장인 세계 주요 대도시의 경험을 살피고 자료와 데이터를 모았다. 국가별 · 지역별 · 도시별로 코로나19의 확산세와 대응 전략에 차이가 있음을 확인하고, 10개 도시의 경험을 비교하고 종합적으로 평가하기도 했다. 상대적인 성공과 실패로 한정 짓지 않고 착실히 수행해 준 연구진의 노력은 코로나19 위기 초반 '우왕좌왕했던' 우리 모두의 '민낯'을 여실히 드러냈다. 코로나19의 대유행 이후 2020년 초중반까지 도시에 따라 분석 기간은 상이하지만, 초기에 보여 준 생생한 '민낯'과 위기의 장기화에 따른 대응 과정의 변화와 학습 과정을 이 책에서 도시별로, 또 전체적으로 살펴볼 수 있을 것이다.

코로나19 대유행이 아직 끝나지 않은 현시점에서 섣부르게 결론을 내리려고는 하지 않았다. 코로나19 대유행의 높은 불확실성과 장기화 과정에서 주요 쟁점과 관심사 또한 끊임없이 변화했기 때문에 온전하게 평가하려면 더 많은 시간이 필요할 것이다. 하지만 코로나19와 같은 감염병이 앞으로도 반복될 우려가 크고 여전히 도시는 감염병의 확산과 대응의 핵심 현장일 것이란 점에서, 세계 주요 대도시가 코로나19 초기 이후 1년여간 경험했던 기록은 앞으로 팬데믹 속에서 도시의 대응과 도시 문명의 전환에 주요한 자료를 제공할 것이라 기대한다. 더욱이 감염병 위기가 장기간 지속되는 '장기 코로나 시대'를 전혀 예기치 못했던 이번 경험은 세계뿐 아니라 한국의 사회에도 뼈아프지만 귀중한 경험으로 곱씹어볼 필요가 있을 것이다.

## 세계 주요 대도시의 경험과 서울에게 주는 의미

이번 코로나19 위기는 서구 주도로 해결되었던 이전의 감염병 위기 상황의 상식과 교훈을 넘어섰다. 아시아에서 감염병이 발생하고 전 세계적으로 대유행하지만 결국은 서구 선진국의 고도로 발전된 과학기술과 문명이 해결한다는 기존 경험의 틀이 이번에 깨어졌다. 유행이 아시아로 한정될 것이란 초기 예측은 곧바로 빗나갔고 전 세계적으로 확산이 이어지는 가운데 초기 확산 기간에 서구 사회의 피해가 커서 큰 충격을 주었다. 서구를 포함한 전 세계 주요 대도시들이 봉쇄(lockdown)를 경험했는데, 영국 콜린스 사전이 2020년 올해의 단어로 '봉쇄'를 선정할 정도였다. 코로나19 백신 개발 경쟁에도 서구 선진국과 기업뿐만 아니라 중국, 러시아, 인도 등이 참여하였으며, 코로나19 초기 서구의 '상대적인 실패'와 동아시아의'상대적인 성공'은 극적으로 비교되기도 했다.

지난 시간, 전 세계의 정부, 시민, 의료진, 연구자들은 처음 경험하는 강력한 바이러스에 맞서 감염병의 확산을 막고 피해를 최소화하기 위하여 총력을 기울였다. 코로나19는 선진국과 후진국, 대도시와 농촌 등 국가와 도시의 역량을 이분법적으로 나누어 바라보던 시각을 바꾸어 놓았다. 팬데믹의 진행 상황도 국가와 도시별로 달랐다. 연구대상으로 정한 8개 국가와 도시의 코로나19 확산 과정을 살펴본 결과, 초기에 큰 확산을 겪고 안정된 경우, 확산과 안정을 반복하는 경우, 확산세가 지속되는 경우 등 다양한 양상을 보였다. 예상과 달리 인구밀도가 높고 국내외 이동의 중심이 되는 대도시가 반드시 국가 내 코로나19 확산의 시발점이 되지도 않았다. 또한 선거와 종교 행사 등 감염병을 정치화하려는 움직임과 변이 바이러스 등 돌발변수가 속출한 상황에서 더 많은 국민소득과 의료 예산, 우수한 행정 역량을 가진 국가라 할지라도 저개발국에 비해 더 큰 피해를 입은 경우가 많았다. 확산 진행 과정상의 단계와 국가와 도시의 사회경제적 맥락에 따라, 같은 대응 정책을 실시하더라도 효과도 천차만별이었다. 팬데믹 초기에 많은 정부가 채택하였던 도시 봉쇄나 국내 이동 금지와 같은 강력한 대응 정책은 지속 가능하지 않은 정책으로 팬데믹이 장기화되면서 감염병의 확산을 막기 어려웠다. 그러나 대도시, 특히 선진국의 대도시는 1차 확산에 비해 2차 확산에서 치사율의 감소 폭이 더 컸다. 이는 의료 수준과 연구 및 행정 역량이 높은 선진국 대도시가 1차 확산 과정에서 대응 정책의 성공과 실패를 평가하여 2차 확산의 대응에 적용하는 등 코로나19라는 위기 대처 과정에서 빠르게 학습한 결과로 보인다.

코로나19 유행이 아직 끝나지 않은 상황에서 제한적인 데이터를 토대로 한 비교연구는 한계를 지닌다. 하지만 코로나19 확산과 대응 과정에서 세계 주요 대도시가 보여 준 경험은 감염병 대응 시 맥락을 고려하지 않고 성급하게 단순화된 논리를 적용하려는 행태를 극복해야 한다는 시사점을 제공한다. 코로나19 확산의 국내 · 국제 정치적 활용, 종교의 역할, 정치 체제와 데이터 문제 등 세계 곳곳에서 인류가 쌓아 올린 '낡은 정상'의 민낯이 지속적으로 드러났다. 또한 코로나19 대응의 성공과 실패를 반복한 각 도시의 경험은 상황에 따라 유연하고도 효율적으로 대응해야 할 필요성을 다시 한번 강조하고 있다.

세계 주요 대도시 중 인구밀도와 주거지 밀집도가 가장 높은 미국의 뉴욕과 서울은 코로나19 확산 과정에서 다양한 공통점을 보여 준다. 노인요양시설 관련 집단감염이나 종교시설 위주의 감염 등이 주요 사례다. 서울과 마찬가지로 뉴욕주는 초기부터 테스트(Test)의 중요성을 계속 강조했다. 그럼에도 뉴욕시를 비롯한 미국 대도시에서는 테스트 역량이 역학과 추적으로 이어지지는 않았다. 개인의 자유를 중요시하는 미국 사회의 특성상 스마트폰을 이용하여 정부가 개인정보를 통제하는 것은 거의 불가능했다. 확진자의 수가 통제 불가능한 수준으로 늘어나면서 역학과 추적을 시행할 수 있는 인력이 부족했던 것도 사실이다. 뉴욕은 2021년 봄 빠르게 백신 접종률을 높였고, 90일 이내 백신 2차 접종자를 대상으로 자가 격리 면제, 실내 피트니스 수업 허용, 공립학교 대면 수업 확대 등 규제완화 정책을 도입했다. 브로드웨이 산업 종사자들에게 백신 접종을 허용하고 재개장을 준비했고, 2021년 5월 3일부터는 뉴욕시 공무원 8만여 명이 재택근무를 마치고 순차적으로 대면 근무를 시작했다. 뉴욕 시장은 이러한 조치가 뉴욕시가 코로나19 위기를 극복하고 있다는 것을 보여 준다고 말했다. 코로나19 방역 정책의 실패와 성공을 거듭한 뉴욕시의 사례는 최근 백신 접종률이 증가한 대도시에게 다양한 함의점을 제공할 것이다.

런던은 영국의 코로나19 확산에서 큰 비중을 차지했고 국가의 중심지로서 중요한 정치적·경제적 위치를 차지하고 있음에도 불구하고, 중앙정부와 구별되는 방역 정책을 내놓지 못했다. 이는 방역 정책 실행의 중심에 있어야 하는 국민건강서비스(NHS)가 중앙정부 기구로서 보건복지부(DHSC)에 의해 통제되기 때문이며, 광역자치단체가 힘이 약한 영국의 정치 · 행정 체계 특성과도 관련이 있다. 런던의 광역지방정부는 GLA(런던광역기구)라고 불리는데, GLA의 권한 강화에 관한 논의는 계속되고 있지만 역사도 짧고 법적 권한도 다양하지 못하다. 교통, 치안, 방재와 관련해서는 어느 정도 권한을 있고 경제개발과 관련해서도 미미한 수준이나마 자율성이 있지만, 다른 분야에서는 아직 권한이 없거나 매우 약하다. 이 같은 배경에서 짐작할 수 있듯, GLA가 이번 코로나19 위기에서 할 수 있는 일은 애초에 별로 없었다. 좁은 의미의 방역 정책의 경우 런던이라는 도시의 특성이 크게 반영될 필요가 없을지 모르지만, 재앙에 대한 사회경제적 대응이 꼭 국가 수준에서만 이뤄져야 하는 것은 아니다. 지방차원에서 대응하는 것이 나은 측면이 있을 수도 있다. 하지만 광역자치단체가 제도적 · 재정적 힘이 약한 상황에서 런던은 별다른 대응을 하지 못했고, 할 수 있는 일도 별로 없었다. 기초자치단체인 자치구가 전반적으로 제도적·재정적 힘이 약하다고만 하기는 어렵다. 그러나 영국의 기초자치단체는 주로 주민 일상과 관련된 문제에 집중하고 있기 때문에, 이번 코로나19 위기처럼 일상적이지 않은 상황에 유연하게 대응할 수 없었다고 할 수 있다. 흔히 지방자치의 장점은 정치· 행정이 시민의 일상과 가까워지는 것이라고들 하지만, 일상과 가까운 것이 꼭 좋은 것만은 아니라는 점이 드러났다. 결국 광역자치단체는 힘이 없어서, 기초자치단체는 힘은 있으나 해야 할 일이 명확하게 규정되어 있어서 코로나19 위기에 대응하지 못했다. 조직이 클수록 일상적으로 일어나지 않는 일에 대해 인력과 재원을 지출하여 대비할 수 있는 여력도 큰데, 기초자치단체는 조직의 규모상 당장 필요하지 않은 일에 인력과 재원을 쓰기는 힘들다. 런던의 경험에서 보면, 대규모 감염병에 제대로 대응하기 위해서는 상당한 권한을 가진 광역자치단체가 존재해야 한다고도 할 수 있다.

프랑스 파리와 서울은 자국 내의 타 지역과 비교할 때 인적 · 물적 교류가 월등히 많고 인구밀도 또한 굉장히 높다는 점에서 코로나19 확산에 취약하다는 공통점이 있다. 그러나 두 도시는 인구당 발병률에서 큰 격차를 드러냈다. 2020년 한 해 동안 서울시의 10만 명당 일주일 단위 최종발병률은 324명으로, 파리시의 1,837명에 비해 6분의 1수준이다. 코로나19 확산 속도가 다른 것처럼 두 도시의 대응 전략도 다르게 전개되었다. 프랑스는 중앙정부의 강력한 1차 봉쇄령 이후 지방정부 단위의 대응이 뒤따랐다. 서울과 달리 세 차례의 봉쇄령(2020년 3~5월, 2020년 11월, 2021년 4월)과 장기간의 통행금지령(2020년 11월 실시 이후 2021년 5월부터 완화 도입) 등 한국과 서울보다 강력한 이동 제한 조치를 취했다. 프랑스는 중소기업과 대기업에 정부보증대출을 지원하고, 가계와 중소기업, 소상공인 등에게는 현금을 선별 지원했다. 또한 지방정부는 선별적으로 지역사회 취약계층을 지원하는 정책(저항기금, 부분 실업, 공공 임대료 동결, 노약자와 지역사회 도움 네트워크 등)을 시행하여 중앙정부가 주도한 전국 단위 정책(정부보증, 연대기금, 장학생 지원 등)을 보완하였다. 한국과 달리 프랑스는 코로나19 상황이 지속되면서 선별적 지원 정책을 점진적으로 확대하고 강화하였다. 코로나19 이후 두 도시 모두 재건과 회복을 원하고 이에 따라 시민사회의 적극적 개입을 유도하는 점은 비슷하다고 볼 수 있다. 하지만 코로나19에 따른 여파와 대응은 두 도시가 매우 달랐다. 특히 긴급 지원 대상 선정과 효과적 지원 방법을 논의하는 방식에서 달랐다. 한국과 서울의 보편성을 띤 지원 정책과 달리 파리와 프랑스의 선별적 지원과 중앙-지방정부 간 협력 방식은 미래 위기 상황 대처에 시사점을 제공할 것으로 기대된다.

아울러, 동아시아에 인접한 베이징과 도쿄의 경험은 서울의 사례와 여러 유사점과 차이점을 보인다. 서울, 베이징, 도쿄는 동북아시아 지역의 핵심 도시이고 상대적으로 방역에 '성공'적이라고도 볼 수 있지만, 내부적으로는 많은 논란과 한계를 보여 준 것이 사실이다.

중국 베이징의 코로나19 방역 경험은 두 가지 점에 주목할 필요가 있다. 첫째, 베이징은 중국의 수도로서 중국 전역의 도시 방역 체제 수립에 중요한 근거로 작용하는 보편성을 획득한다. 하지만 중국 내 베이징은 가장 강력한 방역 · 통제와 그 결과 확진자 수가 상당히 적다는 점에서 중국의 코로나19 방역 경험은 베이징과 다른 경험을 가진 지역 및 도시와의 비교연구를 통해서야 비로소 전체상을 그릴 수 있다. 따라서 베이징과 다른 세계 주요 대도시의 비교는 베이징의 방역 경험이 가지는 보편성과 특수성을 전제해야 비로소 균형 잡힌 분석이 가능할 것이다. 둘째, 베이징은 장기간 체제 전환을 추진하고 있는 당-국가(Party-State) 체제인 중국의 특수성을 반영하고 있다는 점에서, 베이징의 코로나19 방역 경험은 기계적으로 다른 도시와 국가에 적용하기 어려운 점이 있다. 따라서 권위주의 체제의 '장점'이 반영된 베이징의 코로나19 방역 경험은 그 장점만큼이나 많은 '문제점'을 지니는 것도 사실이므로, 베이징의 코로나19 방역 경험을 일반화할 때는 신중하게 접근해야 한다.

서울과 베이징을 비교하면, 체제, 인구 규모, 행정구역 크기 등에서 큰 차이를 보이지만 다음과 같은 점에서는 일정한 유사성을 가지고 있다. 첫째, 베이징은 톈진과 '이중도시'라고 할 수 있을 만큼 행정구역을 접하고 있고 일상적인 대규모 인구이동이 있다는 점에서 서울-인천의 관계와 유사하다. 따라서 인접한 복수의 대도시로 구성된 베이징과 서울이, 일상적 대규모 인구이동에 대응하여 어떠한 방역 체계를 구축했는지는 앞으로 심화된 비교분석이 필요하다. 둘째, 서울과 베이징은 특히 서구 국가들과 비교할 때 정보통신기술을 활용한 '기술-방역 레짐' 구축에 매우 적극적이라는 공통점이 있다. 물론 베이징은 권위주의 체제의 장점을 충분히 발휘하여 시민에게 스마트폰 앱으로 건강코드를 다운로드 설치하게 하고 도시의 거의 모든 출입구에서 건강코드를 확인했다. 이에 반해, 서울은 상대적으로 시민의 자율적 선택에 맡기는 경향이 강하다. 하지만 두 도시 모두 정보통신기술을 방역에 적극적으로 활용하고 있는 점은 동일하다. 아울러 이러한 정보통신기술의 활용 과정에서 수집된 개인정보(동선, 건강, 이름 등)의 보호와 관련된 두 도시의 정책도 앞으로 심화된 비교분석 대상이다.

일본 도쿄의 코로나19 추이는 코로나19와 같은 팬데믹 상황에서 일극중심사회(一極中心社會)가 가지는 취약성을 보여 준다. 도쿄가 일본의 코로나19 감염 상황을 주도하고, 도쿄 생활권이라 할 수 있는 수도권 3현이 도쿄도와 같은 추이를 보임으로써, 도쿄일극중심이라는 사회문제가 감염병의 상황에서도 고스란히 드러난 것이다. 이는 서울과 수도권 방역에 가장 큰 어려움을 겪은 한국 상황에도 시사하는 바가 크며, 일극중심을 해소하는 방향으로 도시 전환을 촉구한다.

또한 일본 사회에는 코로나19 상황에서 디지털 전환이라는 숙제가 떨어졌다. 감염자 수 집계에 팩스가 이용되었다거나 백신 예약이 우편으로 진행되어 신속성이 떨어지는 문제가 발생했고, 감염자와의 밀접접촉을 알리는 앱(COCOA)이 제 기능을 하지 못하는 등으로 디지털 후진국이라는 자성의 소리가 일본 내부에서 터져 나오고 있다. 한편 일본의 초중고등학교는 2020년 1차 긴급사태선언 당시를 제외하고는 교육권을 보장한다는 취지로 등교를 중지하지 않았는데, 돌봄과 교육의 결손을 감수하면서도 온라인 수업을 대폭 늘린 한국 상황과 대비된다. 또한 한국은 방역과 안전이라는 명목하에 디지털화를 통해 개인정보를 제공하고 수집하는 것이 일상화되었기에 이는 한국 사회에 또 다른 과제를 남길 것이다. 팬데믹이라는 '불확실성의 화산' 속에서 도쿄는 올림픽을 치렀다. 도쿄올림픽은 팬데믹이라는 상황에서 전 세계인의 우려와 자국민의 반대 여론 가운데 열린 올림픽이라는 새로운 기록을 남겼다. 올림픽 개최에 따른 도쿄도의 방역과 추이는 글로벌 시대의 도시 전환, 지속 가능한 글로벌 대도시에 대한 연구와 성찰을 촉발할 것이며, 이는 도쿄 연구자의 후속 작업이 될 것이다.

아시아의 다른 주요 대도시들 또한 코로나19 대응의 다양한 경험을 보여 준다. 선진국에 비해 의료 인프라가 부족하여 우려가 컸던 아시아의 도시들은 코로나19의 거대한 충격에 한계를 보이면서도 나름의 방법을 찾아내기 위해 많이 노력했다. 각 도시 연구진은 서로 다른 경험과 대응 속에서도 각 사회의 맥락을 내재적으로 이해하는 동시에 다른 도시와 비교함으로써 그 의의와 한계를 찾아내기 위해 애썼다.

인도네시아 자카르타의 코로나19 대응은 다른 도시와 비교할 때 다음과 같은 특징을 보인다. 첫째, 자카르타는 발병률과 사망률을 종합한 회복성(사회 체계의 질서유지 역량)이 마닐라와 뉴욕처럼 매우 낮지만, 변화와 안정의 역동적인 조화를 나타내는 복잡성의 결과로는 중간 정도에 위치한다. 둘째, 인도네시아는 방역보다는 백신 접종에 무게를 두고 코로나19에 대응하였다. 2020년 상반기부터 인도네시아 국영제약회사가 중국 제약회사와 협력하기 시작했고 백신 임상실험도 적극적으로 수행했다. 중국산 백신을 동남아에 보급하는 데 인도네시아가 허브 역할을 한다는 것도 하나의 특징이다. 셋째, 자카르타 주정부의 코로나19 대응책은 주요 대도시의 경험과 거의 유사했다. 인도네시아형 사회적 거리두기인 PSBB와 PPKM, 개인 차원에서 지켜야 하는 생활 방역인 '마스크 쓰기, 손 씻기', 3T 전략, 그리고 긴급 지원이 필요한 사람들에게 생활 지원, 중소기업 지원 정책 및 재난 지원 정책 등 전 세계가 집행했던 다양한 대응과 지원 정책을 자카르타 주정부도 실행하였다. 넷째, 인도네시아는 최대 무슬림 보유국으로서 이슬람이라는 종교적 변수가 코로나19 대응에 긍정적 요소와 부정적 요소로 동시에 작용했다. 2020년 코로나19 확산 초기였던 '공포와 불안'의 시기에 이슬람 종교지도자와 대중조직은 코로나19와 같은 전염병이 코란에도 언급되어 있음을 상기시키면서 종교지도자들을 통해 코로나19 감염병에 대한 인식을 교육했다. 또한 정부 정책을 이해시키는 데 중요한 역할을 수행하며 백신주사가 할랄임을 확인해 주면서 종교적 안정을 취하는 데 긍정적인 역할을 하였다. 하지만 코로나19 확산이 전개되는 상황에서도 예배 모임을 강행하고, 코로나19가 이슬람 신자들을 공격하는 서구의 공략이라는 음모설을 제기하기도 했다. 심지어 사우디아라비아에 있던 강성 이슬람 조직의 리더가 인도네시아에 도착하자 대규모 집회를 열고 방역 수칙을 무시하면서 그 지도자 딸의 결혼식을 진행하는 등 불법적인 경우도 있었다. 자카르타는 인구 1천만 명의 대도시로서 인도네시아에서 코로나19 확산의 중심지였지만, 자카르타 주정부는 첫 확진자 발생 이후 제한된 자원과 한계 속에서도 자카르타 시민의 생명과 안전을 위해 끊임없이 노력했다는 사실만은 잊지 말아야 할 것이다.

필리핀 마닐라의 코로나19 대응은 중앙정부의 권위주의적 방식이 가장 두드러진 특징이라 할 수 있다. 하지만 중앙정부 정책의 일관성과 예산 부족, 비과학적인 태도, 권한의 독점에 비해 턱없이 부족한 가용예산 때문에 다양한 문제에 봉착했음을 확인할 수 있었다. 필리핀의 분권화는 1986년 민주화운동과 1987년 신헌법의 산물이다. 하지만 현재 상황에서는 분절화의 심화와 토착 엘리트에 의한 정치 독점이 심화되면서 행정의 비효율이 다수 발생하고 있다. 코로나19라는 큰 위기에서 정부 정책은 대부분 중앙정부의 결정에 따라 일방적으로 이루어지는 측면이 컸고, 지방정부나 민간이 할 수 있는 일은 무척 제한적이었다. 하지만 그 안에서도 메트로마닐라를 대표하는 3개 도시인 마닐라, 퀘존시티, 파식의 창의적 대응은 상당히 인상적이다. 특히 정치 가문의 장벽을 뚫은 정치 신인이 시정부를 이끄는 파식시의 대응은 다양한 측면에서 주목할 필요가 있다.

한편 코로나19 팬데믹 대응에서 게임체인저 역할을 수행할 것으로 기대되는 백신 정책과 관련해서도 필리핀은 큰 어려움에 처해 있다. 국가 재정의 한계와 백신 거버넌스의 중앙집중화로 백신 접종 속도가 인접국에 비해 느리다. 사회 지도층의 백신 새치기와 백신 암거래로 백신 정책에 대한 신뢰가 낮을 뿐 아니라 일반 국민의 상당수(10명 중 6명)가 백신을 신뢰하지 않는다는 여론조사 결과가 발표되기도 했다.

집단면역에 준하는 백신 접종율에 도달하여 코로나19 종식을 선언하기까지 필리핀 정부가 넘어야 할 장애물은 여전히 많다. 필리핀 정부는 단기적으로 국내와 국제적 협력을 통해 악화된 현재 상황에 대응하면서, 장기적으로는 코로나19 전개와 대응 과정을 일종의 '학습' 기회로 삼아 앞으로 감염병 관리 체계를 진화시키고 대응 전략을 수정할 나가야 할 것이다.

인도 델리의 경험은 탈식민지와 양극화 그리고 무허가의 일상화라는 정치적 · 경제적 배경을 바탕으로 개발도상국에서의 팬데믹과 회복력이라는 맥락에서 많은 시사점을 준나. 2020년 3월 코로나19 발생 이후 섣부른 봉쇄 조치로 이주노동자들의 대탈출 사태가 야기되었고, 델리 정부는 다양한 대응책을 마련했지만 기초적인 사회 인프라가 미비한 상황에 따른 한계가 드러났다. 이 과정에서 예방이 아니라 코로나19와 함께 사는 법을 배우는 일이 현실적인 대응책이 될 수 있다는 사실이 공감대를 얻었고, '델리 모델'이라고 불리는 가정 격리와 재택치료 및 지원을 근간으로 하는 대응책을 통해 온라인 진료와 소형 기기의 지원을 조합하여 의료시설의 압박을 줄이는 데 성공했다. 공공복지와 긴급구호 면에서는 도보 봉사단을 중심으로 신원 확인과 무관한 보편적인 비상 물품 지원과 무료 급식 등이 1차 코로나19 확산의 위기에서 큰 역할을 해냈다. 하지만 이후 총리 중심의 독단적 의사결정과 종교적 상징 정치를 활용한 포퓰리스트적인 정책 결정과 정치의 사법화가 맞물려 연이은 최악의 결정들이 이루어졌다. 그 결과 2021년 5월 초 인도는 세계적으로도 드문 최악의 비극적인 사태를 맞았다. 초기의 강력한 봉쇄가 만든 이주노동자의 대탈주 사태나 정치적 판단에 따른 성급한 봉쇄 완화 모두 적절하지 못한 강도의 대응이었음이

드러났다. 결국 코로나19와 함께 사는 법을 모색하는 해결책을 찾아야 한다는 발상의 전환은, 주어진 상황에 맞고 현장에서 적용 가능한 대응법을 찾은 델리 모델을 만들어 냈으며, 이는 의료 인프라가 미비한 개발도상국들에게 많은 시사점을 던져 준다.

이란 테헤란의 사례 연구는 이 책에서 유일하게 비교 가능한 데이터를 제공하지 못했지만, 그 자체가 오히려 이란 사회에서 코로나19가 심각하게 확산되고 이후 코로나19 방역에 실패한 이유를 보여 준다. '코로나19는 바이러스가 아니라 정치적 질병'이라는 이야기가 있을 정도로, 테헤란을 비롯한 정부 당국의 신뢰성 없는 정보제공이 이란과 테헤란 방역 상황에 가장 뼈아픈 결과를 가져왔다고 분석된다. 이란 사회는 2017년 이후 심각한 경제 상황에 놓여 있으며, 1979년 이슬람공화국 건립 이후 처음으로 국민 성금을 요청할 정도로 국가 위기 상황에 봉착해 있다. 이란 국민은 연이은 악재로 집단 우울증을 호소하고 있으며, 이와 같은 사회적 분위기 때문에 가정폭력이 증가하고 아동학대 신고가 증가하는 등 사회 전반적으로 의료적 · 심리적 위기가 닥쳤다. 가정폭력 신고 전화를 홍보하는 안내 문자를 대량 발송하는 등 정부의 노력에도 불구하고, 국가적 위기로 가정이 붕괴되는 안타까운 상황이 발생하는 것이다. 코로나19 상황 이전부터 최근 몇 년간 미증유의 어려움을 겪고 있는 이란은 이렇게 좀처럼 잡히지 않는 코로나19의 혹독한 여파에 시달리고 있다. 무엇보다 자명한 것은 이와 같은 악재가 겹치면서 이란 정부와 고통받는 국민 사이의 신뢰가 깨지고 있다는 점이다. 테헤란은 전 지구적으로 코로나19에 대응하는 방식이 서툴고 마스크의 중요성을 깨닫지 못했던 초기에 크게 확산되어 지금까지도 코로나19 확산을 잠재우기에 역부족인 상황이다. 안타깝게도 테헤란과 함께 이란도 코로나19에 대한 국가 단위의 전략적 대응이 성공적이지 못했다고 평가할 수 있다. 이를 이해하기 위해서 테헤란의 현재 상황을 다면적으로 이해할 필요가 있다.

## 아직 다가오지 않은 미래

코로나19 대유행 초기부터 이 책의 연구진은 도시의 대응뿐 아니라 도시 전환의 방향에도 많은 관심을 가졌다. 코로나19 대유행이 가져온 부정적 충격을 극복하는 과정에서 인류가 얻어야 할 가장 큰 교훈은 '낡은 정상'의 취약성을 절감하고 '새로운 정상'을 위해 전진할 수 있는 전환국면(모멘텀)을 얻은 것일지도 모른다. 하지만 불행히도 코로나19가 장기화되면서 여전히 세계는 바이러스와 싸우고 있고 이에 따른 피해 규모를 제대로 추산하기 어려운 실정이다. '모든 곳에서 끝나야 비로소 끝나는 것이다'라는 말처럼 과연 어느 시점이 되어야 대유행이 끝날 것인지는 여전히 예측 불가능하다.

그럼에도 이 책의 말미에 '아직 다가오지 않은 미래'에 대해 간략히 논의하고자 한다. 코로나19 유행 초기 세계 인류가 곳곳에서 우왕좌왕하고 좌충우돌한 모습은 세계 인류의 미래에 관해 많은 고민을 던져 줬다. '새로운 정상'을 찾는 실마리는 아직 부족하지만 이미 우리 주변에서 서서히 시작되고 있을지도 모른다. '우리는 코로나19를 통해 어떠한 교훈을 얻어야 하는가'라는 질문은 이 책을 다 읽고 난 뒤에 우리 모두가 답해야 할 부분이다.

코로나19가 예기치 않게 찾아와 우리는 피할 수도 없고 준비되어 있지도 않았다. 하지만 팬데믹으로의 확장을 막을 수 있는 선택의 여지가 우리에게 있었을지도 모른다. 불행하게도 전 세계적 대유행이 시작되었고 3년 넘게 장기화되며 여전히 끝을 보이지 않고 있다. 코로나19 초기에 비해 치명률이 낮아졌다는 점이 일종의 위안이라면, 코로나19의 복합적 충격에서 어떻게 회복해야 하는가는 남겨진 문제다. 코로나19 대유행이 속히 끝나고 일상으로의 회복을 기대하는 이 시점에서, 우리는 감염병의 대응과 위기를 넘어 더욱 근본적인 질문을 던져야 한다. 과연 우리는 다가올 또 다른 위기를 막고 견대어 내도록 우리를 더 강하게 만드는 방향으로 회복되고 있는가? 팬데믹에서 배운 소중한 교훈 덕분에 우리 사회의 모든 구성원이 건강하고 만족스러운 최소한의 삶의 기회를 얻을 수 있을까? 어떻게 준비해야 다가오는 세대와 다른 취약 국가의 사람들, 또 주변의 어려운 이웃들의 기본적인 삶의 필요를 충족시킬 최소한의 역량을 위태롭게 만들지 않으면서 사회의 안전망을 만들 수 있을까?

코로나19 위기 이후 도시의 새로운 패러다임에 대해서는 활발하게 논의되고 있다. 팬데믹 이전에는 전 세계적으로 도시화 추세가 빠르게 확대되어 '도시의 승리'라 일컬어질 정도였다. 하지만 코로나19 위기는 '과연 현재와 같은 대도시의 삶이 지속 가능한가'라는 질문을 제기하며 재난·재해에 취약한 도시의 전환과 회복에 관해 수많은 성찰을 요구하고 있다. 2020년 6월 국제연합(UN)은 위기에 빠진 도시의 전환적 역할을 강조하며 위기관리 후 혁신과 회복탄력성의 허브로 거듭날 것을 당부하였다. 특히 불평등, 지방의 역량, 포용적 녹색 회복의 실천 방향을 강조해 왔다(UN, 2020). 도시정부의 역할이 다시 한번 강조되는 가운데, 도시환경 변화와 도시계획, 발전 전략의 변화뿐 아니라 도시성, 도시 생활 방식의 전환을 포함하는 전반적 쟁점을 통해 생활권, 작은 도시, 감염 차단 도시 등의 새로운 실천이 주목받기도 했다.

과연 도시(성)는 어떻게 변화될 것인가? 혹은 어떻게 전환되어야 하는가? 과연 도시(성)의 전환이 기존의 도시 엘리트주의로 지속될 것인지, 아니면 포용도시(inclusive city)의 방향으로 전환할 계기가 될 것인지는 계속 검토되어야 한다. 도시는 '새로운 정상'을 향한 실험 현장으로서 도시 생활 방식을 재조정하는 것과 긴밀하게 연관된다. 경제 활동과 사회적 상호작용의 변화를 포함한 도시(성)의 전환은 직장, 주거, 이동뿐 아니라 근대적 도시(성)의 근간을 이루는 각종 담론 · 이데올로기, 제도 · 정책, 도시계획과 구조 전환을 요구한다는 점에서 중요한 부분이라 할 수 있다.

장기 코로나 시대는 도시 변화에 전방위적으로 영향을 끼칠 것이다. 의료·보건 측면에서 반복적인 감염병 대응을 위한 인프라 확충, 상권·주거·직장 측면에서 직주분리에서 직주근접으로의 변화 가능성과 기존 원리 · 제도의 전환 여부, 생활 측면에서 비대면 · 비접촉 양식의 확신과 온라인 및 IT기술 활용의 증대 등 많은 논의와 실천이 진행 중이다. 많은 국가와 도시가 '위드 코로나19' 방식을 선택하면서 도시 변화와 전환에 관한 논의와 실천들은 더욱 가속화될 전망이다. 주요한 사례를 탐구하고 비교분석하여 서울과 한국에 적합한 방향성을 찾아내는 동시에, '새로운 정상'을 만드는 길을 찾는 것은 우리 모두의 숙제다.

동시에 반드시 잊지 말아야 할 것이 있는데, '장기 코로나 시대'에 누적된 충격의 차별적 효과다. 위험은 무차별적이지만 그 효과는 차별적이라는 위험사회의 경고는 이번에도 동일하게 적용된다. 코로나19의 회복 과정에서 'K자형 회복'이 제기하는 양극화 우려를 고려하여 세계 인류가 바이러스와 싸우면서 치른 막대한 대가를 누가 감당했는가는 더욱 세밀하게 조사 · 연구해야 한다. '취약한 개인과 집단이 더욱 취약해진다'는 우려는 이미 곳곳에서 드러나고 있다. 대응과 회복 과정에서 사회경제적 충격에 대한 대응과 보상 정책 그리고 사회안전망을 더욱 고민해야 한다. 또한 '반(反)취약성'의 맥락에서 다음에 찾아올 위기에 이러한 위험을 절감하기 위한 노력이 반드시 이뤄져야 한다.

코로나19는 수많은 생명을 앗아 갔으며 전 세계인의 일상을 바꾸어 놓았다. 그 전방위적인 피해의 규모와 정도는 여전히 정확히 가늠하기 힘들다. 특히 팬데믹 때문에 인생 초기에 부정적인 경험을 한 세대는 그 영향이 평생 지속될 수 있다. 개발도상국은 그동안 조금씩 향상되던 빈곤, 교육 등 지속 가능한 발전 목표(SDGs)의 달성 수준이 크게 하락하여 이전 일상으로 회복하려면 큰 어려움을 겪을 것이란 우려도 존재한다. 따라서 물론 아직 다가오지 않은 미래이자 아직도 코로나19가 끝나지 않은 상황이지만 우리 스스로 다시금 돌아보고 다른 도시의 주요 경험을 끊임없이 비교하고 궁구해 봐야 한다. 적어도 지금까지 경험으로 볼 때, 지속 가능한 도시의 회복탄력성과 전환에는 방역과 회복탄력성 사이의 균형, '로컬'의 중요성, 효율적이고 포용적인 거버넌스 구축과 사회·경제·생태적 전환에 이르기까지 담론, 제도, 생활양식을 포괄하는 복합적인 쟁점이 수반된다.

'장기 코로나 시대'라는 문제 설정은 감염병 위기가 지속 · 반복될 때 적시에 대처할 수 있는 사회의 탄력적 전환 능력이 중요함을 상기시킨다. 특히 코로나19 바이러스가 가져온 전방위적 충격이 전례 없고 복합적인 위기를 양산하면서, 코로나19에 대한 민감성과 체계적 대응에 기반하는 방역의 성공뿐 아니라 경제적 불황과 사회적 스트레스 등을 오래 견딜 수 있는 일종의 '사회체제의 지구력'을 더 많이 탐색하고 성찰해야 한다.[1] 단순히 확진률·치명률을 중심으로 하는 방역에 기반하여 상대적 성공과 실패를 논하기보다는, 코로나19 위기의 순간에 드러난 '민낯'을 깊이 들여다보고 연대와 협력으로 '새로운 정상'을 향해 나아가는 근본적 성찰과 의지가 요구되는 때이다.

1 '장기 코로나 시대'란 언명은 다음 글에서 최초로 언급되었다. 정근식, 2020, "제2차 코로나 파도와 사회의 지구력", 《서울이코노미뉴스》(2020. 9. 8.).

참고문헌

## 1장


- 강성용 · 로힛 네기, 『인도 델리의 COVID-19 경험과 대응으로 본 개발도상국의 대도시와 팬데믹』(출간 예정).
- 고길곤 · 김범, 2020, 「한국의 코로나19 대응 평가에 대한 비판적 검토: 이슈의 변화와 경험적 근거 분석을 중심으로」, 《행정논총》, 58(4), pp.1~29.
- 김순은, 2012, 「대도시 행정체제의 개편논의와 방향: 도시정부의 경쟁력 강화를 중심으로」. 《지방정부연구》, 16(4), pp.55~77.
- 김진원 · 김재형, 『뉴욕의 COVID-19: 사회적 질병과 정책적 함의』(출간 예정).
- 남기정 · 박승현, 『도쿄의 코로나19 추이 및 방역의 연구』(출간 예정).
- 사득환, 2002, 「정부간 관계(IGR) 변화와 지방정부간의 환경협력」, 《한국지방자치학회보》, 14(1), pp.123~144.
- 손웅비 · 박윤환, 2020, 「코로나 19 사태로 본 지방자치단체의 위기관리와 리더십: 경기도를 중심으로」, 《GRI 연구논총》, 22(2), pp.1~25.
- 손정원, 『런던, 국가적 재난상황에서 지방정부는 보이지 않았다』(출간 예정).
- 식품의약품안전처, 2020, 마스크 생산 공급 동향 발표.
- 엄은희 · 배경민, 『필리핀 메트로마닐라의 코로나19 대응 사례연구』(출간 예정).
- 이승호, 『파리의 코로나 19 대응, 평가와 전망』(출간 예정).

• 이시철, 2020, 「코로나19, 대구의 초기 대응에 관한 주요 쟁점 분석」,《한국행정연구》, 29(3), pp.1~42.
• 임승빈, 2019, 『지방자치론 (제12판)』, 법문사.
• 정선우 외, 2020, 「포스트 코로나 시대 우리의 건축은 어떻게 나아가야 할까」.《건축》, 64(8), pp.65~68.
• 정재용, 2020, 「포스트 코로나 19 도시계획의 과제와 방향」,《건축》, 64(6), pp.45~48.
• 최경희, 『인도네시아 자카르타 코로나19: 방역과 백신, 경제와 종교 그리고 시민성』(출간 예정).
• "최준영의 도시순례: 전염병과 대도시", 아시아경제, 2020. 2. 13.
• Alon, T et al., 2020, How Should Policy Responses to the COVID-19 Pandemic Differ in the Developing World?, *National Bureau of Economic Research*, No. w27273.
• An, B. Y. and Tang, S. Y., 2020, Lessons From COVID-19 Responses in East Asia: Institutional Infrastructure and Enduring Policy Instruments, *The American Review of Public Administration*, 50(6-7), pp.790~800.
• Benmelech, E., and Tzur-Ilan, N., 2020, The Determinants of Fiscal and Monetary Policies during the COVID-19 Crisis, *National Bureau of Economic Research*, No. w27461.
• Bonardi, J. P. et al., 2020, Fast and Local: How Did Lockdown Policies Affect the Spread and Severity of the Covid-19, *Covid Economics*, 23, pp.325~351.
• Brauer, F. and Castillo-Chavez, C., 2012, *Mathematical Models in Population Biology and Epidemiology*, New York: Springer.
• Chetty, R. et al., 2020, How Did Covid-19 and Stabilization Policies Affect Spending and Employment? A New Real-time Economic Tracker Based on Private Sector Data, *National Bureau of Economic Research*, No. w27431.
• Coibion, O., Gorodnichenko, Y. and Weber, M., 2020, The Cost of the

Covid-19 Crisis: Lockdowns, Macroeconomic Expectations, and Consumer Spending, *National Bureau of Economic Research*, No. w27141.

- Elgar, F. J., Stefaniak, A. and Wohl, M. J., 2020, The Trouble with Trust: Time-series Analysis of Social Capital, Income Inequality, and COVID-19 Deaths in 84 Countries, *Social Science & Medicine*, 263, 113365.
- Engeli, I. and Allison, C. R., 2014, *Comparative Policy Studies: Conceptual and Methodological Challenges*. Palgrave Macmillan.
- Galasso, V. and Foucault, M., 2020, Working During COVID-19: Cross-country Evidence from Real-time Survey Data, OECD Social, Employment and Migration Working Papers, No. 246.
- Gerard, F., Imbert, C. and Orkin, K., 2020, Social Protection Response to the COVID-19 Crisis: Options for Developing Countries, *Oxford Review of Economic Policy*, 36 (Supplement_1), S281-S296.
- Glaeser, E., 2011, Cities, productivity, and quality of life, *Science*, 333(6042), pp.592~594.
- Goolsbee, A. and Syverson, C., 2020, Fear, Lockdown, and Diversion: Comparing Drivers of Pandemic Economic Decline 2020, *National Bureau of Economic Research*, No. w27432.
- Hamidi, S., Sabouri, S. and Ewing, R., 2020, Does Density Aggravate the COVID-19 Pandemic?. *Journal of the American Planning Association*, 86(4), pp.495~509.
- Hong, S. H., Hwang, H. and Park, M. H., 2021, Effects of COVID-19 Non-Pharmaceutical Interventions and the Implications for Human Rights. *International Journal of Environmental Research and Public Health*, 18(1), p.217.
- International Monetary Fund(IMF), 2020, Fiscal Monitor: Policies for the Recovery.
- King, G., Keohane, R. O. and Verba, S.. 1994, *Designing Social Inquiry: Scientific Inference in Qualitative Research*, Princeton University Press.

- Kline, D. S., 2003, Push and Pull Factors in International Nursing Migration, *Journal of Nursing Scholarship*, 35(2), pp.107~111.
- Lau, H. et al., 2020, The Positive Impact of Lockdown in Wuhan on Containing the COVID-19 Outbreak in China, *Journal of Travel Medicine*, 27(3), taaa037.
- Lee, S., Hwang, C. and Moon, M. J., 2020, Policy Learning and Crisis Policy-Making: Quadruple-Loop Learning and COVID-19 Responses in South Korea, *Policy and Society*, 39(3), pp.363~381.
- Lustig, N. et al., 2020, The Impact of COVID-19 Lockdowns and Expanded Social Assistance on Inequality, Poverty and Mobility in Argentina, Brazil, Colombia and Mexico, *Society for the Study of Economic Inequality*, Working Paper 558.
- Moon, M. J., 2020, Fighting COVID 19 with Agility, Transparency, and Participation: Wicked Policy Problems and New Governance Challenges, *Public Administration Review*, 80(4), 651-656.
- OECD, 2020, Cities Policy Responses.
- Peters, D. J., 2020, Community Susceptibility and Resiliency to COVID 19 Across the Rural-Urban Continuum in the United States, *The Journal of Rural Health*, 36(3), pp.446~456.
- Reintjes, R., 2020, Lessons in Contact Tracing from Germany, *BMJ*, 369:m2522.
- Rose, R., 2005, *Learning from Comparative Public Policy: A Practical Guide*, London & New York: Routledge.
- Wright, D. S., 1982, *Understanding Intergovernmental Relations(2nd ed.)*, Monterey, CA: Brooks/Cole.

## 2장


- George J. Borjas, 2020, Demographic Determinants of Testing Incidence and COVID-19 Infections in New York City Neighborhoods, *National Bureau of Economic Research Working Paper Series*.
- New York City Mayor's Office for Economic Opportunity, 2020, *An Economic Profile of Immigrants in New York City 2017: Results from NYC Opportunity's Experimental Population Estimate*.


## 3장


- Edge Health, 2020, Press coverage of Edge Health's work of the impact of Covid-19 on the NHS, https://www.edgehealth.co.uk/post/edge-health-covid-19-analysis-press-coverage(검색 2021. 4. 4.).
- GOV.UK, 2021, Coronavirus (COVID-19) in the UK, https://coronavirus.data.gov.uk/(검색 2021. 5. 15.).
- HM Treasury, 2018, Budget, https://assets.publishing.service.gov.uk/government/uploads/system/uploads/attachment_data/file/752202/Budget_2018_red_web.pdf(검색 2021. 5. 19.).
- Lee, Junkyu, Sung Su Kim, Hyungchan Lee, and Jung Won Sonn, 2021 Forthcoming, Affordable Housing Policies in the United Kingdom and their Lessons for Developing Asia. *ADB Policy Brief*.
- Mayor of London, 2021, Pay it Forward, https://payitforward.london.gov.uk/(검색 2021. 4. 13.).
- Mayor of London/ London Assembly, 2021, Coronavirus (COVID-19) numbers in London, https://www.london.gov.uk/coronavirus/coronavirus-covid-19-numbers-london(Access on 1 April, 2021).

• National Statistics,2019, English indices of deprivation 2019. Ministry of Housing, Communities & Local Government, https://www.gov.uk/government/statistics/english-indices-of-deprivation-2019(검색 2021. 5. 19.).
• NHS England, 2021, Vaccination sites, https://www.england.nhs.uk/coronavirus/publication/vaccination-sites/(검색 2021. 5. 15.).
• Sonn, J. W., and Lee, J. K., 2020, The smart city as time-space cartographer in COVID-19 control: the South Korean strategy and democratic control of surveillance technology. *Eurasian Geography and Economics*, 61(45), 482492.

## 4장

• OECD, 2020, "The territorial impact of COVID-19: Managing the crisis across levels of government", OECD Policy Responses to Coronavirus(COVID-19).
• OECD, "코로나19 위기와 회복력 강화 방안 회의", http://www.oecd.org/gov/risk/asia-public-governance-forum.htm.
• OECD 코로나 19위기와 회복력 강화 방안 회의 자료, https://overseas.mofa.go.kr/oecd-ko/brd/m_20807/view.do?seq=149&srchFr=&amp%3BsrchTo=&amp%3BsrchWord=&amp%3BsrchTp=&amp%3Bmulti_itm_seq=0&amp%3Bitm_seq_1=0&amp%3Bitm_seq_2=0&amp%3Bcompany_cd=&amp%3Bcompany_nm=.
• OECD, 2020, "From pandemic to recovery: Local employment and economic development", OECD Policy Responses to Coronavirus(COVID-19).
• 파리시 보도자료, "Covidom 확진자 및 접촉자 추적 앱(Covidom, une appli pour le suivi des patients porteurs ou suspectés du Covid-19)", https://www.paris.

fr/pages/covidom-une-appli-pour-le-suivi-des-patients-porteurs-ou-suspectes-du-covid-19-7705.

- 파리시 보도자료, "350만 장 마스크 의료진에 배포(3,5M de masques distribu s aux personnels soignants)", https://www.paris.fr/pages/coronavirus-3-5-millions-de-masques-distribues-aux-personnels-soignants-7690.
- 파리시 보도자료, "연대제조소 자원봉사자 모집(Covid-19: devenez volontaire la Fabrique de la Solidarit)", https://www.paris.fr/pages/coronavirus-volontaires-engagez-vous-7689.
- 파리시 보도자료, "파리시 기업 지원 정책(Covid-19: les aides aux entreprises parisiennes)", https://www.paris.fr/pages/coronavirus-soutien-aux-entreprises-parisiennes-7678.
- 파리시 보도자료, "시립도서관 무상 학업 지원(soutien scolaire gratuit en ligne avec les biblioth ques municipales)", https://www.paris.fr/pages/du-soutien-scolaire-gratuit-en-ligne-avec-les-bibliotheques-de-la-ville-de-paris-7664.
- 파리시 보도자료. "'우리동네' 상부상조 네트워크(Les réseaux d'entraide de proximit(alimentaire,...))", https://www.paris.fr/pages/coronavirus-les-reseaux-d-entraide-de-proximite-15601.
- 파리시 보도자료, "파리시의회 안건", https://www.paris.fr/pages/suivez-en-direct-le-conseil-de-paris-7805.
- 파리시 보도자료, "코로나19 자문위원회 출범 및 목적(Comité consultatif)", https://www.paris.fr/pages/paris-se-dote-d-un-comite-consultatif-sur-le-coronavirus-16379.
- 파리시 보도자료, "파리 시민들이 생각하는 코로나19 이후 세계(Les citoyens pensent le monde d'aprés)", https://www.paris.fr/dossiers/les-citoyens-pensent-le-monde-d-apres-25.
- 파리시 보도자료, "코로나19에 맞서는 스타트업(Les startups contre la covid)", https://www.paris.fr/pages/les-start-up-mobilisees-dans-la-lutte-contre-le-covid-19-7887.

- 파리시 보도자료, "'우리' 회사의 새로운 도약(Relancer mon entreprise autrement: succés de l'appel projets)", https://www.paris.fr/pages/professionnels-un-appel-a-projet-pour-accompagner-votre-reprise-d-activite-8123.
- 파리 광역권(일드프랑스Ile-de-France) 보도자료, "도 단위 코로나19 관련 이동 제한 조치", https://www.iledefrance.fr/covid-19-consignes-sanitaires-restrictions-deplacements.
- 파리 광역권(일드프랑스Ile-de-France) 보도자료, "기업지원 정책", https://www.iledefrance.fr/covid-19-la-region-ile-de-france-lance-un-plan-durgence-pour-les-entreprises.
- 파리 광역권(일드프랑스Ile-de-France) 보도자료, "코로나19 상황 기업들을 위한 세 오금리 부양대출)", https://www.iledefrance.fr/covid-19-un-pret-rebond-regional-taux-zero-pour-les-tpe-pme.
- 파리 광역권(일드프랑스Ile-de-France) 보도자료, "지방정부가 만든 저항기금 (Fonds de r silience) 2021년 3월 17일까지 기간 연장)", https://www.iledefrance.fr/prolongation-du-fonds-resilience-ile-de-france-et-collectivites-jusquau-17-mars-2021.
- FrimoussehSoufyanehJean-Marie Peretti, 2020, Les changements organisationnels induits par la crise de la Covid-19, *Question(s) de management*, 29(3), pp.105~149.
- 프랑스 보건복지부, "백신 접종 일정 보도자료", https://solidarites-sante.gouv.fr/prevention-en-sante/preserver-sa-sante/vaccination/calendrier-vaccinal.
- 코로나19 백신 접종 일정, https://sante.journaldesfemmes.fr/fiches-maladies/2688083-vaccination-covid-france-pour-tous-rdv-centre-age-doctolib-comorbidite-numero-eligibilite-inscription-enseignant/.

## 5장


- 박철현, 2020, 「코로나19와 중국 스마트시티: 격자망화 관리, 방역관리 플랫폼, 건강정보코드와 사회관리체계」, 《중국지식네트워크》 특집호.
- COVID-19 pandemic in Shanghai, https://en.wikipedia.org/wiki/COVID-19_pandemic_in_Shanghai.
- COVID-19 pandemic in Tibet, https://en.wikipedia.org/wiki/COVID-19_pandemic_in_Tibet.
- 2019冠狀病毒病西藏自治區疫情, https://zh.wikipedia.org/wiki/2019%E5%86%A0%E7%8A%B6%E7%97%85%E6%AF%92%E7%97%85%E8%A5%BF%E8%97%8F%E8%87%AA%E6%B2%BB%E5%8C%BA%E7%96%AB%E6%83%85.
- COVID-19 pandemic in Xinjiang, https://en.wikipedia.org/wiki/COVID-19_pandemic_in_Xinjiang.
- 2019冠狀病毒病中國大陸疫情, https://zh.wikipedia.org/wiki/2019%E5%86%A0%E7%8A%B6%E7%97%85%E6%AF%92%E7%97%85%E4%B8%AD%E5%9B%BD%E5%A4%A7%E9%99%86%E7%96%AB%E6%83%85.
- COVID-19 pandemic in mainland China, https://en.wikipedia.org/wiki/COVID-19_pandemic_in_mainland_China.
- 2020年新型冠狀病毒疫情, https://baike.baidu.com/item/2020%E5%B9%B4%E6%96%B0%E5%9E%8B%E5%86%A0%E7%8A%B6%E7%97%85%E6%AF%92%E7%96%AB%E6%83%85/24278151?fr=aladdin.
- 大數据透視2020年春節人口流動趨勢, https://www.sohu.com/a/368303006_275039.
- 2020 春節前人口實際流動网絡圖, https://www.sohu.com/a/371488325_260616.
- 2020年春運人口遷徙整体趨勢 節期前全國人口遷徙逐步攀升, http://www.inpai.com.cn/news/doc/20200108/38740.html.
- 重磅！2020年春節將至，從人口流動方向，分出城市房价未來走勢?,

https://sa.sogou.com/sgsearch/sgs_tc_news.php?req=0XJdcMM-elddfXTlGbBDT8X86cfWaUOj7H1n_F4akp4=.

• 2020春節中國城市人口流動規模排名榜, https://tieba.baidu.com/p/6694441405.

• 2020年春節節前各省市遷出人口,遷入人口及滯留湖北人群占比[圖], https://www.chyxx.com/industry/202004/855479.html.

• 從春節人口遷徙數据看人口流動新趨勢, https://new.qq.com/rain/a/20200318a0m92p00.

• 2020年中國新冠肺炎疫情發展實录, https://baike.baidu.com/item/2020%E5%B9%B4%E4%B8%AD%E5%9B%BD%E6%96%B0%E5%86%A0%E8%82%BA%E7%82%8E%E7%96%AB%E6%83%85%E5%8F%91%E5%B1%95%E5%AE%9E%E5%BD%95.

• 《抗擊新冠肺炎疫情的中國行動》白皮書, http://www.scio.gov.cn/ztk/dtzt/42313/43142/.

• 一圖回顧218天北京抗疫"清零路"!, https://www.sohu.com/a/415021131_391368.

• 北京市2019年國民經濟和社會發展統計公報. http://www.beijing.gov.cn/gongkai/shuju/tjgb/202003/t20200302_1838196.html.

• 2019年天津市國民經濟和社會發展統計公報, http://stats.tj.gov.cn/tjsj_52032/tjgb/202007/t20200705_2780580.html.

• 從春節人口遷徙數据看人口流動新趨勢, https://new.qq.com/rain/a/20200318a0m92p00.

• 「加强首都公共衛生應急管理體系建設三年行動計劃(2020-2022年)」, http://www.beijing.gov.cn/zhengce/zhengcefagui/202006/t20200609_1920151.html.

• 北京大興區累計确診24例，今日啓動第二輪大規模核酸檢測, https://baijiahao.baidu.com/s?id=1689923975171679751&wfr=spider&for=pc.

• 關于印發新型冠狀病毒肺炎防控方案(第七版)的通知, http://www.gov.cn/xinwen/2020-09/15/content_5543680.htm.

• 新型冠狀病毒疫苗, https://baike.baidu.com/item/%E6%96%B0%E5%9E%8B%E5%86%A0%E7%8A%B6%E7%97%85%E6%AF%92%E7%96%AB%E8%8B%97/24286099?fr=aladdin.

• 北京新冠疫苗接种時間表公布, http://bj.bendibao.com/news/202114/286224.shtm.

• 新冠病毒疫苗接种, 一組圖帶你全看懂!, https://www.sohu.com/a/442450827_120209831.

• 北京明确9類重点人群接种疫苗, https://baijiahao.baidu.com/s?id=1687582467085494314&wfr=spider&for=pc.

• 北京已基本完成九類重点人群疫苗接种, 春節期間接种不停, https://baijiahao.baidu.com/s?id=1691210103860129365&wfr=spider&for=pc.

• 北京市疫苗接种覆盖人群達900万!, https://xw.qq.com/amphtml/20210329A06N3700/20210329A06N3700.

• 防控指南, http://www.beijing.gov.cn/ywdt/zwzt/yqfk/kpzs/index.html.

• 北京"健康宝", http://www.beijing.gov.cn/fuwu/bmfw/bmzt/bjjkb/index.html.

• 重大突發公共衛生事件 I 級響應, https://baike.baidu.com/item/%E9%87%8D%E5%A4%A7%E7%AA%81%E5%8F%91%E5%85%AC%E5%85%B1%E5%8D%AB%E7%94%9F%E4%BA%8B%E4%BB%B6%E2%85%A0%E7%BA%A7%E5%93%8D%E5%BA%94/24286995?fr=aladdin.

• 重大突發公共衛生事件一級響應是个啥?, http://baijiahao.baidu.com/s?id=1656595102005796177&wfr=baike.

• 北京市突發公共衛生事件應急預案, http://www.beijing.gov.cn/zhengce/zhengcefagui/201905/t20190522_59844.html.

• 北京應急響應級別降至三級 仍要嚴格堅持十大防控措施, https://baijiahao.baidu.com/s?id=1672636463897893619&wfr=spider&for=pc.

• 新冠肺炎疫情防控, http://www.beijing.gov.cn/ywdt/zwzt/yqfk/.

• 北京市人民政府辦公廳關于印發《進一步支持中小微企業應對疫情影響保持平穩發展若干措施》的通知, http://www.beijing.gov.cn/fuwu/lqfw/ztzl/

jsjfjcbyqwgcfz/zhchzc/202004/t20200417_1814532.html.

• 關于印發《關于進一步推進便民服務持續优化營商环境的若干措施》的通知, http://www.beijing.gov.cn/fuwu/lqfw/ztzl/jsjfjcbyqwgcfz/zhchzc/202010/t20201020_2115289.html.

• 北京市人力資源和社會保障局 北京市財政局 國家稅務總局北京市稅務局關于延長階段性減免企業社會保險費政策實施期限等問題的通知, http://www.beijing.gov.cn/zhengce/zhengcefagui/202007/t20200710_1945108.html.

• 北京市人力資源和社會保障局 北京市財政局關于開展一次性創業補貼工作的通知, http://www.beijing.gov.cn/zhengce/zhengcefagui/202012/t20201214_2163453.html.

• 一圖懂《關于進一步促進社區商業發展的若干措施》, http://www.beijing.gov.cn/fuwu/lqfw/ztzl/gtgshzcfczl/zcjd/202012/t20201211_2162631.html.

• 北京市人民政府辦公廳印發《關于全力做好疫情防控工作保障企業有序复工复產的若干措施》的通知, http://www.beijing.gov.cn/zhengce/zhengcefagui/202003/t20200315_1706857.html.

• 复工复產惠企政策兌現專題, http://www.beijing.gov.cn/so/zcdh/hqzcdx.

• 2019年农民工監測調査報告, http://www.stats.gov.cn/tjsj/zxfb/202004/t20200430_1742724.html.

• 北京"健康宝"小程序, http://www.beijing.gov.cn/fuwu/bmfw/bmzt/bjjkb/.

• 綠色代表什么?, http://www.beijing.gov.cn/fuwu/bmfw/bmzt/bjjkb/jkdj/202003/t20200305_1855404.html.

• 黃色代表什么?, http://www.beijing.gov.cn/fuwu/bmfw/bmzt/bjjkb/jkdj/202003/t20200305_1855405.html.

• 紅色代表什么?, http://www.beijing.gov.cn/fuwu/bmfw/bmzt/bjjkb/jkdj/202003/t20200305_1855406.html.

• 北京"健康宝"在北京以外地區可以用嗎?, http://www.beijing.gov.cn/fuwu/bmfw/bmzt/bjjkb/cjwt/202003/t20200312_1855552.html.

• 北京健康宝3.0上線 增加出入公共場所掃碼登記功能, http://news.haiwainet.cn/n/2020/0613/c3541083-31813044.html?baike.

- 外籍人士Health kit(健康宝)使用指南(中英對照版), http://bj.bendibao.com/news/2020416/273068.shtm.
- 北京健康宝上線"老幼健康碼助查詢"功能, http://www.xinhuanet.com/politics/2020-11/23/c_1126772950.htm.
- 北京上線核酸檢測信息統一平台, 可通過北京健康宝使用, https://www.cn-healthcare.com/articlewm/20210107/content-1178502.html.
- ZKBRAIN 中關村科學城城市大腦股份有限公司, http://www.zgcworld.com/zkdn/eng/.
- Median forecast for China's GDP growth rate due to coronavirus COVID-19 pandemic in 2021 as of January 2021, https://www.statista.com/statistics/1102691/china-estimated-coronavirus-covid-19-impact-on-gdp-growth/.
- China very likely to achieve 2-3 percent GDP growth for 2020: economists, https://www.globaltimes.cn/content/1194727.shtml.
- 張毅: 疫情冲擊下失業率上升 統籌政策實施將帶動就業形勢改善, http://www.stats.gov.cn/tjsj/sjjd/202003/t20200316_1732415.html.
- 2020年一季度北京市經濟運行情况解讀：主要領域逐步恢复 新興動能較快成長, https://baijiahao.baidu.com/s?id=1664481830399781285&wfr=spider&for=pc.
- 北京市2019年國民經濟和社會發展統計公報, http://www.tjcn.org/tjgb/01bj/36179_4.html.


## 6장


- 김창엽, 2020, 「코로나19의 과학과 정치는 어떻게 만날까?」, 『멀티플 팬데믹』, 이매진, pp.51~76.
- 남기정, 2020, 「코로나19가 한일관계 변화에 주는 함의: 국제정치에 미치는 문명

사적 영향에 주목하여」,《현대일본학회》, 52, pp.35~63.

- 박승현, 2020, 「코로나19 팬데믹과 불안억제사회 일본: 재난공동체의 불안과 자숙, 그리고 연대」,《아시아연구》, 23(4), pp.23~40.
- 泉智德, 2021春, 「新型コロナ對策から見る『政府間關係』」, 『國際文化研修』, 111号.
- 片山善博. 2020, 『知事の眞贋』, 文春新書.
- アジア・パシフィック・イニシアティブ(API), 2020, 新型コロナ對応・民間臨時調查會 調查・檢証報告書, Discover.
- "전국, 도쿄도, 가나가와현, 사이타마현, 지바현 코로나19 감염자수 추이", 아사히신문, 2021, https://www.asahi.com/topics/word/コロナウイルス.html?iref=pc_gnavi(검색 2021. 6. 3.).
- 마이니치신문, 2021, ワクチン計畫「時間との闘い」 接種後,暮らしはどう変わるのか(검색 2021. 4. 12.).
- 마이니치신문, 2020, 支持率低下で追い込まれた首相 敗れた「勝負の3週間」GoTo全國一齊停止(2020. 12. 14.).
- 마이니치신문, 2020, 新型コロナによる死者數の推移(검색 2021. 1. 9.).
- 도쿄도 홈페이지, https://www.metro.tokyo.lg.jp/tosei/hodohappyo/press/2020/03/26/46.html.
- 2020년 6월 도쿄 도지사 선거에 관한 세론조사, https://www.nhk.or.jp/senkyo/opinion-polls/02/pdf/telephone-survey.pdf.
- 2021년 1월 7일 도쿄도 모니터링 회의, https://www.bousai.metro.tokyo.lg.jp/_res/projects/default_project/_page_/001/012/674/2021010702.pdf.
- 2021년 4월 15일 도쿄도 모니터링 회의, https://www.bousai.metro.tokyo.lg.jp/taisaku/saigai/1013388/1013601.html.
- 東京都医學總合研究所, https://www.igakuken.or.jp/r-info/covid.html#covid_1.
- 厚生勞働省「接種についてのお知らせ」, https://www.mhlw.go.jp/stf/seisakunitsuite/bunya/0000121431_00218.html.
- 厚生勞働省「新型コロナウイルス感染症に係る予防接種の實施に關する手引

き」, https://www.mhlw.go.jp/content/000754242.pdf.
- 東京都福祉保健局, 「新型コロナウイルスワクチンの接種に關する準備狀況などについて(第1694報)」, https://www.bousai.metro.tokyo.lg.jp/taisaku/saigai/1010035/1013129/1013148.html.
- 東京都福祉保健局 「高齢者向けの新型コロナウイルス感染症にかかる予防接種のためのワクチンの配分數について」別紙, https://www.fukushihoken.metro.tokyo.lg.jp/iryo/kansen/coronavaccine.files/030305besshi.pdf.
- 東京都保険福祉局, 「接種の實績について」, https://www.fukushihoken.metro.tokyo.lg.jp/iryo/kansen/coronavaccine.html.
- Our world in Data, https://ourworldindata.org/coronavirus.

## 7장

- 김형준, 2021, 「끝없는 1차 유행: 인도네시아의 코로나19 전개와 정부의 대응」, 《전통연 이슈페이퍼 12》, 전북대학교 동남아연구소.
- Allard, Tom  Kate Lamb, 2020, "Endless first wave: how Indonesia failed to control coronavirus", Reuters, https://www.reuters.com/article/us-health-coronavirus-indonesia-insight-idUSKCN25G02J.
- Arief, Hersubeno, 2020. "Pertempuran Tiada Henti Anies Vs Jokowi", *RMOL.ID*, https://rmol.id/info/tentang-kami.
- Assegaff, Syafiq Basri, 2021, "The Bigger Threat the Better in Pandemic", https://www.thejakartapost.com/academia/2021/02/23/the-bigger-threat-the-better-in-pandemic.html.
- Basith, Abdul, 2020, "Pemerintah Pusat masih bahasa karantina wilayah DKI Jakarta", https://nasional.kontan.co.id/news/pemerintah-pusat-masih-bahas-karantina-wilayah-dki-jakarta.
- Bona, Maria Fatima, 2021, "Nearly All Health Workers Fully Vaccinated

against Covid-19", https://jakartaglobe.id/news/nearly-all-health-workers-fully-vaccinated-against-covid19.

• CNN, 2020, "Poin-poin Penting PSBB Transisi Jakarta Jilid II", https://www.cnnindonesia.com/nasional/20201012080626-20-557204/poin-poin-penting-psbb-transisi-jakarta-jilid-ii.

• CNN, Indonesia, 2021, "Anies terapkan PSBB ketat DKI 11-25 Januari 2021", https://www.cnnindonesia.com/nasional/20210109110718-20-591473/anies-terapkan-psbb-ketat-dki-11-25-januari-2021.

• Damarjati, Danu, 2020, "Timeline PSBB Jakarta", https://news.detik.com/infografis/d-5167589/timeline-psbb-jakarta.

• Detik, 2021, "Jurus Atasi Corona Selama Setahun: PSBB hingga PPKM", https://news.detik.com/berita/d-5477140/jurus-atasi-corona-selama-setahun-psbb-hingga-ppkm/2.

• Fauzia, 2020, "51 persen tes COVID-19 di Jakarta dilakukan mandiri", https://www.antaranews.com/berita/1900948/51-persen-tes-covid-19-di-jakarta-dilakukan-mandiri.

• Gorbiano, Marchio Irfan, 2020, "Breaking: Jokowi announces Indonesia's first wwo confirmed Covid-19 cases", https://www.thejakartapost.com/news/2020/03/02/breaking-jokowi-announces-indonesias-first-two-confirmed-covid-19-cases.html.

• GTN(Gugus Tugas Nasional), 2020, "112 Wilayah Administrasi Kabupaten dan Kota Masuk Daftar Zona Hijau", https://covid19.go.id/p/berita/112-wilayah-administrasi-kabupaten-dan-kota-masuk-daftar-zona-hijau.

• Hanggara, Aditya Gagat, 2020, "Jakarta Response to COVID-19 Outbreak: A Timeline", https://corona.jakarta.go.id/en/artikel/linimasa-kebijakan-penanganan-pandemi-covid-19-di-jakarta.

• Hani, Anggraini, 2021, "Indonesia's COVID vaccination campaign prioritizes workers", https://www.dw.com/en/indonesias-covid-vaccination-campaign-prioritizes-workers/a-56316852.

- Hong, Jinshan, Rachel Chang and Kevin Varley, "The Covid Resilienc Ranking: U.S., Europe Rise in Best Places to Be in Covid; Asia Suffers", https://www.bloomberg.com/graphics/covid-resilience-ranking/.
- Lisnawati, Firdia, 2021, "Indonesia warns of big fines for refusing COVID-19 vaccine, in a world first", https://www.abc.net.au/news/2021-02-19/indonesia-warns-fines-for-refusing-covid-19-vaccine-world-first/13170826.
- Loasana, Nina, 2020, "Panic Buying Hits Jakarta Supermarkets as Govt Announces First Covid1-9 Cases", https://www.thejakartapost.com/news/2020/03/03/panic-buying-hits-jakarta-supermarkets-as-govt-announces-first-covid-19-cases.html.
- Loasana, Nina, 2021, "Gap persists between new COVID-19 policy and reality in Jakarta neighborhoods", https://www.thejakartapost.com/news/2021/02/18/gap-persists-between-new-covid-19-policy-and-reality-in-jakarta-neighborhoods.html.
- Nafian, Muhammad Ilman, 2020, "Dampak Pandemi, Anies Mau Upgrade Visi-Kebijakan Pembangunan Jakarta", https://news.detik.com/berita/d-5305033/dampak-pandemi-anies-mau-upgrade-visi-kebijakan-pembangunan-jakarta?_ga=2.157785402.1292854649.1616557736-1846408288.1616557736.
- Nurbaiti, Alya, 2020, "Jakarta launches JakWwifi program to provide free internet access", https://www.thejakartapost.com/news/2020/08/28/jakarta-launches-jakwifi-program-to-provide-free-internet-access.html.
- O'Rourke, Kevin, 2021, "The Trouble With Indonesia's Dual Track Vaccination Scheme", https://thediplomat.com/2021/03/the-trouble-with-indonesias-dual-track-vaccination-scheme/.
- Paat, Yustinus, 2020, "Anies Allows Dine-in as Jakarta Eases Covid-19 Restrictions", https://jakartaglobe.id/news/anies-allows-dinein-as-jakarta-eases-covid19-restrictions/.

• Sari, Haryanti Puspa, 2021, "Kemenkes: Vaksinasi Gotong Royong Berbeda dengan Vaksinasi Mandiri", https://nasional.kompas.com/read/2021/03/16/16572651/kemenkes-vaksinasi-gotong-royong-berbeda-dengan-vaksinasi-mandiri.
• Syakriah, Ardila, 2020, "Jakarta back under PSBB but, less strict than before", https://www.thejakartapost.com/news/2020/09/13/jakarta-back-under-psbb-but-less-strict-than-before.html.
• Velarosdela, Rindi Nuris, 2021a, "Kilas Balik Kronologi Munculnya Kasus Pertama Covid-19 Indonesia", https://megapolitan.kompas.com/read/2021/03/02/05300081/kilas-balik-kronologi-munculnya-kasus-pertama-covid-19-di-indonesia?page=all.
• Velarosdela, Rindi Nuris, 2021b, "Simak, Ini Daftar Lengkap Lokasi Vaksinasi Covid-19 Jakarta", https://megapolitan.kompas.com/read/2021/03/02/05464791/simak-ini-daftar-lengkap-lokasi-vaksinasi-covid-19-di-dki-jakarta?page=all.
• Wartaekonomi, 2020, "Kontroversi Pertemuan Habib Rizieq dan Anies Baswedan: PDIP Komentar Sinis", https://www.wartaekonomi.co.id/read313344/kontroversi-pertemuan-habib-rizieq-dan-anies-baswedan-pdip-komentar-sinis?page=2.
• Yeremia, Ardhitya Eduard and Klaus Heinrich Raditio, 2021, Indonesia-China Vaccine Cooperation and South China Sea Diplomacy, *ISEAS Perspective*, No. 55.

## 8장

• 엄은희, 2020, 「재난관리 관점에서 본 필리핀의 코로나19 대응에 관한 비판적 분석」, 《동남아시아연구》, 30(4). pp.145~189.

- Bello, W., 2020, Never Let a Good Crisis Go to Waste: The Coivd-19 Pandemic and the Opportunity for Food Sovereignty, *Focus on the Global South Issue Brief.*
- Caballero-Anthony, M., 2005, SARS in Asia: Crisis, Vulnerabilities, and Regional Responses, *Asian Survey*, 45(3), pp.475~495.
- David, G. Rye, R. S., Agbulos, M. P., 2020, COVID-19 Forecasts in the Philippines: Insights for Policy Making.
- Fernandez. I et al., 2020, "A Hero's Welcome? Repatriated Overseas Filipino Workers and COVID-19", https://blogs.lse.ac.uk/seac/2020/10/08/a-heros-welcome-repatriated-overseas-filipino-workers-and-covid-19/.
- Joaquin, J. J. B, Biana, H. T., 2020, Philippine crimes of dissent: Free speech in the time of COVID-19, *Crime, Media, Culture: An International Journal*, 1-5.
- Malingdong-Uy, A., 2020, "Is The Philippines Winning Its COVID-19 Fight?", https://theaseanpost.com/article/philippines-winning-its-covid-19-fight.
- Khaliq, R., 2020, "Philippines to enact new anti-terror bill amid protests", https://www.aa.com.tr/en/asiapacific/philippines-to-enact-new-anti-terror-bill-amid-protests/1872159.
- Lasco, G., 2020, Medical populism and the COVID-19 pandemic, *Global Public Health* 15(10), pp.1417~1429.
- Recio, Redento B et al., 2020, "COVID-19 reveals unequal urban citizenship in Manila, Dhaka and Delhi", https://blogs.lse.ac.uk/covid19/2020/06/05/covid-19-reveals-unequal-urban-citizenship-in-manila-dhaka-and-delhi/.
- Yoo, J-H, 2021, What We Do Know and Do Not Yet Know about COVID-19 Vaccines as of the Beginning of the Year 2021, *Journal of Korean Medical Science*, 36(6).
- WHO, 2006, SARS: how a global epidemic was stopped.

- 필리핀통계청(Philippine Statics Authority), https://psa.gov.ph/.
- 필리핀 공보처(Philippine News Agency), https://www.pna.gov.ph/.
- 필리핀 코로나19 tracker, https://www.covid19.gov.ph/.
- 필리핀 보건부(Department of Health), http://www.doh.gov.ph.
- 필리핀식약청(Food and Drug Administration of the Philippines), https://www.fda.gov.ph/.
- 필리핀 관보(Official Gazette of the Philippines), https://www.officialgazette.gov.ph/.
- 아시아개발은행(ADB), https://www.adb.org/countries/philippines/economy.
- 필리핀사회기상청(Social Weather Stations), http://www.sws.org.ph.
- 펄스 아시아(필리핀 여론조사기관), http://www.pulseasia.ph/.
- ABS-CBN News, https://news.abs-cbn.com/.
- Asian Journal News, https://www.asianjournal.com/philippines/.
- Business World, https://www.bworldonline.com.
- Bloomberg, https://www.bloomberg.com.
- CBS News, https://www.cbsnews.com/news/.
- GMA News, https://www.gmanetwork.com/.
- The Philippine Daily Inquirer, www.inquirer.net.
- The Philippine Star, www.philstar.com.
- Rappler, https://www.rappler.com/.
- CNN Philippine, https://www.cnnphilippines.com.
- Manila Bulletin, https://www.manilabulletin.com.
- The One News, https://www.onenews.ph/.
- Philippine Primer, https://www.philippineprimer.com.

# 9장


- 강성용, 2021, 「특집: 코로나19 백신의 정치와 외교(3) 중국 견제를 위한 인도의 백신 외교」, 《서울대학교 아시아연구소 아시아브리프》, 1권 5호.
- Allen, A., Dávila, J. D. and Hofmann, P., 2006, The Peri-Urban Water Poor: Citizens or Consumers?, *Environment and Urbanization*, 18(2), pp. 333~351.
- Babu, N. M., 2021, "Sero survey shows 56% have antibodies", *The Hindu*, 02 February 2021.
- Bhan, G., 2009, "This is No Longer the City I Once Knew". Evictions, the Urban Poor and the Right to the City in Millennial Delhi, *Environment and Urbanization*, 21(1), pp. 127~142.
- Bhan, G. et al., 2020, *Lessons for Social Protection from the COVID-19 Lockdowns Report 1 of 2: State Relief*. Bengaluru: Indian Institute for Human Settlements.
- Chakravarty, S. and Negi, R., 2016, *Space, planning and everyday contestations in Delhi*. New Delhi: Springer.
- Chaplin, S., 1999, Cities, Sewers and Poverty: India's Politics of Sanitation, *Environment and Urbanization*, 11(1), pp. 145~158.
- Chatterji, A., 2020, *Air Pollution in Delhi: Filling the Policy Gaps, Observer Research Foundation*.
- Dhillon, A., 2020, "Delhi Covid Crisis Worsened by Soaring Pollution Levels, Coronavirus", *The Guardian*.
- The Epidemic Diseases Act, 1897(ACT NO. 3 OF 1897 1 [4th February, 1897.]).
- Ghosh, S., 2020, "Draft EIA Notification Dilutes Environmental Protections, Is in Denial of Ecological Crises", *The Indian Express*.
- Goswami, S., 2020a, "Delhi CM Gets over 500,000 Suggestions for a Post-Lockdown Capital", *Hindustan Times*.
- Goswami, S., 2020b, "Delhi L-G Reverses Covid Order on Home Isolation

after Meeting CM Kejriwal", *Hindustan Times*.

- Goswami, S. and Singh, S., 2020, "'We've to Learn to Live with Covid-19', Says Delhi Deputy CM Manish Sisodia", *Hindustan Times*.
- Guttikunda, S. and Nishadh, K. A., 2020, *Air Quality Trends and Lessons Learnt in India during the COVID Lockdowns*, Collaborative Clean Air Policy Centre.
- Hindustan Times, 2021, "Delhi: More than 29,000 People Received Covid-19 Vaccine Doses on Thursday", *Hindustan Times*.
- Joshi, R. and Tak, S., 2013, "Health Insurance in India Still Remains an Untapped Market", https://www.dnaindia.com/health/report-health-insurance-in-india-still-remains-an-untapped-market-1891509 (검색 2021. 3. 7.).
- Kapoor, Radhicka, 2020, *COVID-19 and the State of India's Labour Market, ICRIER Policy Series 18*, New Delhi: Indian Council for Research on International Economic Relations.
- Khanna, P., 2020, "What is the 'Delhi Model' to Tackle Covid-19?", https://www.livemint.com/news/india/what-is-the-delhi-model-to-tackle-covid-19-11596717695387.html(Accessed 2021. 3. 11.).
- Kundu, D., 2020, *Impact of COVID19 on Lives and Livelihoods: Rapid Study of Slum Dwellers in Indian Cities*, National Institute of Urban Affairs.
- Lahoti, R. et al., 2020, *COVID-19 Livelihoods Survey: Compilation of Findings*, Azim Premji University.
- Legg, S., 2007, *Spaces of Colonialism: Delhi's Urban Governmentalities*. Oxford: John Wiley & Sons.
- Mitra, Arup, 2008, *The Indian Labour Market: An Overview, ILO Asia-Pacific Working Paper Series*. New Delhi: International Labour Organization Subregional Office for South Asia.
- Musaddi, Mohit and Arun Sahgal, 2020, *COVID-19 Response: Beijing Consensus versus New Delhi Model. DPG Policy Brief 5(13)*, New Delhi:

Delhi Policy Group.
• Negi, R., 2010, Neoliberalism, Environmentalism, and Urban Politics in Delhi, *New Economic Policy in India: A Critical Analysis*, pp. 179~198.
• Negi, R. and Srigyan, P., 2021, *Atmosphere of Collaboration: Air Pollution Science, Politics and Ecopreneurship in Delhi*. Routledge.
• Perrigo, B., 2020, "Coronavirus Exacerbates Islamophobia in India", *Time*.
• Picheta, R., 2020, "India: People Can See the Himalayan Peaks as Lockdown Eases Air Pollution", *CNN Travel*.
• Sharan, A., 2011, From Source to Sink: "Official" and "Improved" Water in Delhi, 1986-1956, *The Indian Economic and Social History Review*, 48(3), pp. 425~462.
• Sharma, S., 2020, "The Science behind Delhi's Five-Pronged Fight against Covid-19", *Hindustan Times*.
• Spinney, L., 2021, "'We Took a Huge Risk': the Indian Firm Making More Covid Jabs than Anyone, Global Development", *The Guardian*.
• Srinivasan, S., 2021, "Approval for Bharat Biotech's COVID-19 Vaccine Covaxin Lacks Scientific Basis", *Frontline*.
• Travaglio, M. et al., 2021, Links Between Air Pollution and COVID-19 in England, *Environmental Pollution(Barking, Essex: 1987)*, 268(Pt A), p. 115859.

## 10장

• 구기연, 2020, 「코로나19와 서아시아 초기 대응의 성과와 함의: 삼중고를 겪고 있는 이란 코로나19 현황과 전망」, 서울대학교 아시아연구소.
• 엄익란, 2020, 「COVID-19가 중동국가에 미치는 여파 연구: 인간 안보 관점을 중심으로」, 《중동연구》, 39(2), pp.93~124.

- 엄익란, 2021, 「걸프지역 COVID-19 사례로 본 수니 무슬림의 반시아 종파주의 담론 분석」,《한국중동학회논총》, 41(3), pp.131~160.
- Ahmadi et al., 2020, Investigation of effective climatology parameters on COVID-19 outbreak in Iran, *The Science of the Total Environment*, 729, 138705.

이란어 자료

- 테헤란 도시 연구 및 계획센터, 2020, 세계 대도시와 이란 대도시의 코로나 바이러스 주요 대처.

مهندس نظری , علیرضا نوری, 1399 , "اهم اقدامات شهرهاي بزرگ جهان و کلانشهرهای ایران در مقابله با ویروس کرونا", مرکز مطالعات و برنامه ریزی شهر تهران, صفحات 23~24

- Haeri, Vahid, 2020, 세계와 지역의 조치들, 전문잡지, 코로나 발발 특집(2).

وحيد حايري 1399, اقدامات محلي در بحران هاي جهاني", فصلنامه علمي تخصصي ویژه نامه پیامدهای شیوع کرونا,.شماره دوم ,

신문기사 및 인터넷 자료

- Aljazeera(2020. 3. 12), "Iran asks IMF for $5bn emergency funding to fight coronavirus", https://www.aljazeera.com/economy/2020/3/ 12/iran-asks-imf-for-5bn-emergency-funding-to-fight-coronavirus(Search 2020. 5. 1.).
- Alef(2020. 7. 29.), آخرین وضعیت کرونا در استان تهران , https://b2n.ir/169521(Search 2020. 12. 1.).
- Anatoli news Agency(2020. 12. 19.), منع تردد دو روزه در ایران در آستانه شب یلدا , https://b2n.ir/116377(Search 2020. 7. 1.).
- BBC(2020.2.24.), "Coronavirus: Iran denies cover-up as death toll rises to 12", https://www.bbc.com/news/world-middle-east-51614920(Search 2020. 7. 1.).
- BBC(2020. 2. 25.). "Coronavirus: Iran's deputy health minister tests positive as outbreak worsens"(Search 2020. 10. 30.), https://www.bbc.com/news/world-middle-east-51628484(Search 2020. 7. 1.).

- Bornanews,(2021. 2. 14.), آخرین و جدیدترین آمار کرونایی تهران تا 26 بهمن 99, https://b2n. ir/e38521(Search 2021. 4. 8.).
- SAEDNEWS(2020. 10. 20.), کرونا در کدام مناطق تهران بیشتر جولان میدهد؟, https://b2n.ir/174243(Search 2020. 11. 1.).
- Deutsche Welle(2020. 2. 25.), کرونا در ایران: فرمانده مدیریت مقابله با ویروس کرونا در تهران تعیین شد, https://b2n.ir/183889(Search 2021. 4. 8.).
- Deutsche Welle, کرونا در ایران؛ ۷۰۰هزار واکسن و وعده واکسیناسیون همگانی https://b2n.ir/j95209,2021.03.22. 기재(Search 2021. 4. 1.).
- Eghtesadgardan, وضعیت قرمز کرونا در تهران، خطر خیز مجدد بیماری در کشور, https://b2 n.ir/222372, 2020. 4. 5.(Search 2021. 4. 1.).
- Euronews Agency. شیوع کرونا در ایران و جهان؛ تهران در وضعیت کاملاً بحرانی است , https ://b2n.ir/024808, 2020. 9. 26.(Search 2021. 3. 1.).
- Headtopics, کرونا در ایران؛ تهران در وضعیت قرمز، مرگ ۹۷ نفر در ۲۴ ساعت , https://b2n. ir/966563, 2020. 7. 13.(Search 2021. 4. 1.).
- Independentpersian, سپاه امر به معروف و نهی از منکر «کرونا» را آغاز میکند , https:// b2n.ir/757680, 2020. 10. 15. 기재(Search 2020. 11. 13.).
- IRNA news Agency, آخرین وضعیت کرونا در کشور, https://b2n.ir/894687, 2020. 12. 24.(Search 2020. 11. 13.).
- IRNA news Agency, تهران در وضعیت زرد کرونا؛ دورکاری کارمندان به یک سوم کاهش یافت, https://b2n.ir/183122, 2021. 1. 9(Search 2020. 12. 13.).
- Ilna news(2020. 10. 18.), نیروی انتظامی یکی از دستگاههای پیشگام در حوزه مقابله با کرونا, https://b2n.ir/859993(Search 2020. 10. 30.).
- Irnanews(2020. 6. 28.), سردار اشتری: نیروی انتظامی همراه با وزارت بهداشت در میدان مقابله با کرونا است, https://b2n.ir/048163(Search 2022. 10. 30.).
- Irnanews(2020. 10. 8.), روحانی: طرح «استفاده ماسک از خانه تا خانه» در تهران اجرا میشود , https://b2n.ir/u35172(Search 2020. 10. 20.).
- Irnanews(2021. 4. 30.), کرونا برای چهارمین هفته متوالی بازار بزرگ تهران را تعطیل کرد , https://b2n.ir/x12174(Search 2021. 5. 1.).
- Iraninternational(2020. 12. 1.), ستاد ملی مقابله با کرونا: تهران از شنبه آینده به وضعیت

نارنجی کرونا بازمیگردد | ایران اینترنشنال , https://b2n.ir/906681(Search 2021. 5. 4.).

- Kamapress(2020. 11. 2.), ۵۰۰ هزار تومان جریمه خروج از تهران , https://b2n.ir/197092(Search 2021. 4. 1.).
- Mashreghnews(2020. 11. 21.), آغاز طرح جامع مدیریت هوشمند محدودیتها از دقایقی پیش, https://b2n.ir/098816(Search 2021. 5. 4.).
- Tehrantimes(2021. 3. 16.), "Iran unveils, tests new COVID-19 vaccine", https://www.tehrantimes.com/news/459185/Iran-unveils-tests-new-COVID-19-vaccine(Search 2021. 5. 4.).
- RFI(2020. 2. 22.), در ایران《وضعیت زرد》اعلام شد, https://b2n.ir/384521,

Independentpersian 2020. 4. 24, کرونا در ایران، اعلام وضعیت خطرناک در پایتخت, https://b2n.ir/051855(Search 2021. 5. 1.).

- Shabestan News Agency2020. 5. 4., شهر تهران در وضعیت زرد کرونا قرار دارد, https://b2n.ir/118295(Search 2021. 4. 30.).
- Mashreghnews, 2020. 5. 24., وضعیت تهران از منظر کرونا بین سفید و زرد قرار دارد, https://b2n.ir/401501(Search 2021. 3. 1.).
- Mashreghnews2020.06.05, وضعیت شهرستانهای کشور از لحاظ ابتلا به کرونا منتشر شد, https://b2n.ir/924221(Search 2021. 5. 1.).
- Mizan.news Agency(2020. 7. 8.), وضعیت کرونا در تهران قرمز است؟, https:// b2n.ir/654128(Search 2021. 5. 1.).
- Mizan.news Agency(2020. 8. 10.), مناطق ۲۲گانه تهران در وضعیت قرمز ابتلاء به کرونا قرار دارند , https://b2n.ir/835502(Search 2021. 4. 8.).
- Mehr news Agency(2021. 1. 12.), توقف تهران در پشت چراغ قرمز کرونا/رنگ زرد می تواند زنگ خطر باشد, https://b2n.ir/608751(Search 2021. 4. 8.).
- The New York Times(2020. 2. 25.), "Opinion: What Does the Iranian Election Tell Us?", https://www.nytimes.com/2020/02/25/opinion /iran-election.html(Search 2021. 4. 8.).
- Radiofarda(2020. 12. 10.), کرونا در ایران؛ کاهش اندک در آمار رسمی،《نیمی از قربانیان》متعلق به تهران است, https://b2n.ir/035638(Search 2021. 4. 8.).
- Shahrara news agency(2021. 2. 15.), آخرین وضعیت رنگ بندی کرونا در کشور + جدول,

https://b2n.ir/r20887(Search 2021. 4. 8.).

- Iran to begin COVAX COVID-19 vaccination in weeks(2021. 3. 5.), https://www.tehrantimes.com/news/458788/Iran-to-begin-COVAX-COVID-19-vaccination-in-weeks(Search 2021. 4. 8.).

참고 사이트

- 테헤란시 코로나바이러스 통제본부 홈페이지(http://tc.sbmu.ac.ir/).
- 위키피디아, "COVID-19 pandemic in Iran" 페이지(https://en.wikipedia.org/wiki/COVID-19_pandemic_in_Iran).
- OurWorldinData, "Iran: Coronavirus Pandemic Country Profile". (https://ourworldindata.org/coronavirus/country/iran).
- https://www.worldometers.info/coronavirus/country/iran/.
- https://www.gavi.org/sites/default/files/covid/covax/COVAX-Interim-Distribution-Forecast.pdf.
- Etemadonline News Agency, وضعیت استانی و آمار کرونا در ایران - ۵ اسفند ۱۳۹۹ 인포그래픽 자료, https://b2n.ir/a76729, 2021. 2. 23.

## 11장

- 김상미, 2020,「코로나19 관련 온라인 교육에 관한 국내 언론보도기사 분석」,《한국디지털콘텐츠학회 논문지》, 21(6), pp.1091~1100.
- 서울연구원, 2020,『감염병시대 도시 변화의 방향을 묻다』.
- 서울특별시, 2020,『서울시 코로나19 백서』.
- 성현곤, 2020,「감염병의 도시취약성과 도시계획」,《Urban planners》, 7(3), pp.40~44.
- 손창우, 2020,「건강도시 관점에서 본 서울시 코로나 19 대응과 건강도시의 정책 방향」,《보건교육건강증진학회지》, 37(4).

• 손창우, 2020, 「코로나 19(COVID-19) 대응을 통해 본 서울시 신종감염병 관리의 현재와 미래」, 《서울연구원 정책리포트》, pp.1~36.
• 손창우 외, 2021, 서울시 코로나19 대응 평가와 개선방안, 서울싱크탱크협의체.
• 한국교육개발원, 2020, 교육 분야 감염병 [COVID-19] 대응과제.
• "일요진단: 총리에게 듣는다, 정국 상황분석", KBS 1TV, 2020, https://news.kbs.co.kr/news/view.do?ncd=4497377.

## 12장

• 고길곤 · 허정원 · 박정민, 2021, 「대도시 코로나19 대응 비교 확산양상과 정책대응을 중심으로」, 《한국지방자치학회보》, 33(2), pp.93~118.
• 김준. 2020, 「복잡계로 본 코로나19 대응의 三重苦와 세계 전망」, Uninomic Review, 3(3), pp.56~65.
• 후쿠오카 신이치, 2008, 『생물과 무생물 사이』, 김소연 옮김, 은행나무.
• Equihua, M. et al., 2018, Ecosystem antifragility: beyond integrity and resilience. *Peer J*, 8:e8533 DOI10.7717/peerj.8533.
• Folke, C. et al., 2010, Resilience thinking: integrating resilience, adaptability and transformability, *Ecology and Society*, 15(4): 20.
• Gershenson, C., Fernandez, N., 2012, Complexity and information: measuring emergence, self-organization, and homeostasis at multiple scales, *Complexity*, 18(2).
• Kim, J., Oki, T., 2011, Visioneering: an essential framework in sustainability science, *Sustainability Science*, 6, pp.247~251.
• Kim, J. et al., 2018, Rural systems visioneering: paradigm shift from flux monitoring to sustainability science. *Korean Journal of Agricultural and Forest Meteorology*, 20(1), pp.101~116.
• Lopez-Ruiz, R., Mancini, H. L., Calbet, X., 1995, A statistical measure of

complexity, *Physics Letters A*, DOI:10.1016/0375-9601(95)00867-5.

- Norberg J., Cumming, G., 2008, *Complexity theory for a sustainable future*, Columbia University Press.
- Raworth, K., 2017, *Doughnut economics: Seven ways to think like a 21st century economist*, Chelsea Green Publishing.
- Rifkin, J., 2009, *The empathic civilization: the race to global consciousness in a world in crisis*, Tarcher Penguin.
- Santamaria-Bonfil, G., Gershenson, C., Fernandez, N., 2017, A Package for measuring emergence, self-organization, and complexity based on shannon entropy, *Frontiers in Robotics and AI*, 4(10), doi: 10.3389/frobt.2017.00010.
- Shannon, C. E., 1948, A mathematical theory of communication, *Bell System Technical Journal*, 27. pp.379~423.
- Taleb, N. N., 2012, *Antifragile: Things that gain from disorder*, Random House Publishing.

**팬데믹, 도시의 대응**

세계 대도시의 코로나19 경험에서 배우다

지은이 · 강성용, 고길곤, 구기언, 김성아, 김재형, 김준, 김진원, 남기정, 누르 아이샤, 로힛 네기, 박승현, 박정민, 박철현, 배경민, 서다람, 손정원, 손창우, 양현영, 엄은희, 윤종석, 이승호, 최경희, 허정원

초판 1쇄 인쇄 2022년 6월 3일
초판 1쇄 발행 2022년 6월 10일

엮은이 · 서울연구원, 서울대학교 아시아연구소
펴낸이 · 박형수
펴낸곳 · 서울연구원
편 집 · 전말숙, 송도숙
디자인 · STUDIO BEAR
인쇄 · 제본 · 민언프린텍

주소 · 서울시 서초구 남부순환로 340길 57
전화 · 02 – 2149 – 1234
팩스 · 02 – 2149 – 1019
홈페이지 · www.si.re.kr

ISBN 979 – 11 – 5700 – 564 – 2 93300